에듀윌과 함께 시작하면,
당신도 합격할 수 있습니다!

자소서와 면접, NCS와 직무적성검사의 차이점이
취준을 처음 접하는 취린이

대학 졸업을 앞두고 취업을 위해 바쁜 시간을 쪼개며
채용시험을 준비하는 취준생

내가 하고 싶은 일을 다시 찾기 위해
회사생활과 병행하며 재취업을 준비하는 이직러

누구나 합격할 수 있습니다.
이루겠다는 '목표' 하나면 충분합니다.

마지막 페이지를 덮으면,

에듀윌과 함께
취업 합격이 시작됩니다.

베스트셀러 1위 2,130회 달성*!
에듀윌 취업 교재 시리즈

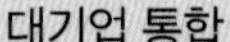
대기업 통합

20대기업 인적성
통합 기본서

삼성

GSAT 삼성직무적성검사
통합 기본서

GSAT 삼성직무적성검사
실전 봉투모의고사

GSAT 기출변형
최최종 봉투모의고사

SK

온라인 SKCT SK그룹 종합역량검사
통합 기본서

LG

LG그룹 온라인 인적성검사
통합 기본서

SSAFY

SSAFY SW적성진단
+에세이 4일 끝장

POSCO

PAT 통합 기본서
[생산기술직]

대기업 자소서&면접

끝까지 살아남는
대기업 자소서

금융권

농협은행 6급
기본서

지역농협 6급
기본서

IBK 기업은행
NCS+전공 봉투모의고사

공기업 NCS 통합

공기업 NCS
통합 기본서

영역별

이나우 기본서
NCS 의사소통

박준범 기본서
NCS 문제해결·자원관리

PSAT 기출완성
의사소통 | 수리 | 문제해결·자원관리

공기업 통합 봉투모의고사

공기업 NCS 통합
봉투모의고사

매일 1회씩 꺼내 푸는
NCS/NCS Ver.2

유형별 봉투모의고사

피듈형
NCS 봉투모의고사

행과연형
NCS 봉투모의고사

휴노형·PSAT형
NCS 봉투모의고사

고난도 실전서

자료해석 실전서
수문끝

기출

공기업 NCS
기출 600제

6대 출제사 기출 문제집

* 에듀윌 취업 교재 누적 판매량 합산 기준 (2012.05.14~2022.10.31) * 온라인4대 서점 (YES24, 교보문고, 알라딘, 인터파크) 일간/주간/월간 13개 베스트셀러 합산 기준 (2016.01.01~2022.11.07, 공기업 NCS/직무적성/일반상식/시사상식 교재) * YES24 공사 공단 NCS 한국산업인력공단 베스트셀러 1위 (2022년 2월 월별 베스트) * YES24 공사 공단 NCS 한국수력원자력 베스트셀러 1위 (2020년 7월 1주 주별 베스트) * 알라딘 수험서/자격증/월간 이슈&상식 베스트셀러 1위 (2012년 5월~7월, 9~11월, 2013년 1월, 4~5월, 11월, 2014년 1월, 3~11월, 2015년 1월, 3~4월, 10월, 12월, 2016년 2월, 7~12월, 2017년 8월~2023년 1월 월간 베스트) * YES24 수험서 삼성 GSAT 베스트셀러 1위 (2020년 11월 월별 베스트) * YES24 수험서 및 eBook SK 베스트셀러 1위 (2022년 2~5월, 9~11월 월별 베스트) * YES24 수험서 및 eBook LG 베스트셀러 1위 (2022년 4~5월, 7, 9월 월별 베스트)

한국철도공사

NCS+전공
기본서

NCS+전공
봉투모의고사

ALL NCS
최최종 봉투모의고사

한국전력공사

NCS+전공
기본서

NCS+전공
봉투모의고사

8대 에너지공기업
NCS+전공 봉투모의고사

국민건강보험공단

NCS+법률
기본서

NCS+법률
봉투모의고사

한국수력원자력

한수원+5대 발전회사
NCS+전공 봉투모의고사

ALL NCS
최최종 봉투모의고사

교통공사

서울교통공사
NCS+전공 봉투모의고사

부산교통공사+부산시 통합채용
NCS+전공 봉투모의고사

인천국제공항공사

NCS
봉투모의고사

한국가스공사

NCS+전공
실전모의고사

한국도로공사

NCS+전공
실전모의고사

한국수자원공사

NCS+전공
실전모의고사

한국토지주택공사

NCS+전공
봉투모의고사

공기업 자소서&면접

공기업 NCS 합격하는
자소서&면접 27대 공기업
기출분석 템플릿

독해력

이해황 독해력
강화의 기술

전공별

공기업 사무직
통합전공 800제

전기끝장 시리즈
❶ 8대 전력·발전 공기업편
❷ 10대 철도·교통·에너지·환경 공기업편

취업상식

월간 취업에 강한
에듀윌 시사상식

공기업기출
일반상식

금융경제 상식

*YES24 국내도서 해당 분야 월별, 주별 베스트 기준

취업 교육 1위*
에듀윌 취업 무료 혜택

218강 이상 취업강의 7일 무료&무제한 수강!

※ 취업강의는 수시로 추가 업데이트 됩니다.
※ 취업강의 이벤트는 예고 없이 변동되거나 종료될 수 있습니다.

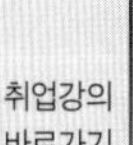

취업강의 바로가기

1:1 학습관리 교재 연계 온라인스터디

참여 방법

STEP 1 신청서 작성 ▶ STEP 2 스터디 교재 구매 후 인증 (선택) ▶ STEP 3 오픈채팅방 입장 및 스터디 학습 시작

네이버카페 '딱취업(https://cafe.naver.com/gamnyang)' 접속 → 온라인스터디 게시판 신청 후 참여

※ 온라인스터디 진행 및 혜택은 교재 및 시기에 따라 다를 수 있습니다.

온라인스터디 신청

온라인 모의고사 & 성적분석 무료

응시 방법

에듀윌 홈페이지(www.eduwill.net) 로그인
→ 공기업/대기업 취업 검색
→ 우측 [취업 온라인모의고사 무료] 배너 클릭
→ 해당 온라인모의고사 [신청하기] 클릭
→ 대상 교재 내 쿠폰번호 입력 후 [응시하기] 클릭

※ '온라인모의고사&성적분석' 서비스는 교재마다 제공 여부가 다를 수 있으니, 교재 뒷면 구매자 특별혜택을 확인해 주시기 바랍니다.

온라인 모의고사 신청

모바일 OMR 자동채점&성적분석 무료

실시간 성적분석 방법

STEP 1 QR코드 스캔 ▶ STEP 2 모바일 OMR 입력 ▶ STEP 3 자동채점& 성적분석표 확인

※ 응시내역 통합조회 에듀윌 문풀훈련소 또는 puri.eduwill.net [공기업·대기업 취업] 클릭 → 상단 '교재풀이' 클릭 → 메뉴에서 응시내역 확인

• 2023, 2022, 2021 대한민국 브랜드만족도 취업 교육 1위 (한경비즈니스)/2020, 2019 한국브랜드만족지수 취업 교육 1위 (주간동아, G밸리뉴스)

2023 최신판

에듀윌 공기업 이나우 기본서 NCS 의사소통능력

저자 소개

PSAT 수강생 2만 5천 명이 선택한 언어논리 영역의 최강자, **이나우**와 **에듀윌**이 만났다!

PSAT 언어논리 & NCS 의사소통능력의 신, 이나우 선생님과 에듀윌이 만났습니다.

도대체! 의사소통능력은 왜 어려운 걸까요?
시간 내에 읽을 지문은 왜 이렇게 길고 정답 같은 선택지는 왜 항상 두 개 이상일까요?

NCS를 처음 공부하는 N린이도!
다른 어떤 영역보다 의사소통이 가장 어려운 수험생도!
일단 독해라면 어려움을 느끼는 수험생이라면
지금이야말로, 나우쌤과 NCS 의사소통능력을 완벽 타파할 수 있는 기회!

1) 제한된 시간 내 빠르게 정답을 찾아가는 나우쌤의 비법을 그대로 담은 '나우쌤이 알려주는 퀵 POINT'를 제공합니다.
2) NCS 입문자도, 오랫동안 공부했지만 성적이 늘지 않는 것이 고민이었던 수험생들도 이번에는 기필코 합격할 수 있도록 에듀윌×이나우쌤의 전략을 한 권에 담았습니다.
3) PSAT 기출문제를 통해 NCS 학습을 더 확실하게 마무리할 수 있도록 나우쌤이 엄선한 문항으로 꽉 채웠습니다.

남들과 차별화된 나우쌤만의 핵심 비법으로 확실하게 잡아드리겠습니다.

약력

- 서울대학교 인문학부 졸업
- 연세대, 성균관대, 한양대, 이화여대, 중앙대, 한국외대, 홍익대, 숙명여대, 경북대, 전남대, 인하대, 금강대, 강원대, 제주대 등 국내 주요 대학 PSAT 및 LEET 특강 강사
- 단국대, 영남대, 동아대, 금강대 NCS 특강 강사
- 現) 윌비스 한림법학원 PSAT 언어논리 전임

머리말

NCS 의사소통능력을 위한 교재를 출간합니다.

NCS 시험에서 자신이 만족하는 결과를 얻기 위해서 가장 중요한 영역이라고 한다면 바로 의사소통능력이라고 할 수 있습니다. 여러분들의 입장에서 보면 여타의 영역보다 가장 익숙하게 생각될 수 있다고 보이지만, 그렇기 때문에 충분한 점수를 얻지 못하게 되면 치명적인 결과를 초래할 수도 있습니다. 따라서 단 한 문제라도 가볍게 여길 수 없고, 최대한 많은 문제를 풀어내야 하며 또한 최대한 많은 문제의 정답을 찾아내야 하는 과목입니다. 본 교재는 이러한 관점에서 철저하게 전략적인 효용을 위해 집필되었습니다.

최고의 학습효과를 위해 기획되었습니다.

의사소통능력에서 검증하고자 하는 능력은 사실 모든 업무의 근간이 된다고 할 수 있습니다. 본 교재는 단순히 기출 문제 혹은 예제 문제를 게재하고 해설하는 것을 넘어서 이와 같은 능력을 향상시키기 위해서 필요한 과정은 무엇인지, 어떤 방향성을 설정하고 공부해야 하는지에 대한 고민을 바탕으로 기획·집필되었습니다. 질문지를 이해하는 관점에서부터 지문을 독해하는 방법, 선택지의 구조에 대한 인식까지 문제풀이 과정에서 만날 수 있는 모든 부분에 대해서 상세하게 기술하려고 노력하였습니다.

학습의 효율이 극대화될 수 있도록 다양한 문제를 활용하였습니다.

실제 공기업에서 출제되었던 문제를 바탕으로 한 기출복원문제는 물론, 이와 관련 있는 유사 시험들의 기출문제 그리고 제가 직접 제작한 문제 등을 복합적으로 활용함으로써 학습 효율이 극대화될 수 있도록 하였습니다. 다만 단순히 정답을 확인하고 해설을 이해하는 것에 여러분의 공부가 그쳐서는 안 됩니다. 자신이 왜 오답을 정답으로 오인했는지, 그리고 정답을 찾아내기 위해서는 어떠한 판단 기준과 풀이과정이 필요한지에 대한 고민도 함께 해야 합니다. 그리고 이와 같은 부분에 대한 진단이 내려졌다면 해결방안을 고민하고 그 해결방안을 숙지하기 위해서 다시 여러 문제에 적용하는 과정을 반복하시기 바랍니다.

여러분,
여러분은 이제 사회생활에 중요한 발걸음을 내딛는 위치에 와 있습니다.
본 교재가 여러분의 바라는 목적지를 향한 여정에 분명 도움이 될 것이라 확신합니다.
여러분의 합격과 건승을 기원합니다.

이나우

학습 가이드

1 | NCS 소개

국가직무능력표준(NCS, National Competency Standards)은 산업현장에서 직무를 수행하기 위해 요구되는 지식 · 기술 · 태도 등의 내용을 국가가 체계화한 것입니다. 이는 단순 지식 위주의 검증과 선발 과정의 한계를 극복하고 실무적인 입장에서 보다 우수한 인재를 선발하기 위해서 만들어졌습니다.

NCS는 크게 직업기초능력과 직무수행능력으로 나누어져 있습니다. 직업기초능력은 업무에 상관없이 조직에서 근무하게 될 경우 기본적으로 갖추어야 할 능력을 확인하는 영역이라고 생각하시면 됩니다. 반면 직무수행능력은 구분되는 각 업무에서 요구되는 특성화된 능력을 평가하고 검증하는 영역이 됩니다. 직업기초능력에는 다음과 같은 능력들이 포함되어 있습니다.

직업기초능력	하위능력
의사소통능력	문서이해능력, 문서작성능력, 경청능력, 의사표현능력, 기초외국어능력
수리능력	기초연산능력, 기초통계능력, 도표분석능력, 도표작성능력
문제해결능력	사고력, 문제처리능력
자기개발능력	자아인식능력, 자기관리능력, 경력개발능력
자원관리능력	시간관리능력, 예산관리능력, 물적자원관리능력, 인적자원관리능력
대인관계능력	팀웍능력, 리더십능력, 갈등관리능력, 협상능력, 고객서비스능력
정보능력	컴퓨터활용능력, 정보처리능력
기술능력	기술이해능력, 기술선택능력, 기술적용능력
조직이해능력	국제감각, 조직체제이해능력, 경영이해능력, 업무이해능력
직업윤리	근로윤리, 공동체윤리

이 중 실제 시험에서 적극적으로 평가의 대상이 되고 있는 영역은 의사소통능력 · 수리능력 · 문제해결능력 등이라고 보시면 됩니다. 이러한 능력과 관련된 문제들은 NCS가 본격적으로 선발 과정으로 도입되기 이전부터 유사한 시험과 관련하여 여러 유형의 문제들이 개발되어 왔으며, 다른 영역에 비해서 비교적 객관적 시험의 형태로 평가하기 쉽다는 장점이 있기 때문에 시험의 영역으로 가장 먼저 도입이 되었습니다.

2 | 의사소통능력의 중요성

직장과 같은 조직 생활은 자신이 모든 과정을 도맡아 하는 업무도 있지만, 여러 사람이 함께 협업하는 업무들이 대부분을 차지합니다. 따라서 여러 사람에게 의견을 제시하고 또한 다른 사람의 제안을 읽어보고 이해하는 방식으로 의견을 교환하면서 업무를 수행하는 능력은 직장 생활에서 필수적이라 할 수 있습니다. 바로 이 의사소통능력 영역은 이와 관련이 있는 능력을 측정하기 위해서 도입된 영역입니다.

대표적인 의사소통의 방식으로는 음성언어를 사용한 발화와 경청이 있습니다. 하지만 이와 같은 음성의 형태가 아닌 문자를 활용한 다양한 방식이 오늘날 업무에서는 더욱 중요해졌습니다. 즉 인쇄된 형태의 문서는 물론, 전자매체를 활용한 다양한 문서들을 읽고 그 의미를 올바르게 판단하는 것은 정확하게 업무를 수행하기 위한 필수적인 능력이 되었습니다.

NCS를 개발하고 인력 선발과정에서 활용될 수 있도록 체계화하고 있는 한국산업인력공단에서 제시하고 있는 의사소통능력의 하위 개념으로는 문서이해능력, 문서작성능력, 경청능력, 의사표현능력, 기초외국어능력 등이 있습니다. 하지만 실제로 이 중에서 우리가 공부하고자 하는 필기시험의 형태로 출제되는 것은 문서이해능력, 문서작성능력(기안서, 제안서 등), 의사표현능력 등이라고 하겠습니다. 물론 문서작성능력이나 의사표현능력 등을 문서이해능력에 해당하는 문제와 접목하는 형태로 제작하고 있습니다만 그중에서도 가장 중요하게 다루어지고 있으며, 또한 여러분들도 중시해야 할 영역은 문서이해능력입니다. 실제로 주요 공기업에서 실시하고 있는 NCS 의사소통능력의 역대 기출문제를 살펴보아도 이러한 경향은 쉽게 확인이 됩니다. 그런데 이 부분에 대한 영역은 이미 많은 분들이 수학능력시험의 비문학(독서영역) 문제들을 통해서 접하셨을 것입니다. 그렇기 때문에 수리 영역이나 문제해결능력 영역에 비해서 상대적으로 쉽다고 느끼실 수 있습니다. 하지만 시험 시간 대비 풀어야 할 문제 수를 감안하신다면 의사소통능력은 여러분이 획득할 수 있는 점수의 절대적인 비중을 차지할 것이라는 것도 쉽게 아실 수 있을 것입니다. 그렇기 때문에 의사소통능력은 여러분에게 중요한 과목이 됩니다. 이제 이 부분에 대해서 좀 더 자세하게 설명 드리겠습니다.

전략과목으로서의 의사소통능력

기업마다 NCS 출제경향도 다르고, 시험 시간이나 문제의 구성 면에서도 다소간의 차이가 있다는 것은 여러분도 잘 알고 계실 것입니다. 그런데 어떤 공기업이든 NCS 시험을 치른 분들의 공통적인 후평은 모든 문제를 풀기에는 주어진 시간이 부족하다는 것입니다. 시험의 현실이 이와 같다면 여러분은 어떻게 대응하시겠습니까?

NCS, PSAT, LEET와 같은 적성시험들의 공통점은 제한된 시간 내에 모든 문제를 풀어내기가 결코 쉽지 않다는 것입니다. 그렇다면 이런 시험에 대해서 접근하는 방법 중 하나는 바로 전략적으로 시험에 임해야 한다는 것이겠지요. 즉 모든 문제를 풀려고 애쓰기보다는 정답률이 높은 문제와 낮은 문제, 정답을 도출하는 데 시간이 많이 필요한 문제와 그렇지 않은 문제를 구분해 내고 그것에 따른 전략을 수립해야 할 것입니다. 그래야지만 같은 시간 내에서도 보다 많은 문제를 풀어낼 수 있고, 보다 높은 점수를 받을 수 있을 것입니다.

수리능력과 문제해결능력 영역의 문제들은 의사소통능력 영역의 문제들보다 생소하고 난이도도 비교적 높은 편입니다. 그것은 곧 문제를 푸는데 걸리는 시간이 길거나 정답률이 비교적 낮을 확률이 높다는 것입니다. 이와 같다면 일차적으로는 수리능력이나 문제해결능력 영역의 문제 모두를 풀겠다는 전략은 결코 효과적이지 않다는 것은 여러분도 쉽게 알 수 있을 것입니다.

반면에 의사소통능력은 상대적으로 문제를 푸는 시간이 짧기 때문에 동일한 시간 대비 보다 많은 문제를 풀 수 있는 과목이 됩니다. 그렇다면 여러분의 전략은 당연히 상대적으로 익숙하고, 정답률도 높은 의사소통능력에서 최대한 높은 점수를 받은 상태에서 여타의 영역의 문제들에 대해서는 전략적으로 접근하는 것이 시험을 치르는 효과적인 방안임은 누구도 부정할 수 없을 것입니다. 그런 의미에서 의사소통능력은 전략적인 과목이라고 말씀드린 것입니다. 일단 의사소통능력에서 높은 점수를 받아야 여러분이 다른 과목에서 전략적으로 대응할 여지가 생기는 것입니다.

여기까지 읽으셨다면 여러분은 자연스럽게 "그럼 어떻게 해야 의사소통능력에서 높은 점수를 받을 수 있을까요?"라고 묻고 싶을 겁니다. 하지만 이 시험이 시험 운을 테스트하는 것이 아니라면 여러분의 질문은 아래와 같이 보다 적극적으로 바뀌어야 합니다.

"어떻게 하면 의사소통능력 영역에 관한 능력을 향상시킬 수 있나요?"

이 질문이 보다 본질적이기 때문입니다. 이제 이에 대한 이야기를 시작하겠습니다.

3 | 의사소통능력 공략법

"어떻게 공부하실 계획이셨나요?" 수험가에는 속된 말로 '양치기'라는 말이 있습니다. 이 말은 공부의 양과 관련이 있는 이야기입니다. 적성시험에서의 양치기는 구할 수 있는 관련 기출문제와 예상모의고사 문제들을 최대한 많이 풀어서 실력을 향상을 도모한다는 것을 의미합니다. 그런데 이 같은 방법을 선택한다는 것은 '공부하는 양 혹은 시간과 실력 향상은 비례한다.'와 같은 가정이 숨어 있습니다.

그런데 여러분, 주위에서 이런 말 많이 들어보았을 것입니다. 나름대로 정말 열심히 공부했는데 기대했던 것만큼 결과가 나오지 않았다는 이야기 말입니다. 만약 앞서 말한 가정이 참이라면 이러한 이야기는 들려 오지 않았을 것입니다. 여러분들 중에 많은 분들이 막연하게 공부하는 시간을 늘려서 시험에 대비한다고 생각하지 않았나요? 물론 공부하는 시간이라는 것은 실력 향상에 있어 매우 중요한 기준이 됩니다. 그러나 문제는 여러분뿐만 아니라 이 시험을 준비하는 사람의 대부분도 여러분과 같은 생각을 하고 있다는 점입니다.

따라서 단순히 오랜 시간, 많은 양을 공부하겠다는 막연한 방법보다는 같은 시간을 공부하더라도 효과적으로 공부하는 방법을 생각해 보아야 합니다. 그래야 동일한 시간을 공부하더라도 경쟁자보다 앞서 나갈 수 있기 때문입니다.

또 하나 여러분의 학습 계획에 대해서 짚어보고 넘어갈 내용이 있습니다. NCS는 일 년에 단 한 번 보는 시험이 아닙니다. 여러 공기업에서 제각각 진행하는 시험이다 보니 마음만 먹는다면 일 년 동안 수십 군데의 기업에 지원할 수 있기도 합니다. 그러다 보니 학습 계획이라는 것도 그에 맞춰 정해지는 경우가 많았습니다. 실제로 교육의 현장에서 들어본 여러분들의 계획은 매우 단기적이고 압축적이었습니다. 여러분들이 이와 같은 학습 계획을 마련한 것은 아마도 신입사원을 선발하는 기업마다 전형 과정이 조금씩 다르고, 필기시험의 유형에 차이가 있기 때문이라 보입니다. 그러다 보니 장기적으로 일관된 학습 계획을 마련하기가 곤란하고 따라서 각 기업에 맞춘 개별적이고 단기간의 학습 계획을 짜게 되었을 것입니다.

그런데 여러분, 바로 이 점 때문에 근본적인 실력 향상이 어렵다는 점 알고 있으신가요? 물론 제가 단순히 인기를 얻고, 책만 많이 팔겠다고 생각한다면 단기간 완성을 크게 내세우면서 그럴 듯한 내용만을 담으려 했을 것입니다. 하지만 NCS를 준비하는 올바른 학습 방법을 여러분에게 알리고자 이 책을 쓰고 있기 때문에 사실을 말하겠습니다.

공부에는 단기간 집중적으로 해야 효과를 보는 영역이 있는 반면에, 장기적인 플랜을 마련해서 매일 조금씩 꾸준히 해야 효과를 보는 영역도 있습니다. 물론 앞에서도 언급했던 것처럼 기업에 따라 필기시험의 내용이나 문제 유형이 조금씩은 다릅니다. 하지만 그럼에도 가장 중요하고도 공통적인 부분이 있습니다.

바로 글을 읽고 이해하는 문서이해능력입니다. 사실 의사소통능력을 평가하는 영역에서 문서를 이해하는 부분에 대한 능력 평가는 거의 전부라 해도 과언이 아닙니다. 문제는 이 문서이해능력은 단기간에 급속하게 좋아지는 영역이 아니라는 것에 있습니다. 즉 장기적인 관점에서 꾸준히 공부를 하셔야 실력의 향상을 기할 수 있다는 것입니다. 여러분이 지금까지 해오셨거나 앞으로 하고자 하시는 단기적인 학습 계획만으로는 사실상 NCS 의사소통능력과 관련한 점수의 향상을 크게 기대할 수 없습니다.

공통적인 영역을 공략하자!

현재 NCS는 기업에 따라 여러 출제기관에 의뢰해서 출제를 하고 있습니다. 따라서 출제기관별 출제경향에 차이가 꽤 있는 것이 사실입니다. 가장 효과적인 것은 당연히 자신이 지원하는 기업의 출제기관을 확인한 후, 그 기관의 출제경향에 맞추어서 공부를 하는 것일 것입니다. 하지만 그것 자체도 쉽지는 않습니다. 먼저 기업별 출제기관이 고정되어 있지 않기 때문입니다. 일종의 계약에 따라 위탁하는 방식으로 출제하다 보니 동일 기업이더라도 출제기관이 변경되기도 합니다. 다음으로 동일한 출제기관의 경우더라도 아직 출제의 기준이 완전히 정립되어 있지 않다 보니 사실상 시험을 볼 때마다 문제의 경향이 변경되는 경우가 자주 있습니다. 하지만 그럼에도 모든 출제기관의 공통 범주라 할 만한 내용이 있습니다. 바로 이 부분을 공략해야 합니다. 저도 이 부분에 초점을 맞추어 알려드리겠습니다.

장기적인 관점의 대비의 필요성

사실 여러분이 입사하고 싶은 기업은 있겠으나, 단순히 그 기업에 한정하여 입사지원을 하실 분들은 거의 없을 것입니다. 물론 기업에 따라 필기시험의 내용이나 문제유형이 다소 차이가 있겠으나, 공통점도 상당히 많다는 점도 이미 말한 바 있습니다. 그렇다면 여러분의 학습 계획은 각 기업에서 공통적으로 다루는 부분에 대해서 장기적인 플랜을 가지고 대응할 필요가 있습니다.
앞서 언급한 바와 마찬가지로 특히 문서이해능력과 관련이 있는 독해 연습 부분은 장기적인 계획을 가지고 매일 꾸준히 진행해야 합니다. 왜냐하면 글에 대한 독해능력은 결코 단기간 동안 몇 번의 연습을 통해 개선되는 것이 아니기 때문입니다. 그럼 이제부터 실제로 역대 출제되었던 문제들을 보면서 자기 진단부터 해보는 시간을 갖도록 하겠습니다. 이 과정에서 여러분은 본인의 독해력과 더불어 문제를 푸는 과정에 대해서 떨어져서 인식할 수 있는 기회를 갖게 될 것입니다.

이 책의 특징

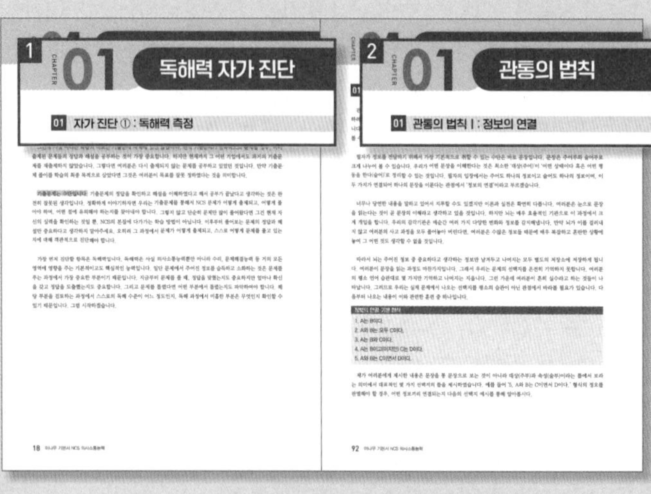

NCS 독해 진단부터 유형별 학습까지

1 정확한 독해 진단을 통한 본인의 현 실력 파악이 가능하게 하였습니다.

2 NCS 7가지 유형의 핵심 이론부터 문제 풀이 방법까지 다루어 학습에 도움될 수 있도록 하였습니다.

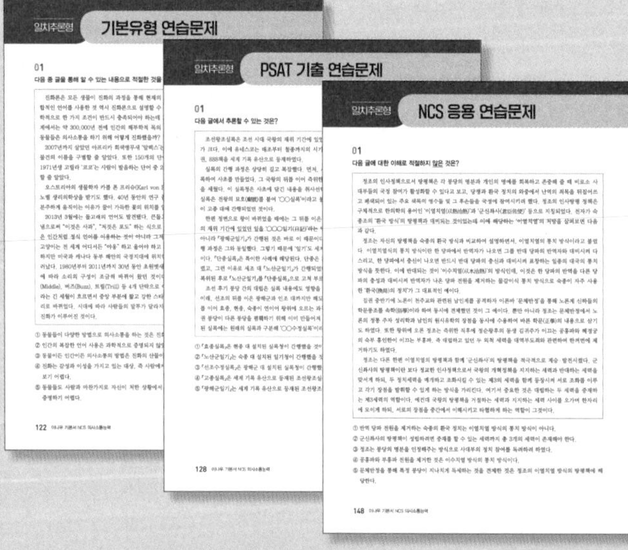

유형별 3단계 문제풀이 과정 구성

기본유형+PSAT 기출+NCS 응용 연습의 3단계 학습과정을 통해 기본 문제부터 고난도 문제까지 모두 섭렵할 수 있도록 풍부한 문제를 제공하였습니다.

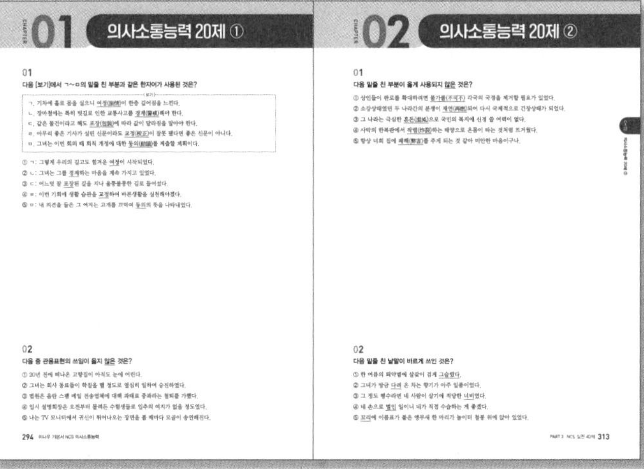

NCS 문제풀이 40제로 완벽 실전 대비

이전까지 학습했던 유형별 NCS 학습법을 바탕으로 실제 시험을 대비할 수 있도록 의사소통능력 20제 총 2회분을 수록하였습니다.

나우쌤만의 핵심 비법이 담긴 해설 및 문제풀이 TIP

틀린 문제까지 완벽하게 이해할 수 있도록 각 문제마다 상세한 해설과 오답풀이 그리고 나우쌤이 알려 주는 퀵 POINT까지 모든 비법을 다 털어 넣었습니다.

학습 플랜

2주 완성 학습 플랜

- 단기간에 이론을 바탕으로 확실하게 학습하고자 하는 1회독 학습 플랜
- NCS 의사소통능력 기본기를 갖추고, 다양한 문항을 통해 실력을 향상시키고자 하는 학습자용 플랜

DAY 1	DAY 2	DAY 3	DAY 4	DAY 5
PART 1 독해력 자가 진단	PART 1 나우쌤의 1·2회독 독해법	PART 1 나우쌤의 1·2회독 독해법	PART 1 독해법 문제 풀이	PART 1 독해법 문제 풀이
DAY 6	**DAY 7**	**DAY 8**	**DAY 9**	**DAY 10**
PART 2 CHAPTER 01 관통의 법칙	PART 2 CHAPTER 02 일치추론형	PART 2 CHAPTER 03 핵심도출형	PART 2 CHAPTER 04 빈칸추론형	PART 2 CHAPTER 05 실무영역형
DAY 11	**DAY 12**	**DAY 13**	**DAY 14**	
PART 2 CHAPTER 06 기타 출제예상 유형	PART 2 CHAPTER 07 어휘·어법	PART 3 의사소통능력 20제 ①	PART 3 의사소통능력 20제 ②	

4주 완성 학습 플랜

- NCS 의사소통능력 완벽 마스터를 위한 2회독 학습 플랜
- 의사소통능력 핵심 이론 및 유형별 실제 문제풀이까지 단계적으로 준비하고자 하는 학습자용 플랜

DAY 1	DAY 2	DAY 3	DAY 4	DAY 5
PART 1 독해력 자가 진단	PART 1 나우쌤의 1·2회독 독해법	PART 1 나우쌤의 1·2회독 독해법	PART 1 독해법 문제 풀이	PART 1 독해법 문제 풀이
DAY 6	**DAY 7**	**DAY 8**	**DAY 9**	**DAY 10**
PART 2 CHAPTER 01 관통의 법칙 I	PART 2 CHAPTER 01 관통의 법칙 II	PART 2 CHAPTER 02 일치추론형	PART 2 CHAPTER 02 일치추론형	PART 2 CHAPTER 02 일치추론형
DAY 11	**DAY 12**	**DAY 13**	**DAY 14**	**DAY 15**
PART 2 CHAPTER 03 핵심도출형	PART 2 CHAPTER 03 핵심도출형	PART 2 CHAPTER 04 빈칸추론형	PART 2 CHAPTER 04 빈칸추론형	PART 2 CHAPTER 05 실무영역형
DAY 16	**DAY 17**	**DAY 18**	**DAY 19**	**DAY 20**
PART 2 CHAPTER 06 기타 출제예상 유형	PART 2 CHAPTER 07 어휘·어법	PART 3 의사소통능력 20제 ①	PART 3 의사소통능력 20제 ②	PART 3 NCS 실전 40제 오답 복습

차례

PART 2 | NCS 유형별 학습

PART 3 | NCS 실전 40제

정답 및 해설

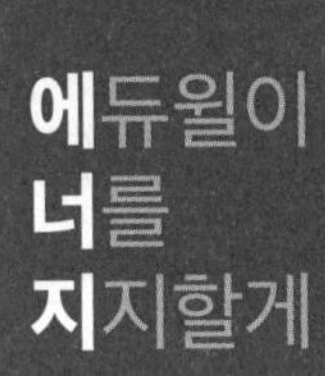

ENERGY

인생은 흘러가고 사라지는 것이 아니다.
성실로써 이루고 쌓아가는 것이다.

– 존 러스킨(John Ruskin)

NCS 독해 접근법

CHAPTER 01 독해력 자가 진단

CHAPTER 02 나우쌤의 1 · 2회독 독해법

CHAPTER 03 독해법 문제 풀이

PART 1

CHAPTER 01

독해력 자가 진단

01 자가 진단 ① : 독해력 측정

본격적인 독해력 진단에 앞서 NCS 기출문제를 풀어보기 전에 먼저 여러분께 하고픈 질문이 하나 있습니다. 여러분은 기출문제를 무엇이라고 생각하세요? 물론 NCS 시험을 준비함에 있어서 기출문제는 중요한 안내판이 되는 것은 분명하며, 저 역시도 그렇기 때문에 관련 기출문제들을 최대한 많이 활용하려고 하고 있습니다.

그런데 사실 여러분 학습의 목표는 기출문제 자체에 있진 않습니다. 만약 기출문제가 반복적으로 출제될 경우, 이미 출제된 문제들의 정답과 해설을 공부하는 것이 가장 중요합니다. 하지만 현재까지 그 어떤 기업에서도 과거의 기출문제를 재출제하지 않았습니다. 그렇다면 여러분은 다시 출제되지 않는 문제를 공부하고 있었던 것입니다. 만약 기출문제 풀이를 학습의 최종 목적으로 삼았다면 그것은 여러분이 목표를 잘못 정하였다는 것을 의미합니다.

기출문제는 수단입니다. 기출문제의 정답을 확인하고 해설을 이해하였다고 해서 공부가 끝났다고 생각하는 것은 완전히 잘못된 생각입니다. 정확하게 이야기하자면 우리는 기출문제를 통해서 NCS 문제가 어떻게 출제되고, 어떻게 풀어야 하며, 어떤 점에 유의해야 하는지를 찾아내야 합니다. 그렇지 않고 단순히 문제만 많이 풀어왔다면 그건 현재 자신의 실력을 확인하는 것일 뿐, NCS의 본질에 다가가는 학습 방법이 아닙니다. 이후부터 풀어보는 문제의 정답과 해설만 중요하다고 생각하지 말아주세요. 오히려 그 과정에서 문제가 어떻게 출제되고, 스스로 어떻게 문제를 풀고 있는지에 대해 객관적으로 진단해야 합니다.

가장 먼저 진단할 항목은 독해력입니다. 독해력은 사실 의사소통능력뿐만 아니라 수리, 문제해결능력 등 거의 모든 영역에 영향을 주는 기본적이고도 핵심적인 능력입니다. 일단 문제에서 주어진 정보를 습득하고 소화하는 것은 문제를 푸는 과정에서 가장 중요한 부분이기 때문입니다. 지금부터 문제를 풀 때, 정답을 맞혔는지도 중요하지만 얼마나 확신을 갖고 정답을 도출했는지도 중요합니다. 그리고 문제를 틀렸다면 어떤 부분에서 틀렸는지도 파악하여야 합니다. 해당 부분을 검토하는 과정에서 스스로의 독해 수준이 어느 정도인지, 독해 과정에서 미흡한 부분은 무엇인지 확인할 수 있기 때문입니다. 그럼 시작하겠습니다.

기본유형 연습문제

[01~02] 다음 글을 읽고 질문에 답하시오.

2018년 하반기 한국철도공사

우리나라 지진 발생 빈도는 갈수록 확연하게 증가하는 추세를 보인다. 특히 규모 3.0 이상의 지진 발생횟수가 2000년대 들어 2배 이상 증가하면서 지진으로 인한 피해 역시 점차 커지고 있다.

이에 따라 내진 설계에 대한 중요성이 부각되고 있지만, 우리나라 건축물의 내진 설계 비율은 아직도 35%에 미치지 못하는 실정이다. 포항 지진과 같은 큰 규모의 지진이 또다시 발생하면 많은 건물이 붕괴 위험에 처하게 된다. 지진뿐만 아니라 최근 사회적으로 이슈가 되고 있는 싱크홀을 비롯해 화재, 테러 등으로 인해 건축물 또는 지하시설물이 붕괴하는 경우가 종종 발생하곤 한다. (㉠)

특히 많은 사람이 몰려 있는 도심지에서 건물이 붕괴된다면 불특정 다수의 매몰자가 발생할 수 있다. 이러한 상황에서 매몰자를 구조하기 위해서는 골든아워(Golden Hour) 내에 매몰자의 위치를 신속하게 파악하는 것이 가장 중요하다. 일반적으로 매몰자 탐지에는 내시경 카메라를 이용한 '영상탐지', 진동과 음향을 이용하는 '음향탐지', 손가락이나 흉부(호흡) 등의 움직임을 감지하는 '전파탐지', 구조견을 이용한 '후각탐지'가 있다.

문제는 이와 같은 방식들이 붕괴지 상부를 직접 이동하면서 이뤄진다는 것이다. 이렇게 하면 탐지 범위가 매우 협소할 뿐만 아니라 매몰자 탐지에 많은 시간이 소요된다. 가장 큰 문제는 잔해물이 추가로 붕괴하게 되면 구조자의 안전 또한 담보할 수 없다는 점이다.(㉡)

'무선신호 기반 매몰자 위치 탐지 기술'은 이러한 탐지 방식이 지닌 문제점을 극복하기 위한 기술로, 드론(Drone)과 스마트폰을 활용한다. 드론과 스마트폰으로 매몰된 사람의 위치 정보를 취득하고, 이를 가시화해 인명을 구조하는 기술이다. 더는 잔해물 위를 위험하게 돌아다닐 필요 없이 신속하고 안전하게 구조하는 방법인 셈이다.

우리나라는 전 세계에서 가장 높은 91%의 스마트폰 보급률을 지닌다(2016년 기준). 만약 지진 등의 사고로 인해 매몰자가 발생한다면 이들 열에 아홉은 스마트폰을 가지고 있을 확률이 높을 것이다. 이러한 사실에 착안한 이우식 박사 연구팀(이하 연구팀)은 스마트폰에 기본적으로 내장된 와이파이 신호와 기압 센서를 활용해 매몰자의 위치를 파악할 수 있는 '매몰자 탐지 모듈'을 개발했다. 이렇게 개발된 인명탐지 모듈은 드론에 장착되어 붕괴지역 위를 비행하며 매몰자의 위치를 파악한다.(㉢)

매몰자 탐지 모듈의 외형만을 놓고 봤을 때는 꽤 단순해 보이지만, 다양하고 정교한 알고리즘으로 구성되어 있다. 우선 스마트폰의 무선신호를 감지하기 위한 무선신호 스캐닝 기술(Scanning)이 적용됐다. 이를 통해 드론은 와이파이 AP(Access Point, 무선접속장치) 역할을 한다. 즉, 수집된 맥 어드레스(Mac Address) 값을 통해 어느 스마트폰에서 신호가 송출되었는지 확인할 수 있으며, 송출되는 와이파이 신호강도를 감지함과 동시에 기압 센서로부터 매몰된 깊이 값 정보를 취득함으로써 매몰자의 현재 위치를 더욱 정확하게 파악할 수 있다.

와이파이가 꺼져 있는 경우를 대비해 특정 코드가 삽입된 문자를 수신하게 되면 와이파이 신호를 강제로 활성화할 수도 있다. 또한 기압 센서로부터 기압정보를 획득할 수 있도록 백그라운드 어플리케이션(Background Application)도 개발했다.(㉣)

이번 기술은 기존 매몰자 탐지 기술 대비 탐지 시간을 50% 이상 단축할 수 있다. 구호 인력의 부상 위험 감소는 물론 인명 피해를 30% 이상 줄이고 구호 비용 역시 20% 이상 절감할 수 있을 것으로 기대된다. 또한 매몰자 수색 외에도 다양한 분야에 활용될 수 있다. 예를 들어 매몰자뿐만 아니라 구조자의 구조 활동을 지원할 수 있으며, 산을 포함한 넓은 지역에서도 활용될 수 있다. 실종자·범죄자 수색과 같은 치안 및 방범, 건설현장의 노무자 안전관리 분야 등에 폭넓게 적용될 수 있다.(ⓜ)

연구팀은 후속 연구를 통해 GPS의 정확도를 향상하고자 한다. 오차를 줄이고 좀 더 오랫동안 사용할 수 있도록 배터리 효율 연장에 힘쓸 계획이다. 또한 붕괴 형태에 따라 최적화된 알고리즘이 지능적으로 적용될 수 있도록 머신 러닝(Machine Learning) 기법 등을 적용할 계획이다.

01

윗글의 ㉠~ⓜ 중 다음 문단이 들어갈 위치로 알맞은 곳은?

이와 같이 수집된 정보들은 4G LTE망을 통해 지상부에 있는 데이터 수집 서버로 자동으로 전송된다. 이후 수집된 데이터는 정밀한 위치 정보로 변환되고, 웹서버를 통해 해당 위치 정보가 시각적 정보로 가공되어 구글 맵스나 네이버 지도와 같은 오픈 맵(Open Map) 위에 표출된다. 이를 바탕으로 구조자와 재난컨트롤타워에서는 빠르고 정확한 구조 계획을 수립할 수 있다.

① ㉠
② ㉡
③ ㉢
④ ㉣
⑤ ⓜ

02

윗글의 집필 목적으로 가장 적절한 것은?

① 증가하는 재난에 대비하기 위한 정책적 보완을 촉구하기 위해
② 사전에 재난을 대비할 수 있는 기술의 개발을 독려하기 위해
③ 인명 구조 기술의 개발에 관한 재정적 지원을 요청하기 위해
④ 재난 시 인명 피해를 최소화하기 위한 방법을 교육하기 위해
⑤ 재난 시 매몰된 사람을 찾아내기 위한 기술을 설명하기 위해

해설

01

문제에서 주어진 문단의 내용을 살펴보면, 제공된 정보를 바탕으로 구조 계획을 수립하는 과정에 대한 내용을 다루고 있다. 따라서 해당 문단 앞에 위치해야 할 내용은 구조해야 할 매몰자에 대한 정보를 수집하는 것과 관련이 있어야 한다. 6, 7, 8문단은 모두 와이파이와 기압 센서를 활용하여 구조 대상자에 대한 정보를 취하는 것에 대해 설명하고 있다. 따라서 주어진 문단은 ㉣에 위치하는 것이 적당하다.

정답 ④

02

필자는 글을 통해 매몰자의 위치를 찾고 구조하기 위한 다양한 기술(와이파이, 기압 센서, GPS연동 등)을 소개하고 있다. 따라서 이 글을 쓴 목적이라 볼 수 있는 것은 ⑤이다.

정답 ⑤

나우쌤이 알려주는 퀵 POINT

해당 문제들은 글의 내용에 대해서 얼마나 잘 파악하고 있는가를 묻고 있습니다. 01번 문제는 내용적인 관점에서 글의 전개과정을 장악하고 있다면 쉽게 풀 수 있는 문제입니다. 02번 문제는 글의 중심 내용을 파악하고 있었다면 또한 쉽게 풀 수 있는 문제입니다. 만약 01번 문제를 풀 때 글을 한참 살펴봐야 했다거나 혹은 02번 문제의 정답을 고르는 것에 어려움이 있었다면 글의 핵심 맥락을 인지하는 것이 원활하지 않음을 의미합니다. 만약 중심 내용 파악만 제대로 이루어졌다면 02번 문제는 고민 없이 정답을 고를 수 있었을 것입니다. 그러므로 별도의 시간을 내어서 꼭 독해 연습을 진행해야 합니다. 이 같은 문제들은 필기시험의 합격을 위해서는 꼭 맞혀야 하는 기본적인 문제이기 때문입니다.

03

다음 [보기]의 내용을 글에 삽입하려고 할 때 위치로 적절한 것은?

(가) 음모는 인류의 역사만큼이나 오래된 정치 수단이다. 음모와 일맥상통하는 책략은 대개 잘못 구사하거나 부족해서 문제였지 그 자체가 기피 대상은 아니었다. 사실 '일을 꾸미고 이뤄나가는 교묘한 방법'이 없다면, 정치와 거의 동의어로 쓰이는 권력 투쟁은 성립하기조차 어렵다. 음모론은 대중사회가 출현한 이후 더 기승을 부린다. 음모론을 받아들이고 전파할 사람이 많을수록 음모론의 위력도 커지기 마련이다. 여기에 국제화·세계화가 진척되고 정보화 혁명이 더해지면서 음모론은 유례없는 질적 도약기를 맞고 있다. 세상이 어지러울수록 음모론이 횡행하는 것은 어쩌면 당연하다. 거꾸로 음모론의 빈도와 형태는 그 시대의 모습을 보여주는 징표가 된다. 이런 면에서 지금 시대는 난세임이 분명하다.

(나) 그는 이런 민주주의가 성공하기 위해서도 네 가지 조건이 요구된다고 했다. 우선 정당, 의회, 내각에서 일하는 사람들이 충분히 높은 자질을 갖춰야 한다. 아울러 정치적 결정의 범위가 지나치게 확대돼선 안 된다. 정치는 국민 일반이 완전히 이해하고 심각한 의견을 표명하는 문제만을 취급해야 한다는 뜻이다. 그리고 아마추어에 의한 통치라는 덫에 빠지지 않으려면, 강력한 의무감과 이에 못잖게 강력한 단결심을 구비한 잘 훈련된 관료의 서비스가 있어야 한다. 마지막으로 '민주주의적 자제'가 필요하다. 무엇보다 민주주의 자체를 파괴할 수 있는 주장과 행동에 대한 유혹을 극복해야 한다.

(다) 음모(론) 정치는 이런 민주주의 원리를 모두 파괴한다. 대중은 참여의 주체가 아니라 선동 대상이 돼 적대감을 키우도록 요구받는다. 또 정당의 대표성을 인정하고 키워나가기보다는 대중의 정서를 겨냥한 포퓰리즘 행태가 우선한다. 무역전쟁을 시작한 트럼프 대통령처럼 일단 상대를 공격하고 보는 돌격대식 행동과 '모든 이민자(또는 실체를 알기 어려운 종북세력)를 축출하겠다.'는 식으로 자신이 설정한 적의 전면 파괴를 내세우는 '싹쓸이 공약'이 성행하게 된다.

(라) 민주주의는 주권자인 민(인민·국민·민중)이 지배하는 정치 체제다. 핵심은 민의 폭넓은 참여, 주기적인 선거, 정체성 있는 복수 정당, 치열한 정책 경쟁, 책임 있는 실천이다. 이 가운데 어느 하나도 빠져선 안 된다. 우리나라는 꾸준한 노력을 통해 기본 제도는 모두 갖추고 있지만, 주기적 선거 외엔 모든 면에서 부족하다. 민주주의 심화와 음모(론) 정치는 정확하게 반비례 관계에 있다.

보기

음모(론) 정치를 그대로 방치한다면 민주주의의 앞날은 험난하다. 민주주의 이론의 권위자인 최장집 고려대 명예교수는 민주주의의 핵심 원리로 참여, 대표, 책임성을 꼽는다. 민주주의는 대중 참여의 정치를 의미하므로, 참여는 가장 기초가 되는 원리다. 또 현대 민주주의는 정당 중심의 대표 체제에 근간을 두고 있어, 모든 사회 갈등을 포괄할 수 있는 경쟁적 정당체제가 중요하다. 여기에다 '선거를 통해 선출된 정부가 재임 동안 대표적이고 민주적일 수 있도록 묶어내는 제도적 장치'가 있어야 책임성이 담보된다.

① (가) 뒤
② (나) 뒤
③ (다) 뒤
④ (라) 뒤

해설

[보기]의 내용을 살펴보면, 최장집 교수가 생각하는 민주주의 정치에 대한 견해가 드러나 있다. 그런데 (나)의 문두에는 '그는'이라고 특정의 인물을 지칭하는 표현이 제시되어 있다. (가)에는 인물에 대한 설명이 없다. 또한 (나)에서는 '이런 민주주의가 성공하기 위해서도'라고 언급하여 (나) 문단 앞에서 민주주의에 대해서 설명하였음을 명시하였다. 따라서 [보기]의 문단이 위치할 수 있는 부분은 (가) 뒤, 혹은 (나) 앞이 된다.

정답 ①

04

다음 글의 주제로 가장 적절한 것은?

인간관계에서 소통은 가장 본질적이고 근원적인 것이다. 소통을 통해 서로 교류하고, 공감하고, 협력하며 사회를 만들어 가기 때문이다. 인간은 이러한 소통을 위해 여러 종류의 매체들을 사용한다. 이러한 매체들을 이용해서 수신자에게 의미를 전달하는 데에 사용되는 언어가 매체 언어이다. 따라서 매체를 어떻게 정의하느냐에 따라 매체 언어의 범주가 달라질 수 있을 것이다.

넓은 의미에서 매체는 송신자와 수신자 사이에서 정보를 전달하는 수단이나 매개물을 말하며 인류의 의사소통에 사용된 모든 도구와 수단들이다. 즉 인류 최초의 의사소통 매체인 '말'에서 텔레비전과 컴퓨터, 스마트폰에 이르기까지 문명의 변화 추이에 따라 달라진 의사소통의 양태 모두가 매체다. 매체는 인류의 문명과 함께한 것이며, 지금부터 삼만 년 전부터 오만 년 전으로 거슬러 올라가는 구술 문화와 육천 년 전 문자의 탄생으로부터 시작되는 필사 문화, 인쇄 문화를 포괄하여 인간과 환경 사이의 의미 작용에 관여하고, 의사소통 메시지를 전달하는 모든 수단과 환경이 매체인 것이다.

좁은 의미에서 매체는 텔레비전, 라디오, 신문처럼 뉴스와 정보 등을 다수의 사람들로 하여금 즐기게 하고 전파하는 대중 매체, 즉 미디어(mass media)의 번역어로 사용된다. 의사소통 양식은 사람들 사이의 관계 형성과 유지를 담당하는 대인 의사소통, 정보의 대량 전달과 전파를 담당하는 대중 의사소통으로 나눌 수 있다. 메시지 전달의 범위가 일대일의 관계에서 일대다의 대중으로 확장되었다는 것은 매체에 있어서의 큰 변화인데, 이러한 대중 매체들이 사용될 수 있었던 것은 인쇄술과 통신, 전기라는 매체의 보급을 전제로 한다.

매체는 의사소통을 하는 도구로 메시지를 전달하는 것이며, 근원적인 매체는 말과 글자와 기호이다. 그렇기에 구술이나 필사처럼 이 매체를 직접적으로 활용한 것뿐 아니라 인쇄, 전파, 인터넷 등도 말과 글자, 기호를 전달한다는 점에서 매체이다. 그리고 구술 매체, 필사 매체, 잡지나 신문과 같은 인쇄 매체, 라디오나 텔레비전과 같은 전자 매체, 이메일이나 카카오톡과 같은 인터넷 매체에 사용된 텍스트가 모두 매체 언어이다.

그런데 매체와 매체 언어 사이의 경계가 명확하게 구분되는 것은 아니다. 말과 글자는 매체인 동시에 매체 언어가 될 수 있다. 매클루언은 '매체가 메시지(The medium is the message)'라고 말한다. 매체는 실재를 경험하는 수단이고, 매체가 달라지는 것은 사회의 감각을 변화시켜 새로운 인간 환경을 창조하는 것이며, 매체의 형식이 메시지 내용, 형식, 의미에 영향을 준다는 점에서 매체가 메시지라는 것이다. 인터넷도, 스마트폰도 사용되지 않은 시점에 이러한 개념을 제시했다는 것은 놀라운 일이다. 나아가 매클루언 외(1967)에서는 '매체가 마사지(The medium is massage)'라고 말한다. 매체는 의사소통 행위를 매개하고 전달하는 환경을 넘어서서 인간의 감각 형태 전반에 자극을 주어 변화를 일으키는 마사지라는 것이다. 어떤 매체를 선택해 사용하느냐에 따라 사용하는 감각 형태가 달라지고, 전달되는 메시지의 내용이나 형식, 의미도 달라진다.

① 시대에 따라 변화하고 있는 매체의 정의

② 매체 언어에 따라 달라지는 매체의 범주

③ 대중사회에서 매체와 매체 언어의 구분법

④ 매체에서 확대되고 있는 매체 언어의 영향력

⑤ 매체와 매체 언어의 의미와 관계

해설

필자는 글의 초반부에서 매체의 의미에 대해서 살펴본 다음, 매체가 내용을 전달하기 위한 수단으로서의 매체 언어에 대해서 살펴본다. 마지막으로 매클루언의 발언을 통해서 매체와 매체 언어의 관계에 대한 설명으로 글을 정리하고 있다. 따라서 이 글의 주제로 가장 적절한 것은 '매체와 매체 언어의 의미와 관계'이다.

정답 ⑤

나우쌤이 알려주는 킥 POINT

이 같은 문제를 풀 때에는 시간을 최대한 절약할 수 있어야 합니다. 이는 문제가 쉽기 때문이 아닙니다. 글의 내용에 대해서 한 번의 독해로 파악하겠다는 의지로 글을 읽었다면 불필요하게 글을 다시 살펴보지 않고 충분히 정답을 도출할 수 있기 때문입니다. 그만큼 시간이 절약되고 문제 풀이의 정확성까지 향상시킬 수 있는 것이 독해 연습을 통해서 여러분이 기대할 수 있는 효과입니다.

05

다음 글의 전개방식으로 적절한 것은?

모래와 바위는 서로 다른 존재인가? 모래라는 것은 결국 작은 돌멩이들의 집합이 아니었던가? 달은 하나의 거대한 바윗덩어리인가? 만일 우리가 바위의 성질을 모두 이해한다면, 모래와 달의 성질도 이해하게 될 것인가? 공기 속에서 부는 바람을 바다에서 이는 파도와 비슷한 원리로 이해할 수 있을까? 서로 다른 것으로 보이는 여러 움직임들의 공통점은 무엇인가? 여러 가지 다양한 소리들은 어떤 공통점을 갖고 있는가? 색깔은 대체 몇 종류가 있는 걸까? 등과 같은 질문들에 올바른 답을 구하려면, 우리는 언뜻 보기에 전혀 다른 듯한 대상들을 순차적으로 분석하여, 다른 점이 별로 없는 근본까지 파고 들어가야 한다. 계속 파고 들어가다 보면 공통점이 발견되리라는 희망을 갖고 모든 물질과 자연현상을 낱낱이 분해해야 하는 것이다. 이러한 노력 속에서 우리의 이해는 한층 더 깊어지게 된다.

비록 부분적이긴 하지만, 이런 질문의 해답을 얻어내는 방법은 이미 수백 년 전에 개발되었다. 관측과 논리, 그리고 일련의 실험으로 진행되는 이 방법은 '과학'이라는 명칭으로 불려졌다. 앞으로 우리는 이 과학적 방법으로 구축된 '기초 물리학'을 집중적으로 탐구하게 될 것이다.

무언가를 '이해한다'는 것의 진정한 의미는 무엇인가? 이 우주의 진행방식을 하나의 체스게임에 비유해보자. 그렇다면 이 체스게임의 규칙은 신이 정한 것이며, 우리는 게임을 관람하는 관객에 불과하다. 그것도 규칙을 제대로 이해하지 못한 채로 구경할 수밖에 없는 딱한 관객인 것이다. 우리에게 허락된 것은 오로지 게임을 '지켜보는' 것뿐이다. 물론 충분한 시간을 두고 지켜본다면 몇 가지 규칙 정도는 알아낼 수도 있다. 체스게임이 성립되기 위해 반드시 요구되는 기본 규칙들, 이것이 기초 물리학이다. 그런데 체스에 사용되는 말의 움직임이 워낙 복잡한데다가 인간의 지성은 명백한 한계가 있기 때문에 모든 규칙을 다 알고 있다 해도 특정한 움직임이 왜 행해졌는지를 전혀 이해하지 못할 수도 있다. 체스게임의 규칙은 비교적 쉽게 배울 수 있지만, 매 순간마다 말이 갈 수 있는 최선의 길을 찾아내는 것은 결코 쉬운 일이 아니기 때문이다. 자연계에서도 사정은 마찬가지다. 난이도가 훨씬 높은 것뿐이다. 우리가 열심히 노력하면 그 복잡하고 어려운 규칙들을 모두 알아낼 수도 있을 것이다. 물론 지금은 규칙의 일부만이 알려져 있다. 규칙을 모두 알아내는 것도 문제지만, 알아낸 규칙으로 설명할 수 있는 현상이 극히 한정되어 있다는 것도 커다란 장애이다. 거의 모든 상황들이 끔찍하게 복잡하여 게임의 진행 양상을 따라가기가 벅찰 뿐만 아니라, 다음에 벌어질 상황을 예측하기도 쉽지 않기 때문이다. 따라서 우리는 '게임의 규칙'이라는 지극히 기본적인 질문에 집중할 수밖에 없다. 규칙을 모두 이해한다면 그것은 곧 이 세계를 이해하는 것이다. 이것이 바로 우리가 말하는 '이해의 참뜻'이다.

① 대중적으로 널리 알려진 문제를 전문적인 개념을 통해 풀어내고 있다.
② 심층적인 개념을 통해 여러 현상들을 설명하고 있다.
③ 일상적으로 살펴볼 수 있는 현상 이면의 법칙들을 정립하고 있다.
④ 일반적으로 합의된 보편적인 개념들에 대해서 의문을 제기하고 있다.
⑤ 일상적인 사례들로부터 시작하여 심화된 문제를 해결하고 있다.

해설

필자는 과학적인 관점에서 대상을 연구한다는 것은 기본적으로 대상에 대한 이해에 근거하고 있음을 설명한다. 그렇다면 이제는 대상에 대한 이해라는 것이 무엇인지에 대해서 알아야 한다. 따라서 필자는 3문단에서 대상에 대해서 이해한다는 것이 어떤 의미인지를 (일상생활에서 접할 수 있는) 체스게임에 비유하여 설명하고 있다. 따라서 이 글에 대한 설명방식으로 가장 적절한 것은 ⑤이다.

정답 ⑤

나우쌤이 알려주는 킥 POINT

해당 문제 역시 글의 중심 내용이 무엇이고, 필자가 그것에 대해서 어떻게 설명하고 있는지를 글을 읽어가는 '과정 속에서' 꾸준히 인지하고 있을 때 쉽게 풀 수 있는 문제입니다. 제가 앞선 문장에서 '과정 속에서'라는 표현에 따옴표를 표시하였습니다. 여러분이 실제 시험을 볼 땐 글을 여러 번 다시 읽을 시간이 없습니다. 최대한 시간을 아껴서 한 문제라도 더 풀어야 합니다. 제가 '과정 속에서'라는 표현에 따옴표를 한 것은, 시험에서 요구되는 독해는 글 한 편을 다 읽고 비로소 완성되는 것이 아니라는 점을 강조하기 위해서입니다. 이미 글을 읽어가는 과정 속에서 서서히 완성되고 있어야 합니다.

PSAT 기출 연습문제

01

2011년 5급 민간경력 PSAT

다음 글에 부합하는 것은?

주권은 타인에게 양도될 수 없고 타인을 통해 대표될 수도 없다. 그러므로 대의원은 민(民)의 대표자가 아니며 대표자가 될 수 없다. 그들은 민이 사용하는 사람에 불과하며 무슨 일이든 최종 결정권이 없다. 민이 직접 승인하지 않는 법률은 모두 무효이며 결코 법률이라 할 수 없다.

고대 공화제 국가뿐만 아니라 군주제 국가에서도 민은 결코 대표자를 갖지 않았고 또 사람들은 '대표자'라는 말조차 알지 못했다. 심지어 호민관을 그토록 신성시했던 로마에서도 호민관이 민의 기능을 빼앗을 수 있다고는 생각조차 할 수 없었다. 이뿐만 아니라 집회 때 수많은 민들 가운데 우뚝 서서 외치던 호민관이라 하더라도 단 한 사람의 투표권조차 자기 마음대로 좌우하겠다고는 생각하지 못했다. 물론 민의 수가 너무 많으면 때로는 어려운 문제가 일어날 수 있다는 점을 인정할 필요가 있다. 가령 그락쿠스 형제 시대에는 민의 수가 너무 많았기 때문에 일부 시민은 건물 지붕 위에서 투표하는 일까지 있었다.

모든 법은 보편적 선의지의 표명이기 때문에 입법권을 행사하는 데 대표자를 내세울 수 없는 것은 명백하다. 한편 민은 집행권을 행사하는 데는 대리자를 내세울 수 있다. 다만 이 집행권은 법률에 효력을 부여하기 위하여 적용되는 힘에 불과하다. 로마의 호민관들은 원래 심지어 집행권조차 갖고 있지 않았다. 그들은 자기들에게 위임된 권한으로는 법률을 집행할 수 없었으며, 다만 원로원의 권리를 찬탈함으로써만 민을 대신해 집행할 수 있었다.

① 고대 사회에서 민은 입법권을 직접 갖지 못했다.
② 민은 입법권뿐만 아니라 집행권까지 가질 수 있다.
③ 헌법의 입법과 개정에서 민은 대표자를 필요로 한다.
④ 민의 수가 너무 많은 경우 민의 대표자가 입법권 행사를 대행해야 한다.
⑤ 민은 집행권 행사에 직접 참여하나 입법권 행사에는 대표를 필요로 한다.

해설

해당 문제의 중심 내용은 글에 분명하게 제시되어 있다. 1문단의 첫 번째 문장인 '주권은 타인에게 양도될 수 없고 타인을 통해 대표될 수도 없다.'라는 부분이 필자가 말하고자 하는 바이다. 이후에 전개된 입법권이나 집행권 그리고 로마의 역사적 사례는 이에 대한 입증의 과정이자 부연 설명일 뿐이다.
②의 내용은 주권이 민에게 귀속되어 있음을 밝히고 있으므로, 글의 내용과 가장 일치하는 내용임을 알 수 있다.

(오답풀이)
①, ③, ④, ⑤는 모두 권리의 양도 혹은 대표가 가능함을 이야기하고 있다.

정답 ②

나우쌤이 알려주는 킥 POINT

기출문제에 대한 분석은 정답을 맞혔는지 여부에 중점을 두고 진행되는 것이 아닙니다. 물론 정/오답의 여부도 분석 과정에서 중요한 요소지만, 이 부분만 가지고 기출문제 분석이 끝났다고 보기에는 큰 오판이라 볼 수 있습니다. 이 문제 역시 마찬가지입니다. 제가 해당 문제를 풀이하는 정도로만 필요하다고 여겼다면 단순히 기출문제에 대한 해설 풀이만으로도 충분할 것입니다. 그리고 여러분들도 그 해설을 읽고 이해하는 것으로 학습이 끝났다고 생각할 것입니다. 하지만 기출문제 분석은 그 이상의 무엇을 필요로 합니다.

여러분은 앞서 제시된 문제를 어떻게 푸셨나요? 선택지 내용 하나하나를 본문과 비교해가면서 정답을 도출하거나, 혹은 선택지를 읽다보니 가장 이질적인 선택지를 골랐을 것입니다. 제가 여러분께 물어보고 싶은 것은 다음이 아니라 '이 글을 이해하였는지'입니다.

해당 문제는 입법권, 집행권에 대한 지엽적인 언급이나 호민관에 대한 소재에 대한 언급을 부탁드리는 것이 아닙니다. "필자가 이 글을 통해서 무엇을 말하고자 했습니까?"라는 질문에 짧고 간략하게 답변할 수 있는지를 묻고 있는 겁니다. 좀 더 현실적으로 이야기하면 문제를 풀기 위해 지문을 읽었던 그 짧은 시간에 "자동적으로" 글의 중심 내용이 도출되고 있었는가에 대한 문제입니다. 이해하기 어려운 글일 경우 이해를 하지 못한 것에 관해 다른 원인을 말할 수 있겠지만, 이 문제만큼은 다음과 같은 이유로 변명의 여지가 없습니다.

- 글의 길이가 지나치게 긴 것도 아닙니다. 오히려 짧다고 하는 편이 적절하겠습니다.
- 복잡한 구조의 글도 아닙니다. 따라서 별도의 정리과정이 요구된다고도 볼 수 없습니다.
- 마지막으로 글을 이해함에 있어 고도의 추상적 사고력이 요구되는 것도 아닙니다.

그럼에도 중심 내용을 도출하는 것이 어렵다면 자신의 독해 과정에 대해서 좀 더 생각해볼 필요가 있습니다. 아울러 이 문제를 풀고 해설 내용을 이해하는 단계까지 학습하는 경우 그냥 해당 문제에 대한 이해로 끝나게 됩니다. 즉 이 문제를 쉽게 풀어내지 못한 요인은 전혀 해결되지 않은 것입니다. 그렇다고 강의나 자세하게 설명하는 해설 내용도 명쾌한 해결책이 될 수는 없을 것입니다. 한번 출제된 문제는 다시 출제되지 않기 때문입니다. 하지만 우린 독해력 향상을 통해 이를 해결할 수 있습니다. 자신이 가지고 있는 문제점을 인식하는 것도 중요하지만, 이것만으로는 해결되지 않기에 문제점을 외면하지 말고 변화하도록 노력해야 합니다.

02

다음 글을 읽고 문맥상 이어질 내용으로 가장 적절한 것은?

테레민이라는 악기는 손을 대지 않고 연주하는 악기이다. 이 악기를 연주하기 위해 연주자는 허리 높이쯤에 위치한 상자 앞에 선다. 연주자의 오른손은 상자에 수직으로 세워진 안테나 주위에서 움직인다. 오른손의 엄지와 집게손가락으로 고리를 만들고 손을 흔들면서 나머지 손가락을 하나씩 펴면 안테나에 손이 닿지 않고서도 음이 들린다. 이때 들리는 음은 피아노 건반을 눌렀을 때 나는 것처럼 정해진 음이 아니고 현악기를 연주하는 것과 같은 연속음이며, 소리는 손과 손가락의 움직임에 따라 변한다. 왼손은 손가락을 펼친 채로 상자에서 수평으로 뻗은 안테나 위에서 서서히 오르내리면서 소리를 조절한다.

오른손으로는 수직 안테나와의 거리에 따라 음고(音高)를 조절하고 왼손으로는 수평 안테나와의 거리에 따라 음량을 조절한다. 따라서 오른손과 수직 안테나는 음고를 조절하는 회로에 속하고 왼손과 수평 안테나는 음량을 조절하는 또 다른 회로에 속한다. 이 두 회로가 하나로 합쳐지면서 두 손의 움직임에 따라 음고와 음량을 변화시킬 수 있다.

어떻게 테레민에서 다른 음고의 음이 발생되는지 알아보자. 음고를 조절하는 회로는 가청주파수 범위 바깥의 주파수를 갖는 서로 다른 두 개의 음파를 발생시킨다. 이 두 개의 음파 사이에 존재하는 주파수의 차이값에 의해 가청주파수를 갖는 새로운 진동이 발생하는데 그것으로 소리를 만든다. 가청주파수 범위 바깥의 주파수 중 하나는 고정된 주파수를 갖고 다른 하나는 연주자의 손 움직임에 따라 주파수가 바뀐다. 이렇게 발생한 주파수의 변화에 의해 진동이 발생되고 이 진동의 주파수는 가청주파수 범위 내에 있기 때문에 그 진동을 증폭시켜 스피커로 보내면 소리가 들린다.

① 수직 안테나에 손이 닿으면 소리가 발생하는 원리
② 왼손의 손가락의 모양에 따라 음고가 바뀌는 원리
③ 수평 안테나와 왼손 사이의 거리에 따라 음량이 조절되는 원리
④ 음고를 조절하는 회로에서 가청주파수의 진동이 발생하는 원리
⑤ 오른손 손가락으로 가상의 피아노 건반을 눌러 음량을 변경하는 원리

해설

글 전체의 구조를 먼저 살펴보면 1문단은 테레민에 대한 전반적인 설명을 하고 있다. 2문단은 테레민에서 실제로 음이 발생하는 원리를 설명하고 있다. 테레민에서 음은 음고와 음량의 변화로 나타나는데 마지막 문단은 바로 음고의 변화 과정을 구체적으로 설명하고 있다. 따라서 이어지는 문단의 내용으로 적절한 것은 나머지 하나인 음량이 조절되는 과정을 설명하는 것이다.

정답 ③

나우쌤이 알려주는 퀵 POINT

01번 문제와 마찬가지로 글의 핵심적인 맥락을 잘 잡을 수 있어야지만 쉽게 풀리는 문제입니다. 만약 이 문제를 푸는 과정에서 선택지마다 각각 글과 비교하면서 확인하였다면 제시된 글을 완벽하게 장악하지는 못한 상태라고 볼 수 있습니다. 글의 각 문단별로 주제를 정리해보면 다음과 같습니다.

- 1문단: 헤레민에 대한 개략적인 설명
- 2문단: 헤레민에서 음을 내는 방식(음고와 음량)
- 3문단: 다양한 음고의 음이 발생하는 원리
- 4문단: (   )

2문단에서 이미 음고와 음량을 조절하는 방식으로 음을 발생시킨다는 점을 설명했습니다. 그리고 3문단에서 구체적으로 음고를 조절하는 원리를 설명하였습니다. 그렇다면 이후에는 음량을 조절하는 이야기가 나와야 할 것입니다. 이렇게 정리하고 나면 명확하게 이해가 될 것입니다. 그런데 왜 막상 문제를 풀 때는 바로 보이지 않았을까요? 그것은 글 내용의 전개 흐름을 장악하지 못하였다는 것을 의미합니다.

03

다음 글에서 추론할 수 있는 것은?

조선이 임진왜란 중 필사적으로 보존하고자 한 서적은 바로 조선왕조실록이다. 실록은 원래 서울의 춘추관과 성주·충주·전주 4곳의 사고(史庫)에 보관되었으나, 임진왜란 이후 전주 사고의 실록만 온전한 상태였다. 전란이 끝난 후 단 1벌 남은 실록을 다시 여러 벌 등서하자는 주장이 제기되었다. 우여곡절 끝에 실록 인쇄가 끝난 것은 1606년이었다. 재인쇄 작업의 결과 원본을 포함해 모두 5벌의 실록을 갖추게 되었다. 원본은 강화도 마니산에 봉안하고 나머지 4벌은 서울의 춘추관과 평안도 묘향산, 강원도의 태백산과 오대산에 봉안했다.

이 5벌 중에서 서울 춘추관의 것은 1624년 이괄의 난 때 불에 타 없어졌고, 묘향산의 것은 1633년 후금과의 관계가 악화되자 전라도 무주의 적상산에 사고를 새로 지어 옮겼다. 강화도 마니산의 것은 1636년 병자호란 때 청군에 의해 일부 훼손되었던 것을 현종 때 보수하여 숙종 때 강화도 정족산에 다시 봉안했다. 결국 내란과 외적 침입으로 인해 5곳 가운데 1곳의 실록은 소실되었고, 1곳의 실록은 장소를 옮겼으며, 1곳의 실록은 손상을 입었던 것이다.

정족산, 태백산, 적상산, 오대산 4곳의 실록은 그 후 안전하게 지켜졌다. 그러나 일본이 다시 여기에 손을 대었다. 1910년 조선 강점 이후 일제는 정족산과 태백산에 있던 실록을 조선총독부로 이관하고 적상산의 실록은 구황궁 장서각으로 옮겼으며 오대산의 실록은 일본 동경제국대학으로 반출했다. 일본으로 반출한 것은 1923년 관동대지진 때 거의 소실되었다. 정족산과 태백산의 실록은 1930년 경성제국대학으로 옮겨져 지금까지 서울대학교에 보존되어 있다. 한편 장서각의 실록은 6·25전쟁 때 북으로 옮겨져 김일성종합대학에 소장되어 있다.

① 재인쇄하였던 실록은 모두 5벌이다.
② 태백산에 보관하였던 실록은 현재 일본에 있다.
③ 현재 한반도에 남아 있는 실록은 모두 4벌이다.
④ 적상산에 보관하였던 실록은 일부가 훼손되었다.
⑤ 현존하는 가장 오래된 실록은 서울대학교에 있다.

해설

정족산에 보관되었던 실록은 본디 강화도 마니산에 보관되어 있던 것이며, 여기서 강화도 마니산에 보관되었다는 점을 통해 원본이며, 가장 오래된 판본이라 할 수 있다. 이 판본이 현재 서울대학교에 보관 중이므로 옳은 내용이다.

(오답풀이)

① [1문단] 재인쇄의 결과 5벌의 실록을 갖추게 되었으나 그것은 원본 1벌을 포함한 수치이므로 옳지 않은 내용이다.
② [3문단] 태백산에 보관되어 있던 실록은 현재 서울대학교에 보존되어 있으므로 일본에 있다는 내용은 거짓이다.
③ [2, 3문단] 재인쇄본까지 5벌 만들어졌던 조선왕조실록은 여러 외침을 겪으면서 4벌로 줄어들었다. 그리고 일제 강점기 시절에 일본으로 반출되었던 1벌이 관동대지진으로 소실되었으므로 현재 남아있는 실록이 4벌이라는 내용은 옳지 않다.
④ [3문단] 적상산에 보관하였던 실록이 구황궁 장서각으로 옮겨졌다는 사실만 확인할 수 있을 뿐 일부가 소실되었는지, 완전히 소실되었는지 등의 여부는 글을 통해서 판단할 수 없다.

정답 ⑤

나우쌤이 알려주는 퀵 POINT

Q 자, 이제 여러분에게 다시 질문을 하겠습니다. 글을 읽는다는 것, 독해란 무엇일까요? 제가 계속 글을 장악한다는 표현을 쓰고, 글의 내용을 파악한다는 말을 했기 때문에 글의 모든 내용을 기억해야 한다고 생각하는 분들도 계실 것입니다. 과연 글의 내용을 모두 기억한다는 것이 곧 독해일까요?

A 그렇지 않습니다(사실 그렇게 할 수도 없고, 그렇게 할 시간도 없습니다). 앞서 제시된 문제에서 글의 독해는 무엇을 의미할까요? 대략적으로 정리하자면 다음과 같습니다. 글의 초반부에서는 임진왜란 때 소실되고 재인쇄된 조선왕조실록 이야기, 중반부에서는 재인쇄 이후의 실록의 수난사, 후반부에서는 일제 강점기 이후 실록의 역사라고 정리할 수 있습니다. 이후 선택지를 보고 나서 어떤 시기에 대한 이야기인지를 확인해서 글의 해당하는 부분을 통해 빠르게 확인하는 방법으로 문제를 정확하게 풀 수 있습니다. 즉 독해는 글의 모든 정보를 기억 속에 담는 것이 아닙니다. 글의 주요 내용과 전개 과정을 기억하는 것으로 충분하다는 점을 꼭 기억하시고 연습하시기 바랍니다.

04

다음 판결문과 양립할 수 없는 것은?

민주주의 국가의 국민은 주권자의 입장에 서서 헌법을 제정하고 헌법을 수호하는 가장 중요한 소임을 가지므로, 이러한 국민이 개인 지위를 넘어 집단이나 집단 유사의 결집을 이루어 헌법을 수호하는 역할을 일정한 시점에서 담당할 경우에는 이러한 국민의 결집을 적어도 그 기간 중에는 헌법기관에 준하여 보호하여야 할 것이다. 이러한 국민의 결집을 강압으로 분쇄한 행위는 헌법기관을 강압으로 분쇄한 것과 마찬가지로 국헌문란에 해당한다.

헌법상 아무런 명문 규정이 없음에도 불구하고, 국민이 헌법의 수호자로서 지위를 가진다는 것만으로 헌법수호를 목적으로 집단을 이룬 시위국민들을 가리켜 형법 제91조 제2호에서 규정하고 있는 '헌법에 의하여 설치된 국가기관'에 해당하는 것이라고 말하기는 어렵다 할 것이다. 따라서 위 법률 조항에 관한 법리를 오해하여 헌법수호를 위하여 시위하는 국민의 결집을 헌법기관으로 본 원심의 조처는 결국 유추해석에 해당하여 죄형법정주의의 원칙을 위반한 것이어서 허용될 수 없다고 할 것이다.

① 헌법상의 지위와 소임을 다하려고 시위하는 국민들을 헌법기관으로 보는 것은 경우에 따라 허용된다.
② 헌법수호를 위하여 결집된 국민들을 강압으로 분쇄한 행위는 국헌문란죄로 처벌받아야 한다.
③ 헌법수호를 위하여 싸우는 국민의 집단은 헌법기관에 준하여 보호되어야 한다.
④ 대한민국 국민 한 사람 한 사람은 헌법을 제정하고 수호하는 주권자이다.
⑤ 헌법수호를 위하여 결집된 국민들은 헌법기관이 아니다.

해설

글의 중심 주장은 헌법의 수호를 위하여 시위하는 국민의 결집을 헌법기관으로 볼 수 없으므로 원심의 판결은 정당하지 않다는 것이다. 따라서 이와 양립할 수 없는 것은 이러한 국민 결집을 헌법기관으로 간주할 수 있다는 입장이 되어야 할 것이다.

오답풀이

유력한 오답으로 볼 수 있는 선택지 ③번 내용을 분석적으로 살펴보면, 헌법수호를 위하여 싸우는 국민의 결집은 헌법기관에 '준하여' 보호되어야 한다고 언급하고 있으므로 글의 입장과 양립이 가능하다. 본 판결문은 국민의 결집을 아예 국가기관으로 간주하는 것에 대한 오류를 지적하고 있기 때문이다. 한편 나머지 ②, ④, ⑤는 필자가 판결문에서 인용하고 있는 내용으로 문제에서 요구하는 정답이 될 수 없다.

정답 ①

나우쌤이 알려주는 꿀 POINT

첫 번째로 체크해 볼 것이 있습니다. 해당 문제를 풀 때 글을 읽고 바로 선택지를 확인하고, 해당 선택지의 내용이 글의 어디에 위치하는지 찾는 방법으로 정답을 도출하였다면, 이 같은 풀이 방식은 옳지 않습니다. 그 이유는 출제의도에 따라서 문제를 풀지 않았기 때문입니다. 문제를 통해 파악한 출제의도에 따라 문제를 풀지 않으면 정답을 도출할 확률도 낮아질 뿐만 아니라, 목표 지점이 분명하지 않으므로 판단하는 데에도 시간이 많이 걸릴 수밖에 없습니다. 대부분 무의식적으로 일반적인 문제들을 모두 일치부합형 문제처럼 푸는 경우가 많습니다. 가장 편하고 가장 익숙하기 때문입니다. 하지만 여러분은 출제의도를 정확히 인지하시고 이에 따라서 문제를 푸는 연습을 하셔야 합니다.

그럼 위 문제를 다시 풀어봅시다. '판결문과 양립 가능할 수 없는 것'을 찾으려면 일단 판결문부터 이해해야 합니다. 필자는 판결문을 통해 무엇을 주장하려고 하는지 다음 빈칸에 작성해 봅시다.

자 그럼 글을 다시 살펴보도록 하겠습니다.

> 민주주의 국가의 국민은 주권자의 입장에 서서 헌법을 제정하고 헌법을 수호하는 가장 중요한 소임을 가지므로, 이러한 국민이 개인 지위를 넘어 집단이나 집단 유사의 결집을 이루어 헌법을 수호하는 역할을 일정한 시점에서 담당할 경우에는 이러한 국민의 결집을 적어도 그 기간 중에는 헌법기관에 준하여 보호하여야 할 것이다. 이러한 국민의 결집을 강압으로 분쇄한 행위는 헌법기관을 강압으로 분쇄한 것과 마찬가지로 국헌문란에 해당한다.
>
> 헌법상 아무런 명문 규정이 없음에도 불구하고, 국민이 헌법의 수호자로서 지위를 가진다는 것만으로 헌법수호를 목적으로 집단을 이룬 시위국민들을 가리켜 형법 제91조 제2호에서 규정하고 있는 '헌법에 의하여 설치된 국가기관'에 해당하는 것이라고 말하기는 어렵다 할 것이다. 따라서 위 법률 조항에 관한 법리를 오해하여 헌법수호를 위하여 시위하는 국민의 결집을 헌법기관으로 본 원심의 조처는 결국 유추해석에 해당하여 죄형법정주의의 원칙을 위반한 것이어서 허용될 수 없다고 할 것이다.

같은 글을, 같은 시간에 읽어도 전혀 다르게 파악되는 경우가 있습니다. 이것은 바로 어떤 정보가 핵심인지를 가려내는 안목, 즉 독해력에 따라 차이가 발생하는 것입니다. 위의 박스 내용을 빠르게 읽지 말고 천천히 읽어가면서 중심 내용을 도출해보면 "헌법수호를 위해 결집한 국민의 결집은 헌법기관에 준하여 보호하여야 하나, 그렇다고 해서 헌법기관 자체로 간주해서는 안 된다."라고 정리할 수 있습니다.

이후 다시 각 선택지를 보면서 글의 주장과 양립 불가능한 것을 찾아야 합니다. 이 과정에서 아마 이전 풀이 때와는 다르다는 것을 느낄 수 있을 것입니다. 저는 이 글 어디에서도 헌법이나 국민의 결집 등의 개념에 대해서 정의 혹은 설명하거나 글을 해체하는 수준으로 분석하지도 않았습니다. 다만 중요한 문장에 따로 표시를 했을 뿐인데, 이해하는 수준과 문제의 체감난이도가 달라졌을 것입니다. 그러므로 정보의 경중(輕重)! 잊지 말기 바랍니다.

따라서 독해력이란 기억력이 아닙니다. 글을 읽으며 중요한 정보만을 추려낼 수 있는 능력을 독해력이라고 하는 것입니다. 물론 기억력과 문장 해독력이 필요하고 여러 가지 낱말을 이해하는 어휘력도 필요합니다. 하지만 그것은 모두 핵심적인 정보와 그렇지 않은 정보를 가려내기 위한 수단일 뿐입니다. 글의 맥(脈)을 파악하고, 이것을 절대 놓치지 않길 바랍니다.

05

다음 글의 중심 내용으로 가장 적절한 것은?

2015년 한국직업능력개발원 보고서에 따르면 전체 대졸 취업자의 전공 불일치 비율이 6년 간 3.6%p 상승했다. 이는 우리 대학교육이 취업 환경의 급속한 변화를 따라가지 못하고 있음을 보여준다. 기존의 교육 패러다임으로는 오늘 같은 직업생태계의 빠른 변화에 대응하기 어려워 보인다. 중고등학교 때부터 직업을 염두에 둔 맞춤 교육을 하는 것이 어떨까? 그것은 두 가지 점에서 어리석은 방안이다. 한 사람의 타고난 재능과 역량이 가시화되는 데 훨씬 더 오랜 시간과 경험이 필요하다는 것이 첫 번째 이유이고, 사회가 필요로 하는 직업 자체가 빠르게 변하고 있다는 것이 두 번째 이유이다.

그렇다면 학교는 우리 아이들에게 무엇을 가르쳐야 할까? 교육이 아이들의 삶뿐만 아니라 한 나라의 미래를 결정한다는 사실을 고려하면 이것은 우리 모두의 운명을 좌우할 물음이다. 문제는 세계의 환경이 급속히 변하고 있다는 것이다. 2030년이면 현존하는 직종 가운데 80%가 사라질 것이고, 2011년에 초등학교에 입학한 어린이 중 65%는 아직 존재하지도 않는 직업에 종사하게 되리라는 예측이 있다. 이런 상황에서 교육이 가장 먼저 고려해야 할 것은 변화하는 직업 환경에 성공적으로 대응하는 능력에 초점을 맞추는 일이다.

이미 세계 여러 나라가 이런 관점에서 교육을 개혁하고 있다. 핀란드는 2020년까지 학교 수업을 소통, 창의성, 비판적 사고, 협동을 강조하는 내용으로 개편한다는 계획을 발표했다. 이와 같은 능력들은 빠르게 현실화되고 있는 '초연결 사회'에서의 삶에 필수적이기 때문이다. 말레이시아의 학교들은 문제해결 능력, 네트워크형 팀워크 등을 교과과정에 포함시키고 있고, 아르헨티나는 초등학교와 중학교에서 코딩을 가르치고 있다. 우리 교육도 개혁을 생각하지 않으면 안 된다.

① 한 국가의 교육은 당대의 직업구조의 영향을 받는다.
② 미래에는 현존하는 직업 중 대부분이 사라지는 큰 변화가 있을 것이다.
③ 세계 여러 국가는 변화하는 세상에 대응하여 전통적인 교육을 개편하고 있다.
④ 빠르게 변하는 불확실성의 세계에서는 미래의 유망 직업을 예측하는 일이 중요하다.
⑤ 교육은 다음 세대가 사회 환경의 변화에 대응하는 데 필요한 역량을 함양하는 방향으로 변해야 한다.

해설

글의 중심 내용을 찾는 문제이다. 필자는 1문단에서 직업의 변화에 따라 맞추어서 교육을 진행하는 것은 몇 가지 이유로 어렵다고 지적하고 있다. 그 중에서는 직업 자체가 빠르게 변하고 있어서 현재의 직업에 맞추어서 교육을 하는 것은 미래에는 의미가 없기 때문이다. 이에 따라 2문단에서 필자는 변화하는 직업 환경에 맞는 '능력을 갖추는 것'을 교육의 목적으로 설명하고 있다. 3문단에서 언급하고 있는 핀란드나 말레이시아, 아르헨티나 교육의 예도 직업 자체에 대응하는 교육이 아니라 미래의 직업을 구하고 종사하기 위해서 필요한 능력을 배양하는 교육임을 알 수 있다.

정답 ⑤

나우쌤이 알려주는 퀵 POINT

우리는 여러 문제를 통해서 여러분의 독해 실력을 진단해보았습니다. 이 문제들을 풀어보았던 것은 단순히 맞고 틀리는 정도를 확인하기 위한 것이 아닙니다. 여러분이 중심 내용을 어느 정도 인지할 수 있느냐에 따라서 정답률이 달라지는 문제들로, 즉 독해력으로 문제의 정오 여부를 구분 지을 수 있었던 문제들이었습니다.

어떤 사람에게는 평이한 문제였을 것이고, 어떤 사람에게는 생각보다 어려운 문제였을 것입니다. 몇 개의 문제를 틀렸거나, 어려움을 느꼈다고 해서 스스로에게 낙담하실 필요는 없습니다. 지금 이 문제들은 여러분의 현실을 정확하게 진단하기 위해서 배치된 것입니다. 스스로의 현재를 인식하셨다면 지금을 출발점으로 실력 향상을 위한 공부를 시작하면 됩니다.

사실 중심 내용을 찾는 것은 몇 번의 연습으로 쉽게 완성되는 것이 아닙니다. 중심 내용을 찾아야겠다는 생각은 비슷한 유형의 문제를 계속 풀고 있는 지금은 할 수 있지만, 여러 유형이 뒤섞여 출제되는 실제 시험에서는 이 같은 생각을 떠올리기 어렵기 때문입니다. 따라서 중심 내용을 찾는 것은 의식적인 수준이 아니라 무의식적인 수준에서 자동적으로 할 수 있도록 습관화하는 과정이 필요합니다.

그러기 위해서는 되도록 여러 가지 내용의 글들을 접하면서 항상 중심 내용을 도출하는 연습을 병행할 필요가 있습니다. 그러면서 중심 내용 찾는 습관이 여러분의 독해 과정 속에 자연스럽게 자리 잡게 될 것입니다.

이 같은 습관은 꾸준한 독해 연습을 통해 도달할 수 있습니다. 독해 실력은 단순히 많은 글을 읽는다고 증강되는 것이 아닙니다. 효과적인 방법을 통해서 연습할 때, 비교적 적은 시간의 투자로 좋은 결과를 기대해볼 수 있을 것입니다.

CHAPTER 02

나우쌤의 1·2회독 독해법

01 나우쌤의 1·2회독 독해법이란?

효과적인 독해 연습을 위해 제가 고안한 2단계 독해 연습 프로세스를 알려드리고자 합니다. 먼저 1단계 과정의 목적은 시간에 대한 적응력 향상이며, 2단계 과정의 목적은 이해력의 제고입니다. 시간과 이해라는 두 가지 기준은 서로 다르면서도 매우 밀접한 관계를 지니고 있습니다. 정확하게 이해하기 위해서는 충분한 시간이 요구되기 때문에 사실 상충하는 면이 있는 것도 사실입니다. 하지만 시험이라는 목적을 감안하면 가치교환적인 면이 있는 두 가지 가치를 모두 추구해야 하는 것도 사실입니다.

따라서 독해 연습 과정을 두 단계로 구분하여 위에서 언급한 두 가지 가치와 관련한 능력을 모두 배양하는 것이 가장 효과적일 것입니다. 그럼 2단계 독해 연습 프로세스인 '1·2회독 독해법'을 간단히 정리해서 보여드리겠습니다.

프로세스 구분	명칭	목적	시간제한	독해 단위	효과
1단계	1회독 – 속독	시간에 대한 적응력 향상	있음	글	1. 습관화 2. 실전대응력
2단계	2회독 – 정독	이해력 제고	없음	문장/문단	1. 문장 해석력 2. 구조파악

앞으로 제가 고안한 2단계 독해 연습 방법을 통해 연습할 생각이라면 어떤 내용의 글을 만나든, 어떤 형식의 글을 만나든 2단계 과정을 지킬 수 있길 바랍니다. 물론 글에 따라 지금부터 설명할 1단계의 적용이 쉽지 않은 내용들이 있지만, 그런 분류의 글들은 제가 별도로 분류해서 여러분에게 안내하겠습니다. 이제부터 설명하는 내용들은 모두 기본적인 독해법이므로, 해당 내용부터 숙지하길 바랍니다.

02 1회독 - 속독(速讀)

1) 1회독의 정의

1단계를 고안하게 된 배경은 앞서 언급한 주어진 시간 안에 제시문을 기억하는 것이 상당히 어렵다는 점에서 착안한 것입니다. 비교적 평이한 수준의 제시문보다 훨씬 복잡하고 난해한 제시문도 출제되고 있음을 감안한다면 모든 정보를 암기한 후에 문제를 푸는 것이 얼마나 비효율적인가 하는 점에 대해 쉽게 추측할 수 있을 것입니다. 그렇다면 실제 시험장에서 문제를 풀기 위한 본문 읽기란 무슨 의미가 있을까요? 차라리 풀지 못하는 문제의 수가 늘어나더라도 충분한 시간을 가지면서 글을 완벽하게 머릿속에 넣어두고 문제를 푸는 것이 맞는 걸까요? 제 대답은 "그렇지 않습니다."입니다.

'경중(輕重)'

독해의 효율성은 중요한 정보와 상대적으로 덜 중요한 정보의 구분에서 시작됩니다. 앞서 살펴보았던 문제에서 주어진 글을 다시 보면 여러분도 충분히 느꼈겠지만 글을 읽었다고 하더라도 짧은 시간 안에 모든 내용을 기억할 수는 없습니다. 하지만 주요한 내용들만 골라서 기억하라면 충분히 가능할 것입니다. 사실 문제 풀이 시 주요한 내용만 기억해도 문제를 풀기 위한 충분한 정보를 얻어낸 것입니다. 이때, 여러분들은 이렇게 정리한 것으로 대체 무엇을 할 수 있는지 반문할 수 있습니다. 여러분이 "글을 읽었되 답은 도출하지 못하는 것 아니냐."라는 질문을 하면 저는 "당연히 그렇습니다."라고 대답할 것입니다.

해가 갈수록 문제는 치밀해지고 선택지와 글을 비교하는 과정 속에서 확인해야 할 정보의 양은 많아지고 있습니다. 아무리 독해를 철저히 한다고 하더라도 글을 한 번 읽고 정답을 도출할 수 있다는 말은 어불성설입니다. 이런 경우에는 문제 풀이의 프로세스를 2중화해야 합니다.

1단계: 본문 읽기 → 중심 내용의 파악, 글의 전개과정 기억 2단계: 문제 풀이 → 정확하고 꼼꼼한 비교와 확인

먼저 1단계에서는 글을 최대한 스피디하게 읽어나갑니다. 기억해야 할 내용은 앞서 말씀드린 바와 같이 중심 내용(혹은 핵심 주장)과 글의 전개과정(혹은 구조)입니다. 그리고 이 작업이 끝나면 문제 풀이의 과정에 진입하게 됩니다. 이때 앞선 1단계 과정처럼 스피디하게 진행하지 않고, 정확한 비교·확인을 해야 합니다. 지금 설명한 내용을 간단하게 정리하면 다음과 같습니다.

본문 독해 과정: 중요한 것만 스피디하게! 문제 풀이 과정: 세세한 것까지 정확하게!

하지만 이 방법을 이해했다고 해서 바뀌는 것은 사실상 없습니다. 수많은 스포츠 선수들은 각 종목에서 필요한 동작을 매일 반복하면서 훈련합니다. 이는 알고 있다는 것이 곧 할 수 있다는 것과 동일하지 않다는 것을 보여주는 방증이라 할 것입니다. 예를 들어 유도를 할 때, 처음에는 낙법만을 반복적으로 교육합니다. 충분히 배웠다고 생각하더라도 실제 겨루기에서는 자신도 모르게 팔로 땅을 짚으려 해서 부상을 당하는 경우가 적지 않습니다. 즉 자신이 완전히 습득하기 위해서는 단순히 지식을 배우는 시간보다 훨씬 긴 시간이 필요하다는 것입니다. 1회독은 바로 이 방법의 습득을 위한 시작점이라고 보시면 됩니다.

2) 1회독의 실제

800~900자의 제시문 기준 약 45초~1분 정도의 시간제한을 두고 글을 읽기 시작합니다. 글자 100자가 증가하거나 감소함에 따라 제한시간도 10초 정도로 증감하면서 읽으면 됩니다.(물론 이를 위해서 모든 제시문의 글자 수를 헤아릴 필요는 없습니다. 어떤 책이든 한 페이지에 들어가는 글자의 수는 일정하므로 처음 한두 제시문의 글자 수를 확인해 보면 다른 제시문의 글자 수는 글의 길이를 통해 대략적으로 파악할 수 있습니다.)

그리고 글 읽기가 끝나면 바로 글을 가린 후, 중심 내용을 기억에 의존해서 정리합니다. 정리한 중심 내용이 한 문장일 수도 있고, 간략한 명사구 정도로 정리될 수도 있습니다. 그런데 말입니다. 실제 해 보면 논설문이나 가설을 도출하는 글의 경우에는 비교적 쉽게 핵심 내용이 정리되지만 설명문은 그렇지 않을 것입니다. 논설문이 문제로 제작되었을 경우에는 기본적으로 중심 주장에 대한 이해가 문제 풀이에 있어 중요한 축을 차지하는 경우가 많으므로, 중심 주장의 도출이 무엇보다도 중요합니다. 그런데 설명문은 문장 단위로 내용을 도출하기 쉽지 않으며, 설령 나름대로 중심 내용을 도출한다고 하더라도 활용도가 많이 떨어집니다. 예를 들어 아래와 같은 글이 제시될 경우, 논설문처럼 딱 떨어지게 한 문장으로 정리할 수 없습니다.

[1문단] 원자의 정의 [2문단] 원자의 구조 [3문단] 원자와 원소 [4문단] 원자의 물리적 특성

이 글은 정리한다 해도 '원자' 혹은 '원자에 관한 설명' 등으로 끝나게 됩니다. 그렇다면 어떻게 해야 할까요? 사실 이 내용만으로는 문제 풀이에 활용하기 충분하지 않습니다. 실제 이러한 글을 바탕으로 일치부합/추론 문제가 출제될 경우, 매우 지엽적인 부분에 대한 내용의 선택지가 제시되기 때문에 중심 내용의 인지가 크게 도움이 되지 않을 것입니다. 그렇다면 이런 글들에 대한 보완책으로는 위에서 언급한 정리가 해답입니다.

즉 글의 전개과정을 기억해야 합니다. 그럼 선택지 내용에서 원자와 원소를 함께 다루고 있는지, 원자량에 관한 부분인지 등에 따라 글의 특정 내용을 빠르게 찾아가 선택지의 정/오답 여부를 판가름할 수 있습니다. 이 부분에 대한 설명을 그림으로 나타내면 다음과 같습니다.

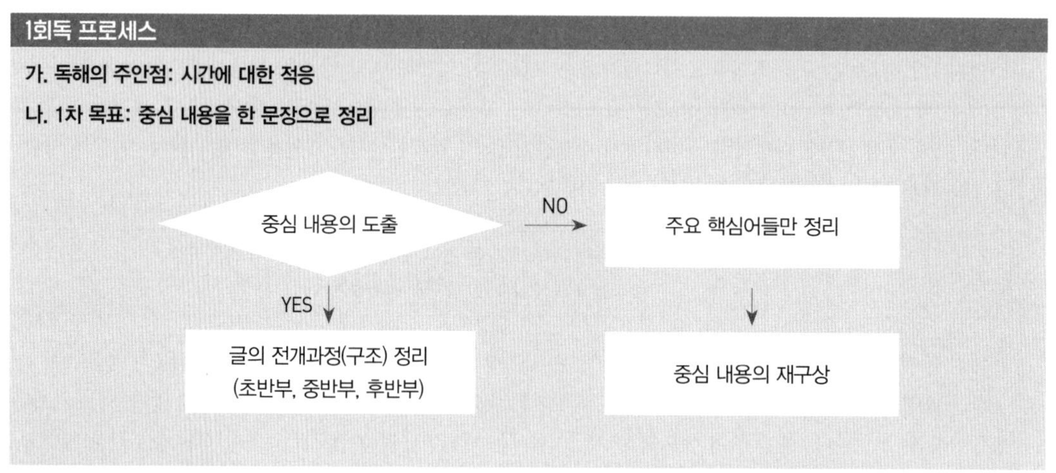

나우쌤의 1타 강의

[1회독 프로세스]

제한된 시간에 한 편의 글을 빠르게 읽은 뒤, 문제를 가린다.

① [본문가림] 주어진 시간 동안 글을 읽고 중심 내용을 도출한다.

② [본문가림] 중심 내용 도출이 완료되면 글의 전개순서를 정리한다.

③ [본문가림] ②까지 완료되었으면 1회독을 종료하고 이어서 2단계를 진행한다.

④ [본문가림] ①에서 해야 할 중심 내용의 도출이 쉽지 않을 경우, 필자가 중요하게 다루었거나 글에서 자주 언급된 핵심어를 몇 가지 정리한다.

⑤ [본문가림] ④가 완료되면 다시 ① → ② → ③ 순서로 진행한다. 이때 최종적으로 완벽한 중심 내용이 도출되지 않을 수 있다. 그렇더라도 1회독을 종료하고 2단계를 진행한다.

3) 1회독의 의미 - 습관의 형성

대부분 1회독의 의미를 '빨리 읽기'에 한정해서 생각하고 있습니다. 물론 1차적인 의미는 '시험 시간에 대한 적응'에 있을 것입니다. 하지만 그 목적은 결코 속독(速讀)이라는 것에 한정되는 것이 아닙니다.

여러분이 궁금해 하는 것 중 한 가지는 '왜 1회독이 끝날 때까지 글을 다시 보지 못하게 하는지'에 대한 것일 겁니다. 실제로 독해 관련 스터디를 하는 사람들을 만나본 결과, 글을 그대로 펼쳐 놓은 채 돌아가면서 중심 내용에 대해 발언하는 모습을 볼 수 있었습니다. 이는 이해력을 신장시켜 줄 수 있을지는 모르겠지만 실전에서는 그다지 의미가 없습니다.

아시다시피 우리는 시험에 대비하기 위해서 본 독해법을 연습하는 겁니다. 따라서 시간이라는 요소를 매우 중요하게 고려해야 합니다. 정확히 읽기 위해서는 충분한 시간을 두고 낱말 또는 표현 하나하나를 곱씹어가며 읽어야 하겠지만, 실제 시험에서는 그럴만한 시간적 여유가 없습니다. 그러므로 한 번 읽더라도 최대한 글을 장악할 수 있는 능력을 키우는 것이 중요합니다. 즉 글을 처음 한 번 읽었을 때 중요한 내용 중 상당한 부분은 잡아내고 기억할 수 있어야 합니다.

독해 연습을 할 때, 한 번 읽은 후 본문을 계속 다시 살펴보면서 중심 내용을 찾는 연습을 하면 글에 대한 장악 습관을 기를 수 없습니다. 어차피 읽고 다시 볼 수 있으므로, 굳이 처음 읽을 때부터 모든 집중력을 기울일 필요가 없는 것입니다. 그렇기 때문에 무조건 글은 가리고 읽는 연습을 해야 합니다. 그래야지만 속독을 하는 것의 '목적'이 분명히 생기고, 이러한 방법이 습관화되어 현장에서도 적용할 수 있게 됩니다.

여기서 저는 '습관화'라는 말을 썼습니다.

이 습관화는 결코 이해나 인지를 의미하는 것이 아닙니다. 여러분의 무의식 속에, 즉 의식하지 못하는 상태에서도 자동화되어 이루어지는 것이 습관화를 의미합니다. 습관화를 다른 말로는 반복이라고도 합니다. 습관화는 공부를 통해 형성되는 것이 아니라 반복적인 연습을 통해 습득되는 것입니다. 이는 앞서 제가 독해 연습에서 지속성이 중요하다고 언급한 부분과 일치합니다. 독해 연습은 단순히 이해력을 높이기 위해서 많은 글을 보는 것뿐만 아니라 이러한 습관을 형성하기 위한 과정이기도 합니다.

수많은 1회독의 반복을 통해 여러분은 일차적으로 제한된 시간 동안 글 읽는 것에 익숙해질 것입니다. 이차적으로는 중심 내용의 도출과 글의 구조 인식이라는 과정의 습관화라는 또 하나의 중요한 목적도 달성하게 될 것입니다. 이 같은 면에서 1회독의 중요성은 아무리 강조해도 지나치지 않습니다. 실전이라는 점을 감안하면 2회독보다도 중요한 것이 1회독입니다.

03 2회독 - 정독(精讀)

1) 2회독의 정의

글을 빠르게 읽어내는 것도 중요하지만, 정확한 의미를 파악하며 읽는 것도 매우 중요합니다. 하지만 대부분 독학으로 준비하는 사람들은 시간 안에 문제 푸는 것에 집중하다 보니 글이나 문장을 이해하는 부분에는 상대적으로 소홀할 것입니다. 별도로 시간을 내어 이 부분을 보완하더라도 문제 풀이 스킬만 학습될 뿐, 문장이나 글의 이해 부분을 개선하기에는 어려워 보였습니다. 기출문제를 중심으로 풀이하는 학습 방식에는 정답의 도출에 목적이 있다 보니, 글을 이해하지 못했더라도 정답만 도출했다면 큰 문제가 없다고 진단하고 넘어갈 가능성이 높아 보였습니다. 하지만 글의 이해라는 면에 초점을 맞춰서 선택지를 제작하고 문제가 출제될 경우 (이전의 기출문제에서 정답을 맞혔던 분들이더라도) 틀릴 수 있는 가능성은 얼마든지 있을 수 있습니다.

하지만 여러분은 출제되는 선택지 내용의 구성과 상관없이 항상 정답을 맞힐 수 있어야 합니다. 그러므로 글에 대한 정확한 이해는 무엇보다도 중요하다고 할 수 있습니다. 2회독은 바로 이러한 부분에 대한 고민에서 구상된 것입니다.

먼저 2회독은 1회독을 통해 한 편의 글을 읽은 후에 바로 시작합니다. 다음으로 2회독은 시간제한을 두지 않고 글을 읽습니다. 앞서 1회독을 빠른 시간 내에 한 편의 글을 전반적으로 읽어나간다면, 2회독에서는 한 문장씩 꼼꼼히 읽어야 합니다. 즉 1회독의 독해의 무게 중심이 글 전체에 있었다면, 2회독에서 독해의 무게 중심은 문장 단위에 있어야 합니다. 이렇게 글을 읽는 과정에서 문장에 대한 독해법, 전체적인 문단을 보면서 중요한 정보만 추려 중심 내용을 도출하는 법을 익힐 수 있게 됩니다.

2) 2회독의 실제

1회독은 빠른 시간 내에 글을 읽게 되므로 오독하거나 이해가 누락된 문장이 생기기 마련입니다. 2회독을 할 때에는 그 부분을 빠짐없이 다시 읽어보면서 이해를 하는 과정이 시작입니다. 이 부분에 대한 설명을 그림으로 나타내면 다음과 같습니다.

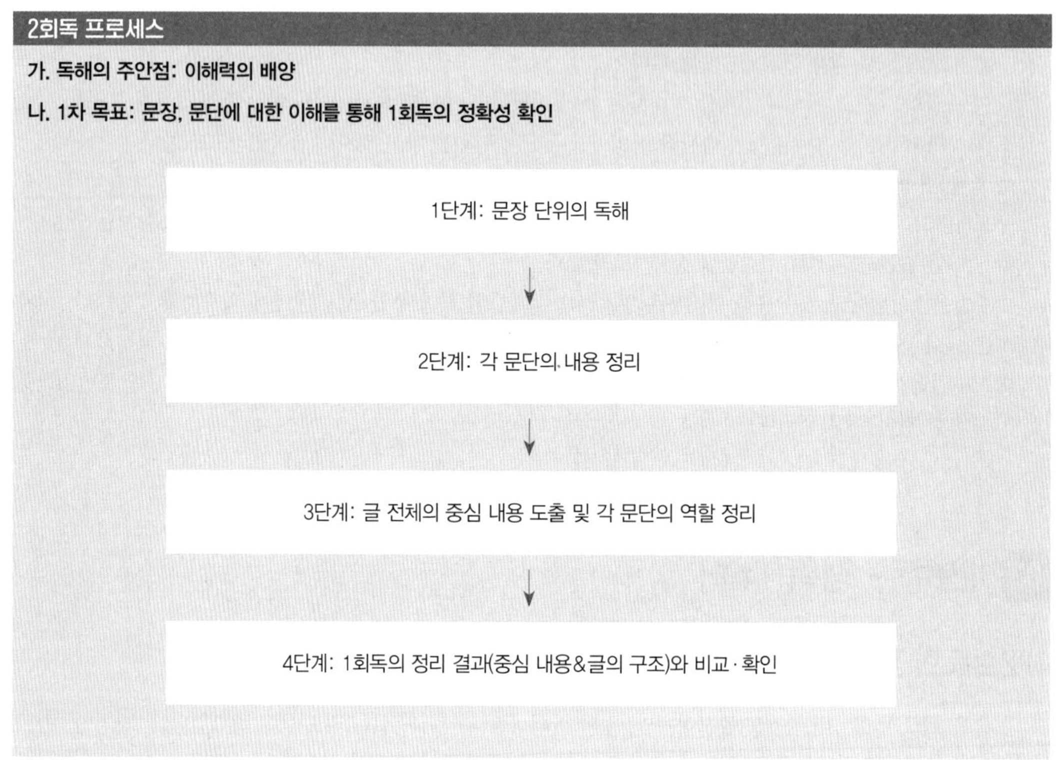

2회독 프로세스
가. 독해의 주안점: 이해력의 배양
나. 1차 목표: 문장, 문단에 대한 이해를 통해 1회독의 정확성 확인
1단계: 문장 단위의 독해
2단계: 각 문단의 내용 정리
3단계: 글 전체의 중심 내용 도출 및 각 문단의 역할 정리
4단계: 1회독의 정리 결과(중심 내용&글의 구조)와 비교·확인

나우쌤의 1타 강의

[2회독 프로세스]

시간의 제한 없이 글을 전반적으로 다시 읽기 시작한다.(글을 가리는 과정 불필요)

① 문장 단위로 하나하나씩 읽어가며 이해한다.

② 한 문단을 다 읽었으면 문단의 내용을 정리한다.

③ 모든 문장과 모든 문단의 내용의 정리가 끝나면 글의 중심 내용을 최종 도출한다.

④ 도출한 중심 내용과 1회독에서 도출한 중심 내용을 비교하면서 확인한다.

3) 2회독의 의미 - 스스로 할 수 있는 독해법

이 2단계 독해법을 고안했던 것은 여러분 스스로가 텍스트를 읽을 수는 있지만, 그로부터 도출한 중심 내용이 실제로 옳은지를 확인하기 어려울 것이라는 인식 때문이었습니다. 물론 여러분이 보고 있는 이 책과 같이 중심 내용이 정리되어 있는 글들도 있겠지만, 우리가 일상생활에서 접하는 수많은 텍스트들은 그렇지 않습니다.

독해 스터디, 인터넷강의 등으로 보완할 수 있지만 일반적인 텍스트들을 읽어낼 수 있는 방법도 필요합니다. 따라서 1회독을 통해서 시간제한이 있는 실전에 대한 적응력을 높이고 충분한 시간 동안 글을 읽을 수 있는 2회독을 통해 이해력을 제고하고 정답에 근접한 중심 내용을 도출해서 1회독의 결과를 평가해볼 수 있을 것입니다. 물론 2회독이 완벽한 해답이라고 할 수는 없겠지만 이를 통해서 1회독만 진행했을 때의 단점까지 보완할 수 있는 것입니다.

04 1·2회독의 독해법이 어렵다면?

개별 문장을 이해하는 데에는 큰 어려움이 없지만, 단편적인 이해로 그치는 경우는 각 문장의 내용을 유기적으로 연결해서 필자가 이야기하려는 하나의 글로 묶어가는 것이 쉽지 않은 것에 해당합니다. 이 같은 분들은 바로 중심 내용을 찾는 연습을 시작하기보다는 전 단계로서의 연습 과정이 꼭 필요합니다. 이처럼 사전 연습 과정 없이 중심 내용을 찾는 독해 연습을 시작한다면 단순히 독해를 어렵다고 느끼고 있는 자신을 반복적으로 발견하게 될 것입니다.

본격적인 독해 연습에 앞서 할 수 있는 연습 과정으로는 글을 바로 옮겨 적으면서 글의 전개과정이나 의미를 천천히 장악하는 연습이 있습니다. 한두 편의 글을 옮겨 적는 연습을 한다고 2단계의 과정이 완성되는 것이 아니기 때문에, 본 단계를 시작하시려는 분들은 노트 한 권을 준비하여 각 신문의 사설이나 칼럼과 같이 일정한 길이의 완결된 글을 꾸준히 옮겨 써 보는 연습을 해 보길 바랍니다.

단, 여기서 주의해야 할 점이 있습니다. 옮겨 쓰는 행위가 단순한 손 운동에 머물러서는 안 된다는 것입니다. 즉 옮겨 쓴다는 행위 자체에 집중한 나머지, 글자 혹은 낱말을 기계적으로 옮겨 쓰는 분들도 있을 것입니다. 하지만 이와 같은 과정을 통해서는 우리가 바라는 목적을 달성할 수 없습니다. 옮겨 쓰실 때에는 먼저 한 문장을 온전히 다 읽고, 그 의미를 생각한 다음 앞 문장의 의미도 떠올려 보면서 천천히 옮겨 써야 합니다. 그래야지만 이전 문장과 지금 옮겨 쓰는 문장 간의 의미 관계가 인식이 되고 비로소 합목적적인 연습이 진행된다고 볼 수 있습니다. 그럼 이제부터 여러분의 노트에 다음의 글 몇 편을 옮겨 쓰는 연습을 해 보도록 합니다. 별도의 시간제한은 없으므로 읽고 옮겨 쓰면서 글의 내용이 전개되는 과정을 천천히 인지하는 연습을 하는 것입니다.

독해력 향상을 위한 '옮겨 쓰기'

1. '옮겨 쓰기'를 할 때는 한 문장씩 온전히 읽고 이해한 다음, 문장 단위로 옮겨 쓰기를 한다.
① 문장을 한 번 완독한 다음, 다시 문장을 보지 않고 옮겨 쓰기를 진행한다.
② 외워 쓰기가 아니다! 따라서 모든 표현과 낱말을 똑같이 옮겨 쓴다는 강박을 버린다!
이해한 것을 옮겨 쓰고, 그 결과 본문의 '내용'만 일치하면 OK!
③ 문장이 너무 길 경우에 한해서 절 단위로 '옮겨 쓰기'를 진행할 수 있다.

2. '옮겨 쓰기'가 끝나면, 옮겨 쓴 페이지를 가리고 '중심 내용'을 도출한다.
① 논설문이라면 완결된 한 문장으로 정리하고, 설명문이라면 명사구로 정리하여도 무방하다.
② 중심 내용을 도출할 시, 글이나 옮겨 쓴 페이지를 보지 않고 오로지 기억에 의존해서 정리한다.

3. '중심 내용'의 도출이 끝나면, 내용적 관점에서 글의 전개과정을 정리해본다.
① 문단별 내용 정리가 아니다. 글의 내용이 어떻게 전개되었는지 차례대로 정리하면 충분하다.

4. 위 과정이 모두 종료되면, 옮겨 쓴 내용과 글을 비교해본다.
① 누락된 내용이나 오독한 내용이 없는지 살펴본다.
② 도출한 중심 내용과 정리한 글의 전개과정이 본문과 일치하는지 살펴본다.

NCS 응용 연습문제

01

다음 글의 내용과 일치하는 것은?

세계화로 인하여 생산과 소비 양식의 단일화가 나타나면서 문화의 다양성과 관련한 문제가 제기되고 있다. 왜냐하면 역사적으로 경제적 생산양식과 긴밀한 연관관계 속에서 형성되고 발전해온 것이 문화이기 때문이다. 과연 오늘날처럼 전 지구적 차원에서 생산양식의 단일화가 진행된 상태에서 생산되고 있는 문화가 지역성 정체성을 담보할 수 있을까? 불행하게도 생활세계의 문화생산양식은 일반 생산양식의 논리와 법칙에 종속되고 그 소비양식 역시 일반적 소비문화 논리에 지배된다. 이에 따라 현재 상업문화가 일반화되고 국지적 문화정체성은 극히 희박한 가능성의 영역으로 축소되며 모든 민족문화 담론은 그 성립조건을 뒤흔드는 근본적 제약에 직면한다.

그런데 문화의 상업주의적 동질화 현상에서 놓칠 수 없는 부분은 그 동질화가 흥미롭게도 이질화의 방법으로 진행된다는 사실이다. 자본주의적 생산의 이해관계에서 볼 때 문화영역은 다른 어떤 영역보다도 특징적으로 '모든 가능한 차이의 개발과 점령'을 시도할 수 있는 자원이며 '차이의 무한 상업화'가 가능한 영역이다. 이 관점에서 보면 단일세계 체제적 생산양식은 문화층위에서 적극적으로 '차이를 생산'한다. 대표적으로 미학, 취향, 무의식, 스타일은 수용 주체들 사이의 다양해 보이는 '차이짓기'를 가능하게 한다. 이 차이짓기는 소비문화적 환경에 사는 개인과 집단들에게 '개성'의 이름으로 사실상 무한한 형태의 개인성을 추구할 수 있게 함으로써 상업-소비문화에 의한 동질화를 느낄 수 없게 한다. 차이가 정체성을 대체한다. 말하자면 차이짓기는 단일세계 체제 속의 개인들에게 정체성의 상실이 아닌 정체성 유지라는 환상을 가질 수 있게 하는 것이다.

① 세계화 현상에도 이질화 과정을 통해 국지적 문화정체성은 유지되고 있다.
② 취향, 스타일 등 문화상업화에 종속되지 않는 문화 영역들이 속속 등장하고 있다.
③ 오늘날 문화는 차이를 생산하지만 오히려 개인의 정체성은 약화되고 있다.
④ 차이짓기는 문화가 경제생산양식에 일방적으로 종속되지 않음을 보여준다.
⑤ 이질화의 방법으로 현대의 개인은 미약하지만 개인의 정체성을 유지하고 있다.

해설

전반적인 글의 내용을 정리하면 다음과 같다. 문화생산양식은 경제생산양식에 종속되므로 결국 경제생산양식의 동질화는 문화의 동질화를 유발한다. 따라서 국지적 문화정체성은 약화·소멸된다. 개인의 정체성도 마찬가지인데, 현대사회에서는 취향·스타일 등의 차이를 생산하면서 개인의 정체성이 유지되는 것처럼 기만하지만 사실 그것은 문화상업화와 다름 없으며 개인의 정체성은 위축되고 있다. 따라서 '오늘날 문화는 차이를 생산하지만 오히려 개인의 정체성은 약화되고 있다.'의 내용이 일치함을 알 수 있다.

해결 TIP

일치부합문제이지만 선택지의 내용을 살펴보면 문화의 세계화와 개성 그리고 정체성의 관계에 대해서 이해하는 것만으로도 풀 수 있는 기본적으로 이해도출적 성격의 문제이다. 나머지 선택지들을 살펴보면 종속되지 않는다거나 정체성이 유지된다고 설명하고 있으므로 글의 내용과는 상반된다.

정답 ③

나우쌤이 알려주는 킥 POINT

해당 문제를 다시 살펴보도록 합시다.

> 세계화로 인하여 생산과 소비 양식의 단일화가 나타나면서 문화의 다양성과 관련한 문제가 제기되고 있다. 왜냐하면 역사적으로 경제적 생산양식과 긴밀한 연관관계 속에서 형성되고 발전해온 것이 문화이기 때문이다. 과연 오늘날처럼 전 지구적 차원에서 생산양식의 단일화가 진행된 상태에서 생산되고 있는 문화가 지역성 정체성을 담보할 수 있을까? 불행하게도 생활세계의 문화생산양식은 일반 생산양식의 논리와 법칙에 종속되고 그 소비양식 역시 일반적 소비문화 논리에 지배된다. 이에 따라 현재 상업문화가 일반화되고 국지적 문화정체성은 극히 희박한 가능성의 영역으로 축소되며 모든 민족문화 담론은 그 성립조건을 뒤흔드는 근본적 제약에 직면한다.
>
> 그런데 문화의 상업주의적 동질화 현상에서 놓칠 수 없는 부분은 그 동질화가 흥미롭게도 이질화의 방법으로 진행된다는 사실이다. 자본주의적 생산의 이해관계에서 볼 때 문화영역은 다른 어떤 영역보다도 특징적으로 '모든 가능한 차이의 개발과 점령'을 시도할 수 있는 자원이며 '차이의 무한 상업화'가 가능한 영역이다. 이 관점에서 보면 단일세계 체제적 생산양식은 문화층위에서 적극적으로 '차이를 생산'한다. 대표적으로 미학, 취향, 무의식, 스타일은 수용 주체들 사이의 다양해 보이는 '차이짓기'를 가능하게 한다. 이 차이짓기는 소비문화적 환경에 사는 개인과 집단들에게 '개성'의 이름으로 사실상 무한한 형태의 개인성을 추구할 수 있게 함으로써 상업-소비문화에 의한 동질화를 느낄 수 없게 한다. 차이가 정체성을 대체한다. 말하자면 차이짓기는 단일세계 체제 속의 개인들에게 정체성의 상실이 아닌 정체성 유지라는 환상을 가질 수 있게 하는 것이다.

① 세계화 현상에도 이질화 과정을 통해 국지적 문화정체성은 유지되고 있다.
② 취향, 스타일 등 문화상업화에 종속되지 않는 문화 영역들이 속속 등장하고 있다.
③ 오늘날 문화는 차이를 생산하지만 오히려 개인의 정체성은 약화되고 있다.
④ 차이짓기는 문화가 경제생산양식에 일방적으로 종속되지 않음을 보여준다.
⑤ 이질화의 방법으로 현대의 개인은 미약하지만 개인의 정체성을 유지하고 있다.

글에서 언급한 차이짓기는 진정한 의미의 차이를 생산해내는 것이 아니라 단지 환상일 뿐, 실제는 동질화의 과정이라는 점을 알 수 있습니다. 단순히 겉으로 드러나는 표현에 그치지 않고 그 내용까지 보셔야 합니다. 이를 바탕으로 각 선택지를 다시 확인해 보면 정답을 제외한 오답 내용은 모두 문화적 동질화 현상에 대해서 제대로 서술해내지 못하고 있음을 알 수 있습니다.

02

다음 글로부터 알 수 있는 것은?

조선시대 국가 제사는 길례(吉禮)에 속하였다. 이는 신과의 만남이 상서로운 일이고 인간에게 즐거운 일임을 드러내는 것이었다. 유교에서 제례는 '보본반시(報本反始: 근본에 보답하고 처음으로 돌아가는 것)'의미를 가지고 있었으며 이를 길한 것으로 규정한 것은 근원적인 만남이 삶을 윤택하게 할 것이라 믿었기 때문이었다. 이러한 길례의 의미는 음복(飮福)이라는 절차를 통해서도 알 수 있었다. 음복이라는 절차를 통해서 신의 축복을 상징화하였고 삶의 윤택함이 신에게서 말미암은 것이라는 믿음을 재확인할 수 있었다.

그런데 조선왕조에서 행한 국가제사 중 여제(厲祭)는 여타의 제례와는 다른 위상과 의미를 가지고 있었다. 조선 초 권근은 태종에게 여제를 권하며 이렇게 설명하고 있다. "어찌 깜깜한 저승에서 원통하거나 분한 마음이 가슴에 맺히어 흩어지지 않고 제사를 받지 못하여 배고파 음식을 구하는 무사귀신(無祀鬼神)들이 없겠습니까? 이런 무사귀신들이 원기(怨氣)를 쌓이게 하고 질역(疾疫)을 발생시키며 화기(和氣)를 상하게 하여 변괴를 가져오기에 충분합니다." 이후 조선은 인간의 일로는 설명할 수 없는 각종 재난의 원인을 무사귀신으로 원한으로 보고 이들을 위무(慰撫)하기 위한 제를 행하게 되었다.

이러한 근본으로 무사귀신에게는 복덕을 기원하는 의미가 없으므로 음복이라는 절차도 당연히 생략되었다. 그런데 조선시대의 사전(祀典)을 보면 여제는 길례로 포함되어 있다. 길례에 포함된 제사를 보면 기본적으로 공덕의 의미를 내포하고 있었다. 인간의 생존에 필요한 것을 공급하는 신, 나라의 번영에 공을 세운 신 등을 그 대상으로 하여 보본하고 복덕을 구하는 행사였던 것이다. 그러나 여제에서 모시는 신은 이러한 신들과는 거리가 멀었다. 하지만 국가에서는 안 좋은 일을 미연에 방지하는 것 역시 결과적으로 백성의 삶을 구원할 수 있다는 공덕의 의미가 있으므로 여제를 길례에 포함시켰으며, 백성뿐 아니라 이 땅의 모든 귀신까지도 구휼(救恤)하겠다는 입장에서 해마다 세 번씩 제를 지내주었던 것이다.

① 여제는 여타의 길례와는 달리 공덕의 의미가 없으므로 음복절차를 생략하였다.
② 조선왕조는 여제를 시행함으로써 그를 통해 공덕을 행하고자 하였다.
③ 여제에서도 드물지만 나라에 공헌이 있는 신을 주신(主神)으로 삼기도 하였다.
④ 여제도 보본(報本)하고 복덕을 구한다는 관점에서 사전의 길례로 포함될 수 있었다.
⑤ 여제도 신의 축복이라는 의미면에서는 여타의 길례와 다르지 않았다.

해설

이 문제는 여제가 길례에 포함될 수 있었던 이유를 정확히 이해하면 어렵지 않게 풀 수 있다. 3문단에 따르면 조선왕조는 귀신까지 구휼(救恤)하겠다는 입장에서 여제를 지내주었다. 즉 백성을 돕는 인정(仁政)을 귀신들까지 확대시킨 것이 여제인 것이다. 다음으로 무사귀신 자체가 공덕이 있는 귀신은 아니었지만, 이들을 위무(慰撫)함으로써 재앙을 사전에 막을 수 있다는 의미로 공덕을 행하고자 하였다.

오답풀이

① [3문단] 여제도 공덕의 의미가 있었으며, 음복절차가 생략된 것은 무사귀신 자체에게서 복덕을 구하는 의미가 없었기 때문이었다.

③ 제시된 글을 통해 알 수 없는 내용이다.

④ 여제는 무사귀신을 보본(報本)하기 위한 제례가 아니다. 오히려 그들을 달래고 위로함으로써 국가적 재난을 사전에 방지하고자 한 것이다.

⑤ 여제를 제외한 여타의 길례들은 보본과 복덕의 의미가 있었지만, 무사귀신들은 인간들에게 복을 부여하는 신이라고 보지 않았다.

정답 ②

나우쌤이 알려주는 킥 POINT

해당 문제 또한 글의 중심 내용을 잘 인지하였다면 각 선택지를 하나하나 확인하지 않아도 빠르게 풀 수 있는 문제였습니다. 전체적인 글의 핵심 화제는 '어떻게 역병과 관련이 있는 무사귀신을 모시는 여제가 길례(길한 예식)에 포함될 수 있었는가' 하는 것입니다.

이에 대한 해답은 바로 무사귀신이 잘못된 마음을 품지 않도록 하여 질역의 유행을 예방하는 것도 나라를 다스리는 군주의 입장에서는 매우 길한, 즉 공덕이 있는 행위였던 것이었습니다. 그래서 개국공신이나 풍요의 신들과는 관련이 없는 무사귀신들에 대한 제례도 길례로 분류할 수 있었던 것입니다.

이 문제는 단순히 답을 맞혔다는 점이 중요한 것이 아니라 글에서 이해한 내용을 가지고 바로 답을 고를 수 있었는지가 더 중요합니다. 자신이 문제를 풀었던 과정을 잘 떠올려보시기 바랍니다.

CHAPTER 03

독해법 문제 풀이

01 자가 진단 ② : 문제 풀이 과정 진단

세계적으로 유명한 타자의 일화를 들은 적이 있습니다. 그들은 훌륭한 타자가 되기 위해서 무조건 노력만 했을까요? 물론 노력하는 것은 중요합니다. 하지만 그 시간과 공력을 어떤 방향으로 쏟아 붓는지도 중요합니다. 야구는 결국 공을 던지는 자와 그 공을 받아치려는 자의 싸움입니다. 따라서 당연히 상대 투수의 구질, 구종 등을 연구하는 것은 무엇보다 중요합니다.

시험을 준비하는 많은 사람들이 기출문제를 분석하고 대비하려는 것도 이와 크게 다르지 않습니다. 하지만 이것에 그친다면 그는 상대팀에 대해서는 훌륭한 분석가가 될 수 있겠지만, 훌륭한 타자가 될 수는 없었을 것입니다. 제가 초반에 언급한 일화의 그 유명한 타자는 바로 자신의 약점에 대한 부분도 냉철하게 인식하고 분석하여 극복하려고 하였습니다. 그도 한 때 자신의 스윙 폼에 대한 약점이 노출되어서 슬럼프를 겪기도 하였습니다. 하지만 이에 굴하지 않고 자신의 스윙 폼의 장단점을 철저하게 분석하고 개선한 결과, 슬럼프를 극복할 수 있었습니다.

"언어가 약해요." 저에게 상담을 하러 오시는 분들 중 적지 않은 분들이 가장 많이 하는 말입니다. 그러면 저는 다시 "그럼 어떤 부분이 취약하다고 생각하세요?"라고 질문을 드립니다. 하지만 안타까운 부분은 이후에 저에게 돌아오는 답변 내용입니다.

> "그냥 뭐랄까? 읽는 속도도 좀 느리구요. 어떤 글들은 읽어봐도 무슨 이야기인지 모르기도 하구요."
> "도(道)나 리(理) 같은 이야기가 나오면 일단 이해를 못하구요. 긴 글도 어렵더라구요."
> "논리 같으면 일단 넘겨요. 안 풀다가 나중에 풀어보기도 하고…. 답도 고민하다 선택하면 항상 제 답이 틀린 답이고 그래요."

지금 이 글을 읽고 있는 여러분도 위의 대답 내용에 비추어 보았을 때 각자의 학습 진단 수준이 어느 정도라고 생각하고 있을 겁니다. 자신에 대한 진단에 따라서 의사소통능력에 대한 질문, 즉 학습 목표가 정해지게 됩니다. 그런데 자신에 대한 진단이 위와 같이 지나치게 광범위하고 애매모호하다면 그것을 해결하는 방향도 상당히 추상적으로 정해질 수밖에 없습니다. 예를 들어 '열심히 공부해야 한다.' 혹은 '논리도 공부하고 독해 속도도 올려야 한다.'와 같은 해결책들이 있지만, 크게 도움이 되지 않는 것이 사실입니다.

이번 CHAPTER에서 다룰 내용은 여러분의 문제 풀이 방식, 즉 어떻게 문제를 풀고 있는지에 대해 진단을 할 예정입니다. 문제에 대한 인식은 진행과정을 세분화하고, 각각에 대해서 세밀한 분석이 이루어질 때 가능한 것이므로, 제가 지금부터 여러분에게 진단을 어떻게 시작할 것인가에 대해 인식을 하는 것부터 보여드리고자 합니다. 진단은 본인의 문제 풀이 과정을 세분화하는 것으로부터 시작된다는 것을 기억하면서 진단을 시작하도록 하겠습니다.

PSAT 기출 연습문제

01

2011년 5급 행정공채 PSAT

다음 글에 나타난 배분원칙이 적용된 것을 [보기]에서 모두 고르면?

신장이식의 경우, 지금까지는 기증된 신장이 대기 순번에 따라 배분되었다. 하지만 이것은 각 수요자의 개별적 특성을 고려하지 못한 비효율적인 배분이다. 환자의 수술 성공 확률, 수술 성공 후 기대 수명, 병의 위중 정도 등을 고려할 필요가 있다.

보기

ㄱ. 사립 유치원에 취학을 신청한 아동들은 그 시 주민들의 자녀이고 각자 취학의 권리를 가지고 있으므로 취학 연령 아동들은 모두 동등한 기회를 가져야 한다. 유치원에 다니는 기간을 한정해서라도 모든 아이들에게 같은 기간 동안 유치원에 다닐 수 있는 기회를 제공해야 한다는 것이다. 그러기 위해서는 추첨으로 선발하는 방법이 유용하다.

ㄴ. 국고는 국민들의 세금으로 충당되고 모든 국민은 동등한 주권을 가지며 모든 유권자는 동등한 선거권을 가지므로 선거자금 지원의 대상은 후보가 아니라 유권자다. 유권자는 이 자금을 사용해 자신의 이해관계를 대변할 대리인으로서 후보를 선택하는 것이다. 따라서 유권자 한 명당 동일한 지원액을 산정해 유권자 개인에게 분배하고 유권자들이 후보에게 이 지원금을 직접 기부해야 한다. 그 결과 특정 후보들에게 더 많은 자금 지원이 이루어질 수는 있다.

ㄷ. 이해 당사자들이 한정되어 있고 그 이해관계의 연관성과 민감도가 이해 당사자마다 다른 사회문제에 있어서는 결정권을 달리 할 필요가 있다. 예를 들어 혐오시설 유치를 결정하는 투표에서 그 유치 지역주민들이 각자 한 표씩 행사하는 것이 아니라, 혐오시설 유치 장소와 거주지의 거리 및 생업의 피해 정도를 기준으로 이해관계가 클수록 더 많은 표를 행사할 수 있어야 한다.

① ㄱ

② ㄴ

③ ㄷ

④ ㄱ, ㄴ

⑤ ㄴ, ㄷ

해설

먼저 제시된 글의 내용을 정리하면, 대상자들의 개별적 특성을 고려하여 배분을 결정해야 한다는 것이다. 이에 따라 [보기]의 내용도 이와 같은 기준으로 판단하면 글에 나타난 배분원칙이 적용된 것은 ㄷ뿐이다.

ㄷ. 혐오시설 인근 거주민이라고 하더라도 모두에게 똑같은 의사결정권을 부여할 것이 아니라 실질적으로 침해당하는 권익의 정도에 따라서 차등으로 의사결정권을 부여해야 한다고 주장하고 있다. 즉 이를 통해 실질적인 침해의 구제가 가능하다고 본 점에서 글의 내용과 그 주장의 맥락이 동일하다고 볼 수 있다.

(오답풀이)

ㄱ. 대상자인 아동들의 개별적 특성을 고려하지 않은 상태에서 무작위 추첨하는 방식이므로 글의 설명과는 다른 배분원칙을 적용한 사례이다.

ㄴ. 선거자금 지원금을 배분함에 있어 유권자 1인당 동일한 금액을 산정하여 배분하겠다고 하는 것이므로 역시 글의 배분원칙과는 다르다는 점을 알 수 있다. 이때 내용 판단 시 유의해야 할 점은 분배라는 것이 어느 과정에서 일어나느냐 하는 것이다. 유권자들이 특정의 후보에게 지원금을 주는 것은 전체 금액에서 나누어 주는 것이 아니므로 분배라 할 수 없다는 점을 주의해야 한다.

정답 ③

02

2011년 5급 행정공채 PSAT

다음 글을 토대로 갑에 대한 을의 반박이 [보기]와 같은 차원인 것을 고르면?

논쟁에서 견해 차이가 발생하는 세 차원은 다음과 같다.
(1) 상대방이 받아들이는 규범이나 이론에 동의하지 않아서 발생하는 차원
(2) 상대방이 받아들이는 사실정보에 동의하지 않아서 발생하는 차원
(3) 상대방이 사용하는 개념이나 의미에 동의하지 않아서 발생하는 차원

보기

갑: 2008년에 정부가 시행한 '비지팅 코리아' 사업으로 한국방문 외국인 관광객 수가 전년 대비 두 배로 증가하였습니다. 이 사업은 우리나라가 관광강국으로 나아가는 데 있어 지향점을 보여주는 모범 사례입니다.

을: 2008년에 한국을 방문한 외국인 관광객 수는 전년과 대비하여 크게 증가하지 않았습니다. 두 배처럼 보이는 것은 관광 비자로 입국한 이주 노동자의 증가 때문입니다.

① 갑: 최근 자살률이 10년 전 대비 13% 증가했습니다. 함부로 자신의 목숨을 버리는 행동을 하지 말아야 합니다. 그것은 자기보존의 법칙을 위반하는 것이며, 우리 도덕의 기초인 자연법을 부정하는 행위입니다.

을: 아닙니다. 자살을 해서는 안 되는 이유는 자연법 때문이 아니라 자살이 사회에 많은 해악을 초래하기 때문입니다. 자연법은 규범계와 자연계를 혼동하고 있습니다.

② 갑: 폭력적 광고가 어린이 시청시간대에 방송되어서는 안 됩니다. 실험에 따르면, 폭력적 광고에 노출된 어린이가 60분 이내에 장난감을 폭력적으로 다루는 행위 건수가 그렇지 않은 어린이에 비해 230% 더 높게 나왔습니다.

을: 폭력적 광고에 노출된 어린이들이 폭력적 반응을 보이기는 하지만, 그렇다고 폭력적 광고를 제한할 수는 없습니다. 광고주 개인의 합법적인 경제활동을 제한하는 도덕은 있을 수 없으니까요.

③ 갑: 정당한 명분을 위해서 부당한 수단을 취하는 상황을 '더러운 손'의 상황이라고 합니다. 홍길동 씨가 남몰래 추진한 A지역 개발 사업은 국가에 유익하였지만 법적 절차를 어겼다는 점에서 그는 책임을 져야 합니다.

을: 무슨 소리입니까? 홍길동 씨는 A지역 개발 사업이 아니라 B지역 개발 사업에 참여하였습니다. 더구나 B지역 개발 사업을 추진한다는 것은 A지역 개발 사업에 막대한 지장을 주기 때문에 한 사람이 동시에 두 사업을 추진할 수는 없습니다.

④ 갑: 최근 기여 입학제를 찬성하는 정치인들이 50%를 넘어섰습니다. 현대 민주사회에 있어서 교육이란 바람직한 시민적 능력의 확보를 의미하는데, 이 능력을 돈으로 거래하는 것은 어불성설입니다.

을: 바람직한 시민적 능력을 확보한다는 것은 기초 교육의 취지일 뿐이죠. 교육이란 개인이 지적 성장을 하도록 도와주는 과정입니다.

⑤ 갑: 최근 노동현장의 쟁의가 폭력적이라고 비난하는 사람들이 있습니다. 하지만 세계의 경제 질서가 노동자를 열악한 환경으로 내몰았습니다. 노동자들이 사용하는 폭력보다 체제의 보이지 않는 폭력이 더 부도덕한 것입니다.

을: 폭력은 물리적인 힘일 수밖에 없어요. 만일 그렇지 않다면, 우리는 어떠한 사법적 판단도 하기 힘들어집니다. 폭행범들이 보이지 않는 힘 때문에 폭행을 저지를 수밖에 없었다고 자신들의 폭력을 정당화할 것이기 때문입니다.

해설

을은 한국을 방문한 외국인 수가 증가한 것은 이주 노동자가 증가하였기 때문이므로 실제로는 관광객이 두 배로 증가하지 않았다고 주장한다. 이는 곧 갑이 제시한 사실 정보가 잘못되었다고 지적하고 있는 것이다. ③에서 을은 홍길동 씨에 대한 사실 정보가 잘못되었다는 점을 지적하는 방식으로 갑의 주장에 대해서 반박하고 있으므로 글과 같은 방식을 취하고 있다고 볼 수 있다.

(오답풀이)

① 상대방의 규범이나 이론에 동의하지 않는 경우이다.
② 상대방의 규범이나 이론에 동의하지 않는 경우이다.
④ 상대방이 사용하는 개념이나 의미에 동의하지 않는 경우이다.
⑤ 상대방이 사용하는 개념이나 의미에 동의하지 않는 경우이다.

정답 ③

나우쌤이 알려주는 킥 POINT

해당 문제에 대한 해설이 충분하지 않다고 생각하는 분들이 있을 것 같은데, [보기]의 사례를 '상대방이 사용하는 개념이나 의미에 동의하지 않아서 발생하는 차원'이라고 볼 여지는 없을까요?

좀 더 구체적으로 설명하자면, 을은 갑이 사용하는 관광객이라는 개념이 순수관광객+이주노동자라는 점을 지적함으로써 갑의 주장에 대해서 반박하는 것으로 해석이 가능함에 따라 선택지 ④나 ⑤도 답이 될 수도 있지만, 정답은 ③뿐입니다.

그 이유는 바로 문제 때문입니다. 문제를 다시 보면 '다음 글을 토대로 갑에 대한 을의 반박이 [보기]와 같은 차원인 것을 고르면?'에서 여러분이 집중해야 할 포인트는 바로 '을의 반박'입니다. [보기]에서 을이 말한 '2008년에 한국을 방문한 외국인 관광객 수는 전년과 대비하여 크게 증가하지 않았습니다. 두 배처럼 보이는 것은 관광 비자로 입국한 이주 노동자의 증가 때문입니다.'의 내용 속에는 개념이나 의미 차원에서의 반박은 보이지 않습니다. 사실에 대해서 부정확하게 알고 있다고 지적하고 있는 것일 뿐입니다.

만약 을이 개념이나 의미에 대해서 동의하지 않아서 반박했다면 어떻게 말했을지 ④와 ⑤를 참고해서 아래 빈칸에 작성해보도록 합시다. 이후에 분명하게 이해할 수 있을 것입니다.

문제를 정확히 읽어야 한다는 것은 당연하기 때문에 가볍게 여기는 경우가 많을 것입니다. 하지만 제가 시험을 준비하는 많은 분들에게 확인한 결과, 문제 자체의 중요성을 정확하게 이해하고 항상 그것에 따라 문제를 풀어야 한다는 것을 지키지 않는 경우가 적지 않았습니다. 이는 여러분이 단순히 중요성을 알게 되었다는 것으로는 충분히 해결되지 않기 때문에, 연습과 반복을 통해 여러분 스스로의 풀이 과정에 있어서 완전히 변화해야 합니다.

03

다음 글에 나타난 분배적 정의의 원리를 [보기]에서 모두 고르면?

군주는 다음과 같이 토지제도를 개혁하고자 한다. 목민관은 여(閭)*를 편성하여 백성에게 토지를 공유하게 하고 공동으로 생산된 곡물을 가능한 한 균등하게 분배하도록 한다. 구체적 원칙은 다음과 같다. 첫째, 농사짓는 사람만이 토지를 점유한다. 둘째, 토지는 공유로 하고 사유 토지를 인정하지 않는다. 셋째, 토지의 경작은 공동으로 한다. 넷째, 생산된 곡물은 공동으로 수확한다. 다섯째, 수확된 곡물은 노동량과 경작능력에 따라 분배한다.

1여의 구성은 대략 30가구 내외로 하되 지세(地勢)를 기준으로 구역을 획정한다. 6여를 합쳐 이(里)라 하고, 5이를 합쳐 방(坊), 5방을 합쳐 읍(邑)이라 한다. 여에는 여장(閭長)을 두어 여장의 책임하에 여민(閭民)이 토지를 공동 경작하고 여장은 매일 개개인의 노동량을 장부에 기록한다. 가을이 되면 수확물을 여장의 집에 거두어 세금과 여장의 봉급을 제한 후 여민의 노동량과 능력에 따라 분배한다. 여장은 여 내에서 수확량이 월등히 높은 여민으로 임명하되, 다른 여보다 삼 년 이상 높은 수확량을 산출할 경우 이장(里長)이나 방장(坊長)으로 임명한다.

이 제도의 장점을 확산시키기 위해 여 내 농민들의 자유로운 이동을 보장하고, 원한다면 누구나 임야를 개간할 수 있도록 한다. 이렇게 하면 10여 년 이내에 경작지가 확장되고 또한 인구 분포 상태도 평준화될 것이다. 무위도식은 허용되지 않으며 선비들도 농사에 종사해야 한다. 농사를 짓지 않으려면 교육에 종사하거나, 토지에 적합한 농작물 조사, 농수의 관리와 분배, 기구의 개발과 운용, 농업 기술 개선, 농법 지도 등의 일을 해야 한다. 농사를 짓지 않는 상인과 공인의 경우, 상인은 상품을 사고팔아 양곡을 얻고 공인은 기구를 만드는 일로써 곡물을 얻어야 한다. 한편 농업의 중요성을 고려해서 누구라도 영농이나 수리와 같이 산업을 크게 일으킨 사람은 표창을 받거나 그 업무에 맞는 지방 관리로 임명될 수 있도록 한다.

* 여(閭): 고대 주(周)나라 제도에서 가져온 소규모 공동체

보기

ㄱ. 정의로운 분배란 공동체의 구성원들에게 그들이 정당하게 취득한 재화를 자유롭게 처분할 권리를 보장해 주는 것을 말한다. 가령 시장에서 상호이익이 되고 비강제적인 방식으로 부동산에 투자하여 큰 수익을 올렸을 경우, 단지 그것이 빈부격차를 확대한다는 이유로 그 수익의 일부를 환수하는 법률을 입안하는 것은 정의롭지 못하다.

ㄴ. 정의로운 분배란 공동체의 모든 구성원들이 동일한 복지를 누릴 수 있도록 공동체의 자원을 공정하게 분배하는 것을 말한다. 가령 자식들 중 한 명은 장애인이고 다른 자식들은 건강한 신체를 갖고 태어났을 때, 정의로운 부모는 장애인인 자식이 다른 자식들만큼 행복하게 살도록 그에게 더 많은 재산을 물려줄 것이다.

ㄷ. 정의로운 분배란 공동체의 자원과 기회를 구성원들의 능력이나 노력에 따라 분배하는 것을 말한다. 가령 자식들이 이미 대체로 재산을 비슷하게 갖고 있고 또 가진 능력이 비슷하다면, 정의로운 부모는 자식들에게 똑같이 재산을 물려줄 것이다.

ㄹ. 정의로운 분배란 공동체의 구성원이 공동체 전체나 가치를 위해 희생하거나 공헌한 정도에 따라 공동체의 자원을 분배하는 것을 말한다. 가령 용감한 시민상을 제정하여 물에 빠졌거나 위험에 처한 아이를 구한 시민을 포상하고 그에게 포상금을 주는 것은 정의로운 정책이라 할 수 있다.

ㅁ. 정의로운 분배란 한 공동체의 구성원들에게 최소한의 욕구와 필요에 따라 공동체의 자원을 분배하는 것을 말한다. 가령 과다한 병원비 부담으로 최저생계조차 유지하기 어려운 사람이나 가족에게 생계유지 비용을 지원해주는 것은 정의로운 정책이라 할 수 있다.

① ㄱ, ㄷ

② ㄷ, ㄹ

③ ㄴ, ㄷ, ㄹ

④ ㄴ, ㄹ, ㅁ

⑤ ㄷ, ㄹ, ㅁ

해설

글의 내용을 살펴보면 필자는 노동량과 경작능력에 따라(1문단), 노동량과 능력에 따라(2문단), 공동체에 기여한 바에 따라(3문단) 재화를 분배해야 한다고 주장하고 있다. [보기]에서 설명하고 있는 분배의 기준을 정리해보면, ㄱ은 인위적인 분배의 부정, ㄴ은 동일한 복지, ㄷ은 능력이나 노력, ㄹ은 공동체에 공헌한 바, ㅁ은 최소한의 필요와 욕구이다. 따라서 ㄷ과 ㄹ이 글에 나타나 있는 분배적 정의의 원리와 부합하는 내용이다.

정답 ②

나우쌤이 알려주는 퀵 POINT

해당 문제 자체의 난이도가 높지 않고, 해설의 길이도 짧아서 이해하는데 어렵지 않으셨을 겁니다. 그런데 이 문제를 푸는 시간은 사람마다 큰 차이를 보였습니다. 아마도 [보기]의 내용들이 길기 때문에 문제 풀이 시간이 오래 걸릴 수밖에 없다고 생각하는 분들도 있을 겁니다.

그런데 사실 이 문제는 그렇게 많은 시간을 요하는 문제가 아닙니다. 어떤 분은 글과 [보기] 내용을 단 한 번만 읽고 정답을 고르기도 하였습니다. 그렇다고 그분이 좋은 기억력을 가지고 있었던 것은 아닙니다. 여기서 여러분에게 질문을 하겠습니다. 만약 글과 [보기]의 내용을 비교해야 한다면 어떤 부분을 비교·확인해야 할까요? 대부분 전부 다 꼼꼼하게 비교·확인해야 한다고 생각할 것입니다.

문제를 다시 한 번 살펴보겠습니다. 글 내용 안에 '분배적 정의의 원리'가 제시되어 있음을 문제를 통해서 바로 확인할 수 있습니다. 그렇다면 글을 읽으면서 이 부분에 표시를 해야 합니다. 그것이 바로 '문제 해설'에서 언급한 부분들입니다.

따라서 글을 읽을 때 처음부터 이런 점을 인식하고 있던 분들은 애초에 글에서 핵심적인 부분만 찾아서 기억해두고, 바로 [보기]와 비교할 수 있었던 것입니다. 그리고 [보기]의 내용들을 읽어갈 때에도 전부 다 비교·확인하는 것이 아니라 바로 출제자의 의도에 따라 중요한 정보만 비교해가면서 빠르게 정·오답을 구분할 수 있었던 것입니다.

독해력이나 이해력도 중요하지만 가장 기본적인 문제 풀이의 과정조차 스스로 검토하지 않고 있는 분들이 너무 많았습니다. 지금이라도 여러분의 문제 풀이 과정을 천천히 돌이켜봅시다. 그것이 바로 문제 해결의 출발점이자, 종착지입니다.

04

다음 글에서 A사는 인터넷 종량제의 필요성을 주장하고 있다. A사가 제시한 근거에 대한 적절한 반론을 모두 고르면?

최근 누리꾼 사이에서 인터넷 종량제에 관한 논쟁이 뜨겁다. 인터넷 사용시간과 데이터 전송량만큼 요금을 부과하겠다는 종량제는 사용량에 관계없이 일정 요금을 부과하는 정액제보다 일견 합리적으로 보인다. 하지만 이는 우리의 인터넷 문화를 근본적으로 바꿀 만큼 파괴력이 큰 사안이기도 하다.

A사는 최근 국회에 제출한 보고서에서 인터넷 사용자 중 사용량 상위 5%가 전체 사용량의 50%를 차지하는 데 비해 하위 50%가 겨우 5%를 사용하는 현실은 '제2의 디지털 디바이드*'를 가져올 수 있다고 지적하면서, 이 문제를 해결하는 방안으로 종량제를 거론하고 있다. 또한 A사는 사용량에 따라 요금을 부담시키는 종량제를 인터넷 중독 현상의 확산에 대한 해법이자 과다 사용자로 인한 인터넷 저속화 현상에 대한 대안으로 제시하고 있다.

그렇다면 과연 종량제가 모든 문제를 해결할 수 있을까. A사 경영연구소의 논문에 따르면, 경쟁이 치열한 시장에서는 정액제를 채택하는 것이 사업자에게 유리하고 유럽과 같이 비교적 경쟁이 덜한 시장에서는 종량제를 채택하는 것이 유리하다. 초고속 인터넷 시장이 A사와 B사의 양강(兩强)으로 재편된 지금 A사의 종량제 주장은 사업자로서 당연한 선택으로 보인다. 하지만 정액제의 포기가 가져올 영향도 고려해야만 한다.

* 디지털 디바이드: 정보 격차. 디지털 시대에 정보접근과 정보이용이 가능한 자와 그렇지 못한 자 사이에 나타나는 경제적·사회적 불균형

보기

ㄱ. A사와 B사의 양강 구도하에서 종량제의 채택은 통신 시장의 경쟁을 과열시켜 결국 정액제로의 회귀를 불러올 것이다.

ㄴ. 담뱃값 인상과 흡연의 상관관계에서 경험하는 것과 마찬가지로 요금 인상을 통해 인터넷 중독의 위험이 얼마나 경감될지는 의심스럽다.

ㄷ. 인터넷 저속화에 대한 사용자의 불만은 사용이 집중되는 특정 시간대의 사용 시간을 제한하는 '변형된 정액제'를 통해 해결 가능하다.

ㄹ. 인터넷 접속 시간과 데이터 전송량 같은 요소들로 측정된 인터넷 사용량은 디지털 디바이드를 판단하는 충분한 기준이 될 수 없다.

① ㄱ, ㄴ

② ㄴ, ㄷ

③ ㄷ, ㄹ

④ ㄱ, ㄴ, ㄷ

⑤ ㄴ, ㄷ, ㄹ

해설

2문단에 따르면 A사는 종량제의 도입이 정당하다는 것을 주장하기 위해서 다음과 같은 근거를 제시하고 있다. 첫째, 현재의 제도는 제2의 디지털 디바이드 현상을 초래할 수 있다는 점, 둘째, 현재의 제도는 인터넷 저속화 현상을 유발하고 있다는 점, 셋째, 현재의 제도는 인터넷 중독 현상을 초래하고 있다는 점이다. 이를 바탕으로 [보기] 내용을 판단하면 ㄴ, ㄷ, ㄹ이 A사가 종량제를 도입하자는 주장의 근거로 모두 활용되고 있으므로 문제에서 요구하는 정답이 될 수 있다.

ㄴ. 종량제의 도입으로 인터넷 중독 현상이 완화될 것이라는 주장에 대한 비판.

ㄷ. 인터넷 저속화 현상에 대한 해결책이 종량제의 도입으로만 가능한 것은 아니라는 주장.

ㄹ. 디지털 디바이드 현상이 발생 여부에 대한 충분한 판단 근거가 존재하지 않는다는 주장.

(오답풀이)

ㄱ은 종량제를 도입하더라도 결국 정액제로 회귀할 수밖에 없다는 주장을 하고 있으므로, A사의 주장에 대한 비판은 될 수 있으나 문제에서 요구하는 정답은 될 수 없다.

정답 ⑤

나우쌤이 알려주는 킥 POINT

Q ㄱ이 답이 되지 않는 이유가 무엇인지 설명해봅시다.

A ㄱ을 다시 읽어 보아도 여전히 A사의 주장에 대한 비판임은 분명하며, 전혀 답이 되지 않을 이유가 없습니다. 이제 다시 문제를 읽어봅시다. 'A사가 제시한 근거에 대한 적절한 반론'이라는 표현이 눈에 들어옵니다. 즉 이 문제는 A사의 주장을 반박하는 것이 아니라 그 근거를 반박하는 문제입니다. 그런데 왜 많은 분들의 눈에는 이 부분이 보이지 않았던 걸까요?

많은 분들이 의사소통능력에서 충분히 만족하는 점수를 받기 위해서는 누구나 다 어려워하는 문제를 맞혀야 한다고 생각합니다. 하지만 사실은 전혀 그렇지 않습니다. 의사소통능력의 고득점은 어려운 문제를 맞히는 것으로부터 시작하는 것이 아닙니다. 가장 기본적인 문제와 글에 대한 정확한 이해로부터 시작하는 것입니다. 어려운 문제를 풀기 위한 실력의 함양도 바로 이러한 기본기에 대한 탄탄한 준비가 바탕이 되었을 때 가능한 것입니다.

05

사회복지사가 [보기]를 토대로 수도권 빈민 지역 결식아동의 상황 개선을 위한 [보고서]를 작성하였다. 다음 [보고서]의 빈칸에 들어갈 내용으로 적절한 것은?

보기

수도권 빈민 지역 결식아동에게 밥을 제공하는 '사랑의 밥집'을 후원하는 '부스러기 선교회'에서 해마다 여는 글잔치에 응모한 글의 심사를 맡았다가 한 아이의 글을 읽게 되었다.

엔날 엔화라아버지 랑 도라가서서 아빠 엄마언니 박에 엄써다 그런대 점신시 간이다 돼다 그런데 밥 이 업써다 그래서 엽집에서밥을 먹 엇다 그래도 배 가고파 다 밥을 아무리 먹어 도배 가고 판다 병원에가 도 문 이 잠겨져 잇 었 다 그레서 집에 간 는 게 아무 도업었다. (권○○, 7세)

보고서

Ⅰ. 현황: 문제 제기

Ⅱ. 추진 단계: 대책 마련을 위한 사전 조사

[1단계] 아동이 처한 환경 조사

[2단계] 아동이 도움 받을 수 있는 자원 조사: 구체적 조사 항목

[   ]

[3단계] 아동에게 시급히 지원해야 할 문제 조사

Ⅲ. 해결 방안 및 대안

① 빈민 지역 결식아동의 상황 개선을 위해 담당 부서의 인원과 예산을 확보한다.

② 아이의 주변 이웃을 통해 도움과 후원이 가능한지 조사한다. 주변 이웃의 후원이 가능하다면 이웃의 후원을 자치단체를 통해 관리하도록 해당 부처에 협조를 요청한다.

③ 아이의 부모가 처한 경제적 문제를 해결하기 위한 근본 대책을 세우는 것이 시급하다. 이를 위해 결식아동 부모의 안정된 직업을 위한 취업 교육 프로그램을 활성화한다.

④ 어린이집 등 아이의 생활공간을 조사한다. 이를 통해 미취학 아동을 위한 해당 지역 사설 교육 시설에서 결식 문제에 대한 지원이나 후원이 어떻게 이루어지고 있는지 조사한다.

⑤ 아이가 거주하는 지역 내에 미취학 아동의 결식 문제를 해결하기 위한 시민 단체가 있는지 조사하고, 이와 관련하여 이 시민 단체와 아이를 연결시킬 수 있는 방안들의 우선순위를 정한다.

해설

[보고서]의 개요를 바탕으로 빈칸에 들어가야 할 내용을 추론하는 문제이다. 빈칸은 [2단계]로 아동이 도움을 받을 수 있는 자원이 있는지 여부를 조사하는 것이다. [3단계]에서는 '문제에 대한 조사'가 이루어지며, 마지막 Ⅲ에서 이를 바탕으로 해결 방안을 제시하게 된다. 따라서 현재의 실태에 대해서만 문제의 초점을 맞추고 있는 ④가 정답이다.

오답풀이

나머지 선택지들의 내용을 살펴보면 ① 담당 부서의 인원과 예산을 확보한다, ② 해당 부처에 협조를 요청한다, ③ 취업 교육 프로그램을 활성화한다, ⑤ 방안들의 우선순위를 정한다. 등의 구체적인 실천 방안을 제시하고 있으므로 [2단계]에 들어가야 할 내용으로 적절하지 않다.

정답 ④

나우쌤이 알려주는 킥 POINT

Q 문제도, 선택지도 이해하기 어렵다고 생각될 부분은 없는데 답이 쉽게 보이지 않습니다. 무엇이 문제일까요? 앞선 문제를 다시 보지 않고 본 질문에 답변해 보기 바랍니다. 방금 전에 풀었던 문제이므로 기억만으로 충분히 답을 할 수 있을 겁니다. [보고서]의 빈칸에 들어갈 내용은 무엇이어야 했나요?

A 혹시 '어려운 처지의 아동들을 도와주자?'라는 답과 유사한 답을 했다면 다시 [보고서]의 해당 부분을 잘 읽어보기 바랍니다. 아동들의 현재 주위 상황과 자원을 확인하는 내용입니다. 그럼에도 여러분이 생각할 때는 왜 위와 같은 왜곡이 발생했을까요? 가장 중요한 것은 선택지를 읽고 이해하는 과정이 아닙니다. 단순히 적절한 것은 혹은 적절하지 않은 것은 정도만 파악해서 ○, × 표시를 하는 문제에 대한 이해가 무엇보다도 중요합니다. 시작 지점을 정초(定礎)하는 일만큼 중요한 일은 없습니다. 본 문제 전까지 풀어보았던 네 문제를 다시 살펴보기 바랍니다. 이제 기출문제의 정답과 해설을 넘어서서 여러분의 모습이 그려지기 시작할 것입니다. 이와 같이 자신에 대해 인식하는 것, 바로 그것이 이 책의 핵심 내용입니다.

06

다음 글에서 필자가 자신의 주장을 뒷받침하기 위해 제시한 근거를 [보기]에서 모두 고르면?

이이의 이른바 '십만 양병설'은 그 수제자로 알려진 김장생이 이이가 죽은 뒤에 지은 『율곡행장』에 기록되어 있다. 하지만 『선조실록』이나 『경연일기』 등 당대의 기록을 모두 들춰 봐도 이이가 십만 양병을 주장했다는 내용은 찾기 어렵다. 그가 병조판서를 맡았을 때 변방에 소요가 일어나자 그 방비를 튼튼히 해야 한다는 건의를 한 적이 있다고 하지만, 이는 조선조 역대 병조판서의 통상적 발언이었을 뿐이다.

조선 후기로 올수록 이이의 제자와 그 후예들은 십만 양병설을 자주 거론하였다. 하지만 당시의 인구나 경제 규모를 고려하면 서울에 2만, 각 도에 1만, 모두 합하여 10만을 양병하자는 주장은 터무니없는 얘기였다. 이익 같은 실학자도 그런 주장이 민본 정치에 어긋난다고 지적하였고, 실제로 효종 때 어영청 군대 3만을 양성하면서 국가 재정이 고갈되어 허덕대다가 결국 실패한 사례도 있다.

이이가 십만 양병을 주장했다는 것이 의심스러운 근거는 또 있다. 동인인 유성룡이 경연석상에서 서인과 가깝던 이이에 반대하여 십만 양병설을 무산시킨 뒤, 훗날 임진왜란이 일어나자 "이문성은 과연 성인이다."라며 탄식했다고 김장생은 『율곡행장』에서 적고 있다. 그런데 이이의 시호인 '문성공'은 인조 2년(1624)에 정한 것이고, 유성룡은 그보다 17년 전인 선조 40년(1607)에 죽었다. 그런 그가 어떻게 이이를 '이문성'이라고 부를 수 있었는지에 대해 김장생은 아무런 해명도 하지 않는다.

이처럼 십만 양병설은 국방에 대한 교훈적 의미는 있을지 몰라도 역사적 신빙성은 약하다. 후대에 기록된 역사서로서 사람들이 자주 인용하는 『연려실기술』도 앞서의 기록을 인용한 데 불과할 따름이다.

보기

ㄱ. 이이가 서인과 가까웠기 때문에 유성룡이 반대했다.
ㄴ. 이이는 변방의 방비를 튼튼히 해야 한다는 건의를 했다.
ㄷ. 김장생이 이이의 수제자라는 것은 역사적 신빙성이 약하다.
ㄹ. 『선조실록』과 『경연일기』에는 이이가 십만 양병을 주장했다는 내용이 없다.
ㅁ. 김장생은 유성룡이 이이를 '이문성'으로 불렀다고 아무런 해명 없이 적고 있다.

① ㄱ, ㄹ
② ㄴ, ㄷ
③ ㄴ, ㄹ
④ ㄷ, ㅁ
⑤ ㄹ, ㅁ

해설

필자는 『선조실록』이나 『경연일기』 등 당대의 기록에 이이의 십만 양병설이 기록되어 있지 않다는 점과 유성룡이 이이를 이문성이라 칭했다는 김장생의 기록의 문제점을 들어 십만 양병설이 사실이라는 주장에 대해서 의문을 제기하고 있다.

(오답풀이)

ㄱ. 김장생의 저서에 기록되어 있는 내용일 뿐, 필자의 주장을 뒷받침하는 근거가 아니다.

ㄴ. [1문단]에 언급되어 있는 내용이지만, 이러한 사실이 필자의 주장과 직접적 연관성을 갖는 근거는 아니다.

ㄷ. [1문단] 이이의 이른바 '십만 양병설'은 그 수제자로 알려진 김장생이 이이가 죽은 뒤에 지은 『율곡행장』에 기록되어 있다. 필자는 김장생이 이이의 수제자임을 부정하고 있지 않다.

정답 ⑤

나우쌤이 알려주는 킥 POINT

Q 해설에서 살펴본 바와 같이 [보기]의 ㄱ과 ㄴ은 문제에서 요구한 답은 아닙니다. 하지만 해설의 이해만으로 여러분이 해당 문제를 충분히 파악된 것은 아닐 겁니다. 문제를 푸는 과정에서 ㄱ과 ㄴ에 대해서 빠르고 분명하게 정답이 아님을 판명해낼 수 있어야 했습니다. 그럼에도 답으로 판명하는 것이 쉽지 않았다면 왜 그랬을까요?

A 이 문제를 푸는 과정이 어려웠거나 혼동이 있었다면 바로 발문을 제대로 기억하지 못하기 때문입니다. 그런데 본인이 문제를 푸는 것에 있어서 자주 발문을 잊어버리는 문제가 발생한다면 그것은 사소한 문제가 아닙니다. 이를 어떻게 해결할 것인지 실천적인 방법을 고안해서 해결하지 않는다면 실제 시험을 보는 현장에서는 이 문제점은 반복될 것입니다. 실력은 고민하는 만큼 늘어나는 것이라는 점, 다시 한 번 명심합시다.

문제를 다시 읽어보도록 합시다. 문제에서 출제자는 필자가 자신의 주장을 뒷받침하기 위해 제시한 근거를 찾으라고 하였습니다. 필자가 제시한 근거는 1) 당대 저술에 이이가 십만 양병설을 주장했다는 기록이 남아있지 않은 점, 2) 『율곡행장』의 내용에서 유성룡에 대한 호칭입니다. 따라서 [보기]에서도 그 부분을 찾아 확인해야 합니다. 모든 문제를 일단 일치부합형과 동일하게 풀려고 하는 기계적인 접근이 문제 유형에 따라 오히려 문제를 푸는 데 소요되는 시간이 늘어나거나 혹은 오답을 선택하게 되는 결과를 초래하기도 한다는 점을 명심해야 합니다.

07

다음 글에서 추론할 수 없는 것은?

『삼국유사』는 신라 전성시대의 경주의 모습을 설명하면서 금입택(金入宅)의 명칭 39개를 나열하고 있다. 신라의 전성시대란 일반적으로 상대, 중대, 하대 중 삼국 통일 이후 100여 년 간의 중대를 가리키는 것이 보통이나, 경주가 왕도로서 가장 발전했던 시기는 하대 헌강왕 대이다. 39개의 금입택이 있었던 시기도 이때이다. 그런데 경덕왕 13년에 황룡사종을 만든 장인이 금입택 가운데 하나인 이상택(里上宅)의 하인이었으므로, 중대의 최전성기에 이미 금입택이 존재하고 있었음을 알 수 있다. 즉 금입택은 적어도 중대부터 만들어지기 시작하여 하대에 이르면 경주에 대략 40여 택이 들어서 있었다. 하지만『삼국유사』의 기록이 금입택 가운데 저명한 것만을 기록한 것이므로, 실제는 더 많았을 것이다.

'쇠드리네' 또는 '금드리네'의 직역어인 금입택은 금이나 은 또는 도금으로 서까래나 문틀 주위를 장식한 호화주택이다. 지붕은 주로 막새기와를 덮었으며, 지붕의 합각 부분에는 물고기나 화초 모양의 장식을 했다. 김유신 가문이라든가 집사부 시중을 역임한 김양종의 가문, 경명왕의 왕비를 배출한 장사택 가문 등 진골 중에서도 왕권에 비견되는 막대한 권력과 재력을 누리던 소수의 유력한 집안만이 이러한 가옥을 가질 수 있었다.

금입택은 평지에는 만들어지지 않았다. 경주에서는 알천이 자주 범람하였으므로 대저택을 만들기에 평지는 부적절했다. 따라서 귀족들의 금입택은 월성 건너편의 기슭에 주로 조성되었는데, 이 일대는 풍광이 매우 아름다워 주택지로서 최적이었다. 또한 남산의 산록 및 북천의 북쪽 기슭에도 많이 만들어졌는데, 이 지역은 하천을 내려다볼 수 있는 높은 지대라서 주택지로 적합하였다.

또한 지택(池宅), 천택(泉宅), 정상택(井上宅), 수망택(水望宅) 등 이름 가운데 '지(池)', '천(泉)', '정(井)', '수(水)' 등 물과 관계있는 문자가 보이는 금입택이 많다. 이러한 금입택은 물을 이용한 연못이나 우물 등의 시설을 갖추고 있었다. 금입택 중 명남택(椧南宅)에서 보이는 '명(椧)'자는 조선 후기의 실학자 이수광, 이규경 등이 증명한 것처럼, 우리 고유의 글자로 대나무 혹은 돌을 길게 이어 물을 끌어 쓰거나 버리는 데 이용하는 대홈통의 뜻을 갖고 있다. 이러한 수리시설은 오늘날 산지에서 이용되고 있으며, 통일신라시대 사찰이나 궁궐의 조경에도 이용되었다. 명남택은 이러한 수리시설을 갖추었기 때문에 붙은 이름이었다. 한편 금입택 중 사절유택(四節遊宅)과 구지택(仇知宅)은 별장이었다.

① 금입택은 신라 하대 이전에 이미 존재하였다.

② 진골 귀족이라도 금입택을 소유하지 못한 경우도 있었다.

③ 이름에 물과 관계있는 문자가 들어간 금입택은 물을 이용한 시설을 갖추고 있었다.

④ 명남택에서 사용한 수리시설은 귀족 거주용 주택이 아닌 건물에서도 사용되었다.

⑤ 월성 건너편의 기슭은 하천을 내려다볼 수 있는 높은 지대였으므로 주택지로서 적합하였다.

해설

글의 3문단에 따르면 월성 건너편 기슭은 풍광이 아름답다는 특징으로 인해서 주택지로 적절하였다. 하천을 내려다볼 수 있는 곳은 남산의 산록 및 북천의 북쪽 기슭의 특징이므로 적절하지 않다.

(오답풀이)

① [1문단] '그런데 경덕왕 13년에 황룡사종을 만든 장인이 금입택 가운데 하나인 이상택(里上宅)의 하인이었으므로, 중대의 최전성기에 이미 금입택이 존재하고 있었음을 알 수 있다. 즉 금입택은 적어도 중대부터 만들어지기 시작하여 하대에 이르면 경주에 대략 40여 택이 들어서 있었다.'의 내용을 통해 알 수 있다.

② [2문단] '진골 중에서도 왕권에 비견되는 막대한 권력과 재력을 누리던 소수의 유력한 집안만이 이러한 가옥을 가질 수 있었다.'의 내용을 통해 알 수 있다.

③ [4문단] '또한 지택(池宅), 천택(泉宅), 정상택(井上宅), 수망택(水望宅) 등 이름 가운데 '지(池)', '천(泉)', '정(井)', '수(水)' 등 물과 관계있는 문자가 보이는 금입택이 많다. 이러한 금입택은 물을 이용한 연못이나 우물 등의 시설을 갖추고 있었다.'의 내용을 통해 알 수 있다.

④ [4문단] 명(椧)이라는 수리시설은 통일신라시대의 사찰이나 궁궐의 조경에도 이용되었음을 알 수 있다.

정답 ⑤

나우쌤이 알려주는 킥 POINT

글의 내용을 보면서 선택지 ⑤번을 어떻게 구성했는지 살펴보도록 합시다. 3문단의 내용을 간략하게 정리하면 다음과 같습니다.

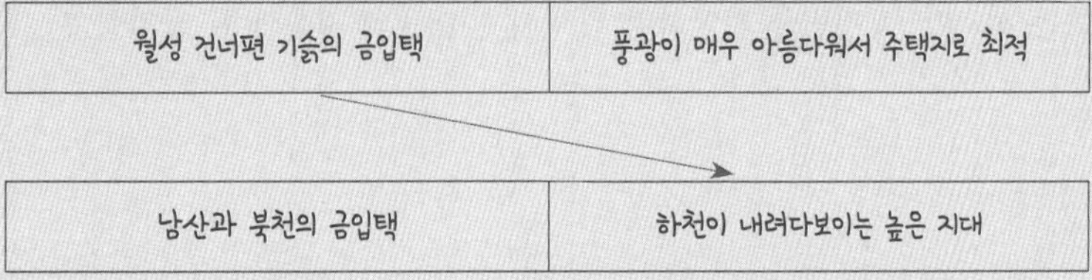

월성 건너편 기슭의 금입택
풍광이 매우 아름다워서 주택지로 최적
남산과 북천의 금입택
하천이 내려다보이는 높은 지대

이와 같이 서로 다른 대상에 대한 속성을 연결하는 방식으로 선택지를 제작했음을 알 수 있습니다. 단순히 글에서 해당 사실이 언급되었다는 점만 가지고 글의 내용과 일치할 것이라 섣불리 판단하면 안 됩니다. 반드시 글과 비교·확인함으로써 위와 같은 함정에 빠지지 않도록 유의해야 합니다.

08

다음 글에서 알 수 있는 것은?

송시열은 임진왜란 때 조선에 원군을 보낸 명나라 신종과 그 마지막 황제인 의종의 제사를 거행하고자 했으나 그 뜻을 이루지 못했다. 송시열의 제자인 권상하는 스승의 유명(遺命)을 이어받아 괴산군 청천면에 만동묘(萬東廟)를 만들고 매년 두 황제에 대한 제사를 지냈다. 만동묘라는 명칭은 경기도 가평군 조종암(朝宗巖)에 새겨진 선조의 어필 '만절필동(萬折必東)'이라는 글자의 처음과 끝 자를 딴 것이다. '만절필동'이라는 글자에는 황하가 여러 번 굽이쳐도 결국은 동쪽으로 나아가 황해로 흘러 들어가듯이, 조선 역시 어떠한 상황에도 명이 원병을 보냈다는 사실을 잊지 않고 의리를 지키겠다는 의지가 담겨 있다.

창덕궁 후원에 있는 대보단(大報壇)도 명 신종을 제사 지내기 위해 건립된 제단이다. 대보단의 제례는 국왕이 직접 주관하는 것이 원칙이었고, 그때 사용하는 제물과 기구는 문묘 제례 때 쓰던 것과 같았다. 영조 25년부터 이 대보단에서 명나라의 태조와 그 마지막 황제 의종도 함께 매년 제사 지내기 시작했다. 영조는 중앙 관료들로 하여금 빠짐없이 대보단 제례에 참석하도록 했는데, 정조는 이를 고쳐 제례 집행자만 참례하게 했다. 그렇지만 영조의 전례에 따라 대보단에 자주 행차하여 돌아보는 등 큰 관심을 표명했다.

당시 학자들 사이에서는 명이 망한 뒤에 중화의 정통을 이은 나라가 조선밖에 남지 않았다는 의식이 확산되고 있었다. 대보단 제례는 그와 같은 분위기 속에서 더욱 중요한 의미를 가지게 되었다. 만동묘를 중시하는 분위기도 확산되었다. 만동묘에서 명 황제들에 대한 제사를 지낼 무렵이 되면 전국의 유생이 구름같이 모여들었고, 이로 인해 제사 비용은 날로 많아졌다. 이 소식을 들은 영조는 만동묘에 전답을 하사하여 제사 비용을 조달하는 데 어려움이 없도록 해주었다. 헌종 때에는 만동묘에서 제사를 지낼 때마다 충청도 관찰사가 참석하도록 하는 조치도 취해졌다. 만동묘는 이처럼 위상이 높았지만, 운영비 조달을 핑계로 양민의 재산을 함부로 빼앗는 등 폐해가 컸다.

만동묘를 싫어하던 흥선대원군은 대보단에서 거행하는 것과 같은 제사를 만동묘에서 또 지낼 필요가 없다고 보았다. 그러한 이유에서 그는 만동묘가 설립될 때부터 매년 지내오던 제사를 폐지하였다. 또 명 황제들의 신주를 만동묘에서 대보단으로 옮겼다. 흥선대원군이 실각한 후 만동묘 제사는 부활되었지만 순종 황제 재위 때 다시 철폐되었다.

① 영조는 만동묘를 없애고 그 제사를 대보단으로 옮겨 지내도록 하였다.
② 만동묘에서 제사를 지낼 때에는 국왕이 직접 참석하는 것이 관례였다.
③ 헌종 때부터 대보단에서 제사를 지낼 시에 충청도 관찰사가 참석하였다.
④ 정조 때 만동묘와 대보단 두 곳에서 모두 명나라의 신종과 의종을 기려 제사를 지냈다.
⑤ 만동묘라는 이름은 선조가 그 건립을 기념하기 위해 내린 어필의 처음과 끝 글자를 딴 것이다.

해설

글의 1문단에 따르면 만동묘는 명나라 신종과 명의 마지막 황제인 의종의 제사를 지내기 위해 설립되었다. 다음으로 대보단은 명나라 신종의 제를 모시는 곳이었으나 영조 대부터 의종의 제도 진행하였다. 따라서 영조 이후인 정조 대에는 만동묘와 대보단 모두에서 신종과 의종에 관한 제례를 올렸을 것이라 추론할 수 있다.

(오답풀이)

① [4문단] 만동묘의 제사를 폐지하고 대보단 제례로 일원화한 인물은 흥선대원군이었다.

② [3문단] 만동묘의 제사를 지낼 때 충청도 관찰사가 참석하도록 하는 조치가 취해진 것은 사실이지만 국왕이 직접 참석해야 하는지 여부는 확인할 수 없다. [2문단] 다만 대보단의 제례에 있어서는 국왕이 직접 주관하는 것이 원칙이었다는 사실만 확인할 수 있을 뿐이다.

③ [3문단] 헌종 대에 충청도 관찰사가 제사에 참석하도록 조치가 취해진 것은 만동묘와 관련한 사실이지 대보단의 제례에 관한 내용이 아니다.

⑤ [1문단] 만동묘라는 명칭은 '만절필동'이라는 선조의 어필에서 따온 것은 맞지만, 이 어필이 선조가 만동묘의 건립을 위해서 내린 어필이라 볼 수 없으므로 옳지 않은 추론이다.

정답 ④

나우쌤이 알려주는 콕 POINT

글의 핵심소재는 만동묘와 대보단의 제례입니다. 두 제단은 설립과정이나 제례에 참여하는 대상자들이 구분되는 만큼, 관련된 내용이나 사실도 다릅니다. 이런 형태의 글에서는 '정보의 연결'을 활용하는 오답 선택지가 자주 출제됩니다. 이런 점들을 미리 염두에 두고 있다면, 전혀 당황하지 않고 출제의도에 따라서 충분히 여유 있게 선택지의 정오를 가려낼 수 있습니다.

09

다음 글의 내용과 부합하지 않는 것은?

파스퇴르가 짧은 휴가를 떠나면서 닭콜레라 세균 배양 접시를 방치해 둔 덕에 멋진 행운이 일어났다. 휴가를 마치고 돌아와 다시 일을 시작한 파스퇴르는 방치되었던 접시의 세균은 닭에게 주사하였다. 놀랍게도 닭들은 병에 걸리지 않았다. 이번에는 정상적인 세균을 배양하여 다시 닭들에게 주사하였다. 그러자 배양된 지 오래된 세균을 한 번 주사했던 닭들은 여전히 병에 걸리지 않았지만, 정상적인 세균을 처음으로 주사한 닭들은 병에 걸려 곧 죽어 버렸다. 파스퇴르는 그것이 무엇을 의미하는지 금세 알아차렸다. 우연히 그는 세균을 쇠약하게 만들고 그 독성을 제거했던 것이다. 약화된 세균은 닭에게 약한 콜레라만 일으키고는 독성이 강한 정상 세균의 공격에 대한 면역을 만들어 준 셈이다.

그의 발견은 사람들이 수천 년 동안 알고 있던 사실과 일치하였다. 그것은 홍역, 천연두, 페스트에 한 번 걸렸다가 회복된 사람은 같은 병에 다시 걸리는 일이 거의 없다는 사실이다. 더욱이 파스퇴르의 발견은 그의 시대 이전에 이루어진 주요한 의학적 발견 중 하나인 제너의 종두법에 과학적 근거를 제공했다.

일찍이 중국인과 아랍인은 심하지 않은 천연두의 부스럼을 취하여 건강한 사람에게 감염시킴으로써 면역을 얻는 기술을 개발하였다. 이 기술은 18세기에 콘스탄티노플의 영국대사 부인이었던 몬태규 부인에 의해 서유럽에 소개되었고, 죄수와 고아들을 대상으로 시험을 거친 후 영국 하노버가의 왕들에 의해 채택되었다. 어떤 역사가는 산업혁명을 유발한 인구증가의 한 원인으로 천연두 사망률의 저하를 들기도 한다.

제너는 우두에 걸린 소젖 짜는 소녀들의 상처에서 얻은 물질을 이용하여 천연두 예방법을 한층 더 발전시켰다. 제너는 '소'를 의미하는 라틴어 'vacca'를 따서 이 방법을 'vaccination'(백신요법)이라고 명명하였다. 그의 여생은 논쟁으로 점철되었고, 영국 왕립내과의학대학은 제너가 라틴어 시험에 합격하지 못했다는 이유로 의사 자격증을 주지 않았다. 그러나 파스퇴르는 제너를 기리며 자신의 예방 접종법을 부르는 데 '백신'이라는 단어를 고집했다.

① 파스퇴르는 제너의 종두법을 응용하여 예방 접종의 원리를 발견했다.

② 파스퇴르가 예방 접종의 원리를 발견하는 데는 우연이 큰 몫을 했다.

③ 파스퇴르는 제너 종두법의 토대에 놓인 원리를 발견하였다.

④ 아시아에서 유럽으로 전해진 천연두 예방 기법이 산업혁명의 간접적 원인이 되었다는 견해도 있다.

⑤ 감염성 질병에 이미 걸렸던 사람이 같은 병에 잘 걸리지 않는다는 사실은 오래 전부터 알려져 있었다.

해설

(정보 간의 관계) 파스퇴르는 예방 접종의 원리를 발견함으로써 제너의 종두법의 원리를 설명할 수 있게 된 것이다. 즉 ① '제너의 종두법의 원리를 응용해서 예방 접종의 원리를 발견'한 것이 아니다.

(오답풀이)

② [1문단] 파스퇴르는 휴가를 떠나면서 세균 배양 접시를 방치해 두었으며 이를 통해서 우연하게 예방 접종의 원리를 발견하게 된 것이다.

③ [2문단] 파스퇴르는 예방 접종의 원리를 발견함으로써 제너의 종두법의 원리를 설명할 수 있게 된 것이다.

④ [3문단] '어떤 역사가는 산업혁명을 유발한 인구증가의 한 원인으로 천연두 사망률의 저하를 들기도 한다.'의 내용을 통해 알 수 있다.

⑤ [2문단]의 내용을 통해 알 수 있다.

정답 ①

나우쌤이 알려주는 콕 POINT

선택지 ①번의 내용을 분석해보면 중요한 부분은 바로 '응용하여'라는 관계로 두 가지의 정보가 연결되는가 하는 점입니다. 이는 다음과 같이 정리할 수 있습니다.

제너의 종두법	↔	응용하여	↔	파스퇴르는 예방 접종의 원리를 발견했다.

10

다음 글에 나타나는 형이상학에 대한 논리실증주의자들의 견해에 가장 잘 부합하는 것은?

"손에 아무 책이나, 예컨대 신에 관한 책이든 강단 형이상학에 관한 책이든, 집어 든다면, 이렇게 물어보라. 이 책이 양이나 수에 관한 어떤 추상적인 추리를 담고 있는가? 아니다. 사실이나 존재의 문제에 관한 어떤 실험적인 추리를 담고 있는가? 아니다. 그렇다면 그것을 불에 던져 버려라." 이 인용문은 데이빗 흄의『인간 오성의 탐구』에서 따온 것이다. 이러한 진술은 실증주의의 입장을 탁월하게 제시한다.

논리실증주의자들은 흄과 마찬가지로 유의미한 명제를 논리학과 순수 수학의 명제와 같은 동어반복적 '형식 명제'와 경험적으로 검증 가능할 때에만 인식적 의미를 가질 수 있는 '사실 명제'의 두 부류로 나눈다. 이 두 부류에 속하지 않는 제3의 명제는 없다. 만일 어떤 문장이 형식적으로 참 또는 거짓인 어떤 것을 표현하지도 못하고 또 경험적으로 검사될 수 있는 어떤 것을 표현하지도 못한다면, 그것은 어떤 명제도 표현하지 못하고 있다고 간주된다. 이런 문장은 정서적인 의미를 가질지도 모르지만 인식적으로는 무의미하다. 절대적 또는 초월적 존재들에 대한 논의, 실재에 관한 논의, 또는 인간의 운명에 관한 논의 등 철학적 담론의 매우 많은 부분이 이 범주에 속한다고 여겨졌다. 그러한 논의들은 '형이상학적'이라고 일컬어진다.

그리고 여기서 만일 철학이 진정한 지식의 한 분야를 이루고자 한다면 형이상학으로부터 자신을 해방시키지 않으면 안 된다는 결론을 얻을 수 있다. 비엔나의 실증주의자들이 모든 형이상학적 저술들을 불에 던져야 마땅하다고까지 나아간 것은 아니었다. 그들은 그런 저술들이 인생에 대해 어떤 재미있거나 관심을 둘 만한 태도를 표명할 수도 있다고 인정하였다. 그들의 요점은 그렇다 하더라도 그것은 진리이거나 거짓일 수 있는 그 어떤 것도 진술하지 않으며, 따라서 지식의 확장에 아무런 기여도 할 수 없으리라는 것이다. 논리실증주의자들은 형이상학적 발언을 정서적이라는 이유가 아니라 인식적인 체하고 있다는 이유로 비판했다.

① 형이상학의 명제는 동어반복적이기 때문에 거짓일 수 없다.

② 형이상학은 존재 그 자체를 탐구함으로써 우리의 지식 영역을 넓혀준다.

③ 형이상학의 명제들은 인생에 대한 성찰을 통해서 심리적 만족을 줄지 모르나 참이거나 거짓일 수 없다.

④ 형이상학과 경험과학은 연구 대상은 다르지만 진리를 추구함으로써 완전한 인간으로 나아가게 한다는 목표는 같다.

⑤ 형이상학은 경험적 인식이 가능하기 위한 전제들을 찾아내고 비판적으로 반성함으로써 경험적 인식의 토대를 밝혀준다.

해설

형이상학의 명제들은 (2문단) 정서적 의미를 줄 수도 있고 인생에 대한 재미있는 점을 알려줄 수도 있으나 (3문단) 그 자체가 진위나 진리와는 관계가 없다.

(오답풀이)

① [2문단] 동어반복적인 것은 형식명제의 특징으로, 형이상학은 형식명제에 해당하지 않으므로 옳지 않다.

② [3문단] 형이상학은 진위를 판별할 수 없으므로 우리의 지식 확장에 기여하지 못한다.

④ [3문단] 형이상학은 진리이거나 진위에 관한 것을 기술하지 않으므로 옳지 않다.

⑤ [2, 3문단] 형이상학은 경험적으로 검사될 수 있는 어떤 것도 표현하지 않으나 이를 경험과 연관지어 설명하고 있으므로 옳지 않다.

정답 ③

나우쌤이 알려주는 킥 POINT

이 글의 필자가 여러분께 요구하는 것은 바로 형이상학에 대한 이해입니다. 처음 이 글을 읽었을 때, 최소한 형이상학이 (진위를 판별할 수 없다는 점에서) 진리와 무관하며, 경험적으로 유의미하지도 않다는 점을 최소한 간파하고 있어야 합니다. 만약 그랬다면 이 글을 여러 번 살펴보지 않고서도 오답은 제외하고, 정답을 골라낼 수 있었을 것입니다. 이것이 첫 독해에서 글을 장악해야 한다는 의미이고, 최소한의 중심 내용을 이해해야 한다는 의미입니다.

11

다음 글의 내용과 일치하지 않는 것은?

저명한 경제학자 베어록(P. Bairoch)이 미국을 가리켜 근대적 보호주의의 모국이자 철옹성이라고 표현한 바 있듯이, 아마도 유치산업(幼稚産業)* 장려정책을 가장 열성적으로 시행한 국가는 미국일 것이다. 하지만 미국 학자들은 이 사실을 좀처럼 인정하지 않고 있으며, 일반 지식인들도 이 사실을 인식하지 못하는 듯하다. 유럽 산업혁명 연구의 권위자인 경제사학자 트레빌콕(C. Trevilcock)도 1879년에 시행된 독일의 관세인상에 대해 논평하면서 당시 '자유무역 국가인 미국'을 포함한 모든 국가들이 관세를 인상하고 있었다고 서술하고 있을 정도이다.

또 관세가 높은 것을 인정하는 경우에도 그것의 중요성은 폄하하는 경우가 많았다. 예를 들어 노벨경제학상 수상자인 노스(D. North)는 최근까지 미국 경제사에 관한 논문에서 관세에 대해 단 한 번 언급하였는데 그나마 관세는 미국의 산업 발전에 별 영향을 미치지 못했기 때문에 더 논의할 필요가 없다고 했다. 그는 구체적 근거를 제시하지도 않은 채 매우 편향적인 참고문헌을 인용하면서 "남북전쟁 이후 관세의 보호주의적 측면이 강화되었지만 관세가 제조업 성장에 상당한 영향을 주었다고 믿기는 의심스럽다."라고 주장하였다.

그러나 좀 더 세밀하고 공정하게 역사적 자료를 살펴보면 대부분의 신흥공업국들이 펴 온 유치산업 보호정책이 미국의 산업화 과정에서 쉽게 발견되고 있고, 미국 경제발전에도 매우 중요한 영향을 끼쳤다는 것을 알 수 있다. 연방정부가 탄생하기 이전의 식민지 시대부터 국내산업의 보호는 미국 정부의 현안 문제였다. 영국은 식민지 국가들의 산업화를 바라지 않았고 그 목표를 달성하기 위한 정책들을 차분히 실행하였다. 미국이 독립을 맞이할 즈음 농업 중심의 남부는 모든 형태의 보호주의 정책에 반대하였지만 초대 재무장관인 해밀턴(A. Hamilton)으로 대표되는 제조업 중심의 북부는 보호주의 정책을 원하였다. 그리고 남북전쟁이 북부의 승리로 끝났다는 사실로부터 우리는 이후 미국 무역정책의 골격이 보호주의로 되었음을 어렵지 않게 추론해 낼 수 있다.

* 유치산업: 장래에는 성장이 기대되나 지금은 수준이 낮아 국가가 보호하지 아니하면 국제 경쟁에서 견딜 수 없는 산업

① 미국 학자들은 자국이 보호주의 정책을 통해서 경제성장을 달성하였다는 사실을 인정하려 하지 않는다.
② 남북전쟁에서 남부가 패배한 것은 자유무역 정책을 취했기 때문이다.
③ 미국의 경제발전이 자유무역 방식으로 이루어진 것만은 아니다.
④ 일반적으로 후발 산업국들은 유치산업 보호정책을 취하였다.
⑤ 미국에서는 남북전쟁 이후 보호주의 정책이 강화되었다.

해설

남북전쟁 당시 남부가 보호주의에 반대하였다는 사실은 알 수 있다. 이를 곧 남부가 자유주의를 채택하였다고 간주할 수 있다고 하더라도 이 때문에 남북전쟁에서 남부가 패배했다고 판단할 수는 없으므로 옳지 않다.

(오답풀이)

① [1, 2문단] 미국의 학자들은 보호주의를 통한 미국의 경제발전을 인정하지 않으려 하며, 설령 그러한 흔적이 발견되더라도 그러한 보호주의가 경제발전에 기여한 정도를 축소하려고 한다.

③ 이 글을 통해 필자가 주장하는 핵심 내용에 해당하는 진술이다.

④ [3문단] 대부분의 신흥공업국들은 자국의 유치산업 보호정책을 취해왔다.

⑤ [3문단] '그리고 남북전쟁이 북부의 승리로 끝났다는 사실로부터 우리는 이후 미국 무역정책의 골격이 보호주의로 되었음을 어렵지 않게 추론해 낼 수 있다.'의 내용을 통해 알 수 있다.

정답 ②

나우쌤이 알려주는 킥 POINT

Q 이미 선택지 ②번 내용이 글의 내용과 일치하지 않는다는 사실은 인지하고 있을 것입니다. 하지만 여기서 멈추지 말고 한 걸음 더 나아가봅시다. 출제의도를 살펴보기 위해서 다음과 같은 부분을 생각해보도록 합시다. 선택지 ②번 내용 중에 '남부가 패배'와 '자유무역 정책' 두 부분은 그대로 놓아두고 나머지 표현을 바꿔 글의 내용과 일치하도록 하려면 어떻게 수정하면 될까요?

A '남부가 패배'와 '자유무역 정책' 두 부분은 그대로 놓아두고 나머지 표현을 바꿔 글의 내용과 일치하도록 하려면 "남북전쟁에서 남부가 패배하였기 때문에 자유무역 정책은 위축되었다."로 수정해야 합니다. 즉 해당 문제의 출제자는 글에서 명사나 명사구는 그대로 활용하되, 그 관계를 다르게 서술하여서 옳지 않은 선택지를 제작한 것입니다.

12

다음 글에서 언급된 학자들의 견해를 잘못 서술한 것은?

첨성대는 일본인 천문학자 와다(和田)에 의해 처음으로 학계에 소개되었다. 와다는 첨성대가 현존하는 동양 최고(最古)의 천문대라고 평가했다. 홍이섭도 와다의 견해를 수용하여 첨성대가 가진 천문대로서의 가치를 높이 평가하고, 첨성대 정상부에 천문 관측을 위한 기기가 설치되어 있었을 것이라고 추측했다.

이에 대해 김용운은 백제, 고구려나 중국, 일본에 같은 모양의 천문대가 없고, 『삼국사기』 선덕여왕대에 천문 관측 기록이 없는 것으로 보아 첨성대를 천문대로 볼 수 없다고 했다. 대신 그는 첨성대가 신라 과학의 기념비적 상징물이며, 그 구조가 『주비산경(周髀算經)』에서 얻은 천문지식을 표현한다고 주장했다. 그는 또한 상원하방(上圓下方)의 형태는 음양 사상과 관계있으며, 돌의 수 366개는 1년의 날수를, 28단은 28수(宿)를 의미한다고 풀이했다.

이용범은 이러한 설을 부정하고 첨성대는 과학보다 신앙면에서 다루는 것이 합리적이라고 보았다. 그는 그 이유로 첨성대의 형태가 불교의 우주관인 수미산을 연상시킨다는 점을 들고 있다. 또 평양 첨성대와 강화 참성단이 초성대(醮星臺) 또는 제단이었던 것처럼 첨성대에서 성제(星祭) 같은 것이 행해졌으리라는 추측이 가능하며, 그 정상부에는 종교적인 상징물이 안치되어 있었다고 보는 것이 옳다고 하였다.

김용운과 이용범이 공통적으로 첨성대가 실제 관측에 사용되기에 부적당하다고 본 반면, 남천우는 그렇게 생각하지 않았다. 그에 따르면 첨성대는 제단으로는 불편하고 부적당할 뿐만 아니라 그 건조 양식도 『주비산경』과는 무관하며, 도형이나 수치를 임의로 해석하는 것도 위험천만한 일이다. 결국 남천우는 첨성대가 실제 천체관측을 목적으로 축조된 실용적 성격의 상설 관측대라고 결론을 내렸다.

하지만 첨성대는 관측 시설로는 너무 조잡하고 오르내리기에도 불편하다. 첨성대와 같이 구조 역학적으로 극히 우수한 축조물을 쌓은 건축기술로 그렇게 조잡하고 불편한 관측소를 만들었다고 생각하기는 어렵다.

첨성대가 규표(圭表)*로서의 기능이 있을 것이라는 필자의 생각은 여기서 출발한다. 필자는 첨성대는 태양 광선에 의하여 생기는 그림자를 특정하여 태양 고도를 알고, 그로부터 춘추분점과 동하지점 및 시각을 결정하는데 쓰인 측경대(側景臺)였다고 본다. 이 경우 첨성대가 중국 하남성에 있는 당대(唐代)의 주공측경대(周公側景臺)와 구조상 비슷하다는 사실을 간과할 수 없다.

* 규표(圭表): 옛날 천체 관측기구의 하나

① 이용범은 첨성대를 과학 이외의 영역과 결부시킨다.

② 홍이섭과 남천우는 첨성대의 용도를 천문 관측이라고 보았다.

③ 필자는 첨성대의 건축 구조를 자기주장의 근거로 삼고 있다.

④ 김용운과 이용범은 첨성대가 천문지식과 관련이 없다고 주장한다.

⑤ 남천우는 첨성대에서 발견되는 도형의 숫자의 자의적 해석에 동의하지 않는다.

해설

글의 2문단에 따르면 '대신 그는 첨성대가 신라 과학의 기념비적 상징물이며, 그 구조가 『주비산경(周髀算經)』에서 얻은 천문지식을 표현한다고 주장했다.' 김용운은 첨성대가 "주비산경"에서 얻은 천문지식을 직접 표현한 것이라고 보았으므로 옳지 않다.

(오답풀이)

① [3문단] 이용범은 첨성대를 신앙과 종교의 면과 연결시키고 있다.

② [1문단], [4문단]의 내용을 통해 알 수 있다.

③ [6문단] '그로부터 춘추분점과 동하지점 및 시각을 결정하는데 쓰인 측경대(側景臺)였다고 본다. 이 경우 첨성대가 중국 하남성에 있는 당대(唐代)의 주공측경대(周公側景臺)와 구조상 비슷하다는 사실을 간과할 수 없다.' 즉 필자는 중국의 주공측경대와 그 '구조'가 유사하다는 것을 근거로 첨성대를 측경대라고 판단하고 있다.

⑤ [4문단] 남천우는 김용운의 구조상 특징에 관한 인위적인 해석에 대하여 옳지 않다는 견해를 피력하였다.

정답 ④

나우쌤이 알려주는 킥 POINT

해당 문제의 정답으로 ③번을 선택한 분들이 있을 수 있습니다. 이와 같은 오류는 일치부합형 문제의 기본이라고 할 수 있는 '눈으로 비교, 확인하라'라는 작업을 생략했기 때문입니다. 좀 더 구체적으로 살펴보도록 합시다.

먼저 글 전체를 빠르게 정리하면 입장은 크게 두 개로 나뉩니다. 먼저 첨성대를 천문대라고 주장하는 쪽(와다, 홍이섭, 남천우)이 있고, 다른 하나는 그것에 동의하지 않는 쪽(김용운, 이용범, 필자)가 있습니다. 이렇게 정리한 내용만을 바탕으로 문제를 풀면 김용운의 입장에서 '첨성대는 천문지식과 관련이 없다고 했겠지'라는 잘못된 추측이 가능합니다. 하지만 실제 글에서는 오히려 이런 예측과는 전혀 다른 설명을 하고 있습니다. 이런 상태에서 가장 알쏭달쏭한 말을 하고 있는 ③을 답으로 선택할 수밖에 없었던 것입니다. 일치추론은 기억만으로 푸는 문제가 아닙니다. 반드시 글의 내용과 선택지의 내용을 비교·확인한 다음, 정답을 확정지어야 한다는 것을 보여주는 문제였습니다.

13

다음 글에서 알 수 있는 것은?

국내에서 벤처버블이 발생한 1999~2000년 동안 한국뿐 아니라 미국, 유럽 등 전 세계 주요 국가에서 벤처버블이 나타났다. 미국 나스닥의 경우 1999년 초 이후에 주가가 급상승하여 2000년 3월을 전후해서 정점에 이르렀는데, 이는 한국의 주가 흐름과 거의 일치한다. 또한 한국에서는 1998년 5월부터 외국인의 종목별 투자한도를 완전 자유화하였는데, 외환위기 이후 해외투자를 유치하기 위한 이런 주식시장의 개방은 주가 상승에 영향을 미쳤다. 외국인 투자자들은 벤처버블이 정점에 이르렀던 1999년 12월에 벤처기업으로 구성되어 있는 코스닥 시장에서 투자금액을 이전 달의 1조 4천억 원에서 8조 원으로 늘렸으며, 투자비중도 늘렸다.

또한 벤처버블 당시 국내에서는 인터넷이 급속히 확산되고 있었다. 초고속 인터넷 서비스는 1998년 첫 해에 1만 3천 가구에 보급되었지만 1999년에는 34만 가구로 확대되었다. 또한 1997년 163만 명이던 인터넷 이용자는 1999년에 천만 명으로 폭발적으로 증가하였다. 이처럼 초고속 인터넷의 보급과 인터넷 사용인구의 급증은 뚜렷한 수익모델이 없는 업체라 할지라도 인터넷을 활용한 비즈니스를 내세우면 투자자들 사이에서 높은 잠재력을 가진 기업으로 인식되는 효과를 낳았다.

한편 1997년 8월에 시행된 벤처기업 육성에 관한 특별조치법은 다음과 같은 상황으로 인해 제정되었다. 법 제정 당시 우리 경제는 혁신적 기술이나 비즈니스 모델에 의한 성장보다는 설비확장에 토대한 외형성장에 주력해 왔다. 그러나 급격한 임금상승, 공장용지와 물류 및 금융 관련 비용 부담 증가, 후발국가의 추격 등은 우리 경제가 하루 빨리 기술과 지식을 경쟁력의 기반으로 하는 구조로 변화해야 할 필요성을 높였다. 게다가 1997년 말 외환위기로 30대 재벌의 절반이 부도 또는 법정관리에 들어가게 되면서 재벌을 중심으로 하는 경제성장 방식의 한계가 지적되었고, 이에 따라 우리 경제는 고용창출과 경제성장을 주도할 새로운 기업군을 필요로 하게 되었다. 이로 인해 시행된 벤처기업 육성 정책은 벤처기업에 세제 혜택은 물론, 기술 개발, 인력공급, 입지공급까지 다양한 지원을 제공하면서 벤처기업의 폭증에 많은 영향을 주게 되었다.

① 해외 주식시장의 주가 상승은 국내 벤처버블 발생의 주요 원인이 되었다.
② 벤처버블은 한국뿐 아니라 전 세계 모든 국가에서 거의 비슷한 시기에 발생했다.
③ 국내의 벤처기업 육성책 실행은 한국 경제구조 변화의 필요성과 관련을 맺고 있다.
④ 국내 초고속 인터넷 서비스 확대는 벤처기업을 활성화시켰으나 대기업 침체의 요인이 되었다.
⑤ 외환위기는 새로운 기업과 일자리 창출의 필요성을 불러왔고 해외 주식을 대규모로 매입하는 계기가 되었다.

해설

글의 3문단에 따르면 외환위기 등으로 재벌을 중심으로 한 경제성장에 문제점이 드러나게 되었고, 지식과 기술 중심의 기업을 육성할 필요성이 증대되면서 벤처기업에 대한 여러 육성책이 시행되었다.

(오답풀이)

① [1문단] 해외 주식시장은 국내외의 벤처 버블이 나타났던 시기가 유사함을 설명하기 위해서 들고 있는 예일 뿐, 인과관계로 볼 수 없다.
② [1문단] 전 세계 주요 국가에서 벤처버블이 나타나긴 하였으나 모든 국가에서 발생한 것은 아니었다.
④ [2문단] 인터넷 서비스의 확산은 벤처버블이 나타나던 시대적 배경이었으나 대기업 침체의 원인으로 볼 수 없다.
⑤ 외환위기와 해외 주식을 대규모로 매입하는 것에 관하여 글에서는 어떤 정보도 확인할 수 없다.

정답 ③

CH 03 독해법 문제 풀이

나우쌤이 알려주는 킥 POINT

일반적으로 선택지에서 명사나 명사구가 가장 중요하다고 생각하겠지만, 사실 더 중요한 것은 그러한 명사들이 서로 이루고 있는 관계입니다. 정보 간의 관계를 표시하는 표현들만 잘 잡아내더라도 선택지의 정오를 판별하는 것은 훨씬 쉬워집니다. 그럼 다시 문제의 선택지를 살펴봅시다. 다음은 각 선택지의 출제의도에 해당하는 부분을 밑줄로 표시하였습니다.

① 해외 주식시장의 주가 상승은 국내 벤처버블 발생의 주요 원인이 되었다.
② 벤처버블은 한국뿐 아니라 전 세계 모든 국가에서 거의 비슷한 시기에 발생했다.
③ 국내의 벤처기업 육성책 실행은 한국 경제구조 변화의 필요성과 관련을 맺고 있다.
④ 국내 초고속 인터넷 서비스 확대는 벤처기업을 활성화시켰으나 대기업 침체의 요인이 되었다.
⑤ 외환위기는 새로운 기업과 일자리 창출의 필요성을 불러왔고 해외 주식을 대규모로 매입하는 계기가 되었다.

14

다음 글에서 추론할 수 없는 것은?

우리 민족은 고유한 성(姓)과 더불어 성씨 앞에 특정 지역의 명칭을 붙여 사용하고 있다. 이를 본관이라고 하는데, 본관의 사용은 고려시대부터 시작되었다. 고려전기 본관제(本貫制)의 기능은 무엇보다 민(民)에 대한 통제책과 밀접하게 관련되어 있었다. 민의 거주지를 파악하기 위한 수단이었음은 물론, 신분, 계층, 역(役) 등을 파악하고 통제하는 수단이 되었다. 운영원리로 볼 때 지역 간 또는 지역 내의 위계적인 지배방식과도 관련되어 있었다. 그리고 그것은 국가권력의 의사가 개별 민에게 일방적으로 관철되는 방식이 아니라 향촌사회에 존재하고 있던 공동체적 관계를 통해 관철되는 방식이었다.

12세기부터 향촌에서 향촌민이 몰락하여 계급분화가 심화되고 유망(流亡) 현상이 극심하게 일어나면서, 본관제를 통한 거주지 통제정책은 느슨해져 갔다. 이러한 상황에 대처하여 고려정부는 민이 거주하고 있는 현재의 거주지를 인정하고 그 거주지의 민을 호적에 올려 수취를 도모하는 정책을 시도하게 되었다. 이에 따라 지역 간 위계를 두는 지배방식을 유지하기 어렵게 되었다. 향·소·부곡과 같은 특수행정구역이 감소되었으며 부곡민도 일반 군현민과 서로 교류하고 이동할 정도로 군현민과의 신분적인 차이가 미미해졌다.

향촌사회의 변동은 많은 변화를 초래하였다. 먼저 향리층이 이전처럼 향촌질서를 주도하기 어려워졌다. 향리층은 본관을 떠나 이동하였고, 토착적 성격이 희박해진 속성(續姓)이 증가하였다. 이들은 살기 좋은 곳을 찾아 이주하거나 외향(外鄕)*이나 처향(妻鄕)**에서 지역 기반을 마련하는 경우가 많았다. 향리층은 아전층인 이족(吏族)과 재지품관층인 사족(士族)으로 분화되기 시작하였고, 이후 사족은 지방관과 함께 향촌사회 지배의 일부를 담당했다. 또한 본관이 점차 관념적인 혈연을 의미하는 것으로 바뀌게 되었고, 동성(同姓)은 본래 동본(同本)이었다는 관념이 커지게 되었다. 동성동본 관념은 성관(姓貫)의 통합을 촉진시켰고, 군소 성관들이 본래의 본관을 같은 성(姓)의 유력 본관에 따라 고치는 현상을 확대시켰다.

본관제의 성격이 변화함에 따라, 죄지은 자를 자기 본관으로 돌려보내는 귀향형(歸鄕刑)이나 특정한 역에 편입시키는 충상호형(充常戶刑)과 같은 법제는 폐지되었다. 그러한 법제는 본관제의 기능과 관련해서만 유의미한 것이었기 때문이다.

* 외향(外鄕): 어머니의 고향
** 처향(妻鄕): 아내의 고향

① 향촌사회의 변화에 따라 사족은 향촌사회 지배의 일부를 담당했다.

② 이족과 사족의 분화는 동성동본 관념이 발생하는 원인이 되었다.

③ 귀향형이나 충상호형은 민에 대한 통제 정책, 위계적인 지역 지배와 관련된 것이었다.

④ 향촌민의 몰락과 유망 등 사회적 변동으로 인해 본관제의 통제적 성격은 점차 약화되어 갔다.

⑤ 12세기 이후 향·소·부곡과 같은 특수행정구역은 줄어들기 시작하였으며, 부곡민과 일반 군현민의 신분적 차이도 줄어들었다.

해설

글의 3문단에 따르면 향리층이 이족과 사족으로 분화되기 시작한 사건이 언급되어 있긴 하지만, 문단의 내용상 동성동본의 관념이 발생하게 된 것과 인과관계로 볼 수 없다.

(오답풀이)

① [3문단] '향리층은 아전층인 이족(吏族)과 재지품관층인 사족(士族)으로 분화되기 시작하였고, 이후 사족은 지방관과 함께 향촌사회 지배의 일부를 담당했다.'의 내용을 통해 알 수 있다.

③ [4문단] 귀향형이나 충상호형은 본관제라는 것을 기반으로 하여 성립된 법제이다. 그런데 본관제는 [1문단] 민에 대한 통제책의 기능을 담당하고 있었다. 따라서 귀향형이나 충상호형도 민에 대한 통제 및 지역에 대한 위계적인 지배와 관련이 있다고 할 수 있다.

④ [2문단] '12세기부터 향촌에서 향촌민이 몰락하여 계급분화가 심화되고 유망(流亡) 현상이 극심하게 일어나면서, 본관제를 통한 거주지 통제정책은 느슨해져 갔다.'의 내용을 통해 알 수 있다.

⑤ [2문단] '향·소·부곡과 같은 특수행정구역이 감소되었으며 부곡민도 일반 군현민과 서로 교류하고 이동할 정도로 군현민과의 신분적인 차이가 미미해졌다.'의 내용을 통해 알 수 있다.

정답 ②

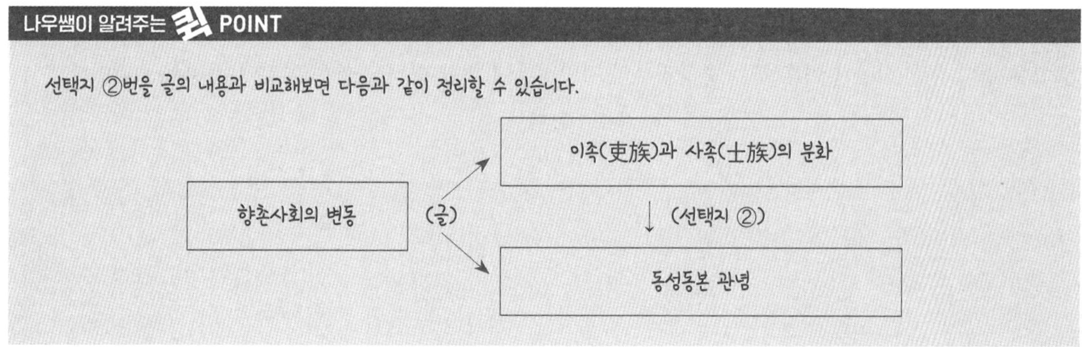

나우쌤이 알려주는 킬 POINT
선택지 ②번을 글의 내용과 비교해보면 다음과 같이 정리할 수 있습니다.
향촌사회의 변동
(글)
이족(吏族)과 사족(士族)의 분화
(선택지 ②)
동성동본 관념

15

다음 글에서 알 수 없는 내용은?

북한의 중앙-지방관계를 살펴보면, 국가 창립 이래 2005년 현재까지 중앙에 의한 지방정부의 지도 및 통제권이 법적으로 보장되고 있다. 북한 중앙정부의 수직적 통제력이 강했던 것은 다음의 다양한 요인 때문이다. 첫째, 단시일 내 추진된 생산 수단의 국유화로 물질적 자원이 중앙 정부에 집중되어 소련, 중국과 비교해 볼 때 지방정부의 물질적 기반이 약했다. 둘째, 견제 세력을 용납하지 않는 1인의 절대 권력을 강화했다. 셋째, 6·25전쟁 경험, 남북대립 등 중앙집권을 요구하는 정치, 군사적 문화가 만연했다. 넷째, 중공업 위주의 산업화 정책이 집중투자와 중앙계획 강화를 요구했다.

그러나 1990년대 중반 식량난 이후 북한의 중앙-지방관계는 일정한 변화를 보이고 있다. 중앙의 통제력이 지역별로 다르게 나타나고 있는 것이다. 특히 배급제가 와해되기 시작한 시기에 따라 지역별로 중앙-지방관계의 편차가 확인된다. 예를 들어 1980년대 중반부터 식량배급제의 불안정성이 나타나기 시작한 국경지역에서는 수직적 통제력이 약화되었다. 중앙권력이 지역과 주민의 생존을 책임지지 못하면서도 정치사상적 통제를 지속함에 따라 각 단위 및 개인의 독립적인 행위와 의식이 성장한 것이다.

다음으로 북한의 당-정관계를 살펴보면, 국가 정책적으로 2005년 현재까지도 소위 '인민대중과 대중조직인 국가기관을 지도 및 통제'하는 정치조직인 조선노동당의 각급 국가기관에 대한 당적 지도와 당적 통제가 실시되고 있다. 각 지역의 운영 실태를 보면 이를 구체적으로 확인할 수 있다. 북한에서 지방의 각급 당책임비서는 해당 지역에서 인사권·처벌권·통제권·평정권 등을 가지고 막강한 권력을 행사한다. 인사권을 보면 당책임비서가 인사명령을 내리면 지방정부 각 부처별 대표가 그 명령을 수행한다. 그리고 주권기관인 인민회의 대의원선거도 지방당에서 후보를 결정하면 형식적인 찬반투표로 대의원을 선출한다. 또한 각급 당기관이 국가기관의 업무 조정 권한을 가지고 있기에 지역 내 부처들이 상급기관의 명령을 수행하는 과정에서 부처 간 갈등이 발생할 경우 당기관이 조정자 역할을 한다. 나아가 지방당은 지역에서 중앙국가기관 직속인 인민무력부·국가안전보위부·사회안전부·철도부·문화예술부 등을 제외한 각급 기관·단체들을 감독·통제한다.

그러므로 북한의 지방국가기관은 전체적으로 지방당에 의해 통제되고 있다. 또한 무엇보다 북한의 당원이나 각급 당 간부들은 대부분 각급 국가기관 간부도 겸임하기에 각 지역 및 단위에서 막강한 권력을 행사한다.

① 2005년 현재 북한정권은 특정 정당의 지배체제를 고수하고 있다.
② 북한 지방정부의 재정적 기반은 인접 사회주의 국가들에 비해 약했다.
③ 2005년 현재 북한사회에서 조선노동당은 각급 정부기관에 대한 영향력을 행사하고 있다.
④ 북한의 지방정부 운영 실태를 볼 때, 당적 통제는 지속되고 있으나 중앙의 통제력은 약화되었다.
⑤ 1990년대 중반 식량난 이후 북한 중앙정부의 지방정부에 대한 법적 권한은 이전에 비해 축소되었다.

해설

글의 1문단에 따르면 북한의 중앙–지방관계를 살펴보면, 국가 창립 이래 2005년 현재까지 중앙에 의한 지방정부의 지도 및 통제권이 법적으로 보장되고 있다. 따라서 1990년대 중반 식량난 이후에도 법적인 권한 자체가 축소되고 있다고 판단할 수 없다.

(오답풀이)

①, ③ [3문단] '북한의 당–정관계를 살펴보면, 국가 정책적으로 2005년 현재까지도 소위 '인민대중과 대중조직인 국가기관을 지도 및 통제'하는 정치조직인 조선노동당의 각급 국가기관에 대한 당적 지도와 당적 통제가 실시되고 있다.'의 내용을 통해 알 수 있다.

② [1문단] '첫째, 단시일 내 추진된 생산 수단의 국유화로 물질적 자원이 중앙 정부에 집중되어 소련, 중국과 비교해 볼 때 지방정부의 물질적 기반이 약했다.'의 내용을 통해 알 수 있다.

④ [2문단] '그러나 1990년대 중반 식량난 이후 북한의 중앙–지방관계는 일정한 변화를 보이고 있다. 중앙의 통제력이 지역별로 다르게 나타나고 있는 것이다.'의 내용을 통해 중앙이 아닌 지방에 대한 중앙의 통제력이 다소 약화된 것임을 알 수 있다.

정답 ⑤

나우쌤이 알려주는 킥 POINT

선택지 ⑤번 내용의 구조와 출제의도를 함께 살펴보도록 합시다. 선택지를 보면 '1990년대 중반 식량난 이후'라고 되어 있습니다. 글의 2문단이 바로 이 부분을 다루고 있으므로 견주어서 살펴볼 수 있을 것입니다. 2문단만 보면 지방에 대한 중앙의 통제력에 뭔가 문제가 발생했음을 알 수 있습니다. 이렇게만 보면 ⑤번 내용도 크게 문제가 없는 것처럼 보입니다.

하지만 ⑤번 선택지의 주어는 '법적 권한'입니다. 단순한 실질적 통제력에 대한 이야기가 아니라 법 규정에 대해서 확인할 것을 묻고 있습니다. 그렇다면 위 해설에서 이미 지적한 바와 같이 지금까지 법적 권한은 변함이 없다고 판단하는 것이 옳게 됩니다.

그렇다면 왜 이렇게 출제를 한 걸까요? 바로 글 전체에 대한 경향/이미지만으로 문제를 푸는 분들을 겨냥했다고 볼 수 있습니다. 글 전체의 내용을 보면 '북한은 조선노동당에 의해서 중앙집권적으로 통치되고 있지만 (2문단) 지방에 대한 통제력은 약화되고 있다.'고 정리될 수 있습니다. 그 상태에서 선택지를 분석적으로 보지 않고, 가볍게 볼 경우 이와 같은 부분에서 실수하게 됩니다.

16

다음 글의 내용과 부합하는 것은?

나는 이 책의 제목을 『과학기술의 허세(The Technological Bluff)』라고 정했다. 이 제목에 대해 대부분의 사람들은 가차 없이 부정적인 평가를 내릴 것이다. 과학기술은 허세가 허용되지 않는 영역이라는 생각이 일반적이기 때문이다. 과학기술에서는 모든 것이 분명하다. 할 수 있거나, 할 수 없거나 둘 중 하나인 것이다. 또 지금까지 과학기술은 약속을 지켜왔다. 사람들이 달 위를 걸을 수 있을 것이란 말이 나온 후 얼마 안 되어 그대로 되었다. 인공심장을 달 수 있게 될 것이라 하더니, 결국 인공심장이 이식되어 작동하고 있다. 도대체 뭐가 허세란 말인가?

이러한 혼란은 'technology'라는 말이 '기술'이란 뜻으로 쓰이기도 하지만 '기술에 대한 담론'이라는 뜻으로 쓰일 수 있기 때문에 생기는 것이다. 내가 말하려는 것은 정확히 말해 과학기술의 허세가 아니라 과학기술담론의 허세다. 나는 과학기술이 약속한 것을 이룩하지 못한다거나 과학기술자들이 허풍쟁이라는 것을 보이려는 것이 아니다. 이 책에서 다루는 것은 과학기술담론의 허세, 즉 우리를 둘러싸고 있는 과학기술에 대한 담론들의 엄청난 허세, 과학기술에 대해서라면 무엇이든 믿게 만들고 나아가 우리의 과학기술에 대한 태도를 완전히 바꾸어 놓는 그런 허세다. 정치인들의 허세, 미디어의 허세, 과학기술 활동은 하지 않고 그것에 대해서 말만 하는 과학기술자들의 허세, 광고의 허세, 경제 모델들의 허세가 이에 해당한다.

이 허세의 핵심은 모든 것을 과학기술 발전의 차원으로 이해하고 재구성하는 것이다. 과학기술 발전은 너무나 다양한 가능성을 제시하기 때문에 다른 것을 생각할 겨를이 없다. 과학기술에 대한 담론에서의 허세는 과학기술에 대한 정당화가 아니라 그것의 엄청난 힘을 맹신하여 보편적 적용 가능성과 무오류성을 과시하는 것이다.

내가 허세라고 부르는 이유는 세 가지로 정리된다. 첫째, 비용이나 위험에 대한 고려 없이 너무나 많은 성공과 업적을 과학기술의 덕으로 돌리기 때문이다. 둘째, 집단적인 문제가 되었건 개인적인 문제가 되었건 과학기술을 모든 문제에 대한 유일한 해결책으로 여기기 때문이다. 셋째, 모든 사회에서 과학기술을 진보와 발전의 유일한 토대로 인식하기 때문이다.

① 과학기술 분야에서는 할 수 있는 것과 할 수 없는 것의 구별이 분명하지 않다.
② 대부분의 사람들은 과학기술에 허세가 개입될 여지가 많이 있다고 생각한다.
③ 'technology'란 말이 '기술'이란 뜻으로 쓰일 때에 과학기술의 허세가 나타난다.
④ 과학기술에 대한 담론에서는 과학기술의 보편적 적용 가능성을 주장하지 않는다.
⑤ 과학기술을 개인이나 집단의 문제에 대한 해결책의 하나로 보는 것은 허세가 아니다.

해설

글의 4문단에 따르면 둘째, 집단적인 문제가 되었건 개인적인 문제가 되었건 과학기술을 모든 문제에 대한 유일한 해결책으로 여기기 때문이다. 즉 필자가 과학기술담론의 허세라고 여기는 것은 (과학기술을 해결책으로 고려하는 것을 의미하는 것이 아니라) 모든 문제에 대한 유일한 해결책으로 간주하는 것이다. 따라서 '과학기술을 해결책의 하나로 보는 것은 허세가 아니다'라는 설명은 필자의 입장과 다른 주장이 아니다.

(오답풀이)

① [1문단] '과학기술에서는 모든 것이 분명하다. 할 수 있거나, 할 수 없거나 둘 중 하나인 것이다.'의 내용을 통해 알 수 있다.
② [1문단] '과학기술은 허세가 허용되지 않는 영역이라는 생각이 일반적이기 때문이다.'의 내용을 통해 알 수 있다.
③ [2문단] '내가 말하려는 것은 정확히 말해 과학기술의 허세가 아니라 과학기술담론의 허세다.'의 내용을 통해 알 수 있다.
④ [3문단] '과학기술에 대한 담론에서의 허세는 과학기술에 대한 정당화가 아니라 그것의 엄청난 힘을 맹신하여 보편적 적용 가능성과 무오류성을 과시하는 것이다.'의 내용을 통해 알 수 있다.

정답 ⑤

나우쌤이 알려주는 꿀 POINT

NCS와 같은 적성 시험에서 여러분이 고민하는 것 중에는 상반되는 두 가지 양가적 가치가 존재합니다. 바로 '효율성'과 '정확성'입니다. 이 둘은 동시에 추구되기가 쉽지는 않다는 면에서 '양가적'이라고 말씀을 드리는 것입니다. 즉 빠르게만 풀려고 하면 정확한 확인이 생략되는 경우가 있고, 또한 정확성을 지나치게 추구하다 보면 각 문제에 소요되는 시간이 사전에 생각한 것보다 초과될 수도 있게 됩니다.

물론 이 중에 어떤 하나만 추구해서는 안 되겠지만 이 두 가지가 상충되는 상황에서 우리는 어떤 가치를 보다 중시해야 할까요? 실제로 강의나 상담, 혹은 시험장에서의 경험을 들어보면 효율성을 선택하셨던 분들이 좀 더 많았습니다. 결국 정답이라는 개념과 동의어인 정확성이라는 부분이 현장에서는 즉각 확인될 수 없는 가치이다 보니 많은 분들이 효율성이라는 가치를 선택하는 것이었습니다.

그럼 효율성은 구체적으로 어떤 식으로 발현될까요? 예를 들면 한 번 더 확인할 수 있었는데 혹은 조금 더 생각할 필요가 있다고 느낌에도, 시간이 부족할 것 같다는 이유로 답을 고르는 경우가 대표적입니다. 그런데 이와 약간 다른 경우도 있습니다. 이번에는 이에 대해 이야기하고자 합니다.

효율성이라는 가치와 맥을 같이 하는 후자의 경우는 바로 배경지식과 이미지/경향이라는 용어와 맞닿아 있습니다. 갑자기 배경지식, 이미지/경향이라는 말씀을 드려서 의아해 할 수 있습니다. 요는 이겁니다. NCS에서는 다양한 글이 제시문으로 활용됩니다. 읽다 보면 자신이 익히 알고 있는 분야의 글일 수도 있고, '대략' 어떤 내용의 글이라는 느낌을 받을 때도 있습니다. 그러다보면 문제 풀이의 과정에서 정확히 확인해야 함에도 불구하고 단순히 글을 읽었던 기억에 의존하거나 전체적인 글의 이미지/경향으로 쉽게 판단하는 경우가 있습니다. 아니면 글을 제대로 읽지 않고, 자신의 사전적 지식을 통해 선택지의 정·오답을 판별하려고도 합니다.

이때 문제들을 틀릴 가능성이 높아집니다. 즉 지나치게 효율성을 중시한 나머지 가장 기본적으로 해야 될 '비교·확인'이라는 과정을 생략하는 우를 범해서는 안 되겠습니다.

NCS 응용 연습문제

01

다음 글의 필자가 자신의 주장을 정당화하기 위해 제시한 근거로 보기 힘든 것은?

을사조약은 내용적인 면에서의 부당성을 떠나서 실제 외교적인 관점에서 효력이 있는 문서로 보아야 할까? 조약이 공포된 1905년 11월 이후, 왕위에서 쫓겨나는 1907년 7월까지 2년 여에 걸쳐 고종은 여러 차례 조약을 부정하고 외교권의 회복을 시도하였다. 만약 고종이 을사조약을 비준했다면 그러고서도 2년 여에 걸쳐 계속적으로 조약을 부인할 수 있었을까? 강대국 일본이 고종이 어새가 찍힌 비준서를 내놓지 않은 이유는 무엇일까? 일본이 비준서만 제시한다면 고종의 거부와 저항은 간단히 부정될 수 있었다. 그러나 고종이 처음부터 을사조약을 비준하지 않았으므로 비준서는 애초부터 없었다. 일본은 고종을 제거함으로써 을사조약의 불법성을 감추려 했던 것이다.

을사조약은 또한 조인조차 되지 않았다. 우리 측 외무대신이 도장을 찍은 사실이 없기 때문이다. 일본의 위협 때문에 조약에 찬성을 표하기는 했지만, 직접 도장을 찍지는 않았다. 이토의 명령으로 일본 공사관의 한국어 통역관이었던 마에다와 외부 보조원이었던 누노 두 사람이 외무대신의 직인을 훔쳐내 찍었을 뿐이다. 일본 측이 우리 측 외무대신의 직인을 훔쳐서 찍은 것이므로 을사조약은 조인되었다고 볼 수 없다. 조약체결을 위해 양국 대표가 전권을 위임받았다는 위임장도 현재까지 발견되지 않고 있다. 을사조약처럼 주권을 양여하는 중요한 조약의 경우, 위임·조인·비준을 거쳐 조약을 체결되어야 한다. 어느 한 과정만 빠져도 조약은 성립되지 않는 것인데, 을사조약은 이 과정 중 어느 한 과정도 제대로 거치지 않았다. 말하자면 을사조약은 일본이 강요한 '안'에 불과한 것으로 공포된 을사조약은 일본에 의해 조작·위조된 것이었다.

을사조약이 하나의 안에 불과하고, 한일 양국의 합의를 거치지 않은 것이라는 사실은 조약 원본을 보면 더욱 확실해진다. 을사조약은 을사조약, 을사5조약, 을사늑약, 한일협상조약, 2차 한일협약 등 여러 이름으로 불리고 있다. 그런데 정작 공식명칭은 없다. 현재 한국과 일본 두 나라가 가지고 있는 을사조약 원본을 보면, 첫 페이지 첫 줄이 글씨를 쓰지 않은 빈칸으로 남아 있다. 제목을 달지 못한 것이다. 조약에 제목을 붙이지 못했다는 것은 결국 한일 두 나라가 조약, 등급과 성격, 내용에 대해서 합의를 도출하지 못했음을 보여준다.

① 외무대신이 을사조약에 대해 찬성한 바가 없다는 사실
② 을사조약의 공포 후 계속된 고종의 외교권 회복 노력
③ 고종이 을사조약을 비준했다는 문건의 부존재
④ 양국 대표에 대한 위임장이 발견되지 않았다는 사실
⑤ 제목을 정하지 못한 을사조약의 원본

해설

글의 2문단에 따르면 '일본의 위협 때문에 조약에 찬성을 표하기는 했지만, 직접 도장을 찍지는 않았다.' 위협 때문이긴 했지만 외무대신이 을사조약에 대해서 찬성의 입장을 표명하기는 하였다. 따라서 필자는 이를 근거로 한 것이 아니라 을사조약에 도장을 찍은 사실이 없다는 점을 들어 을사조약이 옳지 않다고 주장하고 있다.

(오답풀이)

② [1문단] '조약이 공포된 1905년 11월 이후, 왕위에서 쫓겨나는 1907년 7월까지 2년 여에 걸쳐 고종은 여러 차례 조약을 부정하고 외교권의 회복을 시도하였다. 만약 고종이 을사조약을 비준했다면 그러고서도 2년 여에 걸쳐 계속적으로 조약을 부인할 수 있었을까?'의 내용을 통해 알 수 있다.

③ [1문단] '그러나 고종이 처음부터 을사조약을 비준하지 않았으므로 비준서는 애초부터 없었다.'의 내용을 통해 알 수 있다.

④ [2문단] '조약체결을 위해 양국 대표가 전권을 위임받았다는 위임장도 현재까지 발견되지 않고 있다.'의 내용을 통해 알 수 있다.

⑤ [3문단] '을사조약이 하나의 안에 불과하고, 한일 양국의 합의를 거치지 않은 것이라는 사실은 조약 원본을 보면 더욱 확실해진다.', '조약에 제목을 붙이지 못했다는 것은 결국 한일 두 나라가 조약, 등급과 성격, 내용에 대해서 합의를 도출하지 못했음을 보여준다.'의 내용을 통해 알 수 있다.

정답 ①

나우쌤이 알려주는 킥 POINT

해당 문제를 틀린 사람들은 그 이유가 단순한 실수라고 생각할텐데 그렇지 않습니다. 이 같은 문제 풀이의 기본은 글과 선택지를 비교·확인하는 것입니다. 하지만 대부분 이 과정을 풀이 시간 단축을 위해서 생략하는 경우가 많습니다. 이와 같이 생략한다면 앞서 말한대로 자신의 기억에만 의존해서 풀게 되거나, 글 전체에 대한 이미지 혹은 경향에 따라서 판단하는 오류가 나타나게 됩니다. 여러분이 정답을 찾아내지 못했거나 정답을 찾아내는 데 오랜 시간이 걸린 이유가 바로 이것이었을 겁니다. 이 문제를 어떻게 해결할 수 있을지에 대한 방안을 고민하는 것이 실력 향상의 첫걸음입니다.

02

다음 글에서 설명하고 있는 '짐멜의 이방인'에 대한 설명으로 적절하지 않은 것을 [보기]에서 모두 고르면?

세계화의 열풍 속에서 국가 간 경계를 자유롭게 움직이는 이방인들이 급증하고 있다. 이민, 유학, 자녀 교육, 사업 때문에 이방인이 되고, 또한 국내의 현지인 역시 이방인과 접촉할 기회가 그 어느 때보다 많아진 것이다. 이로 인해 이제 타 문화에 대한 이해는 피상적인 차원을 넘어서게 되었다.

그런데 문화가 도구화되어 타 문화의 접촉이 빈번해지면서 다음과 같은 우려가 제기되고 있다. 문화 간에 우월성을 내세우는 힘겨루기로 이어져 문화 간의 합의점을 찾지 못하고 반목과 갈등이 더 심해질 수 있다는 것이다. 그런 점에서 '문명 충돌'로 끝나지 않으려면 무엇보다 문화 간의 차이를 극복 또는 조정케 해주는 새로운 문화 또는 세계관이 요구되며, 그것은 흔히 동양과 서양을 초월한 '환경', '평화' '인권'을 지향하는 가치관이어야 한다고 말한다. 여기에 하나 추가할 것이 '이방인 문화'이다.

짐멜에 의하면 '이방인'은 현재 사회를 살아가는 데 있어 자유로운 인간형이다. 짐멜의 '이방인'은 엄연히 현지 사회의 구성원으로 있으면서 현지인과는 다른 눈으로 현지 사회를 바라보는 사람, 즉 그의 표현에 의하면 '가까움과 거리를 동시에 가지고 있는 사람'을 말한다. 일반적으로 현지인은 자신이 속해 있는 문화적인 틀에서 벗어나는 것이 쉽지 않다. 그럼에도 이방인처럼 거리를 두고 사는 현지인들도 있는데, 그들은 현지인이 흔히 보지 못하는 현지의 문화의 장단점을 객관적으로 파악한다.

'이방인 문화'란 짐멜이 강조하는 '소속은 되어 있되, 구속되지는 않는, 문화에 대한 자유로운 태도'를 말한다. 구체적으로 말하면 저마다 동양적인, 또는 서양적인 문화에 속하는 구성원임을 결코 부정하지 않지만, 동시에 동양적인, 또는 서양적인 문화의 가치관을 벗어나 자국을 '자유롭게' 이해하려는 태도이다. 현재 우리가 경험하는 동양과 서양의 문화 간 인간관계는 '현지인 문화'의 관점에서 벗어나지 못하고 있다. 저마다 자신이 속한 문화의 우월성을 내세우면서 상대방이 자신의 문화에 적응하거나 이해하기만을 바란다. 그러나 참다운 문화 간 인간관계의 이해는 역설적이게도 저마다 자신의 문화를 '이방인'의 눈으로 볼 수 있을 때, 가능하다. 그러므로 '이방인 문화'는 오늘날의 모든 현지인에게 요구되는, 동서양을 초월한 제3의 인간관계 문화이다.

보기

ㄱ. 세계화의 열풍 속에 국가 간 교류가 활발해지면서 세계 도처에 등장하기 시작한 사람이다.
ㄴ. 자신의 문화에 대한 우월의식을 버리고 다른 지역의 문화를, 그 지역의 관점으로 볼 수 있는 사람이다.
ㄷ. 동서양을 초월한 '환경', '평화', '인권'을 지향하는 가치관을 가지고 있는 사람이다.
ㄹ. 현지인으로 존재하면서 동시에 현지인의 관점과는 다른 관점으로 현지의 문화를 바라보는 사람이다.

① ㄱ, ㄴ
② ㄱ, ㄷ
③ ㄴ, ㄷ
④ ㄷ, ㄹ
⑤ ㄱ, ㄴ, ㄷ

해설

ㄱ. 글에서는 세계화의 흐름의 결과 이방인이 등장한 것이라고 설명한 바 없다. 필자는 세계화 과정에서 나타나는 충돌과 갈등을 극복하기 위한 대안으로 이방인 문화를 제시하고 있는 것이다.

ㄴ, ㄹ. 이방인 문화는 타 지역의 문화를 이해하기 위해서 타 지역의 관점을 갖춰야 한다고 주장하는 것이 아니다. 자국인이면서 실제 자국 사회 내에서 살면서도 자국의 문화를 객관적으로 바라볼 수 있는 사람이 바로 이방인이다. 즉 무조건 자기의 문화만이 우월하다고 주장하는 것이 아니라 객관적으로 바라보는 사람이 이방인일 수 있는 것이다.

ㄷ. [2문단] 마지막 문장에서 필자는 세계화 시대에 강조되고 있는 가치들과 더불어 이방인 문화라는 가치를 제시한 것이다. 즉 언급된 가치들이 이방인 문화라는 가치에 속하는 것이 아니라 동등한 수준의 중요성을 가진 개념으로 제시되고 있는 것이다.

따라서 ㄱ, ㄴ, ㄷ은 모두 옳지 않다.

정답 ⑤

나우쌤이 알려주는 킥 POINT

해당 문제를 틀렸다면, 중요한 것은 그냥 해설을 읽고, 이해를 하고 넘어가면 안 된다는 것입니다. 이것만으로는 여러분이 이 문제를 통해서 무엇인가 배웠다거나 시험에 대비하여 실력이 향상되었다고 할 수 없습니다. 발문을 읽고 나서 출제의도를 파악해야 한다는 것은 누구나 알고 있지만 실제로 그것을 문제 풀이 과정에서 중요하게 인식하는 사람은 그리 많지 않습니다. 여러분은 어떠셨나요?

03

다음 중 필자가 대홍수 발생의 원인으로 지적한 것이 아닌 것을 [보기]에서 모두 고르면?

허리케인 카트리나는 미국 뉴올리언즈를 강타하면서 사망자 1,836명, 이재민 100만 명, 110조 원의 경제적 손실을 초래했다. 카트리나가 이처럼 큰 피해를 입힐 수 있었던 가장 큰 이유는 부실하게 건설된 제방이 붕괴되면서 대홍수가 발생한 것에 있었다. 총 길이가 500킬로미터에 달하는 제방은 뉴올리언즈에서 자연재해를 대비하는 것에 매우 중요한 요소였다. 한 곳에서라도 제방이 무너지면 저지대에 위치한 뉴올리언즈 대부분이 홍수 피해를 입을 수 있었기 때문이다. 이에 따라 방재 전문기관과 전문가들은 건설 당시 수차례에 걸쳐 제방건축계획의 문제점을 경고했고, 지역 신문에서는 대형 허리케인이 닥쳤을 때 일어날 수 있는 가상 스토리까지 연재하기도 하였다. 하지만 정부 담당관들은 이 경고를 무시하였다.

사실 제방과 관련된 문제는 오래 전부터 시작되었다. 제방 건설 당시, 제방의 강도는, 복수의 허리케인을 가정하고 제방이 지탱해내는 정도를 테스트하는 방식으로 결정되었다. 하지만 연구자들은 과거의 사례에서 발생한 허리케인의 평균치를 사용하는 우를 범했다. 또한 앞으로 발생할 가능성이 있는 허리케인의 값을 대입하는 수식에서도 초강력 허리케인의 발생가능성을 제외시켜 버렸다. 초강력 허리케인의 발생은 수십 년 전부터 예고되어 왔기 때문에 제방을 건설할 때부터 이를 고려해야 했지만 이러한 대비는 이뤄지지 않았다. 결국 카트리나로 인해서 제방 3곳이 붕괴하면서 뉴올리언즈의 비극이 시작되었다.

정치인 역시 카트리나에 대한 책임으로부터 자유로울 수 없었다. 당시 의회는 테러와의 전쟁으로 인해서 재난 예산을 절반이나 삭감했으며, 이는 카트리나를 사전에 대비하고 수습하는 것을 어렵게 만들었다. 이외에도 이라크 전쟁 역시 카트리나로 인한 피해를 심화시키는 역할을 했다. 자연재해가 발생할 경우 해당 지역의 군 병력이 재난 현장에 신속히 투입되어 구조작업에 나서는 것이 일반적이다. 하지만 이라크 전쟁으로 인해서 수천 명의 공병대가 해외에 파병되면서 구조에 참여할 수 있었던 군 병력은 한정될 수밖에 없었다.

보기

ㄱ. 경고를 무시한 정부 담당관의 안일함
ㄴ. 완공 후 부실한 제방 관리
ㄷ. 과거 사례 중 초강력 허리케인의 예를 배제함
ㄹ. 이라크 파병으로 인한 군 병력의 부족

① ㄱ, ㄷ
② ㄱ, ㄹ
③ ㄴ, ㄷ
④ ㄴ, ㄹ
⑤ ㄴ, ㄷ, ㄹ

해설

ㄴ. 글의 1문단과 2문단에 언급한 것은 모두 제방 건설 당시에 건축과정에 부실함이 있었음을 언급하고 있다. 완공 후 관리 과정에서의 문제점은 언급된 바 없다.

ㄷ. [2문단] 과거 사례를 활용하는 것에 있어서의 잘못은 허리케인의 평균치를 활용했다는 것이다. 즉 초대형 허리케인을 배제한 것이라고 판단할 수 없다. 다만 초대형 허리케인에 관한 것은 다음 문장을 정확히 읽어내야 한다. '또한 앞으로 발생할 가능성이 있는 허리케인의 값을 대입하는 수식에서도 초강력 허리케인의 가능성을 제외시켜 버렸다.' 즉 과거의 사례에서 배제한 것이 아니라 미래의 발생 가능성에서 초대형 허리케인의 가능성을 배제한 것이다.

ㄹ. [3문단] 군 병력에 관한 언급은 대홍수의 발생원인이 아니라 카트리나로 인한 피해가 커진 이유로 언급되고 있다.

(오답풀이)

ㄱ. [1문단] '이에 따라 방재 전문기관과 전문가들은 건설 당시 수차례에 걸쳐 제방건축계획의 문제점을 경고했고, 지역 신문에서는 대형 허리케인이 닥쳤을 때 일어날 수 있는 가상 스토리까지 연재하기도 하였다. 하지만 정부 담당관들은 이 경고를 무시하였다.'의 내용을 통해 알 수 있다.

정답 ⑤

CH 03 독해별 문제 풀이

나우쌤이 알려주는 킥 POINT

[보기]의 ㄹ을 정답으로 골라내지 못했다면 그 이유는 바로 앞서 풀었던 문제와 같은 이유일 것입니다. 방금 전 발문을 읽고 출제의도에 따라 문제를 풀어야 한다는 점을 인식하였음에도 동일한 실수를 반복한 분들도 있을 것입니다. 우리는 여기서 알 수 있습니다. 단순히 어떤 지식을 안다는 것과 그것을 실제로 할 수 있다는 것의 수준 차이를 말입니다. 실력은 단순히 알고 있다는 것을 의미하는 것이 아니라 실제로 할 수 있다는 것을 말합니다.

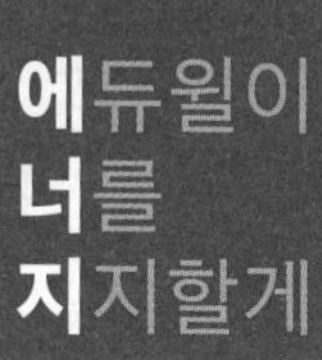

ENERGY

사람이 먼 곳을 향하는 생각이 없다면
큰 일을 이루기 어렵다.

– 안중근

NCS 유형별 학습

PART

2

CHAPTER 01

관통의 법칙

01 관통의 법칙 I : 정보의 연결

관통의 법칙은 일반적인 일치부합 문제에서 흔히 사용되는 선택지 제작의 틀을 의미합니다. 이 관통의 법칙을 이해하려면 먼저 '정보'라는 개념에 대해서 알고 있어야 합니다. 정보란 필자가 의미를 부여하고 있는 최소한의 의미단위입니다. 경우에 따라서는 낱말과 동일한 경우도 있고, 몇 가지 낱말이 연결되어야 비로소 필자가 의미를 부여한 정보로 볼 수 있는 경우도 있습니다.

필자가 정보를 전달하기 위해서 가장 기본적으로 취할 수 있는 수단은 바로 문장입니다. 문장은 주어부와 술어부로 크게 나누어 볼 수 있습니다. 우리가 어떤 문장을 이해한다는 것은 최소한 '대상(주어)'이 '어떤 상태이다 혹은 어떤 행동을 한다(술어)'로 정리할 수 있는 것입니다. 필자의 입장에서는 주어도 하나의 정보이고 술어도 하나의 정보이며, 이 두 가지가 연결되어 하나의 문장을 이룬다는 관점에서 '정보의 연결'이라고 부르겠습니다.

너무나 당연한 내용을 말하고 있어서 지루할 수도 있겠지만 이론과 실전은 확연히 다릅니다. 여러분은 눈으로 문장을 읽는다는 것이 곧 문장의 이해라고 생각하고 있을 것입니다. 하지만 뇌는 매우 효율적인 기관으로 이 과정에서 크게 개입을 합니다. 우리의 감각기관은 매순간 여러 가지 다양한 변화와 정보를 감지해냅니다. 만약 뇌가 이를 걸러내지 않고 여러분의 사고 과정을 모두 풀어놓아 버린다면, 여러분은 수많은 정보들 때문에 매우 복잡하고 혼란한 상황에 놓여 그 어떤 것도 생각할 수 없을 것입니다.

따라서 뇌는 주어진 정보 중 중요하다고 생각하는 정보만 남겨두고 나머지는 모두 별도의 저장소에 저장하게 됩니다. 여러분이 문장을 읽는 과정도 마찬가지입니다. 그래서 우리는 문제의 선택지를 온전히 기억하지 못합니다. 여러분의 평소 언어 습관대로 몇 가지만 기억하고 나머지는 지웁니다. 그런 가운데 여러분이 흔히 실수라고 하는 것들이 나타납니다. 그러므로 우리는 실제 문제에서 나오는 선택지를 평소의 습관이 아닌 관점에서 바라볼 필요가 있습니다. 다음부터 나오는 내용이 이와 관련한 훈련 중 하나입니다.

정보의 연결-기본 형식

1. A는 B이다.
2. A와 B는 모두 C이다.
3. A는 B와 C이다.
4. A는 B이고(이지만) C는 D이다.
5. A와 B는 C이면서 D이다.

제가 여러분에게 제시한 내용은 문장을 통 문장으로 보는 것이 아니라 대상(주부)과 속성(술부)이라는 틀에서 보라는 의미에서 대표적인 몇 가지 선택지의 틀을 제시하였습니다. 예를 들어 '5. A와 B는 C이면서 D이다.' 형식의 정오를 판별해야 할 경우, 어떤 정보끼리 연결되는지 다음의 선택지 예시를 통해 알아봅시다.

예

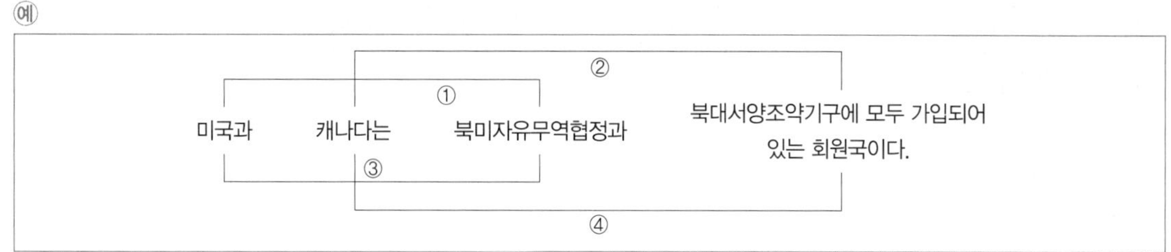

위와 같이 총 네 가지의 정보의 연결을 확인해야 합니다. 이 중에 몇 가지 과정이라도 생략하게 된다면 바로 오판으로 연결될 수도 있습니다. 물론 이렇게 의식적으로 놓고 보면 상당히 분명한 이야기입니다만, 실전 현장에서 이와 같이 보는 것은 쉽지만은 않은 이야기입니다. 그렇기 때문에 이런 관점으로 선택지를 보는 연습을 반복적으로 해야 합니다. 분명 우리가 앞으로 풀어 볼 일치부합이나 추론 문제에서 이 부분에 대해 확인을 하지 않아서 틀리는 문제가 있을 것입니다. 이때 단순하게 실수라고 생각하지 마시고 선택지를 보는 관점을 완전히 개선하는 기회로 삼길 바랍니다.

기본유형 연습문제

01

2018년 상반기 한국철도공사

다음 글의 내용과 일치하지 않는 설명은?

격차사회란 구성원들을 하나의 도량형으로 평가하는 사회입니다. 단 하나의 도량형으로 모든 사람들의 등급을 매길 수 있기 때문에 격차가 발생합니다. 이것이 예전의 계급사회와 다른 점입니다. 계급사회는 각 계급마다 가치관이 완전히 달랐습니다. 귀족과 농민은 단순히 서 있는 열이 다를 뿐만 아니라 아예 같은 부류가 아니었습니다. 전혀 다른 종족에 속해 있었습니다. 그래서 어떤 뜻밖의 상황으로 서로의 입장이 바뀌는 일 같은 건 애초에 상정되지 않았습니다. 평민이 귀족이 되고 싶다고 부러워하는 일은 없었습니다.

『수상록』의 저자 몽테뉴는 프랑스 보르도의 귀족이었습니다. 몽테뉴의 영지와 대저택을 손에 넣은 사람은 상인이었던 그의 증조부입니다. 하지만 그것만으로는 귀족이 될 수 없었습니다. 그의 아들이 시인으로서 신망을 높이고 교육에 재산을 투자하였으며, 그 손자가 국왕과 귀족의 전쟁에 나가고, 라틴어와 작법을 익혀 증손 세대인 몽테뉴 대에 이르러서야 마침내 주위 사람들로부터 "그 사람은 타고난 귀족"이라 인정받게 됩니다. 몽테뉴 시대에는 부유한 시민이 귀족 계층으로 신분이동하는 데 4대에 걸친 노력이 필요했습니다. 계급사회는 그렇게 타성이 강합니다. 운 좋게 기회를 낚아채 일순간에 사회의 최상층에 자리 잡는 일 같은 건 계급사회에서는 발생하지 않습니다.

우리가 지금 맞닥뜨리고 있는 것은 격차사회이지 계급사회가 아닙니다. 격차사회는 모두가 같은 종족임을 전제로 만들어진 사회입니다. 어떤 의미에서는 매우 민주적인 사회라 할 수 있습니다. 능력과 성과를 수치로 비교할 수 있는 것은 우선 그 외의 조건은 모두 동일하다는 것을 전제로 하기 때문입니다. 실제로 평등한지 여부는 알지 못합니다. 하지만 예를 들어 학력을 비교하는 경우에 성적이 좋은 아이와 나쁜 아이는 같은 조건에서 경쟁하고 있다는 이야기가 되는 겁니다.

연봉을 비교하는 경우도 마찬가지입니다. 연봉이 높은 사람도 낮은 사람도 동일한 조건에서 경쟁하는데 연봉 차이가 나는 건 결국 재능과 노력의 차이 때문이라고 합니다. 그러면서 학교든 직장이든 순위 교체는 언제나 가능하다고 하지요. 그렇지 않으면 수치적으로 차별화하는 의미가 없기 때문입니다.

격차사회는 계급사회와 이 점이 다릅니다. 이 점을 제대로 간파해야 합니다. 격차사회의 가장 큰 문제점은 바로 여기에 있습니다. 연봉으로 사람을 평가하는 것이 불합리하다고 지적하는 게 아니라, 모두가 동등한 조건에서 경쟁한다는 전제 자체가 사실은 '허구'라는 것입니다.

① 계급사회와는 달리 격차사회에서는 모든 사회 구성원들을 같은 부류로 간주한다.
② 격차사회에서 모든 구성원들이 동등한 조건에서 경쟁한다는 것은 거짓이다.
③ 격차사회에서는 능력과 성과를 제외한 모든 조건은 동일하다고 전제한다.
④ 격차사회와는 달리 계급사회에서는 신분이동이 불가능하였다.
⑤ 계급사회에서 각 계급은 공통의 가치관을 공유하지는 않았다.

해설

계급사회라고 해서 신분이동이 아예 불가능하였던 것은 아니다. 2문단의 사례에서 알 수 있듯이 신분이동을 위해서는 오랜 기간 동안 많은 노력을 기울여야 했다. 또한 '운 좋게 기회를 낚아채 **일순간에** 사회의 최상층에 자리 잡는 일 같은 건 계급사회에서는 발생하지 않습니다.' 부분에서 알 수 있듯이 필자는 갑자기 신분 상승을 이루는 것은 불가능하다고 말했을 뿐, 아예 불가능하다고 언급한 적은 없다.

(오답풀이)

① [1문단]에서 필자는 계급사회에서 각 계급은 아예 부류가 다른 것으로 간주되었다고 설명한다. 하지만 [3문단]에 따르면 격차사회에서는 모든 사회 구성원들이 같은 종족임을 전제하므로 옳은 설명이다.

② [5문단] '연봉으로 사람을 평가하는 것이 불합리하다고 지적하는 게 아니라, 모두가 동등한 조건에서 경쟁한다는 전제 자체가 사실은 '허구'라는 것입니다.'의 내용을 통해 알 수 있다.

③ [3문단] '능력과 성과를 수치로 비교할 수 있는 것은 우선 그 외의 조건은 모두 동일하다는 것을 전제로 하기 때문입니다.'의 내용을 통해 알 수 있다.

⑤ [1문단] '계급사회는 각 계급마다 가치관이 완전히 달랐습니다.'의 내용을 통해 알 수 있다.

정답 ④

나우쌤이 알려주는 꿀 POINT

이와 같이 두 가지 이상의 대상(개념, 주장 포함)이 서로 비교되어 서술되는 경우는 정보의 연결에 신경 써야 합니다. 정보의 연결은 결국 대상과 속성을 서로 연결해서 생각하는 것입니다. 해당 문제의 경우에는 격차사회의 속성, 계급사회의 속성이 적절하게 연결되었는지를 살펴보아야 합니다. 예를 들면 다음과 같은 경우입니다.

㉠ 격차사회는 ○○○ 특징을 지닌다.
계급사회와 격차사회는 모두 ○○○○ 라는 속성을 지닌다.

여기서 한 단계 더 나아간 내용이 바로 정보의 관계를 활용한 선택지들입니다. 예를 들면 다음과 같습니다.

㉠ 계급사회와 달리 격차사회는 ○○○라는 특성을 보인다.
격차사회에 비해 계급사회는 ○○○○ 라는 속성을 보이는 경향이 강하다.

02

다음 중 자동차의 외부 센서에 대한 설명으로 적절하지 <u>않은</u> 것은?

자동차의 미래로 자리 잡은 자율주행자동차는 외부센서를 통해 상황을 인식, 전자제어장치(ECU)에서 도로 주행방법을 판단하고 기계장치들을 제어하며 움직인다. 운전자가 눈과 귀로 주위 환경을 파악하고 머릿속으로 주행전략을 결정, 팔과 다리를 움직여 차를 달리는 방식과 같다. 자율주행차에서 ECU나 팔다리 역할을 수행하는 각각의 제어장치들도 물론 중요하지만, 외부 주행상황을 정확하게 파악하기 위한 센서 기술은 자율주행기술의 핵심으로 꼽힌다. 자동차 업체들은 관련 기술을 선제적으로 확보하기 위해 치열한 경쟁을 펼치고 있다.

자율주행차의 외부환경 인지에 사용되는 센서는 대표적으로 카메라, 레이더(RADAR), 라이다(LiDAR)로 구성된다. 이들 센서는 각각의 장단점이 뚜렷하기 때문에 단독으로 활용되기보다는 복합적으로 적용, 상호보완 작용을 한다.

카메라는 인간의 눈과 같은 센서로 전방 사물 및 차선 인식, 신호등, 표지판, 보행자 등 주변 환경을 인식하는 역할을 담당한다. 최근 카메라 센서는 단일 렌즈를 사용하는 '모노(Mono)' 방식에서 두 개의 렌즈를 사용하는 '스테레오(Stereo)' 방식으로 진화하고 있다. 스테레오 방식은 인간의 두 눈으로 바라보듯 두 개의 렌즈를 통해 물체를 3차원으로 인지하는 것이 가능하다. 2차원적인 단순한 형상 정보에 더해 원근감까지 측정할 수 있다. 다만 스테레오 카메라는 모노 방식보다 생산 단가가 높고, 처리해야 할 데이터양이 많아진다는 문제가 있다. 자동차 업체들은 아직 모노 방식의 카메라를 유지하면서 그 성능을 고도화하는 방식으로 대응해나가고 있다.

레이더는 전자파를 발사해 돌아오는 전파의 소요 시간을 측정, 주변 사물과의 거리 및 속도를 탐지하는 센서이다. 카메라와 달리 날씨와 관계없이 제 성능을 발휘한다는 점에서 센서 중 신뢰도가 가장 높다. 레이더는 주파수 영역에 따라 단거리부터 장거리까지 모두 감지가 가능해 현재도 긴급자동제동장치, 스마트 크루즈 컨트롤 등 첨단운전자지원시스템(ADAS) 기술에 적용되고 있다. 다만 레이더는 물체의 형상을 확실하게 인식할 수 없다는 단점이 있다. 이에 업체들은 레이더 센서의 해상도를 높여 물체에 대한 식별 능력을 향상하는 한편, 더 작고 저렴하게 만들기 위해 노력하고 있다.

라이다는 레이더와 달리 레이저를 사용해 대상까지의 거리, 방향, 속도, 온도 등을 감지할 수 있는 기술이다. 다른 센서들에 비해 고해상도의 3차원 공간 정보를 획득할 수 있다. 다만 비싼 생산가격으로 상용화되기까진 조금 더 시간이 걸릴 것으로 보인다. 대량의 데이터 처리와 라이다 탐지를 방해하는 다양한 레이저 간섭 문제 역시 해결해야 할 과제다. 이에 현재 업체들은 라이다의 성능을 고도화하는 방식으로 개발을 진행하면서도 라이다를 아예 사용하지 않는 자율주행기술도 검토하고 있다.

① 스테레오 방식의 카메라는 모노 방식보다 비싸고, 처리할 데이터양도 많다.

② 카메라나 레이더는 고해상도의 3차원 공간 정보를 획득할 수 없다.

③ 레이더는 카메라와 달리 날씨의 영향을 받지 않으며 신뢰도가 가장 높은 센서이다.

④ 레이더는 전자파를 활용하지만, 라이다는 레이저를 활용해 외부 상황을 감지한다.

⑤ 자동차 업체들은 모노 방식의 카메라에서 스테레오 방식의 카메라로 변경하고 있다.

해설

글의 3문단에 따르면 자동차 업체들은 아직 모노 방식의 카메라를 유지하면서 그 성능을 고도화하는 방식으로 대응해나가고 있다. 즉 스테레오 방식이 모노 방식에 비해 진일보한 카메라이지만, 현재 자동차 업체들은 모노 방식의 개선을 통해 대응해나가고 있으므로 옳지 않은 설명이다.

(오답풀이)

① [3문단] '다만 스테레오 카메라는 모노 방식보다 생산 단가가 높고, 처리해야 할 데이터양이 많아진다는 문제가 있다.'의 내용을 통해 알 수 있다.

② [5문단] '다른 센서들에 비해 고해상도의 3차원 공간 정보를 획득할 수 있다'고 하였으므로, 카메라나 레이더 센서는 이와 같은 라이다의 기능을 갖추지 못했다고 추론할 수 있다.

③ [4문단] '카메라와 달리 날씨와 관계없이 제 성능을 발휘한다는 점에서 센서 중 신뢰도가 가장 높다.'의 내용을 통해 알 수 있다.

④ [4, 5문단] 레이더는 전자파를 통해 외부 상황을 인식하며, 라이다는 레이저를 통해 외부 변화를 인식한다.

정답 ⑤

PSAT 기출 연습문제

01

2013년 5급 민간경력 PSAT

다음 글에서 추론할 수 있는 것은?

원래 '문명'은 진보 사관을 지닌 18세기 프랑스 계몽주의자들이 착안한 개념으로, 무엇보다 야만성이나 미개성에 대비된 것이었다. 그러나 독일 낭만주의자들은 '문화'를 민족의 혼이나 정신적 특성으로 규정하면서, 문명을 물질적인 것에 국한시키고 비하했다. 또한 문화는 상류층의 고상한 취향이나 스타일 혹은 에티켓 등 지식인층의 교양을 뜻하기도 했다. 아놀드를 포함해서 빅토리아 시대의 지성인들은 대체로 이런 구분을 받아들였다. 그래서 문명이 외적이며 물질적인 것이라면, 문화는 내적이며 정신과 영혼의 차원에 속하는 것이었다. 따라서 문명이 곧 문화를 동반하는 것은 아니었다. 아놀드는 그 당시 산업혁명이 진행 중인 도시의 하층민과 그들의 저급한 삶을 비판적으로 바라보았다. 이를 치유하기 위해 그는 문화라는 해결책을 제시하였다. 그에 따르면 문화는 인간다운 능력의 배양에서 비롯되는 것이다.

한편 19세기 인문주의자들은 문화라는 어휘를 광범위한 의미에서 동물과 대비하여 인간이 후천적으로 습득한 지식이나 삶의 양식을 총체적으로 지칭하는 데 사용하였다. 인류학의 토대를 마련한 타일러도 기본적으로 이를 계승하였다. 그는 문화를 "인간이 사회 집단의 구성원으로서 습득한 지식, 믿음, 기술, 도덕, 법, 관습 그리고 그밖의 능력이나 습관으로 구성된 복합체"라고 정의하였다. 그는 독일 낭만주의자들의 문화와 문명에 대한 개념적 구분을 배격하고, 18세기 프랑스 계몽주의자들이 야만성이나 미개성과 대비하기 위해 착안한 문명이라는 개념을 받아들였다. 즉 문화와 문명이 별개의 것이 아니라, 문명은 단지 문화가 발전된 단계로 본 것이다. 이것은 아놀드가 가졌던 문화에 대한 규범적 시각에서 탈피하여 원시적이든 문명적이든 차별을 두지 않고 문화의 보편적 실체를 확립했다는 점에서 의의가 있다.

① 독일 낭만주의자들의 시각에 따르면 문명은 문화가 발전된 단계이다.
② 타일러의 시각에 따르면 원시적이고 야만적인 사회에서도 문화는 존재한다.
③ 프랑스 계몽주의자들의 시각에 따르면 문화와 문명은 본질적으로 다른 것이다.
④ 아놀드의 시각에 따르면 문화의 다양성은 집단이 발전해 온 단계가 다른 데서 비롯된다.
⑤ 타일러의 시각에 따르면 문명은 고귀한 정신적 측면이 강조된다는 점에서 보편적 실체라고 할 수 없다.

해설

글의 2문단에 따르면 '문화와 문명이 별개의 것이 아니라, 문명은 단지 문화가 발전된 단계로 본 것이다. 이것은 아놀드가 가졌던 문화에 대한 규범적 시각에서 탈피하여 원시적이든 문명적이든 차별을 두지 않고 문화의 보편적 실체를 확립했다는 점에서 의의가 있다'고 하였으므로 추론할 수 있는 내용이다.

(오답풀이)

① [2문단] 문화를 보편적인 실체로 보고 문명이나 미개를 문화의 발달 정도로 구분한 것은 독일의 낭만주의자나 아놀드가 아닌 타일러의 입장이다.

③ [1문단] 문화와 문명을 완전히 다른 개념으로 규정하고 있는 쪽은 독일의 낭만주의자들이다.

④ [2문단] 문명을 단지 문화가 발전된 단계로 보고 있으므로, 발전의 단계에 따라 다양한 문화의 존재 가능성에 대해서 긍정할 수 있는 것은 타일러의 입장에 가깝다.

⑤ [2문단] 타일러는 문화를 보편적 실체로 간주한다고 하였으므로 옳지 않다. 또한 문명을 정신적 측면과 연관시킨 것은 독일의 낭만주의자도 프랑스의 계몽주의자도 아니다.

정답 ②

나우쌤이 알려주는 킥 POINT

방금 CHAPTER 1에서 배운 '관통의 법칙'은 특정한 문제에만 적용되는 특수한 법칙이 아닙니다. 제가 관통의 법칙이라고 이름을 붙인 것은 '일치추론' 문제 전반에 걸쳐 매우 광범위하게 활용되기 때문입니다. 해당 문제를 살펴보면 두 가지 주장에 대해서 서로 비교하면서 글을 전개하고 있습니다. 그렇다면 각각의 주장에 관련된 정보가 올바르게 연결되어 있는지를 살펴보는 것이 가장 기본적인 선택지 확인법이라고 할 수 있겠습니다.

02

다음 글의 내용과 부합하지 <u>않는</u> 것은?

동학(東學)의 성격을 규정하려면 동학의 성립 배경과 과정을 살펴보아야 한다. 흔히 동학은 유불선(儒佛仙) 삼교합일(三敎合一)의 성격을 지녔다고 평가받는다. 이를 긍정적인 의미로 사용하는 사람도 있지만, 일부에서는 유불선의 좋은 부분을 적당히 짜깁기한 조잡한 사상이라는 의미로 사용하기도 한다. 그러나 동학은 단순한 조합이나 혼합의 결과물이 아니다. 사실 동학이 유불선의 합일이라는 표현은 수운(水雲) 최제우(崔濟愚) 그 자신이 직접 사용하였다. 정확하게 말하면 그는 동학이 "유불선 삼교를 겸해서 나왔다."고 표현했다. 그러나 수운은 한편으로는 "우리 도(道)는 현재 듣지 못한 일이고 옛적에도 듣지 못하던 일이요, 지금에도 견줄 만한 것이 없고 옛 것에서도 견줄 만한 것이 없다."라고 강조하면서 동학의 독자성에 대한 자부심을 드러내기도 했다.

게다가 당시 민중사상으로서 기능했다는 점에서 동학은 유불선과 다른 우리 민족 고유의 정신을 내포하고 있다. 또 어떤 학자는 수운과 고운(孤雲) 최치원(崔致遠) 사이의 혈연적이며 사상적인 연관 관계를 언급한다. 이에 따르면 수운은 고운의 도교(道敎)사상을 직·간접적으로 계승했는데, 이로써 동학에 한국 고유 사상의 연장이라는 의미가 부여된다.

반면 동학의 성립에는 서학(西學)의 영향도 적지 않았다. 예를 들어 유일신 관념과 같은 사유가 그것이다. 수운의 종교 체험은 모세가 시내산에서 하느님의 계시를 받은 사건과 매우 흡사하다. 물론 수운의 한울님 관념은 '시천주(侍天主: 내 몸에 한울님을 모셨다)'라고 표현되며, 내재성을 의미하는 관념이다. 그러나 동학사상 안에서 내 몸 바깥에 초월적으로 존재하는 인격적인 유일신 관념은 여전히 남아 있다. 이는 이전의 동양 전통과는 사뭇 다른 점이다. 때문에 동학의 독자적 성격이 어떻게 형성되었는가를 제대로 알려면 동양의 전통 사상과 우리의 고유 사상, 서학과 종교 체험 등을 복합적으로 살펴보아야 한다.

① 동학사상에서는 불가(佛家)와 구별되는 독자성이 발견된다.
② 동학과 최치원 사상의 연관성은 최제우의 종교 체험에서 잘 드러난다.
③ 동학은 여러 사상들의 단순한 조합이 아니기 때문에 복합적으로 연구되어야 한다.
④ 동학의 한울님 관념에서 초월적으로 존재하는 인격적인 유일신 관념은 배제되지 않는다.
⑤ 동학은 민중사상이라는 측면에서 고찰될 수 있으며, 우리 민족의 고유성을 잘 보여주는 사상이다.

해설

글의 3문단에 따르면 필자는 동학이 서학의 영향을 받았음을 설명하는 과정에서 최제우의 종교 체험을 예로 들고 있다. 따라서 이 부분을 최치원 사상과 연계해서 설명하는 것은 적절하지 않다.

(오답풀이)

① [1문단] 동학이 유불선 삼교의 영향을 받은 것도 사실이지만, 그와는 구별되는 독자성도 있었다.
③ [3문단] '동학의 독자적 성격이 어떻게 형성되었는가를 제대로 알려면 동양의 전통 사상과 우리의 고유 사상, 서학과 종교 체험 등을 복합적으로 살펴보아야 한다.'의 내용을 통해 알 수 있다.
④ [3문단] '그러나 동학사상 안에서 내 몸 바깥에 초월적으로 존재하는 인격적인 유일신 관념은 여전히 남아 있다.'의 내용을 통해 알 수 있다.
⑤ [2문단] 동학은 민중사상으로 기능하였으며, 한국 고유 사상의 연장이라는 의미가 부여된다는 내용을 통해 알 수 있다.

정답 ②

나우쌤이 알려주는 킥 POINT

선택지 ②번의 출제 틀을 살펴봅시다. 동학과 최치원 사상의 연관성은 (2문단) 동학이 우리나라의 고유 사상에서 영향을 받았다는 점을 설명하면서 언급되었습니다. 반면 수운의 종교 체험은 (3문단) 동학이 서학의 영향을 받았다는 예로 사용되었습니다. 즉 서로 연결할 수 없는 정보를 연결한 내용의 선택지입니다. 명사나 명사구가 글에 있다는 것을 기준으로 정오를 판명하는 것이 아니라 이것들이 연결될 수 있는지, 연결된다면 관계 설정은 올바르게 되어 있는지를 기준으로 판단해야 합니다.

03

다음 글의 내용에 부합하지 않는 것은?

은하수로부터 오는 전파는 일종의 잡음으로 나타나는데, 천둥이 치는 동안 라디오에서 들리는 배경 잡음과 흡사하다. 전파 안테나에 잡히는 전파 잡음은 전파 안테나 자체의 구조에서 생기는 잡음, 안테나의 증폭회로에서 불가피하게 생기는 잡음, 지구의 대기에서 생기는 잡음과 쉽게 구별되지 않는다. 별처럼 작은 전파원의 경우는 안테나를 파원 쪽으로 돌렸다가 다시 그 부근의 허공에 번갈아 돌려보며 비교함으로써 안테나의 구조나 지구의 대기에서 비롯되는 잡음을 제거할 수 있다. 이러한 잡음은 안테나가 파원을 향하는지 또는 파원 주위의 허공을 향하는지에 상관없이 거의 일정하기 때문이다.

펜지어스와 윌슨은 은하수로부터 오는 고유한 전파를 측정하려 했기 때문에, 장치 내부에서 생길 수 있는 일체의 잡음을 확인하는 것이 중요했다. 그들은 이 문제를 해결하기 위해 '냉부하 장치'라는 것을 사용했다. 이것은 안테나의 전파 출력을 냉각된 인공 파원에서 나오는 출력과 비교하는 것인데, 이를 통해 증폭회로에서 불가피하게 생긴 잡음을 쉽게 찾아낼 수 있다.

펜지어스와 윌슨은 지구의 대기로부터 전파 잡음이 발생할 수 있지만, 그것은 안테나의 방향에 따라 차이가 날 것이라고 예상했다. 실제로 그 잡음은 안테나가 가리키는 방향의 대기의 두께에 비례한다. 예를 들어, 안테나가 천정(天頂) 쪽을 향하면 더 작고, 지평선 쪽을 향하면 더 크다. 이렇게 생기는 잡음은 별의 경우처럼 안테나의 방향을 바꾸어 봄으로써 찾아낼 수 있다. 이 잡음을 빼고 나면, 이로부터 안테나의 구조에서 생기는 잡음이 무시할 수 있을 정도로 작다는 것을 확인할 수 있다.

1964년 봄, 펜지어스와 윌슨은 놀랍게도 7.35센티미터의 파장에서 방향에 무관하게 상당한 양의 전파 잡음이 잡힌다는 것을 알았다. 그들은 또 이 전파 잡음이 하루종일 그리고 계절의 변화와 무관하게 늘 일정하다는 것을 발견했다. 관측된 전파 잡음이 방향과 무관하다는 사실은 이 전파가 펜지어스와 윌슨의 원래 기대와는 달리 은하수가 아니라 우주의 훨씬 더 큰 부분에서 온다는 것을 아주 강하게 암시했다.

① 지구 대기에 의해 발생하는 잡음은 방향 의존성을 갖는다.
② '냉부하 장치'를 사용하면 안테나의 구조 때문에 발생하는 잡음이 없어진다.
③ 펜지어스와 윌슨은 은하수가 고유한 전파를 방출하고 있을 것으로 예상했다.
④ 지구의 공전 및 자전과 관계없이 7.35센티미터의 파장에서 전파 잡음이 감지된다.
⑤ 전파원과 그 주변의 허공에서 나오는 전파를 비교하여 전파원의 고유 전파를 더 정확하게 알 수 있다.

해설

글의 2문단에 따르면 '이것은 안테나의 전파 출력을 냉각된 인공 파원에서 나오는 출력과 비교하는 것인데, 이를 통해 증폭회로에서 불가피하게 생긴 잡음을 쉽게 찾아낼 수 있다.'라고 하였으므로, '냉부하 장치'로 안테나를 냉각시켜서 얻은 전파 출력과 증폭회로를 가동시켜서 얻은 파원을 비교하여 증폭회로의 잡음을 찾아낼 수 있다. 하지만 냉부하 장치가 안테나 구조로부터 생기는 잡음을 없애 주는 역할을 한다고는 볼 수 없다.
참고로 필자는 증폭회로로 인해 생기는 잡음과 안테나 구조로부터 생기는 잡음을 구별하고 있으므로 유의하도록 한다.

(오답풀이)

① [3문단] '펜지어스와 윌슨은 지구의 대기로부터 전파 잡음이 발생할 수 있지만, 그것은 안테나의 방향에 따라 차이가 날 것이라고 예상했다. 실제로 그 잡음은 안테나가 가리키는 방향의 대기의 두께에 비례한다.'의 내용을 통해 알 수 있다.
③ [2문단] '펜지어스와 윌슨은 은하수로부터 오는 고유한 전파를 측정하려 했기 때문에, 장치 내부에서 생길 수 있는 일체의 잡음을 확인하는 것이 중요했다.'의 내용을 통해 알 수 있다.
④ [4문단] '펜지어스와 윌슨은 놀랍게도 7.35센티미터의 파장에서 방향에 무관하게 상당한 양의 전파 잡음이 잡힌다는 것을 알았다. 그들은 또 이 전파 잡음이 하루종일 그리고 계절의 변화와 무관하게 늘 일정하다는 것을 발견했다.'의 내용을 통해 알 수 있다.
⑤ [1문단] '별처럼 작은 전파원의 경우는 안테나를 파원 쪽으로 돌렸다가 다시 그 부근의 허공에 번갈아 돌려보며 비교함으로써 안테나의 구조나 지구의 대기에서 비롯되는 잡음을 제거할 수 있다.'의 내용을 통해 알 수 있다.

정답 ②

나우쌤이 알려주는 킥 POINT

해당 문제 출제자의 의도를 알기 위해서는 글의 구조부터 파악할 필요가 있습니다. 다음 글의 구조를 보면서 '정보의 연결'을 활용한 옳지 않은 선택지의 제작에 대해 다시 한 번 생각해보도록 합시다.

은하수로부터 오는 전파는 일종의 잡음으로 나타나는데, 천둥이 치는 동안 라디오에서 들리는 배경 잡음과 흡사하다. 전파 안테나에 잡히는 전파 잡음은 전파 ㉠ 안테나 자체의 구조에서 생기는 잡음, ㉡ 안테나의 증폭회로에서 불가피하게 생기는 잡음, ㉢ 지구의 대기에서 생기는 잡음과 쉽게 구별되지 않는다. 별처럼 작은 전파원의 경우는 안테나를 파원 쪽으로 돌렸다가 다시 그 부근의 허공에 번갈아 돌려보며 비교함으로써 안테나의 구조나 지구의 대기에서 비롯되는 잡음을 제거할 수 있다. 이러한 잡음은 안테나가 파원을 향하는지 또는 파원 주위의 허공을 향하는지에 상관없이 거의 일정하기 때문이다.	㉠의 제거
펜지어스와 윌슨은 은하수로부터 오는 고유한 전파를 측정하려 했기 때문에, 장치 내부에서 생길 수 있는 일체의 잡음을 확인하는 것이 중요했다. 그들은 이 문제를 해결하기 위해 '냉부하 장치'라는 것을 사용했다. 이것은 안테나의 전파 출력을 냉각된 인공 파원에서 나오는 출력과 비교하는 것인데, 이를 통해 증폭회로에서 불가피하게 생긴 잡음을 쉽게 찾아낼 수 있다.	㉡의 제거
펜지어스와 윌슨은 지구의 대기로부터 전파 잡음이 발생할 수 있지만, 그것은 안테나의 방향에 따라 차이가 날 것이라고 예상했다. 실제로 그 잡음은 안테나가 가리키는 방향의 대기의 두께에 비례한다. 예를 들어, 안테나가 천정(天頂) 쪽을 향하면 더 작고, 지평선 쪽을 향하면 더 크다. 이렇게 생기는 잡음은 별의 경우처럼 안테나의 방향을 바꾸어 봄으로써 찾아낼 수 있다. 이 잡음을 빼고 나면, 이로부터 안테나의 구조에서 생기는 잡음이 무시할 수 있을 정도로 작다는 것을 확인할 수 있다.	㉢의 제거
1964년 봄, 펜지어스와 윌슨은 놀랍게도 7.35센티미터의 파장에서 방향에 무관하게 상당한 양의 전파 잡음이 잡힌다는 것을 알았다. 그들은 또 이 전파 잡음이 하루종일 그리고 계절의 변화와 무관하게 늘 일정하다는 것을 발견했다. 관측된 전파 잡음이 방향과 무관하다는 사실은 이 전파가 펜지어스와 윌슨의 원래 기대와는 달리 은하수가 아니라 우주의 훨씬 더 큰 부분에서 온다는 것을 아주 강하게 암시했다.	모든 잡음들을 제거한 후 우주전파를 발견

02 관통의 법칙 II : 정보 간의 관계

두 번째로 살펴볼 것은 '정보 간의 관계'에 대한 것입니다. 이는 앞서 학습했던 정보 간의 연결보다도 한 단계 진일보한 것입니다. 왜냐하면 '정보의 연결'인 경우는 관련이 없는 정보를 서로 연결하거나 혹은 상반되는 정보를 연결하는 형태로 제작되기 때문에 정보의 마디를 잘 구분해서 연결 여부만 확인하는 것으로 쉽게 선택지의 정오를 판별할 수 있었습니다.

하지만 정보 간의 관계 수준으로 접어들면 정보의 연결성만으로는 정오를 판별할 수 없게 됩니다. 일단 여러분이 연결할 수 있는 정보라는 것을 알게 되었다면 그다음에는 그 정보 간의 관계를 나타내는 표현들을 찾아내서 판단하는 과정이 필요합니다. 이 장은 바로 그 표현들을 인지하는 연습을 하는 것입니다.

실제 풀이 과정에서는 즉각적으로 관계를 나타내는 표현에 표시를 하고 자신에게 인지를 시키는 과정이 요구됩니다. 정보 간의 관계를 나타내는 표현들은 사실 한정할 수가 없을 정도로 많습니다. 하지만 자주 출제되는 정보 간의 관계에 대한 '범주(範疇)'는 몇 가지로 구분할 수 있습니다.

다음 제시한 표를 볼 때에도 표제어가 아닌 범주 위주로 암기하기 바랍니다. 왜냐하면 제가 예로 들었던 표제어만 문제로 출제되는 것이 아니기 때문입니다. 그리고 이 같은 범주로 선택지를 인지하는 연습을 통해서 정보 간의 관계라는 스킬을 장착할 수 있게 됩니다.

정보 간의 관계-범주와 표현 예시

범주	표현 예시
원인과 결과의 관계	… 때문에, …인해(서)
수단과 목적의 관계	… 통해서, … 의해(서), …을 위해(서), …하려면
상반과 차이의 관계	…과 달리, …인 반면
비교와 대조의 관계	…에 비해, …보다
동질, 동일, 동시성의 관계	…과 같이, …뿐만 아니라, …과 더불어

물론 실제 시험에서 대상(명사)이 글과 다르거나 술어의 긍·부정(이다 혹은 아니다)이 글과 상반되는 선택지도 출제됩니다. 하지만 이 정도 수준의 선택지는 난이도가 비교적 낮은 편에 속하기 때문에 여러분이 합격을 위해서 반드시 맞혀야 하는 '변별력이 있는' 문제로 볼 수 없습니다. 그렇기 때문에 정보 간의 관계에 대한 연습을 해야 합니다.

'이 정도는 누구나 쉽게 할 수 있을 텐데 굳이 시간을 내어서 이론적인 면을 공부해야 하나?'라고 생각하시는 분들도 있을 것입니다. 이는 전적으로 선택지를 얼마나 분석적으로 볼 수 있는지에 대한 여러분의 능력에 따라 결정할 부분입니다. 만약 이 부분에 대해서 충분히 연습이 되어 있다면 다음 장으로 넘어가도 무방합니다. 그럼 앞서 제시된 표현 예시들을 활용해서 연습을 해보도록 합시다. 다음의 여섯 가지 문장을 살펴보겠습니다.

다음 문장을 대상(명사)과 술어 위주로 읽는다는 생각으로 최대한 빠르게 읽어봅시다.

Step I	1-1) 상대성 이론과 달리 양자 역학은 특정 과학자 한 사람으로부터 시작된 것이 아니다.
	1-2) 상대성 이론뿐만 아니라 양자 역학도 특정 과학자 한 사람으로부터 시작된 것이 아니다.
Step II	2-1) 상대성 이론에 비해 양자 역학에 대한 과학계의 반응은 부정적인 편이었다.
	2-2) 과학계의 반응이라는 관점에서 상대성 이론은 양자 역학보다 부정적인 편이었다.
Step III	3-1) 양자 역학에 대한 연구는 상대성 이론에 대한 의심을 초래하였다.
	3-2) 양자 역학에 대한 연구는 상대성 이론에 대한 의심으로부터 비롯되었다.

읽어보니까 어떤가요? 이미 확신하고 있었던 분들도 있겠지만 게재된 쌍을 이루는 문장들의 의미는 모두 다르며, 서로 유사한 내용도 아니었습니다. 그럼에도 일부 문장의 의미 구별이 어려웠다면 어떤 이유에서일까요? 저는 쌍을 이루는 문장을 각각 제작할 때 다음의 규칙을 활용하였습니다.

나우쌤의 1타 강의

1) 대상을 가리키는 명사 자체는 완전히 동일하게 사용하자.
2) 술어 부분(특히 긍·부정)에서도 문장 간의 차이가 크게 발생하지 않도록 하자.

이를 반영하면 명사와 술어의 표현 부분을 크게 손대지 않고도 완전히 다른 의미의 문장들을 만들어낼 수 있습니다. 이는 실전 현장에서 글의 문장이나 선택지를 빠르게 읽다보면 자신도 모르게 오독할 수 있다는 점을 암시합니다. 그렇기 때문에 우리는 일차원적인 대상과 술어의 연결성인 '관통의 법칙 I'의 수준을 넘어서 '관통의 법칙 II: 정보 간의 관계' 차원으로 올라설 필요가 있는 것입니다.

그럼 이 부분의 문제를 해결하기 위해서는 어떻게 해야 할까요? 예를 들어 인과관계나 수단과 목적의 관계는 부호를 활용하시면 실전 현장에서도 1) 빠르게! 그리고 2) 정확하게! 판별이 가능합니다. 위 문장 중 일부를 예로 들어서 설명해드리겠습니다.

3-1) 양자 역학에 대한 연구는 상대성 이론에 대한 의심을 초래하였다.
3-2) 양자 역학에 대한 연구는 상대성 이론에 대한 의심으로부터 비롯되었다.

위의 문장을 다음과 같이 원인 혹은 수단으로부터 결과 혹은 목적 방향으로 화살표 부호 표시를 해 보도록 합시다.

3-1) 양자 역학에 대한 연구는 상대성 이론에 대한 의심을 초래하였다.
(원인) ⟶ (결과)
3-2) 양자 역학에 대한 연구는 상대성 이론에 대한 의심으로부터 비롯되었다.
(결과) ⟵ (원인)

문장을 기준으로 보았을 때 명사의 순서도 동일하고 인과관계의 의미를 갖는다는 의미에서 술어도 큰 차이가 없지만 명사들, 즉 정보들 간의 관계는 분명 서로 다릅니다. 바로 이런 부분들이 여러분에게 함정이 될 수도 있고, 다른 사람들과 점수 격차를 벌릴 수 있는 기회가 될 수도 있습니다. 곰곰이 생각하고 정리하면서 풀 수도 있고 방법론적인 면에서는 위와 같이 부호를 사용하여 직관적으로 알아볼 수 있도록 정리하는 것도 가능합니다. 방법의 채택 여부는 스스로에게 맞는 선택하면 됩니다.

자, 그렇다면 이제 본격적인 기출 예제 문제를 풀면서 실전 감각을 익혀보도록 합시다.

기본유형 연습문제

01

2018년 하반기 한국전력공사

다음 글의 내용과 일치하는 것은?

한국전력은 6월 9일 전라남도 진도군 조도면에 위치한 조도 내연발전소에서 발전소 발전설비 증설공사의 준공을 축하하는 기념식을 개최했다. 이날 행사는 에너지복지에서 낙후된 도서·벽지의 농어촌 주민들에게 전기를 안정적으로 공급하는 농어촌 전기공급사업의 성공적인 추진을 기념하는 자리였다. 한전은 최근 3년간 정부의 지원 아래 전기가 공급되지 않던 전라남도 진도군 혈도, 강원도 영월군 막골 등 13개 지역 56가구에 전기를 신규 공급했다. 다도해 해상국립공원의 중심지로서 사람과 자연, 문화가 잘 어우러져 있는 조도는 최근에 해수담수화설비, 학교 체육관 등 사회기반시설의 확충과 홍보관 건립, 양식장 증가 등으로 전력사용량이 크게 증가해 전력공급이 부족해졌다. 이에 2014년에는 총 49억 원을 투입, 용량이 작고 성능이 떨어진 노후호기를 철거하고 용량이 큰 신형으로 증설해 발전설비용량 1,400kW를 추가로 확보했으며 더불어 염해방지시설도 보강하여, 관매도·모도·죽항도 등 13개 부속 섬을 포함해 조도 전 지역에 전기를 안정적으로 공급할 수 있게 됐다.

진도군 가사도리의 부속 섬으로 200여 년째 주민이 거주하고 있는 혈도는 그동안 전기가 공급되지 않았으나, 총사업비 30억 원을 투입해 태양광·풍력을 활용한 신재생에너지 발전설비를 구축해 12가구에 전기를 안정적으로 공급할 수 있게 돼 주민들의 에너지 복지 증진 및 삶의 질 향상을 도모했다. 친환경 에너지 자립섬 조성은 정부의 에너지 분야 신 시장 창출사업으로 '독립형 마이크로그리드' 선정으로 진행됐으며, 100kW 풍력발전기 4기와 태양광 314kW로 이뤄져서 외부에서 별도의 전력 공급 없이 섬 내에서 생산되는 전기로 혈도의 전기수요를 완전히 충당하는 방식이다. 2014년 10월에 성공적으로 에너지 자립섬 준공 및 상업운전을 개시해 마이크로그리드 토탈 솔루션 확보를 통한 국내 적용 및 해외시장 진출을 위한 레퍼런스를 마련했다는 평가이다.

한전은 2018년에 경기도 안산시 풍도와 경상남도 통영시 매물도에 약 37억 원을 투자해 900kW의 발전설비 증설공사를 완료하고, 전기가 공급되지 않던 경상남도 통영시의 소매물도와 강원도 홍천군 쇠터골 등 도서·벽지 7개 지역의 66가구에 신규 전기 공급을 완료할 예정이다. 한편 이날 조도 발전설비 증설공사 준공을 기념해 한전 광주전남지역본부 사회봉사단 16명은 조도의 독거노인과 기초생활수급자, 장애인 등 사회취약계층 30가구의 집을 방문해 전기설비를 점검·정비하고 불량 차단기를 교체해 줬으며, 전기 상식을 교육하는 등 봉사활동을 시행했다.

① 한전은 2014년 49억 원을 투입하여 관매도, 모도, 소매물도 등 여러 섬들에 안정적으로 전력을 공급할 수 있게 되었다.

② 한전은 혈도에 전기공급시설을 확충해 육지에서 생산한 전기를 안정적으로 제공할 수 있는 공급선을 확보하였다.

③ 조도의 발전시설이 확충됨에 따라 해수담수화설비, 양식장, 사회기반시설이 크게 증가할 것으로 기대되고 있다.

④ 한전은 사람이 살지 않는 무인도에도 전기 공급을 시작하여, 사람들의 이주와 거주를 돕고 있다.

⑤ 한전은 공공의 발전설비뿐만 아니라 각 세대별 전기 시설에 대한 점검과 교체도 병행하고 있다.

해설

글의 1, 5문단에 따르면 한전은 정부와 협력을 통해 우리나라 해역의 여러 섬들이 발전설비를 증설하고 있으며, 사회취약계층 가정을 방문하여 노후화된 설비를 교체하여 안정적으로 전기를 사용할 수 있도록 조치하고 있다.

오답풀이

① 한전은 조도 지역에 발전시설을 증설하여 전기공급능력을 확충하였다. 관매도나 모도는 조도 지역(전라남도)에 포함되지만, 소매물도(경상남도)는 포함되지 않는다. 소매물도에 대한 전기시설 투자사업은 2014년이 아니라 2018년에 이루어질 계획이므로 옳지 않은 설명이다.

② 혈도는 에너지 자립섬으로 계획되었다. 태양발전과 풍력발전을 병용하여 외부로부터의 전력공급 없이 전기를 생산, 사용할 수 있도록 신재생에너지 발전설비를 구축하였으므로 옳지 않다.

③ 선택지상 내용의 인과관계가 전도되었다. 해수담수화설비, 양식장, 사회기반시설의 증가로 인해서 전기 수요가 크게 증가되었고, 그 결과 발전설비의 증설이 이루어졌으므로 옳지 않은 설명이다.

④ 글에서 확인할 수 있는 내용은 사람이 살고 있음에도 불구하고 그동안 전기가 공급되지 않았던 지역에 전기 공급이 시작되었다는 것이다.

정답 ⑤

나우쌤이 알려주는 킥 POINT

선택지 ③번은 전형적인 인과전도의 형태라고 할 수 있습니다. 즉 글의 인과관계를 뒤집어서 설명함으로써 옳지 않은 경우에 해당하죠. 이런 문제는 인과관계에 대해서 의식하지 않고 있다면 놓칠 수 있는 오류에 해당합니다. 따라서 선택지에 어떠한 원인이 다른 결과를 낳는다는 설명이 포함되어 있다면 글에서도 실제 그와 같이 인과관계가 설정되어 있는지 살펴보아야 합니다.

PSAT 기출 연습문제

01

2012년 5급 행정공채 PSAT

다음 글의 내용과 부합하는 것은?

어떤 연구자들은 동성애가 어린 시절 경험의 결과라고 생각한다. 이들에 따르면, 특정한 유형의 부모가 자녀를 양육할 경우, 그 자녀가 동성애자가 될 가능성이 높다는 것이다. 이를 입증하기 위해, 수백 명의 동성애 남성과 여성을 대상으로 대규모 연구가 실시되었다. 그 결과 동성애자가 강압적인 어머니와 복종적인 아버지에 의해 양육되었다는 아무런 증거도 발견하지 못하였다.

그 후 연구자들은 동성애의 원인으로 뇌에 주목했다. 몇몇 연구에서 이성애 남성과 동성애 남성, 이성애 여성의 뇌를 사후에 조사하였다. 이들의 뇌는 시교차 상핵, 성적 이형핵, 전교련이라는 뇌 부위에서 차이가 있었다. 예를 들어 시교차 상핵은 동성애 남자가 더 크고, 이성애 남성과 이성애 여성은 그보다 작았다. 그러나 이러한 뇌 영역 및 그 크기의 차이가 인간의 성적 방향성과 직접적인 인과관계를 맺고 있다는 증거는 아직까지 발견되지 않았다. 오히려 개인의 성적 방향성이 뇌 구조에 후천적으로 영향을 미쳤을 가능성이 제기되었다. 그렇다면 뇌 구조의 차이가 성적 방향성의 원인이라기보다는 그 결과일 수 있다.

최근 성적 방향성이 출생 전 호르몬 노출과 관련된다는 사실이 밝혀졌다. 안드로겐 호르몬은 출생 전 태아의 정소에서 분비되는 호르몬 중 하나이다. 이 안드로겐 호르몬의 노출 정도가 남성화 수준과 남성의 성적 방향성을 결정하는 요인 중 하나이다. 이러한 연구 결과에 따른다면, 실제로 성적 방향성의 원인이 되는 차이가 발생하는 곳은 뇌가 아닌 다른 영역일 가능성이 높다.

실험실 동물을 이용한 또 다른 연구에서는 출생 전 스트레스가 성숙한 후의 성 행동에 영향을 미칠 수 있음이 밝혀졌다. 임신한 쥐를 구금하거나 밝은 빛에 노출시켜 스트레스를 유발하는 방식으로, 수컷 태아의 안드로겐 생산을 억제시키는 스트레스 호르몬을 방출하도록 하였다. 그 결과 스트레스를 받은 어미에게서 태어난 수컷 쥐는 그렇지 않은 쥐에 비하여 수컷의 성 활동을 덜 나타내는 경향이 있었다. 다른 연구에서는 출생 전 스트레스가 성적 이형핵의 크기를 축소시킨다는 사실을 발견했다. 성적 이형핵의 크기를 비교해보면, 이성애 남성에게서 가장 크고 동성애 남성과 이성애 여성은 상대적으로 작다.

성적 방향성을 결정짓는 또 다른 요인은 유전이다. 동성애가 유전적 근거를 갖는다면, 쌍생아의 경우 둘 중 한 사람이라도 동성애자인 집단에서 둘 다 동성애자로 일치하는 비율은 일란성 쌍생아의 경우가 이란성 쌍생아의 경우보다 높아야 한다. 조사 결과, 남성 쌍생아의 경우 일란성 쌍생아의 동성애 일치 비율은 52%인 반면 이란성 쌍생아의 경우 22%였다. 여성의 경우 일란성 쌍생아의 동성애 일치 비율은 48%이고, 이란성 쌍생아의 경우 16%였다.

① 뇌의 시교차 상핵과 성적 이형핵의 크기 차이가 남성의 성적 방향성을 결정하는 요인 중 하나이다.
② 출생 전 특정 호르몬에 얼마나 노출되었는지가 남성의 성적 방향성을 결정하는 요인 중 하나이다.
③ 어린 시절 부모의 억압적 양육과 특정 유형의 편향된 상호 작용이 동성애를 결정하는 요인 중 하나이다.
④ 출생 전 스트레스는 성적 이형핵의 크기를 축소시켜 그 부위에서 생성되는 안드로겐 호르몬의 양을 감소시킨다.
⑤ 일란성 쌍생아의 동성애 일치 비율은 남성이 여성에 비해 동성애를 후천적으로 선택하는 비율이 높다는 것을 보여준다.

해설

글의 3문단에 따르면 안드로겐 호르몬은 출생 전 태아의 정소에서 분비되는 호르몬 중 하나이다. 이 안드로겐 호르몬의 노출 정도가 남성화 수준과 남성의 성적 방향성을 결정하는 요인 중 하나이므로 옳은 내용이다.

(오답풀이)

① [2문단] '이러한 뇌 영역 및 그 크기의 차이가 인간의 성적 방향성과 직접적인 인과관계를 맺고 있다는 증거는 아직까지 발견되지 않았다. 오히려 개인의 성적 방향성이 뇌 구조에 후천적으로 영향을 미쳤을 가능성이 제기되었다. 그렇다면 뇌 구조의 차이가 성적 방향성의 원인이라기보다는 그 결과일 수 있다.' 따라서 뇌의 시교차 상핵과 성적 이형핵의 크기 차이는 성적인 방향성의 원인이라고 단정할 수 없다.
③ [1문단] '그 결과 동성애자가 강압적인 어머니와 복종적인 아버지에 의해 양육되었다는 아무런 증거도 발견하지 못하였다.'의 내용을 통해 알 수 있다.
④ 글의 4문단에 따르면 스트레스는 스트레스 호르몬의 방출을 유도하는데 이것이 안드로겐의 생산을 억제시키게 된다. 또한 다른 연구에서는 출생 전 스트레스가 성적 이형핵의 크기를 축소시킨다는 것이 밝혀졌다. 안드로겐 분비의 저하나 성적 이형핵의 크기 축소는 모두 스트레스에 따른 결과인 것은 맞지만, 서로에 대해서 원인과 결과로 볼 수 없으므로 옳지 않은 설명이다.
⑤ [5문단] 글을 통해 확인할 수 없는 내용이다.

정답 ②

02

다음 글을 통해서 알 수 없는 것은?

장수왕 2년(414년)에 부왕의 업적을 기리기 위해 세운 「광개토왕릉비」에는 고구려의 건국 시조가 하늘의 최고 주재자인 천제(天帝)의 아들이며 어머니가 하백(河伯)의 딸임을 천명하고 있다. 그리고 황천지자(皇天之子)라고 표현한 것 역시 하늘에 직접 닿는 천자를 의미하며, 이는 중국의 천자와 동일한 구조를 지니고 있다.

역시 5세기 초반에 만들어졌을 것으로 추정되는 「모두루묘지(牟頭婁墓誌)」에는 앞서 살펴본 「광개토왕릉비」에는 없던 신화적 요소가 도입되어 있는데 일월지자(日月之子)가 그것이다. 고구려를 세운 추모왕(주몽)은 하늘의 일월(日月)이 내린 천자이니 이 나라야말로 천하 사방의 중심이요, 가장 성스러운 곳이라는 인식이 처음으로 등장한 것이다. 그리고 보통 일월은 하늘의 대변자로 인식되므로 하늘과 다르지 않다고 할 것이나, 하늘의 존재를 일월로 구체화하였다는 점에서 관점이 조금 이동되어 있다. 5세기 전후에는 이미 고분벽화 속에 일월성수도를 그리는 문화가 유행하고 있었는데, 이는 성스러움의 근원을 구체적인 천체에서 구하고자 하는 천문관의 반영이라 할 수 있다.

김부식의 『삼국사기』(1145년) 고구려 본기에는 기존에 없던 해모수 신화가 삽입되어 주몽이 천제의 아들이라 일컬어지던 해모수(解慕漱)와 하백의 딸 유화(柳花) 사이에서 태어난 아들이라 하였다. 이렇게 되면 주몽은 천자가 아닌 천손(天孫)이 된다. 그러나 같은 책에서 주몽 자신이 천제의 아들이라고 말하는 장면이 기록되어 천자 관점과 천손 관점이 혼용되어 있음을 알 수 있다. 보각국사 일연의 『삼국유사』(1281년) 고구려조에 실린 주몽신화에도 『삼국사기』 고구려 본기와 동일한 혼합구조가 보이고 있다. 그런데 『삼국유사』 왕력편에서 주몽을 단군의 아들이라 하여 단군과 해모수를 동일시하는 모습을 보이고 있다.

천손 관점으로 완전히 재해석한 작업은 이규보의 『동국이상국집』에 실린 「동명왕편」(1192년)에서 발견된다. 이규보가 고려초 간행된 『구삼국사』의 동명왕본기를 정독하여 지었다는 「동명왕편」에서는 '해동의 해모수는 진실로 하늘의 아들(海東解慕漱眞是天之子)이며 주몽은 하늘의 손자이자 하백의 외손(天孫河伯甥)'이라 하여, 천제-해모수-주몽으로 이어지는 일통계보를 만들었다. 이규보 뒷시대 인물인 이승휴의 『제왕운기』(1287년)에는 이러한 천손 관점이 정착되고 있다.

① 고구려 건국 시조에 대한 신화화 과정에서 고구려왕을 천하의 중심으로 놓는 사상을 볼 수 있다.

② 고구려 건국 시조에 대한 신화화 작업은 시대에 따라 새로운 요소가 추가되거나 전승 주체에 따라 다른 방식으로 재해석 되었다.

③ '황천' 또는 '천제'라는 관념적인 표현을 '일월'로 표현하는 것에는 구체적 대상에서 성스러움의 근원을 찾으려는 관념이 반영되어 있다.

④ 주몽을 천제지손(天帝之孫)으로 보는 인식은 『삼국사기』에서 볼 수 있고, 이러한 인식은 이규보의 「동명왕편」을 거쳐 이승휴의 『제왕운기』에서 정착되었다.

⑤ 신화 계보상 해모수와 단군이 이명동인(異名同人)이라는 인식이 있었고, 이 인식으로 인하여 한국사에서 천제-해모수-주몽으로 이어지는 일통(一統) 신화가 시작되었다.

해설

역사의 정립과정에서 천제–해모수–주몽으로 이어지는 일통(一統) 신화가 완성된 것은 사실이며, 또한 『삼국유사』에서 '해모수와 단군이 이명동인(異名同人)이라는 인식'이 언급되어 있는 것도 사실이지만 이들 간의 인과관계가 성립한다고 보기는 어렵다.

(오답풀이)

① [2문단] '고구려를 세운 추모왕(주몽)은 하늘의 일월(日月)이 내린 천자이니 이 나라야말로 천하 사방의 중심이요, 가장 성스러운 곳이라는 인식이 처음으로 등장한 것이다.'의 내용을 통해 알 수 있다.

② [1, 3문단] 본래 주몽이 천자였으나 김부식은 기존에는 없었던 해모수의 아들이 주몽이라는 천손의 관념을 만들어내기도 하였으며, 『삼국유사』의 저자인 일연은 해모수와 단군을 동일인으로 간주하기도 하였다.

③ [2문단] '그리고 보통 일월은 하늘의 대변자로 인식되므로 하늘과 다르지 않다고 할 것이나, 하늘의 존재를 일월로 구체화하였다는 점에서 관점이 조금 이동되어 있다. 5세기 전후에는 이미 고분벽화 속에 일월성수도를 그리는 문화가 유행하고 있었는데, 이는 성스러움의 근원을 구체적인 천체에서 구하고자 하는 천문관의 반영이라 할 수 있다.'의 내용을 통해 알 수 있다.

④ 주몽을 천자가 아니라 천손으로 보는 관점은 김부식의 『삼국사기』에 처음 등장하고 있으며, 이규보의 「동명왕편」과 이승휴의 『제왕운기』를 거치면서 완전히 정착되게 되었다.

정답 ⑤

나우쌤이 알려주는 킥 POINT

선택지 ⑤번이 답이라고 판단하기 쉽지 않았던 분들이 있었을 겁니다. 이 문제를 통해서 확인할 수 있는 것은 선택지의 정오를 판단할 때, '명사'나 '명사구' 등의 일치 여부에 본인이 얼마나 의존하고 있는지 입니다. NCS 시험에서 어려운 선택지는 명사나 명사구의 일치/불일치를 통해서 구성되지 않으며, 이러한 정보들 간의 관계를 인지하는 것이 더 중요하다고 말했었습니다.

따라서 해당 문제의 선택지 역시 단군과 해모수가 이명동인이라는 인식 그리고 일통계보의 완성이라는 부분이 글에 제시되어 있는가의 여부가 아니라 실제로 그 두 가지의 정보가 인과관계를 형성하고 있는가에 초점을 맞추어서 보아야 합니다. 체화(體化)는 한 번의 배움과 인지로 완성되지 않습니다. 끊임없는 반복과 이해로 완전히 자기의 것으로 만들어야 합니다.

03

다음 글에서 알 수 있는 것은?

40여 년 전 이스라엘 농업 연구청에서는 농작물을 재배하는 들판에서 햇빛의 세기를 측정했다. 이를 기초로 관개시스템을 개발하기 위해서였다. 약 20년 뒤 시스템 점검을 위해 다시 데이터를 측정했을 때, 햇빛이 22% 정도 줄어든 것을 발견하게 되었다. 당시 과학계는 이러한 결과에 대해 냉소적이었다. 그러나 세계 여러 나라의 기후학자들은 비슷한 연구 결과를 내놓게 되었다. 1950년과 1990년 사이에 태양 에너지가 남극에서 9%, 미국, 영국, 러시아에서 각각 10%, 16%, 30% 감소했다. 태양에서 지구에 도달하는 빛과 열이 줄어들고 있는 것이다. 기후학자들은 이 현상을 '글로벌 디밍(global dimming)'이라고 부른다.

미국 캘리포니아대 A교수는 인도양 중북부에 1,000개가 넘는 섬으로 이루어진 몰디브 제도에서 4년간 글로벌 디밍의 원인을 분석했다. 그는 몰디브 제도에서 인도와 가까운 북쪽 섬은 남쪽 섬보다 햇빛이 10% 이상 약하다는 사실을 발견했다. 북쪽 섬은 남쪽 섬보다 공기 중의 오염 입자가 10배나 많다. 공기 중의 오염 입자가 많을수록 구름은 물방울을 많이 머금게 된다. 이렇게 모인 물방울이 지구로 들어오는 태양광선을 반사시킨다.

글로벌 디밍이 글로벌 워밍(global warming)을 어느 정도 억제하는 효과가 있을 것으로 추측하는 과학자도 있다. 그렇다고 글로벌 디밍을 마냥 방치하고 있을 수는 없을 것이다. 화석연료를 태울 때 나오는 부산물인 재와 그을음, 그리고 이산화황 같은 오염 입자가 늘어나 글로벌 디밍을 일으키기 때문이다. 특히 이산화황은 산성비와 스모그를 유발하는 주범이다. 게다가 햇빛의 유입량이 감소하면 해수 온도가 낮아져서 강수량 패턴이 바뀌고 생태계에 큰 영향이 있게 된다.

한편 태양 자체도 수명을 다하면 빛을 잃게 될 것이다. 태양의 수명은 약 100억 년으로 추정되고 있다. 태양이 생긴 지 50억 년 쯤 지났으니 지금 우리가 보는 태양은 일생의 절반을 산 셈이다. 태양 중심에서는 높은 온도와 압력으로 수소가 연소하여 헬륨으로 바뀌는 핵융합반응이 일어난다. 이때 나오는 어마어마한 에너지가 빛과 열의 형태로 지구에 오는 것이다. 내부에 헬륨이 점점 쌓이면 태양은 불안정해져 더 많은 빛과 열을 내게 된다. 그렇다면 태양은 계속 더 밝아지기만 하는 것일까? 태양 중심의 온도가 1억 도를 넘으면 헬륨이 탄소로 바뀌기 시작한다. 이때가 바로 태양이 빛을 잃기 시작하는 시기이다.

① 공기 중의 오염 입자가 늘어나면 해수 온도가 내려간다.
② 글로벌 디밍은 태양이 내는 빛과 열이 줄어드는 현상이다.
③ 글로벌 디밍은 환경오염을 심화시켜 생태계를 파괴한다.
④ 글로벌 워밍은 글로벌 디밍을 억제한다.
⑤ 태양이 불안정해지기 때문에 지구가 어두워지고 있다.

해설

글의 1문단에 따르면 글로벌 디밍 현상은 태양으로부터 지구에 도달하는 빛과 열에너지가 줄어드는 현상으로 공기 중의 다양한 오염 입자가 그 원인이다. 따라서 공기 중의 오염 입자가 증가하면, 지구에 도달하는 빛과 열에너지가 줄어들게 되고, (3문단) 해수의 온도가 낮아지게 된다.

(오답풀이)

② [1문단] 글로벌 디밍은 태양 자체에 발산하는 에너지가 감소하는 것이 아니라, 지구에 도달하는 태양 에너지가 감소하는 현상이다.
③ [3문단] 환경오염의 심화는 글로벌 디밍 현상을 심화시켜 생태계에 중대한 변화를 초래할 수 있다.
④ [3문단] '글로벌 디밍이 글로벌 워밍(global warming)을 어느 정도 억제하는 효과가 있을 것으로 추측하는 과학자도 있다.'의 내용을 통해 알 수 있다.
⑤ [4문단] 글을 통해 확인할 수 없는 내용이다.

정답 ①

CH 01 관통의 법칙

나우쌤이 알려주는 킥 POINT

선택지 ②번과 ⑤번을 먼저 살펴보도록 합시다. 먼저 ②는 글로벌 디밍 현상에 대해서 정확하게 인지하지 못한 분들을 위해서 제작한 선택지입니다. 단순하게 태양에너지가 줄어들고 있는 현상이라고 이해하게 되면 ②번뿐 아니라 ⑤도 부합하는 설명으로 오해할 수 있습니다. 출제자는 이를 염두에 두고 글에서 중심 내용과 전혀 관계없는 마지막 문단을 추가한 것입니다.

다음으로 오답인 선택지 ③번을 보도록 하겠습니다. 글과 선택지의 내용을 보면 여러분이 분명하게 구분할 수 있을 것입니다.

글의 인과관계	환경오염 ⟶ 글로벌 디밍 ⟶ 해수 온도 하강 ⟶ 생태계 교란
선택지의 인과관계	글로벌 디밍 ⟶ 환경오염 ⟶ 생태계 교란

두 인과관계의 차이는 해수 온도 하강이 빠져있다는 점이 아닌, 바로 환경오염과 글로벌 디밍의 인과관계가 역전되어 있다는 것입니다.

NCS 응용 연습문제

01

다음 글로부터 알 수 없는 것은?

1644년 중국에서 일어난 명나라와 청나라 간의 왕조 교체는 당시 조선의 지배층에게 커다란 충격으로 다가왔다. 조선 건국 후 200여 년 동안 지속되었던 중화 질서가 붕괴되면서, 동시에 기존의 성리학적 화이관(華夷觀)에 동요가 일어났기 때문이다. 이러한 상황 속에서 조선 지배층이 택할 수 있는 길은 두 가지가 있었다. 하나는 이미 멸망해버린 명나라의 부활을 고대하거나 새로운 한족(漢族) 왕조의 수립을 돕는 길이었고, 다른 하나는 동아시아 중화 질서의 붕괴를 인정하고 새롭고 독자적인 질서를 세우는 길이었다. 조선이 14세기 말 명나라 중심의 동아시아 중화 질서 속에서 건국되었고, 임진왜란 때 명나라의 직접적인 도움을 받았기 때문에 조선 지배층은 두 가지 길 중에서 전자를 선택했다. 이러한 현실 인식과 대응 경향을 '중화회복의식(中華回復意識)'이라고 부른다.

그런데 이와 같은 중화론에도 현실을 바라보고 설명하는 방식에 미묘한 차이를 보였던 두 가지 입장이 있었다. '한당(漢黨)' 계열 인물들은 세상의 질서는 음양(陰陽)의 교차를 통해 순환하는 것이며, 그 과정에서 음(陰)이 극성한 시기가 있기 마련이라고 생각했다. 그들은 음양이 반복되는 이치를 강조하면서 궁극적으로는 음이 한계에 달해 언젠가는 양(陽)이 다시 회생할 것을 기대하는 중화회복의식을 드러냈다. 한편 '산당(山黨)' 계열 인물들은 현실을 도저히 받아들일 수 없었다. 이들은 무력을 통해 이적(夷狄)인 청나라에 복수하고 명나라를 재건하는 일이 무엇보다 시급하다고 생각했고, 이런 흐름 속에서 북벌론을 주장했다. 북벌론의 근저에는 소극적으로 하늘의 운수가 돌아오기를 기다리기보다는 적극적 행동으로 바라는 것을 이룰 수 있다는 소신이 자리 잡고 있었다.

하지만 시간이 흐를수록 청나라의 중국 지배가 안정을 찾아가고 옛 질서의 회복이 어려워지자, 중화의 유교적 전통을 잘 보존하고 있는 조선이 중화의 역할을 이어받아야 한다는 새로운 중화론, 곧 '중화계승의식(中華繼承意識)'이 나타났다. 그리고 이를 뒷받침하기 위해 마련된 논리가 유교 문화의 측면만으로 중화 여부를 결정하는 문화적 화이관이었다. 문화적 화이관을 주장하는 사람들은 성리학적 화이관과는 다른 입장에서 중화의 여부를 종족이 아니라 유교 문화의 수용 여부를 기준으로 평가해야 하고, 이를 통해 조선이 중화의 유일한 계승자로서의 위상을 지닐 수 있다고 보았다.

① 청나라를 징벌하자는 북벌론은 중화계승의식에 따른 것은 아니다.
② 산당 계열의 인물들은 중화회복의식을 부정적으로 평가하고 명의 재건을 바랐다.
③ 한당 계열 인물들은 중화가 부활할 수 있다고 하는 중화회복의식을 드러냈다.
④ 성리학적 화이관과 달리 문화적 화이관을 주장하는 사람들은 조선을 중화의 유일한 계승자라 주장하였다.
⑤ 중화계승의식을 주장하는 사람들은 청나라를 중화의 계승자로 인정하지 않았을 것이다.

해설

글의 2문단에 따르면 산당 계열의 인물들도 청나라 중심의 동아시아 질서를 받아들이지 않았다. 따라서 북벌론과 같은 적극적 행위로 중화질서의 회복을 바란 인물들이므로 중화회복의식에 부정적이었다는 설명은 옳지 않다.

(오답풀이)

① [2문단] 북벌론은 청나라 중심의 새로운 동아시아 질서의 재편을 받아들이지 않고 청나라에 복수하고 명나라를 재건해야 한다고 하였으므로, 중화계승의식이라고 볼 수 없다.

③ [2문단] 한당 계열의 인물들은 음이 다하면 다시 양의 기운이 되돌아올 것이므로 한족의 나라에 대한 기대를 포기하지 않았다. 따라서 중화회복의식에 근거한 것으로 볼 수 있다.

④ [3문단] '문화적 화이관을 주장하는 사람들은 성리학적 화이관과 다른 입장에서 중화의 여부를 종족이 아니라 유교 문화의 수용 여부를 기준으로 평가해야 하고, 이를 통해 조선이 중화의 유일한 계승자로서의 위상을 지닐 수 있다고 보았다.'의 내용을 통해 알 수 있다.

⑤ [3문단] 중화계승의식에 따르면 조선을 유일한 중화의 계승자로 인식하고 있으므로 청나라를 중화의 계승자로 인정하지 않았음을 알 수 있다.

정답 ②

02

다음 글을 통해서 알 수 없는 것은?

과학 기술이 발전하기 시작하면서 전통적인 영역이라고 생각했던 농법에도 변화가 발생하기 시작하였다. 과학 기술은 식물의 성장 과정에도 현미경을 들이대어 질소, 인산, 칼륨의 3대 성장 원소를 밝혀냈다. 이 외에도 여러 가지 미량 원소들이 작물의 성장에 미치는 영향이 알려지면서 바야흐로 농업의 혁명이라 할 만한 변화가 일어나기 시작했다. 필요한 원소를 집중적으로 공급하면 수확량이 늘어날 것이라는 생각에서 비료의 개념이 생겼으며 이를 대량으로 생산하기 위한 기술이 개발되었다. 이러한 기술에 의해 농법이 개량되면서 인류는 자연의 제약에서 벗어나서 얼마든지 필요한 만큼 식량을 생산할 수 있을 것으로 생각했다. 그러나 이러한 농법은 토양을 급속도로 산성화시켰고 작물의 품질도 떨어졌다. 또한 농약의 사용은 자연선택의 기회를 박탈함으로써 병충해에 대한 작물의 저항력도 급속히 떨어졌고 이에 다시 농약의 사용량도 비례하여 늘어나게 되었다. 즉 부작용을 최소화하기 위해 더 강한 비료와 더 강한 농약의 사용량이 증가하는 악순환이 시작되었던 것이다.

이에 대안으로 떠오르는 것이 유기농법이었다. 화학 비료나 농약을 사용하지 않고 옛날의 농법으로 돌아가서 유기질 퇴비를 사용하며 지력을 높이기 위한 미생물을 활용하는 등의 농사법이 확산되기 시작한 것이었다. 그러나 이와 같은 유기농법은 자연 회귀라는 개념에는 부합하나, 적분 기술의 적용과는 거리가 있었다. 당시의 유기농법 기술은 미분 기술에서 벗어나지 못한 상태로 토양의 미생물을 전부 분류하여 유익한 미생물만을 골라서 이를 농사에 활용한다는 개념이었다.

그러나 최근에는 미생물 하나하나를 활용하는 것이 아니라 그 효과를 극대화하기 위해서는 미생물군을 활용해야 한다는 적분 개념의 유효 미생물군 농법이 떠오르고 있다. 미생물들도 나름의 생태계를 구성하고 있기 때문에 유익한 미생물이 왕성한 활동을 보이기 위해서는 작물과 직접적인 관련이 없는 미생물들도 폭넓게 연구되어야 한다. 미생물끼리는 생산하는 물질을 서로 공유하거나 교류하면서 생활한다는 것이 알려지고 있기 때문이다. 대표적으로 혐기성 미생물과 호기성 미생물은 공존하지 못한다고 생각하였지만 혐기성 미생물이 거부하는 산소를 호기성 미생물이 이용하기도 하고 이 과정에서 방출되는 탄소를 혐기성 미생물이 이용하면서 공생하기도 한다.

① 농약에 의존한 농법은 작물에 대한 자연선택을 방해하여 병충해에 대한 저항력을 약화시켰다.
② 산소를 싫어하는 미생물과 산소를 이용하는 미생물은 공존할 수 있다.
③ 유기농법이라고 해서 모두 적분 개념의 농법에 해당한다고 볼 수는 없다.
④ 농약에의 지나친 의존은 토양을 산성화시켰고 오히려 작물의 품질이 떨어졌다.
⑤ 어떤 연구에 따르면 작물과 직접적인 관련이 없는 미생물도 작물의 작황을 개선시킬 수 있다.

해설

글의 1문단 내용을 살펴보면 토양의 산성화와 작물의 품질 저하는 비료의 사용과 관련되어 있음을 알 수 있다.

(오답풀이)

① [1문단] '또한 농약의 사용은 자연선택의 기회를 박탈함으로써 병충해에 대한 작물의 저항력도 급속히 떨어졌고'의 내용을 통해 알 수 있다.

② [3문단] 혐기성 미생물군과 호기성 미생물군은 서로 필요한 물질을 교환하면서 공존할 수 있다.

③ [2문단] 초기의 유기농법은 필요한 미생물만 골라서 이용하려는 미분적 관점의 농법이었다.

⑤ [3문단]의 내용을 통해 알 수 있다.

정답 ④

나우쌤이 알려주는 꿀 POINT

해당 문제에 있어서도 앞서 우리가 살펴본 틀이 그대로 적용됩니다. 그럼 정답과 관련이 있는 글의 내용을 한 번 정리해보도록 합시다.

비료의 사용	토양의 산성화 & 작물의 품질 하락
농약의 사용	자연선택 배제 & 작물의 저항력 약화

정보의 연결을 도식화해서 볼 때는 쉬워 보이지만, 막상 글 속에 숨어 있다면 쉽게 인식하지 못할 수도 있습니다. 만약 이 문제를 틀리셨다면 그 부분을 다시 한 번 생각해보아야 합니다.

03

다음 글과 부합하지 않는 것은?

사람은 생존 기술뿐만 아니라 관습과 사회풍속, 혈족 관계와 사회법칙, 즉 문화에 대한 강도 높은 학습을 거쳐 사람이 되어 간다. 무기력한 상태의 유아가 양육되고 어린이가 학습을 받는 사회 환경은 바로 사람만의 특징이다. 문화는 인간의 적응형이라고 할 수 있다. 그것은 특이한 유년기와 성장 패턴을 통해 가능하다.

그러나 사람의 경우 갓 태어난 유아의 무력함은 문화적 적응이라기보다는 생물학적 필연성 때문이다. 유아들은 너무 일찍 세상에 나온다. 그것은 커다란 뇌와 골반의 공학적 제약 때문이다. 최근 들어 생물학자들은 동물의 뇌 크기가 지능뿐만 아니라 다른 요소에도 영향을 미친다는 사실을 이해하게 되었다. 그것은 예를 들어 이유기, 성적 성숙에 도달하는 시기, 임신기간, 수명 등과 관련이 있다.

뇌가 큰 종에서는 이런 요소들이 길어지는 경향이 있다. 다시 말해서 뇌가 작은 종보다 늦게 젖을 떼고, 성적 성숙이 늦어지고, 임신기간이 길어지고, 수명도 늘어난다. 인간만 이러한 경향에 예외적인데, 일반적인 영장류들의 뇌와 임신기간에 대한 비례 데이터를 바탕으로 계산을 해보면 평균 뇌 용량이 1,350cm^{3}인 호모 사피엔스의 경우 임신기간이 실제의 9개월이 아니라 21개월이 되어야 한다는 사실을 알 수 있다. 따라서 사람의 아이는 태어날 때, 1년분의 성장을 빚지고 있는 것이다.

왜 이러한 일이 일어나는 것일까? 그 해답은 뇌이다. 새로 태어난 유인원의 뇌는 평균 200cm^{3}인데, 그것은 다 자란 유인원의 약 절반 크기이다. 뇌의 크기는 유인원의 삶에서 비교적 이른 시기에 빠른 속도로 늘어나 두 배가 된다. 반면 신생아의 뇌는 성인 뇌의 3분의 1에 불과하며, 생애에 초기에 급성장해 세 배로 늘어난다. 생애의 비교적 빠른 시기에 뇌가 어른의 크기만큼 증가한다는 점에서 사람은 유인원과 비슷하다. 따라서 유인원의 경우처럼 뇌가 두 배로 커진다면, 새로 태어나는 유아의 뇌 용량은 675cm^{3}이어야 할 것이다.

아기를 낳아 본 여성이라면 모두 정상 크기의 뇌를 가진 아이를 낳기가 얼마나 어려운지 잘 알 것이다. 이따금 생명의 위협을 받기까지 한다. 실제로 골반구(骨盤口)는 커진 뇌에 적응하기 위해 진화 과정에서 늘어났다. 그러나 골반구가 커질 수 있는 한계가 있다. 그것은 효율적인 두 발 보행을 해야 하는 공학적 요구 때문에 생기는 한계이다. 갓 태어나는 유아의 뇌 용량이 지금과 같은 수치, 즉 385cm^{3}가 되자 더 이상 늘어날 수 없는 한계에 이르렀다.

① 동물의 뇌 크기는 이유기, 임신기간, 수명 등에 의해서 결정된다.
② 여성의 골반구 크기 때문에 인간의 유아는 충분히 성숙하지 못한 상태로 태어난다.
③ 인간을 제외한 일반적인 영장류들은 뇌의 크기와 임신기간 간에 비례관계가 성립한다.
④ 정도의 차이는 있지만 인간과 유인원 모두 탄생 후부터 뇌의 크기가 급격히 증가한다.
⑤ 여성의 골반구 크기는 유아의 뇌뿐만 아니라 직립보행 운동과도 관련이 있다.

해설

글의 2문단에 따르면 이유기, 임신기간, 수명 등에 의해서 뇌의 크기가 결정되는 것이 아니라 오히려 이러한 요소들이 뇌의 크기에 의해 영향을 받아서 결정된다는 사실을 알 수 있다. 이후 문단에서도 유아의 두뇌 크기 때문에 임신기간이 단축되어 미성숙한 상태로 태어나게 된다는 사실을 설명하고 있다.

(오답풀이)

② 이 글 전체의 중심 내용이다. 인간의 뇌가 상대적으로 크다는 것이 일차적 원인이겠지만, 그럼에도 여성의 골반구가 그것을 감내할 수 있을 정도로 크다면 문제될 것이 없다. 하지만 5문단에서 알 수 있듯이 골반구의 크기는 출산에도 영향을 받지만, 직립보행의 메커니즘과도 관련이 있으므로 무한정 커질 수 없다. 이러한 요인으로 인간의 유아는 충분히 성숙할 수 있는 기간(21개월)보다 짧은 기간(9개월)의 임신기간을 갖게 되는 것이다.

③ [3문단]의 내용을 통해 알 수 있다.

④ [4문단]의 내용을 통해 알 수 있다.

⑤ [5문단]의 내용을 통해 알 수 있다.

정답 ①

CHAPTER 02

일치추론형

지금까지 우리는 일치부합형에서 자주 출제되는 선택지의 구조를 살펴보았습니다. 명사나 명사구의 수준에서 보았을 때, 글과 부합하지 않는 선택지가 출제될 수도 있습니다. 하지만 그 정도 수준이라면 사실 완성도가 떨어지는 문제에 지나지 않습니다. 인재를 선발하는 시험에서는 명사나 명사구 수준에서 출제하는 것이 아니라 그것의 관계가 적절한지를 묻는 시험 문제의 형태로 만들어지게 됩니다.

실제 시험을 볼 때 수리능력이나 문제해결능력 문제들이 의사소통능력 문제들보다 상대적으로 어렵습니다. 그러므로 다른 어려운 문제를 풀기 위한 시간을 확보하기 위해서는 상대적으로 난이도가 낮은 일치부합형의 문제들을 빠르게 풀 필요가 있습니다. 그래서 우리는 지금부터 본격적으로 의사소통능력에서 가장 많은 비중을 차지하는 일치추론형의 문제들을 살펴보고자 합니다.

먼저 일치추론형 문제들은 다음과 같은 문제 유형을 지니고 있습니다.

- 다음 글의 내용과 일치하는 설명은?
- 다음 글과 부합하는 것은?
- 다음 글에 대한 설명으로 적절한 것은?
- 윗글로부터 알 수 있는 것은?
- 윗글로부터 추론한 것으로 적절하지 않은 것은?

문제를 읽어보는 과정에서 이미 느꼈겠지만 의사소통능력에 있어서 가장 기초적인 이해 능력을 측정하기 위한 문제 유형이라고 할 수 있습니다. 물론 그렇다고 해서 무조건 쉽다고 생각하시면 정말 큰 오산입니다. 앞에서 계속 언급했지만 문제를 틀린 이유에 대해 제시문이 이해하기 어렵다거나 사전에 알지 못했던 내용 때문이라고 귀인(歸因)하는 것은 결코 옳지 않습니다. 이는 자신에게 있는, 정말 중요한 문제를 교정할 수 있는 기회를 스스로 날려버리는 것과 다르지 않기 때문입니다. 이전까지 우리는 문제에 대한 이해, 글에 대한 이해, 선택지의 관통의 법칙을 공부하였습니다. 이러한 관점의 연속선상에서 본 문제 유형을 분석할 필요가 있습니다.

일치추론형의 기본은 바로 글에 대한 올바른 이해(혹은 정리)로부터 시작한다는 것입니다. 물론 앞서 살펴본 바와 같이 반드시 모든 내용을 기억해야 하는 것은 아닙니다. 글의 핵심적인 맥락과 주요 내용을 파악할 수 있는 정도면 충분합니다. 그렇다면 이에 대해서 여러분들은 '정리하지 않은 부분에서 출제될 수도 있잖아요?'와 같은 질문을 할 수 있습니다.

맞습니다. 중심 내용이 아닌 부분에서 출제될 수도 있습니다. 하지만 그러한 가능성이 있다고 해서 처음부터 글을 꼼꼼히 정리하면서 읽는다면 적절한 시간 안에 답을 도출하는 것은 요원한 일이 되고 말 것입니다. 그렇다면 어떻게 해야 할까요? 일단 글은 주요한 내용만 파악하는 수준으로 최대한 빠른 속도로 읽고, 선택지와 글을 비교하면서 정답을 찾는 문제 풀이 과정에 많은 시간을 투자해야 합니다.

상담을 하다보면 글 독해라는 것의 중요성에 함몰된 나머지, 시험에 최적화된 풀이법을 찾아내지 못한 상태로 시험에 응시하려는 경우를 많이 만나게 됩니다. 만약 우리가 글에 대한 정보를 완전히 이해하고 그에 대해서 논하고자 한다면 정독(精讀)은 필수가 될 것입니다. 하지만 제한된 시험 시간 내에 그렇게 읽어내는 것은 현실적으로 불가능합니다. 그리고 글을 아무리 꼼꼼하게 읽어도 결국 선택지와 글을 비교하는데 시간을 많이 쓸 수밖에 없기 때문에 굳이 글을 정리하는 데에 너무 많은 시간을 쓰는 것은 좋지 않습니다.

다음으로 모든 선택지에 대한 정오를 모두 판별해야 하는가에 대한 문제에 대해서도 말씀드리겠습니다. 현실적으로 모든 선택지의 정오를 판별할 수 있는 시간은 충분하지 않습니다. 따라서 일부 선택지를 확인하는 도중에 정답으로 생각되는 선택지가 있으면 나머지 선택지는 읽지 않아도 됩니다. 다만 이 정도에서 그치면 실수의 가능성을 배제할 수 없게 됩니다.

이에 따라 여러분이 반드시 해야 하는 것은 선택지를 확인하면서 정답으로 보이는 선택지가 있을 경우 해당 선택지 내용을 글의 내용과 꼼꼼하게 비교·확인하는 과정을 반드시 진행하길 바랍니다. 여기서 꼼꼼하게 비교한다는 것은 머릿속으로만 진행하는 것이 아니라 눈과 손을 움직여서 실제 확인하는 과정을 말합니다. 그렇게 확인한 후에 정답이라고 판단이 되면 다음 문제로 넘어갈 수 있게 됩니다. 즉 실수의 가능성도 줄일 수 있으며, 나머지 선택지를 모두 확인하는 데 소요되는 시간도 아낄 수 있습니다.

그럼 앞에서 배운 바를 염두에 두면서 실제 관련 문제들을 풀어보도록 하겠습니다. 정답 찾는 것에만 초점을 두지 않고, 자신이 문제를 푸는 과정을 염두에 두면서 풀어보길 바랍니다.

기본유형 연습문제

01

2021년 하반기 한국전력공사

다음 중 글을 통해 알 수 있는 내용으로 적절한 것을 고르면?

진화론은 모든 생물이 진화의 과정을 통해 현재의 모습에 이르렀다고 설명하는 이론이다. 인간이 복합적인 언어를 사용한 것 역시 진화론으로 설명할 수 있다. 우선 인간이 언어를 구사하기 위해서는 해부학적으로 한 가지 조건이 반드시 충족되어야 하는데 그것은 목의 후강이 내려앉아야 한다는 것이다. 학계에서는 약 300,000년 전에 인간의 해부학적 목의 구조가 이처럼 진화하였다고 보고 있다. 그렇다면 동물들은 의사소통을 하기 위해 어떻게 진화했을까?

2007년까지 살았던 아프리카 회색앵무새 '알렉스'는 1에서 8까지 숫자를 셀 수 있었고 50개에 달하는 물건의 이름을 구별할 줄 알았다. 또한 150개의 단어를 조합해 짤막한 문장을 만들기도 했다. 한편, 1971년생 고릴라 '코코'는 사람이 발음하는 단어 중 2,000개를 알아듣고 1,000개의 단어를 수화로 표현할 줄 알았다.

오스트리아의 생물학자 카를 폰 프리슈(Karl von Frisch)는 꿀벌의 춤에 담긴 의미를 알아내 1973년 노벨 생리의학상을 받기도 했다. 40년 동안의 연구 끝에 프리슈는 꿀벌이 원을 그리거나 8자 모양으로 분주하게 움직이는 이유가 꿀이 가득한 꽃의 위치를 알려 주기 위해서라는 사실을 밝혀냈다.

2013년 3월에는 돌고래의 언어도 발견됐다. 큰돌고래는 특히 여러 사물을 접할 때마다 다른 소리를 냄으로써 "이것은 사과", "저것은 포도" 하는 식으로 각각의 이름을 붙이고 있었다. 동물들의 의사소통은 인간처럼 정식 언어를 이용하는 것이 아니라 그저 본능에 따라 정해진 소리를 내는 걸까? 그렇다면 고양이는 전 세계 어디서든 "야옹" 하고 울어야 하고 새들은 종에 따라 고유의 울음소리를 내야만 한다. 하지만 미국과 캐나다 동부 해안의 국경지대에 위치한 켄트 섬의 새들을 연구하면서 새로운 사실이 드러났다. 1980년부터 2011년까지 30년 동안 초원멧새들의 울음소리를 녹음해 비교한 결과, 시간의 흐름에 따라 소리의 구성이 조금씩 바뀌어 왔던 것이다. 켄트 섬의 초원 멧새들은 도입(Intro), 중앙(Middle), 버즈(Buzz), 트릴(Trill) 등 4개 단락으로 이루어진 한 가지 울음소리만 낸다. 그러나 30년이라는 긴 세월이 흐르면서 중앙 부분에 짧고 강한 스타카토가 삽입됐고 마지막 트릴 부분은 낮고 짧은 소리로 바뀌었다. 시대에 따라 사람들의 말투가 달라지고 억양이 바뀌는 것처럼 새들의 소리도 문화적인 진화가 이루어진 것이다.

① 동물들이 다양한 방법으로 의사소통을 하는 것은 진화의 증거로 볼 수 있다.

② 인간의 복잡한 언어 사용은 과학적으로 증명되지 않았으므로 진화로 보기 어렵다.

③ 동물이든 인간이든 의사소통의 방법은 진화의 산물이라기보다 본능적인 기능이다.

④ 진화는 감성과 이성을 가지고 있는 대상, 즉 사람에게만 사용 가능한 단어이므로 동물을 진화의 대상으로 보기 어렵다.

⑤ 동물들도 사람과 마찬가지로 자신이 처한 상황에서 다양한 방법으로 의사소통을 하는 것을 과학적으로 증명하기 어렵다.

해설

먼저 이 글의 전체적인 내용을 정리해보자. 필자는 1문단에서 인간의 언어 구사가 생물학적 진화와 관련이 있다고 설명하였다. 이어서 동물도 여러 가지 언어를 구사하고 있다고 언급하고 있으며, (마지막 문단에서) 동물들의 언어가 고정되어 있는 것은 아니라는 이야기를 덧붙이고 있다. 글 전체적인 맥락을 고려해보면 결국 동물의 언어도 진화의 과정에서 변화하고 있다고 결론을 내릴 수 있다.

정답 ①

02
다음 글로부터 알 수 없는 것을 [보기]에서 모두 고르면?

(가) 한국전력은 복합 재난을 가정한 재난대비 대응능력 강화 및 대응체계 점검을 위해 '재난안전 종합모의훈련'을 본사 재난종합상황실에서 시행했다고 밝혔다. 이날 훈련은 리히터 규모 7.4의 가상 지진으로 대규모 정전과 설비 피해가 발생했다는 상황 아래 진행되었으며 이로 인한 전력수급비상 등 동시다발적인 자연 재해에 대한 정부, 유관기관과의 대응 시나리오도 구성해 통합대응 및 현장 즉시대응 역량을 향상시킬 수 있는 기회를 마련했다. 한편 대형화재를 사전에 예방하고 인명피해를 최소화하기 위해 이날 오후에는 본사 직원 전원이 참여하는 '화재 대피 훈련'도 별개로 실시됐다. 김시호 사장직무대행은 "재난은 언제 어떤 식으로 발생할지 예측하긴 어렵지만, 반복된 훈련을 통해 위기에도 침착하게 매뉴얼대로 행동할 수 있다"고 강조하며, "사업소에서도 사업소 실정에 맞추어 현장복구훈련을 시행하여 재난상황에 신속하고 효율적으로 대응할 수 있도록 준비해 줄 것"을 당부했다.

(나) 한국전력이 장기화되고 있는 '최악 폭염'의 여파로 냉방용 전력수요가 급증함에 따라 비상 상황 발생 대비에 나섰다. 한전은 14일 오후 2시 나주 본사 재난상황실에서 전력수급 비상 상황 발생에 대비한 '전력수급 비상훈련'을 실시했다. 이번 훈련은 올 여름 재난 수준의 폭염으로 전력수요가 급증하는 상황에서 발전기 고장 등으로 전력예비력이 400만 kW 이하로 떨어지는 극단적인 상황을 가정해 이뤄졌다. '관심·주의·경계·심각' 등 4개 비상단계별로 대응 훈련을 진행하고 분야별 조치사항을 면밀하게 점검했다. 전력수급 비상 '관심' 단계가 발령되자 재난상황실 직원들은 핫라인·휴대폰문자·팩스 등 모든 통신수단을 활용해 비상상황을 방송사와 유관 기관에 신속히 알렸다. 회사 소셜 미디어와 홈페이지를 통해서도 전력수급 상황을 실시간으로 국민들에게 알리고, 냉난방기기 원격제어 시스템이 설치된 고객 건물의 냉난방 부하를 원격으로 제어하고 예비전력을 확보했다. 냉난방기기 원격제어 시스템은 전력 예비력이 100만 kW 이하로 떨어지는 수급비상 '심각' 단계에 대비해 한전이 고객과 약정 체결을 통해 가동하고 있다. 수급비상 상황 발생 시 한전이 요청하면 고객이 전력 사용량을 조절해 낮출 경우 지원금을 지급하고 불이행 시 위약금을 부과하는 제도다. 위기 상황 발생 때 약정고객의 전력 수요조정, 순환단전 조치 등을 단계별로 시행하는 것을 목표로 시스템을 운영하고 있다. 한전은 올 여름 예상치 못한 폭염의 영향으로 지난달 전력 최대수요를 경신한 가운데 당분간 폭염이 지속될 것으로 전망되고 있지만 전력예비력이 충분한 만큼 전력공급에는 문제가 없을 것으로 전망하고 있다.

(다) 한전은 최근 발생한 서울 서남부 대규모 정전사고 재발방지 및 여름철 재난대비를 위해 7월 5일(수) 한전 서울지역본부에서 '정전대비 비상대응훈련'을 하며 위기대응체계를 점검하였다. 이 날 훈련은 조환익 사장을 비롯해 관리본부장, 영업본부장, 전력 계통 본부장 등 주요 경영진이 참관하는 가운데 진행되었다. 성동변전소 전력구 화재로 인한 345kV 송전선로 고장으로 성동구, 동대문구 등 6개구의 고객 약 40만 호가 정전되는 상황을 가정하여 훈련은 진행되었고, 전력설비 긴급복구와 신속한 대고객 상황전파를 최우선 목표로 훈련을 시행하였다. 한전은 '고객설비 정전 인지 시스템'을 활용하여 신속한 정전복구체계를 구축하였고 대국민 재난문자 발송 절차도 단축시켜 고객들이 정전사실을 빨리 인지할 수 있도록 매뉴얼도 정비했다. 이날 훈련에 참관한 조환익 사장은 "이번 훈련을 대형 정전사고에 대한 대응능력 점검 계기로 삼아 향후 어떠한 정전 발생 시에도 신속한 복구를 통해 국민 불편이 없도록 할 것"을 당부했다. 이에 앞서 한전은 서울 서남부 대규모 정전을 교훈

삼아 유사설비 및 변전소 등에 대한 긴급점검을 완료하였고, 앞으로 대형정전 예방을 위해 노후 전력설비 현대화 및 지능형 고장예방체계 구축 등에 '21년까지 약 1조 원을 투자할 예정이다.

보기

ㄱ. 한전은 전력수급 비상훈련을 통해 대규모 정전 사태에 대응하기 위한 훈련을 실시하였다.
ㄴ. 재난안전 종합모의훈련에서는 한전 본사의 직원 전체가 참여한 가운데 진행되었다.
ㄷ. 대규모 정전이 발생하게 되는 심각 상태에 접어들게 되면 한전과 약정한 고객이 부하를 조절하여 전력사용량을 낮추지 않을 경우, 위약금을 부과하게 된다.

① ㄱ
② ㄷ
③ ㄱ, ㄷ
④ ㄴ, ㄷ
⑤ ㄱ, ㄴ, ㄷ

해설

ㄱ. 전력수급 비상훈련은 냉방으로 인한 전력수요 급증에 대비하기 위한 목적으로 전력예비력이 일정 수준 이하로 내려갈 경우에 대응하기 위한 훈련이다. 대규모 정전 시는 (다)에서 언급한 별도의 상황을 가정한 훈련으로 옳지 않다.
ㄴ. (가)의 내용을 살펴보면, 본사 직원 전체가 참여한 화재 대피 훈련은 재난안전 종합모의훈련과는 별개로 실시된 훈련이므로, 글을 통해 알 수 없다.
ㄷ. 한전과 약정을 체결한 고객이 상황에 따라서 전력사용량을 조절해야 하는 경우는 (다) 대규모 정전 시가 아니라 (나) 전력수급에 문제가 생겼을 경우이므로 옳지 않다.

정답 ⑤

나우쌤이 알려주는 킥 POINT

해당 문제의 글에서는 재난대비 모의훈련, 전력수급 비상대비 훈련, 대규모 정전대비 훈련 등 세 가지의 한전 훈련이 제시되어 있습니다. 각 훈련마다 가정한 상황이 다르고, 훈련의 내용도 조금씩 다릅니다. 기본적으로 이 문제는 각 훈련의 내용과 특징들을 글에서 정확하게 파악하고 있는지를 확인하는 것에 목적이 있었습니다. 따라서 '정보의 연결'에 중점을 두고 풀어야 하는 문제였습니다.

03

다음 중 글의 내용과 일치하지 않는 것은?

시간 예술이라고 지칭되는 음악에서 템포의 완급은 대단히 중요하다. 동일곡이지만 템포의 기준을 어떻게 잡아서 재현해 내느냐에 따라서 그 음악의 악상은 달라진다. 그런데 이처럼 중요한 템포의 인지 감각도 문화권에 따라, 혹은 민족에 따라서 상이할 수 있으니, 동일한 속도의 음악을 듣고도 누구는 빠르게 느끼는 데 비해서 누구는 느린 것으로 인지하는 것이다. 결국 문화권에 따라서 템포의 인지 감각이 다를 수도 있다는 사실은 바꿔 말해서 서로 문화적 배경이 다르면 사람에 따라 적절하다고 생각하는 모데라토의 템포도 큰 차이가 있을 수 있다는 말과 같다.

한국의 전통 음악은 서양 고전 음악에 비해서 비교적 속도가 느린 것이 분명하다. 대표적 정악곡(正樂曲)인 '수제천(壽齊天)'이나 '상령산(上靈山)' 등의 음악을 들어보면 수긍할 것이다. 또한 이 같은 구체적인 음악의 예가 아니더라도 국악의 첫인상을 일단 '느리다'고 간주해 버리는 일반의 통념을 보더라도 전래의 한국 음악이 보편적인 서구 음악에 비해서 느린 것은 틀림없다고 하겠다.

그런데 한국의 전통 음악이 서구 음악에 비해서 상대적으로 속도가 느린 이유는 무엇일까? 이에 대한 해답도 여러 가지 문화적 혹은 민족적인 특질과 연결해서 생각할 때 결코 간단한 문제가 아니겠지만, 여기서는 일단 템포의 계량적 단위인 박(beat)의 준거를 어디에 두느냐에 따라서 템포 관념의 차등이 생겼다는 가설하에 설명을 하기로 한다.

한국의 전통 문화를 보면 그 저변의 잠재의식 속에는 호흡을 중시하는 징후가 역력함을 알 수 있는데, 이 점은 심장의 고동을 중시하는 서양과는 상당히 다른 특성이다. 우리의 문화 속에는 호흡에 얽힌 생활 용어가 한두 가지가 아니다. 숨을 한 번 내쉬고 들이마시는 동안을 하나의 시간 단위로 설정하여 일식간(一息間) 혹은 이식간(二息間)이니 하는 양식척(量息尺)을 써 왔다. 그리고 감정이 격앙되었을 때는 긴 호흡을 해서 감정을 누그러뜨리거나 건강을 위해 단전 호흡법을 수련한다. 이것은 모두 호흡을 중시하고 호흡에 뿌리를 둔 문화 양식의 예들이다. 더욱이 심장의 정지를 사망으로 단정하는 서양과는 달리 우리의 경우에는 '숨이 끊어졌다'는 말로 유명을 달리했음을 표현한다. 이와 같이 확실히 호흡의 문제는 모든 생리 현상에서부터 문화 현상에 이르기까지 우리의 의식 저변에 두루 퍼져있는 민족의 공통적 문화소가 아닐 수 없다.

이와 같은 동서양 간의 상호 이질적인 의식 성향을 염두에 두고 각자의 음악을 관찰해 보면, 서양의 템포 개념은 맥박, 곧 심장의 고동에 기준을 두고 있으며, 우리의 그것은 호흡의 주기, 즉 폐부의 운동에 뿌리를 두고 있음을 알 수 있다. 서양의 경우 박자의 단위인 박을 비트(beat), 혹은 펄스(pulse)라고 한다. 펄스라는 말이 곧 인체의 맥박을 의미하듯이 서양 음악은 원초적으로 심장을 기준으로 출발한 것이다. 이에 비해 한국의 전통 음악은 모음 변화를 일으켜 가면서까지 길게 끌며 호흡의 리듬을 타고 있음을 볼 때, 근원적으로 호흡에 뿌리를 둔 음악임을 알 수 있다. 결국 한국 음악에서 안온한 마음을 느낄 수 있는 모데라토의 기준 속도는, 1분간의 심장의 박동수와 호흡의 주기와의 차이처럼, 서양 음악의 그것에 비하면 무려 3배쯤 느린 것임을 알 수 있다.

① 각 민족의 문화에는 민족의식이 반영되어 있다.
② 서양 음악은 심장 박동수를 박자의 준거로 삼았다.
③ 템포의 완급을 바꾸어도 악상은 변하지 않는다.
④ 우리 음악은 서양 음악에 비해 상대적으로 느리다.
⑤ 우리 음악의 박자는 호흡 주기에 뿌리를 두고 있다.

해설

글의 1문단인 '동일곡이지만 템포의 기준을 어떻게 잡아서 재현해 내느냐에 따라서 그 음악의 악상은 달라진다.'의 내용을 근거로 판단하였을 때 옳지 않음을 알 수 있다.

(오답풀이)
① [1문단]의 내용을 통해 알 수 있다.
② [5문단] '서양의 템포 개념은 맥박, 곧 심장의 고동에 기준을 두고 있으며, 우리의 그것은 호흡의 주기, 즉 폐부의 운동에 뿌리를 두고 있음을 알 수 있다.'의 내용을 통해 옳음을 알 수 있다.
④ [2문단] '전래의 한국 음악이 보편적인 서구 음악에 비해서 느린 것은 틀림없다고 하겠다.'의 내용을 통해 옳음을 알 수 있다.
⑤ [5문단] 필자는 글을 통해 우리나라의 전통 음악은 맥박에 기준을 두고 있는 서양 음악과는 달리 호흡에 근본을 두고 있다고 설명하고 있다.

정답 ③

PSAT 기출 연습문제

01

2018년 5급 행정공채 PSAT

다음 글에서 추론할 수 있는 것은?

조선왕조실록은 조선 시대 국왕의 재위 기간에 있었던 중요 사건들을 정리한 기록물로 역사적인 가치가 크다. 이에 유네스코는 태조부터 철종까지의 시기에 있었던 사건들이 담긴 조선왕조실록 총 1,893권, 888책을 세계 기록 유산으로 등재하였다.

실록의 간행 과정은 상당히 길고 복잡했다. 먼저, 사관이 국왕의 공식적 언행과 주요 사건을 매일 기록하여 사초를 만들었다. 그 국왕의 뒤를 이어 즉위한 새 왕은 전왕(前王)의 실록을 만들기 위해 실록청을 세웠다. 이 실록청은 사초에 담긴 내용을 취사선택해 실록을 만든 후 해산하였다. 이렇게 만들어진 실록은 전왕의 묘호(廟號)를 붙여 '○○실록'이라고 불렀다. 이런 식으로 일이 진행되다보니 『철종실록』이 고종 대에 간행되었던 것이다.

한편 정변으로 왕이 바뀌었을 때에는 그 뒤를 이은 국왕이 실록청 대신 일기청을 설치하여 물러난 왕의 재위 기간에 있었던 일을 '○○○일기(日記)'라는 명칭으로 정리해 간행했다. 인조 대 『광해군실록』이 아니라 『광해군일기』가 간행된 것은 바로 이 때문이다. '일기'는 명칭만 '실록'이라고 부르지 않을 뿐 간행 과정은 그와 동일했다. 그렇기 때문에 '일기'도 세계 기록 유산으로 등재된 조선왕조실록에 포함된 것이다. 『단종실록』은 특이한 사례에 해당된다. 단종은 계유정난으로 왕위에서 쫓겨난 후에 노산군으로 불렸고, 그런 이유로 세조 대 『노산군일기』가 간행되었다. 그런데 숙종 24년(1698)에 노산군이 단종으로 복위된 후로 『노산군일기』를 『단종실록』으로 고쳐 부르게 되었다.

조선 후기 붕당 간의 대립은 실록 내용에도 영향을 미쳤다. 선조 대 동인과 서인이라는 붕당이 등장한 이래, 선조의 뒤를 이은 광해군과 인조 대까지만 해도 붕당 간 대립이 심하지 않았다. 그러나 인조의 뒤를 이어 효종, 현종, 숙종이 연이어 왕위에 오르는 과정에서 붕당 간 대립이 심해졌다. 효종 대부터는 집권 붕당이 다른 붕당을 폄훼하기 위해 이미 만들어져 있는 실록을 수정해 간행하는 일이 벌어졌다. 수정된 실록에는 원래의 실록과 구분해 '○○수정실록'이라는 명칭을 따로 붙였다.

① 『효종실록』은 현종 대 설치된 실록청이 간행했을 것이다.
② 『노산군일기』는 숙종 대 설치된 일기청이 간행했을 것이다.
③ 『선조수정실록』은 광해군 대 설치된 실록청이 간행했을 것이다.
④ 『고종실록』은 세계 기록 유산으로 등재된 조선왕조실록에 포함되어 있을 것이다.
⑤ 『광해군일기』는 세계 기록 유산으로 등재된 조선왕조실록에 포함되어 있지 않을 것이다.

해설

글의 2문단에 따르면 조선왕조실록에 있어 전왕(前王)의 실록은 바로 다음 대의 왕이 즉위하면서 실록청을 설치하여 편찬하였음을 알 수 있다. 따라서 (4문단)『효종실록』은 그 다음 왕인 현종이 즉위한 이후 실록청을 설치하여 편찬하였음을 추론할 수 있다.

(오답풀이)

② [3문단] 숙종 대에『노산군일기』가 간행된 것이 아니라, 이전에 편찬되어 있던『노산군일기』를『단종실록』으로 고쳐 부르게 한 것이므로, 옳지 않은 설명이다.

③ [4문단] 필자는 효종 대 이후로 붕당 간의 대립이 격화되면서 실록의 일부가 수정된 수정실록이 간행되기도 하였다고 설명하고 있다. 그런데 선조나 광해군, 인조 대는 앞서 말한 시대에 포함되지 않는다.(글에서도 붕당 간의 대립이 심한 시기가 아니었다고 설명하였다.) 따라서 광해군 대에『선조실록』에 대한 수정작업이 진행되었다고 볼 수 없다. 오히려 광해군 대에는 전왕인 선조에 대한 정식 실록이 편찬되었던 시대로 보아야 한다.

④ [1문단]에서 '이에 유네스코는 태조부터 철종까지의 시기에 있었던 사건들이 담긴 조선왕조실록 총 1,893권, 888책을 세계 기록 유산으로 등재하였다.'라고 하였다. 그리고 [2문단]의 내용을 통해 고종은 철종 이후의 왕임을 알 수 있다. 따라서『고종실록』은 유네스코 세계 기록 유산으로 등재되었다고 볼 수 없다.

⑤ [3문단] 일기라고 이름 붙여진 기록들도 세계 기록 유산으로 등재되었다고 하였으므로 옳지 않은 설명이다.

정답 ①

02

다음 글의 내용으로부터 확인할 수 없는 사실은?

「경제육전(經濟六典)」의 형전(刑典) 내에 말하기를, "근년 이래 무릇 옥(獄)을 결단하는 자가 율문(律文)에 밝지 못하여 그 사사로이 사람의 죄를 내리고 올리므로, 형벌이 적중하지 못하여 원통하고 억울한 것을 호소할 데가 없어서 화기(和氣)를 손상하기에 이르니, 진실로 염려하지 않을 수 없다" 하였습니다. 이제 「대명률(大明律)」은 시왕(時王)의 제도이니, 마땅히 봉행(奉行)하여야 하는 것이나 밝게 알기가 쉽지 않으니, 마땅히 이미 통용되는 이두문[吏文]으로 이를 번역·반포하여 관리가 학습하게 함으로써, 그들이 태(笞) 하나 장(杖) 하나라도 반드시 율(律)에 의해 시행하게 해야 할 것입니다. 만약 율문(律文)을 살피지 않고 망령된 뜻으로 죄를 가볍게 하거나 무겁게 하는 자는 그 죄로써 벌줄 것입니다. 또 형을 언도하는 자는 사람의 죽고 사는 것이 매였으므로 삼가지 않을 수 없습니다. (『태종실록』 1집, 313면)

상참(常參)을 받고 정사를 보았다. 임금이 좌우 근신(近臣)에게 이르기를, "비록 사리(事理)를 아는 사람이라 할지라도, 율문에 의거하여 판단이 내려진 뒤에야 죄의 경중을 알게되거늘, 하물며 어리석은 백성이야 어찌 죄지은 바가 크고 작음을 알아서 스스로 고치겠는가. 비록 백성들로 하여금 율문을 다 알게 할 수는 없을지나, 따로 큰 죄의 조항만이라도 뽑아 적고 이를 이두문으로 번역하여서 민간에 반포하여 우부우부(愚夫愚婦)들로 하여금 범죄를 피할 줄 알게 함이 어떻겠는가" 하니, 이조판서 허조가 아뢰기를, "신은 폐단이 일어나지 않을까 두렵습니다. 간악한 백성이 진실로 율문을 알게 되오면, 죄의 크고 작은 것을 헤아려서 두려워 하고 꺼리는 바가 없이 법을 제 마음대로 농간하는 무리가 이로부터 일어날 것입니다" 하므로, 임금이 말하기를, "그렇다면, 백성으로 하여금 알지 못하고 죄를 범하게 하는 것이 옳겠느냐. 백성에게 법을 알지 못하게 하고, 그 범법한 자를 벌주게 되면, 조삼모사(朝三暮四)의 술책에 가깝지 않겠는가. 더욱이 조종(祖宗)께서 율문을 읽게 하는 법을 세우신 것은 사람마다 모두 알게 하고자 함이니, 경 등은 고전을 상고하고 의논하여 아뢰라" (중략) "허조의 생각에는, 백성들이 율문을 알게 되면 쟁송(爭訟)이 그치지 않을 것이요, 윗사람을 능멸하는 폐단이 점점 늘어날 것이라 하나, 모름지기 세민(細民)으로 하여금 금법(禁法)을 알게 하여 두려워서 피하게 함이 옳겠다" 하고, 드디어 집현전에 명하여 옛적에 백성으로 하여금 법률을 익히게 하던 일을 상고하여 아뢰게 하였다. (『세종실록』 3집, 426면)

① 『세종실록』에 따르면, 백성들 중에서 이두문으로 문자 생활을 한 이들이 있었다.

② 『태종실록』에 따르면, 형벌을 집행하는 관리들은 이두문으로 문자 생활을 하였다.

③ 『세종실록』에 따르면, 세종과 허조는 법률 제정 목적과 취지에 대해 다른 입장을 취하였다.

④ 『태종실록』에 따르면, 「대명률(大明律)」을 해석하지 못해 법 집행을 적절하게 하지 못한 관리들이 있었다.

⑤ 『세종실록』에 따르면, 세종은 백성에게 주요 법률 내용을 이두문으로 번역·반포하여 관리의 법 집행을 바르게 하고자 하였다.

해설

세종은 백성들이 범죄를 피할 수 있게 하기 위해서 백성들에게 법률을 이두문으로 번역하여 반포하고자 한 것이다. 관리의 법 집행을 올바르게 하고자 한 것은 『태종실록』에 기록된 것으로 세종의 의도와는 무관하다.

(오답풀이)

① 『세종실록』 법률을 백성들에게 이두문으로 번역·반포하려고 했다는 사실에서 추론할 수 있다.

② 『태종실록』 관리의 법 집행을 바르게 하고자 관리들에게 법률을 이두문으로 번역하여 학습하게 하겠다는 내용을 통해 추론할 수 있다.

③ 『세종실록』 세종은 법을 사람들에게 알려서 위법한 행위를 하지 못하게 하는 것에 그 의의가 있다고 생각하였으나, 허조는 위법한 행위를 하였을 때 엄하게 처벌함으로써 국가질서의 위엄을 내보이는 수단으로 간주하고 있다.

④ 『태종실록』 '"근년 이래 무릇 옥(獄)을 결단하는 자가 율문(律文)에 밝지 못하여 그 사사로이 사람의 죄를 내리고 올리므로, 형벌이 적중하지 못하여 원통하고 억울한 것을 호소할 데가 없어서 화기(和氣)를 손상하기에 이르니, 진실로 염려하지 않을 수 없다" 하였습니다. 이제 「대명률(大明律)」은 시왕(時王)의 제도이니, 마땅히 봉행(奉行)하여야 하는 것이나 밝게 알기가 쉽지 않으니'의 내용을 통해 알 수 있다.

정답 ⑤

나우쌤이 알려주는 킥 POINT

여러분, 해당 문제를 풀 때 선택지 ⑤번을 정답으로 충분히 도출할 수 있었나요? 태종실록과 세종실록의 내용이 비교·나열 형식으로 전개된 제시문이었습니다. 태종과 세종은 모두 법률을 이두문으로 번역·반포하겠다는 입장이라는 점에서 같지만, 그러한 정책의 도입 목적과 이유는 달랐습니다. 이 같은 구조의 글에서는 서로 대조되는 대상의 속성을 서로 연결함으로써 옳지 않은 선택지를 제작하는 경우가 많습니다. 이 부분을 인식하면서 선택지를 다시 살펴보길 바랍니다.

03

다음 글의 내용과 부합하는 것은?

'공공 미술'이란 공개된 장소에 설치되고 전시되는 작품으로서, 공중(公衆)을 위해 제작되고 공중에 의해 소유되는 미술품을 의미한다. 공공 미술의 역사는 세 가지 서로 다른 패러다임의 변천으로 설명할 수 있다. 첫 번째는 '공공장소 속의 미술' 패러다임으로, 1960년대 중반부터 1970년대 중반까지 대부분의 공공 미술이 그에 해당한다. 이것은 미술관이나 갤러리에서 볼 수 있었던 미술 작품을 공공장소에 설치하여 공중이 미술 작품을 접하기 쉽게 한 것이다. 두 번째는 '공공 공간으로서의 미술' 패러다임으로, 공공 미술 작품의 개별적인 미적 가치보다는 사용가치에 주목하고 공중이 공공 미술을 더 가깝게 느끼고 이해할 수 있도록 미술과 실용성 사이의 구분을 완화하려는 시도이다. 이에 따르면 미술 작품은 벤치나 테이블, 가로등, 맨홀 뚜껑을 대신하면서 공공장소에 완전히 동화된다. 세 번째인 '공공의 이익을 위한 미술' 패러다임은 사회적인 쟁점과 직접적 접점을 만들어냄으로써 사회 정의와 공동체의 통합을 추구하는 활동이다. 이것은 거리 미술, 게릴라 극, 페이지 아트 등과 같은 비전통적 매체뿐만 아니라 회화, 조각을 포함하는 다양한 전통 매체를 망라한 행동주의적이며 공동체적인 활동이라고 할 수 있다.

첫 번째와 두 번째 패러다임은 둘 다 공적인 공간에서 시각적인 만족을 우선으로 한다는 점에서 하나의 틀로 묶을 수 있다. 공적인 공간에서 공중의 미적 향유를 위해서 세워진 조형물이나 쾌적하고 심미적인 도시를 만들기 위해 디자인적 요소를 접목한 공공 편의 시설물은 모두 공중에게 시각적인 만족을 제공하기 위해 제작된 활동이라는 의미에서 '공공장소를 미화하는 미술'이라 부를 수 있다. 세 번째 패러다임인 '공공의 이익을 위한 미술'은 사회 변화를 위한 공적 관심의 증대를 목표로 하고 있어서 공공 공간을 위한 미술이라기보다는 공공적 쟁점에 주목하는 미술이다. 이 미술은 해당 주제가 자신들의 삶에 중요한 쟁점이 되는 특정한 공중 일부에게 집중한다. 그런 점에서 이러한 미술 작업은 공중 모두에게 공공장소에 대한 보편적인 미적 만족을 제공하려는 활동과는 달리 '공적인 관심을 증진하는 미술'에 해당한다.

① 공공 공간으로서의 미술은 다양한 매체를 활용하여 사회 정의와 공동체 통합을 추구하는 활동이다.
② 공공장소를 미화하는 미술은 공공 미술 작품의 미적 가치보다 사용가치에 주목하는 시도를 포함한다.
③ 공적인 관심을 증진하는 미술은 공중이 공유하는 문화 공간을 심미적으로 디자인하여 미술과 실용성을 통합하려는 활동이다.
④ 공공장소 속의 미술은 사회 변화를 위한 공적 관심의 증대를 목표로 공중 모두에게 공공장소에 대한 보편적 미적 만족을 제공한다.
⑤ 공공의 이익을 위한 미술은 공간적 제약을 넘어서 공중이 미술을 접할 수 있도록 작품이 존재하는 장소를 미술관에서 공공장소로 확대하는 활동이다.

해설

'공공장소를 미화하는 미술'에는 '공공장소 속의 미술'과 '공공 공간으로서의 미술'이 있다. 그런데 선택지에서 설명하는 내용은 이 중에 공공 공간으로서의 미술에 해당한다. 공공 공간으로서의 미술은 앞서 이야기한 것처럼 공공장소를 미화하는 미술에 포함되므로, ②는 글의 내용과 부합한다.

(오답풀이)

① [1문단] 선택지에서 설명하고 있는 공공 미술은 '공공 공간으로서의 미술'이 아니라 '공공의 이익을 위한 미술'이므로, 옳지 않은 설명이다.

③ [2문단] 공적 공간을 심미적으로 만들고자 하는 것은 '공공장소를 미화하는 미술'이며 미술과 실용성을 결합하려는 미술 역시 '공공 공간으로서의 미술'이므로 '공적인 관심을 증진하는 미술'에 해당하는 설명이라 볼 수 없다. '공적인 관심을 증진하는 미술'은 공공적 쟁점에 주목하는 미술로 특정한 공중 일부에게 집중하므로 옳지 않은 설명이다.

④ '공공장소 속의 미술'은 공적인 장소에서의 미적인 향유를 추구한다는 면에서 '공공장소를 미화하는 미술'에 속한다고 볼 수 있다. 하지만 공적 관심의 증대를 목표로 하는 미술은 '공공의 이익을 위한 미술'이므로 선택지의 설명은 옳지 않다.

⑤ [1문단] 선택지에서 설명하고 있는 미술은 '공공장소 속의 미술'에 해당하므로 '공공의 이익을 위한 미술'로 분류할 수 없다.

정답 ②

04

다음 글의 내용과 부합하는 것은?

조선시대의 신분제도는 기본적으로 양천제(良賤制)였다. 조선의 국역(國役)을 지는 양인을 보다 많이 확보하기 위해 양천제의 법제화를 적극 추진해 나갔다. 양천제에서 천인은 공민(公民)이 아니었으므로 벼슬할 수 있는 권리가 박탈되었다. 뿐만 아니라 양인·천인 모두가 지게 되어 있는 역(役)의 경우 천인에게 부과된 역은 징벌의 의미를 띤 신역(身役)의 성격으로 남녀 노비 모두에게 부과되었다. 그에 반해 양인이 지는 역은 봉공(奉公)의 의무라는 국역(國役)의 성격을 지닌 것으로 남자에게만 부과되었다.

한편 양인 내에는 다양한 신분계층이 존재하였다. 그 중에서도 양반과 중인, 향리, 서얼 등을 제외한 대부분의 사람들은 상민(常民)이라고 불렸다. 상민은 보통 사람이란 뜻이다. 상민은 어떤 독자적인 신분 결정 요인에 의해 구별된 범주가 아니라 양인 중에서 다른 계층을 제외한 잔여 범주라고 할 수 있다. 따라서 후대로 갈수록 양인의 계층 분화가 진행됨에 따라 상민의 성격은 더욱 분명해졌고 그 범위는 축소되었다. 그럼에도 불구하고 상민은 조선시대 신분제 아래에서 가장 많은 인구를 포괄하는 주요 신분 범주 중 하나였다.

상민은 특히 양반과 대칭되는 개념으로 사용되기 시작하였는데 반상(班常)이란 표현은 이런 의미를 포함하고 있다. 상민을 천하게 부를 때에 '상놈[常漢]'이라고 한 것도 양반과의 대칭을 염두에 둔 표현이라고 할 수 있다. 상민은 현실적으로 피지배 신분의 위치에 있었지만 법적으로는 양인의 일원으로서 양반과 동등한 권리를 가지고 있었다. 정치적으로 상민은 양반처럼 과거에 응시하여 관직에 나아갈 수 있었고 관학에서 교육 받을 수 있는 권리를 가지고 있었다. 사회·경제적으로 거주 이전의 자유나 토지 소유 등 재산권 행사에 있어서도 상민과 양반의 차별은 없었다. 이는 상민이 양인의 일원이기 때문에 가능한 것이었다.

그러나 양천제가 시행되었다고 해서 양인 내부의 계층 이동이 자유로웠다거나, 대대로 벼슬해 온 양반들의 특권이 부정된 것은 아니었다. 상민은 양인으로서 법제적 권리는 가지고 있었지만 그것을 누리지는 못하였다. 상민이 가진 양인으로서의 권리는 현실에서 구현되기 어려운 경우가 대부분이었다. 상민은 그러한 권리를 누릴 만한 경제적 여건이 되지 않았고, 이를 효과적으로 관철시킬 만한 정치적 권력이나 사회적 권위를 갖기 어려웠기 때문이다.

① '상놈'은 법제적 신분으로는 천인이 아니지만 역의 편제상으로는 천인이었다.
② 양천제에서 남성은 모두 역을 부담하였지만 여성이 모두 역을 부담하였던 것은 아니다.
③ 조선 후기의 상민은 조선 전기의 상민보다 그 범위가 축소되었지만 전기에 비해 많은 인구를 포괄하였다.
④ 양인의 권리는 양인 내 신분계층의 경제적 여건과 정치적 권력, 사회적 권위를 고려하여 법제화되었다.
⑤ 양천제를 강화하기 위한 국가적 노력에도 불구하고 양인 내의 법제적 차별과 현실적 차별은 존재하였다.

해설

글의 1문단에 따르면 양인은 남자만 역을 부담하고 여자에게는 역이 부과되지 않았으나, 천인의 경우에는 남녀 모두에게 역이 부과되었다.

(오답풀이)

① [3문단] '상놈'은 일반 상민을 천하게 부르는 표현으로 상민은 당시 양인에 속했다. 따라서 역에 있어서도 역시 양인에 준하여 부과되었음을 알 수 있다.

③ [2문단] 조선 후기와 조선 전기의 상민의 인구수 자체를 통시적으로 비교한 설명은 없다. 글에서 설명하고 있는 것은 조선 후기에 접어들면서 양인들은 더욱 세분화되어 양인에서 상민이 차지하는 비중은 축소되었다는 것이다. 하지만 그러한 변화에도 불구하고, 상민이 가장 큰 비중을 차지하는 신분 범주임은 동일하다고 설명하고 있다.

④ [4문단] 상민은 양반과 같은 양인이었지만, 실질적인 여건상의 한계로 양인의 권리를 전부 다 누릴 수는 없었다. 이는 조선의 법제가 실질적인 부분을 고려하지 않은 채, 제정되었다는 것을 의미한다고 볼 수 있다.

⑤ [3, 4문단] 조선시대 양인 내의 법제적 차별은 존재하지 않았다. 다만 법제적인 부분과 별도로 현실적인 부분에서는 여전히 양반과 그 외의 양인과의 실질적인 차별이 존재하였다는 점은 부인할 수 없다.

정답 ②

CH 02 일치추론형

나우쌤이 알려주는 꿀 POINT

오답인 선택지 ③번을 얼핏 보면 글의 내용과 매우 비슷하게 보입니다. 하지만 이 같은 선택지라도 정확하게 무엇이 옳지 않은 설명인지 구분해내는 것 역시, 현장에서 여러분이 오답을 확실하게 찾아낼 수 있는 방법으로 활용할 수 있습니다. 아래와 같이 ③번은 내용상 크게 두 부분으로 나눌 수 있습니다.

> (1) 조선 후기의 상민은 조선 전기의 상민보다 그 범위가 축소되었다.
> (2) 조선 후기의 상민은 조선 전기의 상민보다 더 많은 인구를 포괄하였다.

(1)의 내용은 글의 2문단의 '따라서 후대로 갈수록 양인의 계층 분화가 진행됨에 따라 상민의 성격은 더욱 분명해졌고 그 범위는 축소되었다.'라는 부분을 통해 옳은 설명이라는 점을 확인할 수 있습니다. 하지만 (2)는 글의 내용과 다릅니다. 2문단에서 (2)와 관련 있는 글의 내용은 '그럼에도 불구하고 상민은 조선시대 신분제 아래에서 가장 많은 인구를 포괄하는 주요 신분 범주 중 하나였다.'입니다.

위 문장에서 가장 많은 인구를 포괄한다는 설명의 기준은 무엇일까요? 선택지 ③번에서 설명하고 있는 것처럼 조선 전기의 상민을 말하는 것도 아닙니다. 글의 내용을 읽어보면 바로 '(상민이 아닌) 다른 신분에 포함되는 범위'와 비교해서 상민이 가장 많은 인구를 포괄하고 있는 신분 범주임을 알 수 있습니다. 따라서 글의 내용과 ③의 설명이 다르다는 것을 알 수 있습니다.

05

다음 글에서 알 수 없는 것은?

대동법의 핵심 내용으로, 공물을 부과하는 기준이 호(戶)에서 토지[田結]로 바뀐 것과, 수취 수단이 현물에서 미(米), 포(布)로 바뀐 것을 드는 경우가 많다. 하지만 양자는 이미 대동법 시행 전부터 각 지방에서 광범위하게 시행되고 있었기 때문에 이를 대동법의 본질적 요소라고 볼 수는 없다. 대동법의 진정한 의미는 공물 부과 기준과 수취 수단이 법으로 규정됨으로써, 공납 운영의 원칙인 양입위출(量入爲出)*의 객관적 기준이 마련되었다는 점에 있다.

양입위출은 대동법 실시론자뿐만 아니라 공안(貢案) 개정론자도 공유하는 원칙이었으나, 공납제의 폐단을 두고 문제의 해법을 찾는 방식은 차이가 있었다. 공안 개정론자는 호마다 현물을 거두는 종래의 공물 부과 기준과 수취 수단을 유지하되, 공물 수요자인 관료들의 절용을 강조함으로써 '위출'의 측면에 관심을 기울였다. 반면 대동법 실시론자들은 공물가를 한 번 거둔 후 다시 거두지 않도록 제도화할 것을 주장하여 '양입'의 측면을 강조하였다.

요컨대 양입위출에 대한 이런 강조점의 차이는 문제에 대한 해법을 개인적 도덕 수준을 제고하는 것으로 마련하는가, 아니면 제도적 보완이 필요하다고 보고 그 방안을 강구하는가의 차이였다. 공물 수취에 따른 폐해들을 두고 공안 개정론자는 공물 수요자 측의 사적 폐단, 즉 무분별한 개인적 욕망에서 비롯된 것으로 보았다. 반면 대동법 실시론자는 중앙정부 차원에서 공물세를 관리할 수 있는 합리적 근거와 기준이 미비하였기 때문이라고 보았다. 현물을 호에 부과하는 방식으로는 공납제 운영을 객관화하기 어려웠음에도 불구하고, 공안 개정론자는 공물 수요자의 자발적 절용을 강조하는 것 외에 그것을 강제할 수 있는 별도의 방법을 제시하지 못하였다. 이에 반해 대동법 실시론자는 공물 수요자 측의 절용이 필요하다고 보면서도 이들의 '사적 욕망'에서 빚어진 폐습을 극복하기 위해서는 이를 규제할 '공적 제도'가 필요하다고 믿었다.

* 양입위출: 수입을 헤아려 지출을 행하는 재정 운영 방식

① 대동법 실시론자는 양입위출의 법적 기준을 마련하고자 하였다.
② 공안 개정론자와 대동법 실시론자는 양입위출의 원칙을 공유하였다.
③ 공안 개정론자는 절용을 통해 공물가의 수취 액수를 고정하는 데 관심을 기울였다.
④ 공안 개정론자와 대동법 실시론자는 공물 부과 기준과 수취 수단에 대한 주장이 달랐다.
⑤ 대동법 실시론자는 공물 수요자의 도덕적 수준을 높여야 한다는 공안 개정론자의 주장에 반대하지 않았다.

해설

공안 개정론자는 수취 과정에 대한 부분은 기존의 틀을 유지하면서 다만 공물 수요자들의 도덕적인 해이를 억제함으로써 문제를 해결할 수 있다고 보았다. 공물가의 수취가 등 수취 과정의 문제를 제도적으로 해결하려 한 것은 공안 개정론자가 아니라 대동법 실시론자이다.

(오답풀이)

① 공안 개정론자와는 달리 대동법 실시론자들은 공납제의 폐단을 극복하기 위해서는 제도적 관점의 합리적 근거와 기준이 갖추어져야 한다고 생각하였다.

② [2문단] '양입위출은 대동법 실시론자뿐만 아니라 공안(貢案) 개정론자도 공유하는 원칙이었으나, 공납제의 폐단을 두고 문제의 해법을 찾는 방식은 차이가 있었다.'의 내용을 통해 알 수 있다.

④ [1문단] '대동법의 핵심 내용으로, 공물을 부과하는 기준이 호(戶)에서 토지[田結]로 바뀐 것과 수취 수단이 현물에서 미(米), 포(布)로 바뀐 것을 드는 경우가 많다.'라고 하였다. 물론 필자는 이러한 변화를 대동법의 본질적인 요소로 볼 수 없다는 입장이지만, 본질적인 내용이 아닐 뿐 대동법의 내용이 아니었던 것은 아니다. 또한 [2문단]의 '공안 개정론자는 호마다 현물을 거두는 종래의 공물 부과 기준과 수취 수단을 유지하되'의 내용을 정리해보면 다음과 나타낼 수 있다.

구분	대동법 실시론자	공안 개정론자
공물 부과 기준	토지	호
공물 수취 수단	미, 포	현물

⑤ [3문단] '이에 반해 대동법 실시론자는 공물 수요자 측의 절용이 필요하다고 보면서도 이들의 '사적 욕망'에서 빚어진 폐습을 극복하기 위해서는 이를 규제할 '공적 제도'가 필요하다고 믿었다.'의 내용을 통해 공안 개정론자들은 공물 수요자의 사적 폐단, 즉 무분별한 개인적 욕망이 문제의 요점이라고 생각했음을 알 수 있다. 대동법 실시론자들은 문제의 주안점을 그러한 개인의 도덕적 문제로 보지는 않았지만 그렇다고 해서 그 부분이 의미가 없다고도 보지 않았다.

정답 ③

나우쌤이 알려주는 킥 POINT

이 글에서는 서로 차이가 있는 두 가지 주장이 제시되고 있습니다. 출제자가 이 글을 일치추론형의 제시문으로 선택했다면 출제될 수 있는 선택지를 충분히 예상할 수 있습니다. 일단 각 주장에 대해 이해하고 있는지, 그리고 그 주장의 차이를 인식하고 있는지에 대해서 활용할 수 있습니다. 공안 개정론자는 위출을 중시하였기 때문에 개인적 도덕의 관점에서 절용을 강조하였습니다. 반면 대동법 실시론자들은 양입을 중시하였기 때문에 그것을 제도화하여야 한다고 강조한 것입니다. 이를 통해 선택지 ③번을 제작한 틀에 대해 분석해보도록 합시다.

공안 개정론자는	절용을 통해	공물가의 수취 액수를 고정하는 데 관심을 기울였다.
주어	수단	목적

일단 수단과 목적을 따지기에 앞서 공안 개정론자가 양입의 측면인 공물가의 수취 액수를 고정하는 것과 관련한 제도화에 힘썼다는 점이 연결될 수 없는 정보임을 알 수 있습니다. 이제 선택지가 제작되는 틀을 인지할 수 있게 되었나요?

06

다음 글에서 알 수 <u>없는</u> 것은?

'캐리 벅 사건'(1927)은 버지니아주에서 시행하는 강제불임시술의 합헌성에 대한 판단을 다룬 것이다. 버지니아주에서는 정신적 결함을 가진 사람들의 불임시술을 강제하는 법을 1924년에 제정하여 시행하고 있었다. 이 법은 당시 과학계에서 받아들여지던 우생학의 연구 결과들을 반영한 것인데, 유전에 의해 정신적으로 결함이 있는 자들에게 강제불임시술을 함으로써 당사자의 건강과 이익을 증진하는 것을 목적으로 하였다. 우생학은 인간의 유전과 유전형질을 연구하여, 결함이 있는 유전자를 제거하여 인류를 개선하는 것이 주목적이었는데, 정신이상자, 정신박약자, 간질환자 등을 유전적 결함을 가진 대상으로 보았다.

이 사건의 주인공인 캐리 벅은 10대 후반의 정신박약인 백인 여성으로서 정신박약자들을 수용하기 위한 시설에 수용되어 있었다. 법에 따르면, 캐리 벅은 불임시술을 받지 않으면 수십 년 동안 수용시설에 갇혀 기본적인 의식주만 공급받고 다른 사회적 권리와 자유가 제약받을 수밖에 없는 상황이었다.

미국 연방대법원은 강제불임시술을 규정한 버지니아주의 주법을 합헌으로 판단하였다. 이 사건의 다수의견을 작성한 홈즈 대법관은 판결의 이유를 다음과 같이 밝혔다.

"사회 전체의 이익 때문에 가장 우수한 시민의 생명을 희생시키는 일도 적지 않다. 사회가 무능력자로 차고 넘치는 것을 막고자 이미 사회에 부담이 되는 사람들에게 그보다 작은 희생을 요구하는 것이 금지된다고 할 수는 없다. 사회에 적응할 능력이 없는 사람들의 출산을 금지하는 것이 사회에 이익이 된다. 법률로 예방접종을 하도록 강제할 수 있는 것과 같은 원리로 나팔관 절제도 강제할 수 있다고 해야 한다."

이 사건은 사회적 파장이 매우 컸다. 당시 미국의 주들 가운데는 강제불임시술을 규정하고 있는 주들이 있었지만 그중 대부분의 주들이 이러한 강제불임시술을 실제로는 하고 있지 않았다. 하지만 연방대법원의 이 사건 판결이 나자 많은 주들이 새로운 법률을 제정하거나, 기존의 법률을 개정해서 버지니아 주법과 유사한 법률을 시행하게 되었다. 버지니아주의 강제불임시술법은 1974년에야 폐지되었다.

① 당시 우생학에 따르면 캐리 벅은 유전적 결함을 가진 사람이었다.
② 버지니아주 법은 정신박약이 유전되는 것이라는 당시의 과학 지식을 반영하여 제정된 것이었다.
③ 버지니아주 법에 의하면 캐리 벅에 대한 강제불임시술은 캐리 벅 개인의 이익을 위한 것이다.
④ 홈즈에 따르면 사회가 무능력자로 넘치지 않기 위해서는 사회에 부담이 되는 사람들에게 희생을 요구할 수 있다.
⑤ 버지니아주 법이 합헌으로 판단되기 이전, 불임시술을 강제하는 법을 가지고 있던 다른 주들은 대부분 그 법을 집행하고 있었다.

해설

글의 5문단에 따르면 '당시 미국의 주들 가운데는 강제불임시술을 규정하고 있는 주들이 있었지만 그중 대부분의 주들이 이러한 강제불임시술을 실제로는 하고 있지 않았다'고 하였으므로 옳지 않다.

(오답풀이)

① [1, 2문단] 캐리 벅은 정신박약자이고, 우생학에서는 정신박약자를 유전적 결함을 가진 사람으로 간주하였으므로 옳은 설명이다.

②, ③ [1문단] '이 법은 당시 과학계에서 받아들여지던 우생학의 연구 결과들을 반영한 것인데, 유전에 의해 정신적으로 결함이 있는 자들에게 강제불임시술을 함으로써 '당사자'의 건강과 이익을 증진하는 것을 목적으로 하였다'고 언급하고 있다. 이를 통해서 당시 정신적 결함이 유전에 의한 것이라는 과학적 관념이 있음을 추론할 수 있으며, 이러한 사람들에게 강제불임시술을 하는 것이 당사자에게도 이익이 된다고 판단했음을 확인할 수 있다.

④ [4문단] 홈즈의 판결문에 따르면 사회적 이익을 위해서 구성원들에게 일부의 희생을 부담시키는 것은 충분히 정당화될 수 있는 행위이다.

정답 ⑤

나우쌤이 알려주는 퀵 POINT

선택지 ③번이 정답이 아니라는 사실이 의외라고 생각하고 있는 분들도 있을 것입니다. 해설을 보면 이해가 되긴 하지만, 어떤 점 때문에 이 문제가 틀린 것인지를 확인하고 싶은 분들도 있을 것입니다. 그렇다면 왜 ③번이 글의 내용과 부합하는지 쉽게 찾지 못했던 걸까요?

그것은 바로 앞에서 우리가 한 번 살펴봤었던 '경향/이미지'와 관련이 있습니다. 홈즈 대법관의 판결 내용을 보면, 사회 전체의 공익적 목적으로 강제불임시술을 정당화하고 있는 것으로 보입니다. 이렇게 보면 강제불임시술은 공익의 목적을 위해 개인의 희생을 강요하는 것이라는 주관적 판단까지 개입하게 될 수 있는 것입니다.

하지만 선택지를 분석적으로 보면 판단의 대상이 되는 것이 홈즈 대법관의 판결문이 아니라 '버지니아주 법'입니다. 그렇다면 버지니아주에서 강제불임시술을 법적으로 도입하게 된 이유를 찾아야 하고, 그 근거는 1문단에 있음을 알 수 있습니다. 이제 해설에서 설명한 근거를 살펴보면 ③번의 설명이 글과 부합함을 판단할 수 있게 됩니다.

즉 경향이나 이미지만으로 문제 푸는 것을 지양하고, 선택지를 분석적으로 보아야 한다는 기본적인 원칙을 지킴으로써 이와 같은 실수를 범하지 않고 정답을 찾아갈 수 있어야 합니다.

07

다음 글에서 알 수 있는 것은?

고려 현종 1년 11월 16일 거란의 왕 성종은 직접 40만 대군을 이끌고 압록강을 건너 고려에 쳐들어왔다. 이때 행영도통사 강조가 지휘하는 고려의 주력군은 통주성 근처에 주둔하고 있었는데, 거란군이 다가오자 통주성 남쪽으로 나와 세 부대로 나누어 진을 쳤다. 강조는 칼과 창으로 무장한 수레인 검거를 진에 배치해 두었다가 거란군이 쳐들어오면 검거로 포위하고, 또 세 부대가 유기적으로 협조하여 여러 차례 승리를 거두었다. 하지만 거란군을 얕보게 된 강조는 여유를 부리다 결국 거란군의 포로가 되었다. 성종은 포로로 잡혀온 강조의 결박을 풀어주며 자신의 신하가 되라고 요구하였다. 강조는 "나는 고려인이다. 어찌 너의 신하가 되겠는가?"라고 답하였고, 거란왕이 재차 묻자 똑같이 대답하였다. 거란왕은 살을 찢는 가혹한 고문을 가해 강조를 죽였다.

강조의 죽음으로 고려의 주력군이 패전하자 거란군의 남침 속도는 빨라졌고, 현종은 수도인 개경을 떠나 남쪽으로 피난길에 오를 수밖에 없었다. 양주에 다다랐을 무렵 하공진은 고영기와 함께 거란군과 평화 협상을 하기 위한 사신으로 파견되었다. 거란군의 선봉이 창화현에 이르자 하공진은 거란군을 찾아가 철수를 요구하였다.

이듬해 정월에 개경이 함락되었다. 거란군은 개경에서 약탈, 살인, 방화 등 온갖 만행을 저질렀고, 웅장하고 아름다운 궁궐과 대묘, 관공서는 물론 일반 민가까지 모두 불살라 폐허로 만들었다. 이를 목격한 하공진은 거란왕을 만나 거란군의 철수를 거듭 요청하였다. 성종은 그 요청을 받아들여 철수하였으나, 고려의 사신들을 볼모로 잡아갔다.

거란으로 끌려간 하공진은 고려로 탈출하기 위해 몰래 시장에서 말을 사서 고려로 가는 길에 차례로 배치해 두었다. 하지만 이 계획은 발각되었고 거란왕은 하공진을 붙잡아 심문하였다. 하공진은 "나는 고려에 대해서 두 마음을 가질 수 없다. 살아서 거란을 섬기는 것을 원하지 않는다."라고 하였다. 거란왕은 하공진의 충성에 감동하여 이제까지의 잘못을 용서할 테니 자신에게 충성하라고 요구하였다. 회유가 계속될수록 하공진은 단호한 태도를 취하였고, 거란왕을 모욕하는 말까지 서슴지 않았다. 결국 화가 난 거란왕은 하공진을 처형하였다. 그가 최후를 마친 날은 현종 2년 12월이었다.

① 거란군에 사신으로 파견된 하공진은 창화현에서 거란왕을 만나 거란군의 철수를 요청하였다.
② 압록강을 건너 고려를 침공한 지 석 달이 되지 않아 거란군은 고려 수도를 함락시켰다.
③ 볼모로 거란에 끌려간 하공진과 고영기는 탈출하기 위해 서로 협력하였다.
④ 통주성 근처에서 거란군에게 패전한 고려의 주력군은 남쪽으로 후퇴하였다.
⑤ 거란왕을 모욕하는 말을 한 하공진은 가혹한 고문을 당한 후 처형되었다.

해설

글의 1문단 내용인 '고려 현종 1년 11월 16일 거란의 왕 성종은 직접 40만 대군을 이끌고 압록강을 건너 고려에 쳐들어왔다.' 부분과 3문단의 '이듬해 정월에 개경이 함락되었다.' 내용에서 알 수 있다. 또한 개경은 고려의 수도라고 글에서 설명하였으므로 추론이 가능하다.

(오답풀이)

① [2문단] '거란군의 선봉이 창화현에 이르자 하공진은 거란군을 찾아가 철수를 요구하였다.'라고 언급되었으므로, 하공진이 창화현에서 거란왕을 만났는지 여부는 이 부분을 통해서는 확인할 수 없다. [3문단] 하공진이 거란왕을 만나 철수를 요구한 내용은 거란군이 개경을 함락시킨 이후의 사건이다.

③ [2문단] 하공진과 고영기가 평화 협상을 위해 파견된 사신이라는 점을 확인할 수 있다. [4문단] 하공진이 볼모로 거란에 끌려갔다는 사실과 하공진이 탈출을 기도했다는 사실도 확인할 수 있으나, 이 과정에서 고영기와 협력하였는지 여부는 글을 통해서 확인할 수 없다.

④ [2문단] '강조의 죽음으로 고려의 주력군이 패전하자 거란군의 남침 속도는 빨라졌고, 현종은 수도인 개경을 떠나 남쪽으로 피난길에 오를 수밖에 없었다.'의 내용을 통해 고려의 주력군이 패전한 사실은 확인할 수 있으나, 이후 고려의 주력군이 와해되었는지 혹은 남쪽으로 후퇴하였는지 여부는 글을 통해서 확인할 수 없다.

⑤ [1문단] 고문 후 처형당한 사람은 강조이며, [4문단] 하공진이 처형 과정에서 고문을 당하였는지 여부는 확인할 수 없다.

정답 ②

08

다음 글에서 추론할 수 있는 것은?

1883년 조선 정부는 만성적인 재정난을 타개하기 위해 엽전 5문에 해당하는 당오전(當五錢)을 발행했다. 그러나 당오전의 발행은 현물 가격을 폭등시켰고 당오전의 실질가치는 명목가치에 미치지 못했다. 그럼에도 정부는 이러한 당오전의 발행량을 크게 증가시킴으로써 통화 팽창을 야기했다. 세납을 통해 회수된 당오전이 인플레이션으로 통화 가치가 하락했기 때문에 정부의 재정 수입은 그만큼 감소되었다. 그러자 정부는 1889년 당오전을 엽전 1문과 같은 가치로 통용시켰지만 당오전의 가치가 너무 낮아 통용상의 불편함이 커졌다. 이 때문에 정부는 1894년 신식화폐발행 장정을 도입하여 과세의 금납화(金納化)와 은본위제를 표방하는 화폐 개혁을 단행하였다. 오냥 은화를 법정화폐로 지정하고, 백동화, 적동화, 황동화를 그 보조화로 발행했다.

그러나 은화의 발행량 부족으로 정부는 1899년 엽전 25문에 해당하는 백동화를 경인지방에서 주요 유통 화폐로 사용했고, 재정난을 해결하기 위해 주조 단가가 낮은 백동화를 남발하였다. 이로 인해 다시 인플레이션이 발생했고, 더욱이 국제 동화 시세가 폭등하자 구리로 만든 엽전의 지금가치*가 높아지는 반면 니켈 합금으로 만든 백동화의 실질 가치는 폭락했다.

한편 일본 정부가 이미 1897년 대한제국에 제일은행을 설립하여 독자적 은행권을 발행하자 일본 제일은행권이 한국 화폐보다 더 신용을 얻게 되었다. 이는 한국의 금융 질서가 일본에 종속되는 결과를 초래했다. 설상가상으로 1902년 국제 은 가격은 폭락했고 법정화폐인 오냥 은화의 가치도 떨어지자 백동화의 가치가 지금가치에 가깝게 폭락했다. 화폐 가치의 하락은 인플레이션을 확대시켰고 화폐 보유자의 자산 손실로 이어졌다. 그런데도 한국 정부는 경인 지방 외부에서도 인건비와 조달비에 백동화를 사용함으로써 백동화의 유통지역을 점차 확대시키는 결과를 낳았다. 납세자들은 의도적으로 낮은 시세의 백동화로 세금을 납부하려 했으며, 심지어 백동화 유통지역이 아닌 지역의 납세자까지도 백동화로 세금을 납부하려 했다. 그러자 정부는 백동화 유통지역에서만 백동화로 세금을 납부하게 하고 엽전 유통지역에서는 엽전으로 세금을 납부하게 했다.

* 지금가치(地金價値): 주조비용에 해당하는 가치

① 새로운 화폐의 유통 확대를 위해 일관된 통화증대 정책을 추진했다.
② 국제 금은시세의 변동에 대처하기 위해 신식화폐발행 장정을 시행했다.
③ 통화 유통 구역의 분할은 시장권의 분할을 초래하고 상업 발전을 저해했다.
④ 엽전으로 세금을 납부하도록 하는 조처는 정부의 재정손실을 막기 위한 것이다.
⑤ 인플레이션에서 오는 재정손실을 줄이기 위해 세납 화폐를 통일시키고자 했다.

해설

글의 중심 내용을 살펴보면, 정부는 재정의 손실을 완화하기 위해서 화폐의 종류를 바꾸거나 세납 화폐에 제한을 두는 방법으로 통화 정책을 지속적으로 바꾸어 갔음을 확인할 수 있다.

(오답풀이)

① 일관적인 새로운 화폐의 유통 확대 정책을 실시한 사실은 글에 언급되어 있지 않다. 새로운 화폐라도 그 가치가 떨어지게 되면, 또 다른 새로운 화폐를 발행하거나 유통을 제한하는 정책을 취했음을 알 수 있다.

② 국제 금은시세 변동과 신식화폐발행 장정은 글에서 내용상 연관성을 찾아볼 수 없다.

③ 통화정책이 시장이나 상업에 미친 영향에 대한 설명은 글에 언급되어 있지 않다.

⑤ [3문단] 재정손실을 줄이기 위해서 지역마다 별도의 세납 화폐를 규정하였으므로 세납 화폐의 통일을 추구하였다는 설명은 적절하지 않다.

정답 ④

나우쌤이 알려주는 킥 POINT

의사소통능력 문제를 푸는 과정에 있어 가장 중요한 것 중 하나가 바로 출제의도를 간파하는 것입니다. 일방적으로 문제에 끌려가지 않고 출제의도만 파악해도 문제의 50%는 풀어낸 것이라 볼 수 있습니다. 이를 바탕으로 해당 문제의 선택지를 살펴보면 선택지의 구조가 '…을 위해 …하였다'라는 구조를 이루고 있다는 것을 알 수 있습니다. 이는 곧 출제자가 이 글의 중심 내용을 여러분이 간파하고 있는지에 대해 묻고 있다는 점을 알 수 있습니다. 단순히 기출문제의 정답만을 찾지 마시고 문제를 보고 출제의도를 파악할 수 있는지 이 부분에 풀이의 초점을 두고 문제에 접근하길 바랍니다.

09

다음 글에서 알 수 있는 것은?

조선의 군역제는 양인 모두가 군역을 담당하는 양인개병제였다. 그러나 양인 중 양반이 관료 혹은 예비 관료라는 이유로 군역에서 빠져나가고 상민 또한 군역 부담을 회피하는 풍조가 일었다.

군역 문제가 심각해지자 이에 대한 여러 대책이 제기되었다. 크게 보면 균등한 군역 부과를 실현하려는 대변통(大變通)과 상민의 군역 부담을 줄임으로써 폐단을 완화하려는 소변통(小變通)으로 나눌 수 있다. 전자의 예로는 호포론(戶布論)·구포론(口布論)·결포론(結布論)이 있고, 후자로는 감필론(減疋論)과 감필결포론이 있다. 호포론은 신분에 관계없이 식구 수에 따라 가호를 몇 등급으로 나누고 그 등급에 따라 군포를 부과하자는 주장이었다. 이는 신분에 관계없이 부과한다는 점에서 파격적인 것이었으나, 가호의 등급을 적용한다 하더라도 가호마다 부담이 균등할 수 없다는 문제가 있었다. 구포론은 귀천을 막론하고 16세 이상의 모든 남녀에게 군포를 거두자는 주장이었다. 결포론은 토지를 소유한 자에게만 토지 소유 면적에 따라 차등 있게 군포를 거두자는 것이었다. 결포론은 경제 능력에 따라 군포를 징수하여 조세 징수의 합리성을 기할 수 있음은 물론 공평한 조세 부담의 이상에 가장 가까운 방안이었다.

그러나 대변통의 실시는 양반의 특권을 폐지하는 것이었으므로 양반층이 강력히 저항하였다. 이에 상민이 내는 군포를 줄여주어 그들의 고통을 완화시켜 주자는 감필론이 대안으로 떠올랐다. 그런데 감필론의 경우 국가의 군포 수입이 줄어들게 되어 막대한 재정 결손이 수반되므로, 이에 대한 대책이 마련되어야 하였다. 이에 상민이 부담해야 하는 군포를 2필에서 1필로 감축하고 그 재정 결손에 대해서만 양반에게서 군포를 거두자는 감필결포론이 제기되었다. 양반들도 이에 대해 일정 정도 긍정적이었으므로, 1751년 감필결포론을 제도화하여 균역법을 시행하였다. 그러나 균역법은 양반층을 군역 대상자로 온전하게 포괄한 것이 아니었다. 양반이 지게 된 부담은 상민과 동등한 군역 대상자로서가 아니라 민생의 개선에 책임을 져야 할 지배층으로서 재정 결손을 보충하기 위한 양보에 불과한 것이었다. 결국 균역법은 불균등한 군역 부담에서 야기된 폐단을 근본적으로 해결하는 개혁이 될 수 없었다.

① 구포론보다 결포론을 시행하는 것이 양인의 군포 부담이 더 컸다.
② 양반들은 호포론이나 구포론에 비해 감필결포론에 우호적인 입장을 보였다.
③ 균역법은 균등 과세의 원칙 아래 군포에 대한 양반의 면세 특권을 폐지하였다.
④ 결포론은 공평한 조세 부담의 이상에, 호포론은 균등한 군역 부과의 이상에 가장 충실한 개혁안이었다.
⑤ 구포론은 16세 이상의 양인 남녀를 군포 부과 대상으로 규정한 반면, 호포론은 모든 연령의 사람에게서 군포를 거두자고 주장하였다.

해설

호포론과 구포론의 경우에는 대변통에 해당하는 방법으로 글의 3문단에서 설명하였듯이 양반들의 반발을 초래하였다. 하지만 감필결포론은 양반들의 특권을 폐지하는 입장에서 도입된 것이 아니라 재정 결손에 대한 일정 수준의 양반들의 양보를 의미하는 것이었기에 양반들이 보다 우호적인 입장을 취하였다. 이런 배경으로 인해 감필결포론은 균역법으로 제도화될 수 있었다.

(오답풀이)

① 구포론은 특정 연령(16세) 이상인 모든 사람들에게 군포를 거두자는 주장이고, 결포론은 토지 소유 면적에 따라 군포를 차등 징수하는 방안이다. 그런데 양인에는 양반들과 일반 상민들이 동시에 포함되어 있으므로, 결포론으로의 변경이 반드시 양인 전체의 군포 부담을 증가시켰다고 판단할 수 없다.

③ 균역법은 소변통에 해당하는 감필결포론에 기반한 제도였다. 그런데 글의 3문단에서 설명한 바에 따르면 소변통은 양반의 특권을 폐지한 대변통과는 달리 상민들의 부담 경감과 양반들의 양보 정도의 의미에 불과하다고 하였으므로 옳지 않다.

④ 글의 2문단에서 설명한 바와 같이 호포론은 가호를 기준으로 부과하는 것으로 가호 간의 부담이 상이할 수 있다는 면에서 완전한 군역의 균등한 부과라고 판단하기 어렵다.

⑤ 호포론의 경우 가호를 등급을 나누고 이에 따라 부과한다는 면에서 모든 사람을 기준으로 군포를 부과하는 제도로 보기 어렵다.

정답 ②

10

다음 글에서 알 수 있는 것은?

'수치심'과 '죄책감'의 유발 원인과 상황들을 살펴보면, 두 감정은 그것들을 발생시키는 내용이나 상황에 있어서 그다지 차이가 나지 않는다. 발달심리학자 루이스에 따르면, 이 두 감정은 '자의식적이며 자기 평가적인 2차 감정'이며, 내면화된 규범에 비추어 부정적으로 평가받는 일을 했거나 그러한 상황에 처한 것을 공통의 조건으로 삼는다. 두 감정이 다른 종류의 감정들과 경계를 이루며 함께 묶일 수 있는 이유이다.

그러나 이 두 가지 감정은 어떤 측면에서는 확연히 구분된다. 먼저, 두 감정의 가장 근본적인 차이는 부정적 자기 평가에 직면한 상황에서 부정의 범위가 어디까지인지, 그리고 이 상황을 어떻게 심리적으로 처리하는지 등에서 극명하게 드러난다. 수치심은 부정적인 자신을 향해, 죄책감은 자신이 한 부정적인 행위를 향해 심리적 공격의 방향을 맞춘다. 그러다 보니 자아의 입장에서 볼 때 수치심은 자아에 대한 전반적인 공격이 되어 충격도 크고 거기에서 벗어나기도 어렵다. 이에 반해 죄책감은 자신이 한 그 행위에 초점이 맞춰져 자아에 대한 전반적인 문제가 아닌 행위와 관련된 자아의 부분적인 문제가 되므로 타격도 제한적이고 해결 방안을 찾는 것도 상대적으로 용이하다.

위와 같은 두 감정의 서로 다른 자기 평가 방식은 자아의 사후(事後) 감정 상태 및 행동 방식에도 상당히 다른 양상을 낳게 한다. 죄책감은 부정적 평가의 원인이 된 특정한 잘못이나 실수 등을 숨기지 않고 교정, 보상, 원상 복구하는 데에 집중하며, 다른 사람에게 자신의 잘못을 상담하기도 하는 등 적극적인 방식을 통해 부정된 자아를 수정하고 재구성한다. 반면 자신의 정체성과 존재 가치가 부정적으로 노출되어서 감당하기 어려울 정도의 심적 부담을 느끼는 수치심의 주체는 강한 심리적 불안 상태에 놓이게 된다. 그러므로 자신에 대한 부정적 평가를 만회하기보다 은폐나 회피를 목적으로 하는 심리적 방어기제를 동원하여 자신에 대한 스스로의 부정이 더 이상 진행되는 것을 차단하기도 한다.

① 수치심을 느끼는 사람과 죄책감을 느끼는 사람 중 잘못을 감추려는 사람은 드러내는 사람보다 자기 평가에서 부정하는 범위가 넓다.

② 자아가 직면한 부정적 상황에서 자의식적이고 자기 평가적인 감정들이 작동시키는 심리적 방어기제는 동일하다.

③ 부정적 상황을 평가하는 자아는 심리적 불안 상태에서 벗어나기 위해 행위자와 행위를 분리한다.

④ 수치심은 부정적 상황에서 심리적 충격을 크게 받는 성향의 사람이 느끼기 쉬운 감정이다.

⑤ 죄책감은 수치심과 달리 외부의 규범에 반하는 부정적인 일을 했을 때도 발생한다.

해설

먼저 자신의 잘못을 감추려는 사람은 수치심을 느끼는 사람에 해당한다. 그런데 수치심을 느끼는 사람은 자신의 전반적인 부분에 대해서 부정적인 평가를 하는 반면, 죄책감을 느끼는 사람은 행위와 관련된 문제에만 국한해서 부정적인 평가를 하므로 옳은 설명이다.

(오답풀이)

② 수치심과 죄책감은 모두 자의식적이며 자기 평가적인 감정이다. 하지만 [3문단] 이 두 가지 감정이 작동시키는 심리적 방어기제가 같지 않으므로 옳지 않다.

③ 행위자와 행위를 분리하고 행위만에 대해서 문제를 인식하고 평가하는 것은 죄책감이다. 하지만 수치심과 같이 부정적인 평가가 행위를 한 행위자 전체를 향하는 경우도 있으므로 옳지 않다.

④ 글에서는 죄책감과 수치심이 어떠한 특징을 가지며, 또한 어떠한 영향을 미치는지에 대해서 분석하고 있을 뿐이다. 예를 들어 수치심은 강한 심리적 충격을 유발하는 점은 확인할 수 있지만, 심리적 충격을 크게 받는 사람이 수치심을 느끼기 쉽다는 점은 추론할 수 없다.

⑤ [1문단] 수치심과 죄책감이 내면화된 규범에 비추어보아 부정적으로 평가받는 일을 했을 경우에 발생한다는 것은 확인할 수 있지만, 외부의 규범과 관련하여 판단할 수 있는 내용은 글에 언급되어 있지 않다.

정답 ①

NCS 응용 연습문제

01

다음 글에 대한 이해로 적절하지 않은 것은?

정조의 인사정책으로서 탕평책은 각 붕당의 명분과 개인의 명예를 회복하고 존중해 줄 때 비로소 사대부들의 국정 참여가 활성화할 수 있다고 보고, 당쟁과 환국 정치의 와중에서 난역의 죄목을 뒤집어쓰고 폐색되어 있는 주요 색목의 영수들 및 그 후손들을 국정에 참여시키려 했다. 정조의 인사탕평 정책은 구체적으로 한의학의 용어인 '이열치열(以熱治熱)'과 '군신좌사(君臣佐使)' 등으로 지칭되었다. 전자가 숙종조의 '환국 방식'의 탕평책과 대비되는 것이었는데 이에 해당하는 '이열치열'의 처방을 살펴보면 다음과 같다.

정조는 자신의 탕평책을 숙종의 환국 방식과 비교하여 설명하면서, 이열치열의 통치 방식이라고 불렀다. 이열치열식의 통치 방식이란 한 당파에서 반역자가 나오면 그를 반대 당파의 반역자와 대비시켜 다스리고, 한 당파에서 충신이 나오면 반드시 반대 당파의 충신과 대비시켜 표창하는 일종의 대국의 통치 방식을 뜻한다. 이에 반대되는 것이 '이수치열(以水治熱)'의 방식인데, 이것은 한 당파의 반역을 다른 당파의 충성과 대비시켜 반역자가 나온 당파 전원을 제거하는 물갈이식 통치 방식으로 숙종이 자주 사용한 '환국(換局)의 정치'가 그 대표적인 예이다.

집권 중반기에 노론이 천주교와 관련된 남인계를 공격하자 이른바 '문체반정'을 통해 노론계 신하들의 학문풍조를 속학(俗學)이라 하여 동시에 견제했던 것이 그 예이다. 뿐만 아니라 정조는 문체반정에서 노론의 정통 주자 성리학과 남인의 원시유학의 장점을 동시에 수용하여 바른 학문(正學)의 내용으로 삼기도 하였다. 또한 왕위에 오른 정조는 즉위한 직후에 정순왕후의 동생 김귀주가 이끄는 공홍파와 혜경궁의 숙부 홍인한이 이끄는 부홍파, 즉 대립하고 있던 두 외척 세력을 대역부도죄와 관련하여 한꺼번에 제거하기도 하였다.

정조는 다른 한편 이열치열의 탕평책과 함께 '군신좌사'의 탕평책을 적극적으로 계승·발전시켰다. 군신좌사의 탕평책이란 보다 정교한 인사정책으로서 국왕의 개혁정책을 지지하는 세력과 반대하는 세력을 맞서게 하되, 두 정치세력을 매개하고 조화시킬 수 있는 제3의 세력을 함께 등장시켜 서로 조화를 이루고 각기 장점을 발휘할 수 있게 하는 방식을 가리킨다. 여기서 중요한 것은 대립하는 두 세력을 중재하는 제3세력의 역할이다. 예컨대 국왕의 탕평책을 거절하는 세력과 지지하는 세력 사이를 오가며 한자리에 모이게 하되, 서로의 장점을 중간에서 이해시키고 타협하게 하는 역할이 그것이다.

① 반역 당파 전원을 제거하는 숙종의 환국 정치는 이열치열 방식의 통치 방식이 아니다.

② 군신좌사의 탕평책이 성립하려면 중재를 할 수 있는 세력까지 총 3개의 세력이 존재해야 한다.

③ 정조는 붕당의 명분을 인정해주는 방식으로 사대부의 정치 참여를 독려하려 하였다.

④ 공홍파와 부홍파 전원을 제거한 것은 이수치열 방식의 통치 방식이다.

⑤ 문체반정을 통해 특정 붕당이 지나치게 득세하는 것을 견제한 것은 정조의 이열치열 방식의 탕평책에 해당한다.

해설

글의 2문단에 따르면 이열치열식의 통치 방식이란 한 당파에서 반역자가 나오면 그를 반대 당파의 반역자와 대비시켜 다스리고, 한 당파에서 충신이 나오면 반드시 반대 당파의 충신과 대비시켜 표창하는 일종의 대국의 통치 방식을 뜻한다. 따라서 공홍파, 부홍파를 모두 제거한 것은 양쪽 당파의 균형을 맞추기 위한 것으로 이열치열 방식으로 볼 수 있다.

(오답풀이)

① [2문단] 반역자가 나온 당파 전원을 제거하는 방식의 환국 정치는 이열치열이 아닌 이수치열 방식의 통치 전략이다.
② [4문단]의 내용을 통해 알 수 있다.
③ [1문단] '정조의 인사정책으로서 탕평책은 각 붕당의 명분과 개인의 명예를 회복하고 존중해 줄 때 비로소 사대부들의 국정 참여가 활성화할 수 있다고 보고, 당쟁과 환국 정치의 와중에서 난역의 죄목을 뒤집어쓰고 폐색되어 있는 주요 색목의 영수들 및 그 후손들을 국정에 참여시키려 했다.'의 내용을 통해 알 수 있다.
⑤ 정조는 공격받는 한 당파를 완전히 제거하는 환국 방식이 아니라 다른 당파도 함께 공격받을 수 있는 명분을 만들어주는 방식으로 상호 균형을 유지하려고 하였다.

정답 ④

02

다음 글의 내용과 일치하는 것은?

고대 이집트인들은 건축물과 조형물을 인간이 감당할 수 없을 정도로 거대하게 만들었다. 먼 곳에서 피라미드를 보면 거대한 산 하나가 있는 듯하다. 그 산이 사람들이 쌓아 올린 돌 더미라는 사실에 충격과 경외감을 느낀다. 또 23m가 넘는 아부심벨의 람세스 2세 조각상 앞에서 인간은 왜소함을 느끼고 초라해질 뿐이다. 신이 한없이 위대한 존재임을 강조하기 위해 고대 이집트인들은 이런 거대한 조형물을 만들었다. 이런 사회에서는 인간의 가치를 인정받을 수 없었다. 따라서 인권이나 자유, 평등과 같은 사상은 생겨날 수 없었다.

피라미드를 만드는 방법 역시 비인간적이다. 정확한 측량에 따라 일정한 크기의 돌을 기계적으로 쌓아 나가는 작업에서 인간의 창의력이나 의지가 끼어들 틈이 없다. 또 피라미드에 쓰인 돌 하나하나는 아무런 특성이 없고 크기도 인간이 감당하기에는 벅차다. 파르테논 신전 역시 치밀한 측량과 정밀한 수학적 계산을 바탕으로 만들어진 창의적 건물이다. 그런데 파르테논 신전에 쓰인 돌은 하나도 같은 것이 없다. 각 기둥의 두께가 위치에 따라 다르기 때문에 기둥마다 각기 다른 크기의 돌이 사용되었다. 또 건물 자체가 안쪽을 향해 약간 기울어져 있어 모든 돌은 자신의 위치에 맞도록 각기 다르게 다듬어져 있다. 따라서 각기 모양과 크기가 달라 한 곳의 돌을 다른 곳에 쓸 수 없다. 파르테논에 쓰인 돌들은 바닥에 쓰였건 천장에 쓰였건 돌 하나하나가 자신만의 고유한 가치를 지니고 있다. 개성을 지닌 돌들인 셈이다.

크기에 있어서 그리스의 건축물과 조각상은 인간적 규모에 맞춰져 있다. 파르테논을 비롯한 그리스 신전들은 결코 인간에게 위압감을 주지 않는 아담한 크기이다. 그리스인들이 만든 조각도 대부분은 실제 인간 몸 크기와 같은 등신대 조각들이다. 그리스 신전을 떠받치고 있는 기둥 역시 인체의 비율을 따르고 있다. 즉 도리아식 기둥의 밑변과 높이는 1:6의 비율을, 이오니아식은 1:8의 비율을 갖는데, 이는 각각 남자와 여자의 발과 키의 비율을 그대로 따른 것이다. 또 파르테논 신전 역시 그 기둥에 처음으로 적용된 배흘림은 인간의 팔뚝을 모방한 것이다. 이와 같이 그리스 문명의 모든 척도는 인간이다.

① 이집트인들은 위대한 인간의 왕을 칭송하기 위해서 조형물을 남겼다.
② 이집트인들은 각각 개성이 있는 돌들을 각각의 위치에 맞도록 구성하여 건축물을 완성하였다.
③ 그리스인들은 치밀한 측량과 수학적 계산을 바탕으로 건축을 하였다.
④ 그리스 신전의 기둥들은 인간의 실제 크기 그대로를 반영하여 위압감을 주지 않는다.
⑤ 이집트의 람세스 2세의 조각상도 인간의 비례를 적용하여 제작되었다.

해설

글의 전체적인 경향이나 기억, 이미지만으로 문제를 풀게 되면 엉뚱한 답을 고를 수 있다. 전체적인 느낌으로는 이집트의 건축은 비인간적이고, 그리스의 건축은 철저히 인간적이라는 것일 것이다. 하지만 글의 2문단에 따르면 그리스의 건축물인 파르테논 신전도 치밀한 측량과 계산을 바탕으로 건축되었다고 언급하고 있다. 또한 3문단에서 언급했듯이 신체적 비율을 그대로 적용하기 위해서는 그리스의 건축물에 있어 이러한 계산이 전제되지 않고는 이러한 점을 건축에 반영하기 불가능했을 것이라는 점을 추론할 수 있다.

(오답풀이)

① [1문단] 이집트인들은 신의 위대함을 칭송하기 위해서 조형물을 만들었다.
② [2문단] 이집트인들에 대한 설명이 아니라 그리스인들의 건축물에 대한 설명이다.
④ [3문단] 인간의 크기를 그대로 반영한 것이 아니라 인간의 신체적 비율을 인용한 것이다.
⑤ 글에서 확인할 수 없는 내용이다.

정답 ③

나우쌤이 알려주는 킥 POINT

해당 문제를 통해 여러분에게 알려드리고 싶은 것은 문제를 풀 때 글 전체의 이미지나 경향을 가지고 정답을 고르면 안 된다는 점입니다. 이 글을 처음 읽어보면 이집트는 철저하게 계산에 바탕을 둔 비인간적인 건축물을 남긴 반면, 그리스는 이집트와는 대비되는 인간적인 건축물을 남겼다고 생각하기 쉽습니다. 이렇게 정리된 상태에서 선택지 ③번을 보면, 글의 내용과 일치하지 않는 설명으로 쉽게 생각할 수 있습니다. 그러면 글의 2문단에서 언급된 내용인 '파르테논 신전 역시 치밀한 측량과 정밀한 수학적 계산을 바탕으로 만들어진 창의적 건물이다.'를 다시 살펴보도록 하겠습니다.

파르테논 신전이 그리스의 건축물이라는 사실은 이어지는 문단의 내용을 통해서 확인할 수 있습니다. 즉, 글 전체의 내용을 통해서 쉽게 생각할 수 있는 내용과는 다르게 그리스의 건축물도 정밀한 계산을 바탕으로 건축되었다는 사실을 알 수 있습니다. 이러한 점은 마지막 문단에서 설명하고 있듯이 인간 신체의 비율을 정확하게 반영한 기둥의 비례에서도 확인할 수 있습니다.

이를 통해서 우리는 일치추론형의 문제의 경우 글 전체에서 받은 느낌이나 이미지로 풀어서는 안 되며, 기본적으로 글과 선택지의 비교·확인을 통해서 풀어야 한다는 점을 다시 한 번 확인할 수 있습니다.

03

다음 글로부터 추론할 수 있는 것은?

지구 온난화는 통상 근 100여 년간 일어난 급격한 지구의 평균 온도 상승 현상을 지칭한다. 지구 온난화에 관한 주요 논쟁 중 하나는 지구 온난화라는 현상이 존재하는지 여부에 관한 것이 아니라 그 원인에 관한 것이었다. 지구 온난화가 인간 활동에 의한 것이 아니라고 보는 입장은 주로 태양의 활동, 그리고 태양과 지구 사이의 관계에 주목하였다.

태양 활동의 변동이 지구 온난화의 원인이라고 보는 가설을 살펴보자. 사실 태양에서 지구로 전달되는 에너지야말로 지구의 기온을 결정하는 가장 직접적인 요소이기 때문에 이 가설은 상당히 그럴듯한 설명이다. 태양에서 뿜어져 나오는 에너지의 양은 대개 일정하긴 하지만 변동이 있을 수 있다. 그리고 자연스럽게 지구에 도달하는 에너지의 차이는 지구의 온도를 변화시킬 것이다. 다행히 태양에너지의 변동은 지구에서 측정하기 어렵지 않다. 1978년 이래로 NASA의 위성들은 태양으로부터 나오는 총 태양방사 조도(TSI)를 기록하고 있다. 이러한 측정 결과에 따르면, TSI는 평균 1,361kW/m^2를 중심으로, 약 8~13년 정도를 주기로 변동하고 있는데 관측 이래 최대를 기록한 2002년 이후로 2016년 현재까지 TSI의 수준은 회복되지 않고 있다. 그러나 2002년 이후 2016년 현재까지도 지구의 평균 온도는 꾸준히 올라가고 있으며, 2015년의 지구 평균 온도는 근 수백 년 이래 최고를 기록하였다.

태양과 지구 사이의 관계에 주목하는 다른 가설은 밀란코비치 사이클에 주목한다. 밀란코비치 사이클 이론에 따르면 지구 공전 궤도가 완전한 원에 더 가까운지, 아니면 다소 타원에 가까운지에 따라 계절마다 받는 태양에너지의 양이 차이가 나게 되는데, 타원 궤도가 커져서 지구가 태양에서 보다 멀어지는 경우에는 기온이 떨어지게 된다. 여기에 지구 자전축도 22.1°에서 24.5°로 변하는데 이것도 태양에너지를 받는 각도를 변화시켜 지구의 온도에 영향을 줄 수 있다. 지구 자전축 자체도 한 바퀴 원 운동을 하는데, 이 역시 태양으로부터 받는 에너지에 영향을 줄 수 있다. 그러나 밀란코비치 사이클의 설명항인 지구 공전 궤도의 이심률은 평균 10만 년을 주기로 변동한다. 또한 지구 자전축 각도의 변화 주기는 약 4만 년이며, 자전축 자체의 운동 주기는 약 2.6만 년이다.

① 태양 활동의 변동이 지구의 기후에 영향을 준다고 보기 어렵다.
② 태양을 중심으로 한 지구의 공전 궤도는 원으로 보아야 한다.
③ 지구의 자전축 자체의 운동 주기가 지구의 공전 궤도에 영향을 준다.
④ 2002년 이후 2016년까지 지구 평균 온도가 상승한 것은 밀란코비치 사이클 이론에 따라 설명이 가능하다.
⑤ 지구의 자전축 각도의 변화가 온난화의 원인이라고 보기는 어렵다.

해설

글의 1, 3문단에 따르면 지구의 온난화는 100여 년간 급격하게 진행되어 왔다. 필자는 태양의 활동 그리고 태양과 지구 사이의 관계의 주목하여 여러 가지 가설을 검토하고 있다. 그중에서 지구의 자전축의 운동 주기나 자전축 각도의 변화주기는 모두 수만 년에 걸쳐서 변한다는 사실을 지적하고 있다. 즉 그러한 요소가 지구의 기후에 영향을 주긴 하겠지만 100년이라는 짧은 기간에 지구의 평균 온도를 상승시키는 원인으로 보기 힘들다는 결론을 도출할 수 있다.

(오답풀이)

① [2문단] 태양의 활동이 지구의 기후에 영향을 준다고 보기 어렵다는 결론을 도출할 수는 없다. 필자가 본 문단에서 검토하고 있는 것은 태양의 활동이 오늘날 급격한 온난화의 원인인가이다. 결과는 태양의 활동과 온난화의 변화가 서로 연관되어 보이지 않는다는 것이다. 따라서 이 문단의 결론은 태양의 활동이 온난화의 원인으로 볼 수는 없다고 해야 한다.

② [3문단] 타원 궤도의 특징상 태양과 가까워지고 멀어짐에 따라 지구의 기온에 영향을 줄 수 있음을 언급하고 있다. 따라서 지구의 공전 궤도를 원으로 간주해야 한다는 제안은 옳지 않다.

③ [3문단] 자전축 각도의 변화나 자전축 자체의 운동 주기는 글에서 별도로 설명한 내용으로 그 연관성은 확인할 수 없다.

④ [3문단] 밀란코비치 사이클과 관련한 주기는 약 10만 년을 주기로 하는 공전 궤도의 이심률이 될 것이다. 이 또한 단기간의 기온 상승을 설명하기에는 주기가 지나치게 길다. 따라서 추론한 내용으로 적절하지 않다.

정답 ⑤

나우쌤이 알려주는 킥 POINT

만약 글의 내용이 이해가 잘 안 되었다면 좀 더 정리해보도록 합시다. 먼저 글의 화제는 무엇인가요? 지구가 온난해지는 원인은 무엇인가였습니다. 이에 대해 인간 외적인 요소가 중요한 원인이라고 주장하고 있는 사람들이 있습니다. 필자는 이러한 가설에 대해서 하나씩 검토해보고 있습니다.

필자는 2문단의 설명을 통해 독자에게 무엇을 전달하고 있나요? 태양의 활동과 최근에 급격하게 진행된 지구 온난화의 관련성을 부정하고 있습니다. 만약 태양의 활동이 지구 온난화의 가장 주요한 원인이었다면, 항상 일치되는 방향으로 변화가 나타나야 했지만 사실은 그렇지 않았습니다.

3문단에서는 태양의 활동은 아니지만, 태양과의 거리나 그 외적인 요소가 지구 온난화의 원인일 가능성을 검토하고 있습니다. 살펴본 결과, 지구의 자전축 변화나 공전 궤도 변화의 주기는 (최근 수백 년 사이에 벌어지고 있는 지구 온난화를 설명하기에는) 너무 깁니다. 즉, 지구의 자전축이나 공전 궤도는 지구 온난화의 직접적 원인일 수 없다는 결론을 내릴 수밖에 없게 됩니다.

04

다음 글에서 추론한 내용으로 적절한 것은?

예부터 제왕이 나라를 올바르게 다스림에 있어 혼자서 정치하지는 않았다. 반드시 보좌하는 신하가 있었다. 보상해주는 사람으로 적합한 사람만 얻으면 국가의 일을 적절하게 다스릴 수 있었다. 이런 것으로 매우 뚜렷이 나타난 것은 요·순·우·탕이 임금이 되었을 때, 각각 고요(皐窯)·이윤(李尹)·직(稷)·익(益)이라는 인물이 있었다. 그런 다음에 올바른 다스림을 이룰 수 있었으니 하물며 근래의 세상에서야 말해 무엇하랴.

후세의 임금은 비록 잘 다스리기를 원하던 사람은 있었지만 항상 보좌해 줄 적당한 사람이 없음을 걱정하였다. 신하된 사람으로도 비록 옛사람과 같은 포부를 지니고는 더러 어진 임금을 만나지 못함을 걱정하고 더러는 그것을 끝까지 쓰이지 못함을 염려하였다. 그러고 보면 정치가 예전과 같지 못하고 다스림이 날이 갈수록 저속해짐은 괴상하게 여길 것도 없으니 어찌 백성들의 불행이 아니겠는가.

우리나라가 비록 궁벽한 곳의 작은 나라이지만 임금과 신하들이 있고, 백성과 사직도 있다. 위정자가 참으로 옳은 정치를 하려고만 한다면 무슨 어려움이 있으랴. 세종대왕이 황희(黃喜)와 허조(許稠)를 임용했던 것을 본다면 알 수 있다. 저 황희와 허조는 유학자가 아니었고, 재능 있는 신하도 아니었다. 오직 묵직하고 강직한 성품으로 임금이 잘못하는 일에까지 그냥 따르기만 하지는 않는 정도의 사람이었다. 세종 당시만 해도 국가의 윤곽이 완성되지 못하여 국사(國事)를 대부분 개혁할 수도 있었는데, 두 신하는 왕도(王道)로써 힘쓰지 않고 다만 너그럽게 안정시키는 것만을 최고로 여겼다. 이래서야 어떻게 임금의 정사를 도와 익(益)이나 직(稷)과 같은 업적을 남길 수 있겠는가. 그러나 나라가 신뢰받고 지금까지 유지되었던 것은 모두 세종의 힘이었으며, 두 신하가 충분히 훌륭한 보좌의 역할을 했었노라고 잘 알려져 있다. 만약 고요와 이윤과 같은 인물이 보좌를 했다면 이 정도에 머물렀겠는가.

① 필자는 보좌진이 없었다면 세종의 힘만으로도 더 좋은 나라를 이룩할 수 있었다는 점에 대해서 동의한다.

② 필자는 황희와 허조가 묵직하고 강직하였으나 임금이 잘못한 일에 동조하였음을 비판하고 있다.

③ 필자에 따르면 훌륭한 보좌진이려면 유학자이어야 한다.

④ 필자는 황희와 허조가 요순임금의 보좌진 수준에는 미치지 못했다고 평한다.

⑤ 필자는 올바른 정치를 폄에 있어 반드시 보좌진의 도움을 받아야 하는 것은 아니라고 생각한다.

해설

글의 3문단에 따르면 '만약 고요와 이윤과 같은 인물이 보좌를 했다면 이 정도에 머물렀겠는가.'라고 하였다. 필자가 보기에 황희와 허조는 나라에 해악을 미친 신하들이라고 볼 수는 없지만 고요와 이윤과 같은 충분히 훌륭한 신하라고도 볼 수 없다고 생각하였다.

(오답풀이)

① [3문단] '그러나 나라가 신뢰받고 지금까지 유지되었던 것은 모두 세종의 힘이었으며, 두 신하가 충분히 훌륭한 보좌의 역할을 했었노라고 잘 알려져 있다.'의 내용은 당시의 평가일 뿐, 필자의 의견이라 보기 어렵다.

② [3문단] '오직 묵직하고 강직한 성품으로 임금이 잘못하는 일에까지 그냥 따르기만 하지는 않는 정도의 사람이었다.'의 내용을 통해 필자는 황희와 허조를 잘못된 일까지 추종하는 무리는 아니었던 정도의 사람들로 평가하고 있음을 알 수 있다.

③ 글을 통해 확인할 수 있는 것은 황희나 허조가 유학자는 아니었다는 정도이다. 반면 직이나 익이라는 신하들이 유학자였는지는 확인할 수 없다.

⑤ [1문단] '예부터 제왕이 나라를 올바르게 다스림에 있어 혼자서 정치하지는 않았다. 반드시 보좌하는 신하가 있었다.'의 내용에서 과거의 사실을 언급하는 것으로도 해석할 수 있으나, 이 글 전체의 중심 내용이자 필자가 주장하고자 하는 바이므로 옳지 않다.

정답 ④

나우쌤이 알려주는 킥 POINT

글의 중심 내용부터 정리해봅시다. 필자는 이 글을 통해서 나라를 다스림에 있어 성패는 단순히 임금에 의해서만 좌우되는 것이 아니며, 훌륭한 보좌관과 함께 할 때 훨씬 더 큰 성과를 낼 수 있다고 주장하고 있습니다. 이런 관점에서 보자면 다음의 문장은 어떤 의미로 해석할 수 있을까요?

'만약 고요와 이윤과 같은 인물이 보좌를 했다면 이 정도에 머물렀겠는가.'

필자는 황희와 허조에 대해서 그저 임금이 잘못하는 일까지는 따르지 않는 신하에 불과했다고 평가했습니다. 그러면서 고요와 이윤의 이야기를 언급하고 있습니다. 글을 살펴보면 고요와 이윤은 중국의 태평성대를 이끌었던 요임금과 순임금을 보좌했던 인물입니다. 필자가 보기에는 세종은 훌륭한 임금이었으나, 능력이 충분히 뛰어난 인재를 만나지 못했던 탓에 그 성과가 더 크게 되지 못했다고 평가하고 있음을 알 수 있습니다.

그렇다고 해서 이 글이 황희와 허조를 비판하기 위해 쓴 글이라고 생각했다면 그것은 글을 오독한 것입니다. 필자는 이 사례를 통해서 훌륭한 신하 혹은 참모의 중요성을 강조하려고 한 것이기 때문입니다.

05

다음 글에서 알 수 있는 것은?

통제되지 않는 자연재해와 지배자의 요구에 시달리면서 겨우 생계를 유지하는 전(前)자본주의 농업사회 농민들에게, 신고전주의 경제학에서 말하는 '이윤의 극대화'를 위한 계산의 여지는 거의 없다. 정상적인 농민이라면 큰 벌이는 되지만 모험적인 것을 시도하기보다는 자신과 자신의 가족들을 파멸시킬 수도 있는 실패를 피하려고 하기 마련이다. 이와 같은 악조건은 농민들에게 삶의 거의 모든 측면에서 안전 추구를 최우선으로 여기는 성향을 체득하도록 한다. 이러한 '안전 제일의 원칙'을 추구하기 위해, 농민들은 경험 축적을 바탕으로 하는 종자의 다양화, 경작지의 분산화, 재배 기술 개선 등 생계 안정성을 담보하는 기술적 장치를 필요로 한다. 또한 마을 내에서 이루어지는 다양한 유형의 호혜성, 피지배층이 지배층에 기대하는 관대함, 그리고 토지의 공동체적 소유 및 공동 노동 등 절박한 농민들에게 최소한의 생존을 보장하는 사회적 장치도 필요로 한다.

이런 측면에서 지주와 소작인 간의 소작제도 역시 흥미롭다. 소작인이 지주에게 납부하는 지대의 종류에는 수확량의 절반씩을 나누어 갖는 분익제와 일정액을 지대로 지불하는 정액제가 있다. 분익제에서는 수확이 없으면 소작료를 요구하지 않지만, 정액제에서는 벼 한 포기 자라지 않았어도 의무 수행을 요구한다. 생존을 위협할 정도의 흉년이 자주 있던 것이 아니라는 점을 감안하면, 정액제는 분익제에 비해 소작인의 이윤을 극대화할 수도 있는 방법이었지만 전자본주의 농업사회에서 보다 일반적인 방식은 분익제였다.

이러한 상황은 필리핀 정부가 벼 생산 분익농들을 정액 소작농으로 전환시키고자 시도한 루손 지역에서도 관찰되었다. 정부는 소작농들에게 분익제하에서 부담하던 평균 지대의 1/4에 해당하는 수치를 정액제 지대로 제시하였다. 새로운 체제에서 소작인은 대략적으로 이전 연평균 수입의 두 배, 새로운 종자를 채택할 경우는 그 이상의 수입을 실현할 수 있으리라는 기대를 가질 수 있었다. 그러나 새로운 체제가 제시하는 기대 수입에서의 상당한 이득에도 불구하고, 많은 농민들은 정액제 자체에 내포되어 있는 생계에 관련된 위험성 때문에 전환을 꺼렸다.

① 안전 제일의 원칙은 신고전주의 경제학에서 말하는 이윤 극대화를 위한 계산 논리에 부합한다.
② 전자본주의 농업사회 농민들은 모험적인 시도가 큰 벌이로 이어질 수 있다는 사실을 인식하지 못했다.
③ 안전 추구를 최우선으로 여기는 전자본주의 농업사회의 기술적 장치는, 사회적 장치들이 최소한의 생존을 보장하는 환경하에 발달했다.
④ 루손 지역의 농민들이 정액제로의 전환을 꺼렸던 것은 정액제를 택했을 때 생계에 관련된 위험성이 분익제를 택했을 때보다 작다고 느꼈기 때문이다.
⑤ 어느 농가의 수확량이 이전 연도보다 두 배로 늘었을 경우, 이전 연도 수확량의 절반을 내기로 계약하는 정액제를 택하는 것이 분익제를 택하는 것보다 이윤이 크다.

해설

올해의 수확량이 작년에 비해 두 배로 증가했을 경우, (이전 연도의 수확량의 절반을 내기로 계약한) 정액제에서는 올해 수확량의 1/4에 해당하는 생산량만 지대로 지불하면 된다. 따라서 글에서 설명하고 있는 (생산량의 절반을 지대로 납부하는) 분익제보다 이윤이 커진다는 점을 추론할 수 있다.

(오답풀이)

① [1문단] 이 글 전체에서 알 수 있듯이 전자본주의 농업사회의 농민들은 이윤의 최대화를 추구하기보다 안전 제일의 원칙을 추구하려고 하였다. 이것은 위험을 회피하고 생존을 보장하기 위한 농민들의 불가피한 선택이었다. 따라서 안전 제일의 원칙이 이윤의 최대화와 부합한다고 볼 수 없다.

② [3문단] 글에 따르면 농민들이 그와 같은 점을 반드시 몰랐다고 할 수 없다. 필리핀 정부의 노력과 안내에도 불구하고 생존을 위협하는 위험의 회피를 위한 농민들의 선택을 전자본주의 사회에서의 농민들의 선택과 결이 같다고 판단하고 있는 필자의 설명을 통해 반드시 참이라고 판단할 수 없다.

③ [1문단] 안전 제일의 원칙을 추구하던 전자본주의 사회에서의 농민에게 최소한의 생존을 보장하는 사회적 장치가 필요하다는 점을 확인할 수 있다. 따라서 이러한 사회적 장치가 보장되어 있는 상태에서 농민들이 자신의 행동과 판단을 결정했다고 볼 수는 없다.

④ [3문단] 필자의 설명에 따르면, 정액제가 이윤을 극대화할 수도 있는 방법이다. 하지만 농민들은 생존을 위협할 수 있는 상당한 위험성을 회피하기 위해 분익제를 선택하였으므로 옳지 않다.

정답 ⑤

06

다음 글에서 알 수 있는 것은?

국제노동기구(ILO)의 노동기준에 관한 협약들은 그 중요성과 특성을 기준으로 하여 핵심협약, 거버넌스협약, 일반협약으로 나뉜다.

핵심협약은 1998년의 '노동에 있어서 기본적 원칙들과 권리에 관한 선언'에서 열거한 4개 원칙인 결사·자유원칙, 강제노동 금지원칙, 아동노동 금지원칙, 차별 금지원칙과 관련된 협약들을 말한다. ILO는 각국이 비준한 핵심협약 이행 현황에 대한 감시·감독 체계를 갖추고 있으며, 핵심협약을 비준하지 않고 있는 회원국에게는 미비준 이유와 비준 전망에 관한 연례 보고서 제출 의무를 부과하고 있다.

거버넌스협약은 노동정책 결정과 노동기준 집행 등 거버넌스와 관련된 협약으로 2008년의 '공정한 세계화를 위한 사회적 정의에 관한 선언'에서 열거한 근로감독 협약, 고용정책 협약, 노사정 협의 협약 등이 있다. ILO는 미비준한 거버넌스협약에 대해 회원국에 별도의 보고 의무를 부과하지 않는 대신, 회원국들과 외교적 협의를 통해 거버넌스협약 비준 확대에 노력하고 있다.

일반협약은 핵심협약과 거버넌스협약을 제외한 ILO의 노동기준에 관한 모든 협약을 가리키는데, 일반협약은 핵심협약과 거버넌스협약의 세부 주제별 기준들을 구체적으로 규정한다. 예를 들어 핵심협약에서 차별 금지원칙을 선언하거나 그 대강을 규정하면 일반협약에서는 각 산업별, 직역별에서의 근로시간 관련 구체적 차별 금지 및 그 예외를 규정하는 방식이다. 다만 일반협약은 ILO 내 다른 협약에 대해 우선 적용되지 않는다는 특성을 지닌다.

우리나라는 1991년 12월 ILO에 가입한 이후 순차적으로 ILO 노동기준에 관한 협약들을 비준하고 있다. 최근까지 아동노동 금지원칙 및 차별 금지원칙 관련 협약을 비준하였고 2021년 2월에는 결사·자유원칙 관련 협약에 대한 비준 절차가 진행 중이다. 거버넌스협약은 근로감독 협약을 제외하고는 모두 비준되었고, 비준된 핵심협약과 관련된 일반협약은 대부분 비준되었다.

① 우리나라는 고용정책 협약 및 그 세부 주제에 관한 일반협약을 모두 비준하였다.

② 우리나라는 매년 ILO에 강제노동 금지원칙에 관한 협약의 미비준 이유와 비준 전망에 대하여 보고서를 제출하여야 한다.

③ 우리나라에서 2021년 2월에 비준 절차가 진행 중인 협약은 공정한 세계화를 위한 사회적 정의에 관한 선언에 열거되어 있다.

④ ILO의 2008년 선언문에 포함된 근로감독 협약은 ILO의 다른 협약에 대해 우선 적용되지 않는다.

⑤ ILO는 노사정 협의 협약을 비준하지 않은 국가들에 대해 미비준 이유와 비준 전망에 대한 연례 보고서를 제출하도록 요구한다.

해설

글의 5문단에 따르면 우리나라는 지금까지 핵심협약 중 아동노동 금지원칙 및 차별 금지원칙을 비준하였고, 현재 강제노동 금지원칙에 관한 협약은 비준이 진행되지 않은 상태이다. 그런데 2문단에 따르면 핵심협약을 비준하지 않을 경우 미비준의 이유와 비준 전망에 관한 연례 보고서를 제출할 것을 의무화하고 있으므로 옳은 설명이다.

(오답풀이)

① [3문단] 고용정책 협약은 거버넌스협약에 속한다. 그런데 5문단에서 거버넌스협약 중 근로감독 협약을 제외하고는 모두 비준 되었다고 하였으므로 고용정책 협약도 비준되었음을 추론할 수 있다. 다만 비준된 '핵심협약'과 관련된 일반협약이 대부분 비준되었다고 설명하고 있을 뿐, 거버넌스협약과 연관된 일반협약에 대한 설명은 언급되어 있지 않으므로 반드시 참이라고 할 수 없다.

③ 2021년 2월에 비준 진행 중인 협약은 핵심협약에 해당하는 결사·자유원칙이다. 하지만 공정한 세계화를 위한 사회적 정의에 관한 선언에 열거된 원칙은 거버넌스협약에 관한 설명이므로 옳지 않은 설명이다.

④ 근로감독 협약은 거버넌스협약에 해당한다. 선택지에서 설명하고 있는 협약은 일반협약에 해당하는 내용(4문단)이므로 옳지 않은 설명이다.

⑤ 노사정 협의 협약은 거버넌스협약에 해당한다. 하지만 미비준 이유와 비준 전망에 대한 연례 보고서를 제출해야 하는 것은 핵심협약에 해당하는 부분이므로 옳지 않은 설명이다.

정답 ②

07

다음 글로부터 추론한 내용으로 적절한 것을 [보기]에서 모두 고르면?

헬리코박터 파이로리는 암과 위궤양을 유발하는 세균으로 잘 알려져 있다. 헬리코박터 파이로리균의 발견은 의학분야에서 위궤양에 대해 전염병의 관점에서 접근하게 했다는 점에서 기념비적인 사건이었다. 그 이전에 위궤양은 단순히 대증요법으로 치료했다. 헬리코박터균의 발견 이후 위산의 과다 분비와 헬리코박터가 관계가 있다는 점이 밝혀졌다. 따라서 위궤양의 치료는 위산과다를 억제하는 전통적인 방법과 동시에 항생제를 처방하는 데에 중점을 두었다. 그러나 이러한 치료만으로는 충분하지 않았다. 일부 환자들에게서 헬리코박터균을 치료했지만 여전히 위산이 과다 분비되고 있었다. 알코올과 아스피린의 복용 역시 이를 유발하기 때문이다.

전 세계 인구의 절반에 해당하는 약 30억 명이 헬리코박터균에 감염되어 있는 것으로 추정하고 있다. 영국에서는 100만 명, 호주에서는 약 40만 명, 미국에서는 2,500만 명 정도가 위궤양으로 고생하고 있다. 이들 중 약 1퍼센트 정도가 위암으로 발전한다. 헬리코박터 파이로리 보균자는 그렇지 않은 사람보다 위암으로 발전할 가능성이 높다. 미국에서는 매년 약 1만 2천 명이 위암으로 사망한다. 그러나 위암의 발생 비율은 개선된 위생환경과 항생제의 사용 덕분에 상당히 감소하게 되었다.

보기

ㄱ. 헬리코박터 파이로리균에 의해 발병한 위궤양은 전염병으로 분류된다.
ㄴ. 알코올과 아스피린의 복용은 헬리코박터 파이로리균에 의한 위궤양을 유발하게 된다.
ㄷ. 영국에서는 헬리코박터 파이로리균에 감염된 사람 중 1만 명 정도가 위암으로 발전하게 될 것이다.
ㄹ. 미국에서는 헬리코박터 파이로리균에 감염된 사람 중 약 1만 2천 명이 매년 위암으로 사망한다.

① ㄱ
② ㄱ, ㄴ
③ ㄱ, ㄷ
④ ㄴ, ㄷ
⑤ ㄱ, ㄴ, ㄹ

해설

ㄱ. 글의 1문단에서 헬리코박터 파이로리균이 발견되면서, 위궤양 중 일부를 전염병의 관점에서 접근하게 했다고 언급하고 있다. 이를 통해 헬리코박터 파이로리균에 의해 발생한 위궤양을 전염병으로 분류하게 되었음을 추론할 수 있다.

(오답풀이)

ㄴ. [1문단] '일부 환자들에게서 헬리코박터균을 치료했지만 여전히 위산이 과다 분비되었다. 알코올과 아스피린의 복용 역시 이를 유발하기 때문이다.'의 내용을 통해서 알코올과 아스피린의 복용은 위산 과다 분비를 유발할 수 있음을 알 수 있다. 왜냐하면 헬리코박터균을 제거하였음에도 여전히 위산의 과다 분비가 발생하였다고 언급하고 있기 때문이다.

ㄷ. 영국과 관련해서 언급된 100만 명의 수는 위궤양으로 고통받는 사람들의 수이다. 이 중의 얼마 정도가 헬리코박터균에 감염되었고, 이것이 원인인 위궤양으로 고생하고 있는지는 밝혀진 바 없다. 또한 [1문단]의 내용을 살펴보면 확인할 수 있지만 위궤양 중에는 헬리코박터 파이로리균에 의한 것이 아닌 위궤양도 있음을 확인할 수 있다.

ㄹ. [2문단] 미국에서 사망하는 1만 2천 명이라는 수도 정확하게 헬리코박터 파이로리균의 보균자인지 감염자인지 제시되어 있지 않으므로, 판단이 불가하다.

정답 ①

나우쌤이 알려주는 킬 POINT

[보기]의 ㄴ이 잘못된 이유에 대해서 살펴보도록 합시다. ㄴ을 읽어보면 알코올과 아스피린의 복용이 헬리코박터 파이로리균에 의한 위궤양을 일으킨다고 하고 있습니다. 하지만 글의 내용을 정확히 읽어보면 헬리코박터균에 의한 위궤양은 별도이고, 알코올과 아스피린의 복용에 의한 위궤양은 또한 별도의 원인임을 알 수 있습니다. 이와 같이 인과관계는 글과 잘 비교해서 확인해야 합니다.

08

다음 [보기] 중 조선중기 이후의 사실로 볼 수 없는 것을 모두 고르면?

유교가 거대담론으로 기능했던 조선시대에는 일상생활의 대부분이 유교 이념을 실천하기 위한 기제로 작용했다. 특히 내외유별의 행동양식을 제도적으로 규정해 놓은 것을 내외법이라고 한다. 조선의 법전인 『경국대전』에는 '옛날 중국의 풍속을 따라 사대부 가정에서 출가한 여자의 부모가 사망했을 경우 친정 출입을 제한한다'는 내용이 있다. 주거공간에서도 남녀의 영역 구분을 철저히 따랐다. 이런 이유로 조선중기 무렵이 되면서 상류계층의 가옥에서 여성들의 공간인 안채와 남성들의 공간인 사랑채가 점차 분리되기 시작했다.

양반가의 경우 남자아이가 7세가 되면 안채에서의 생활을 마감하고 사랑채로 옮겨가야 한다. 대개 사랑채에는 온돌방 2칸이 구비되어 있었는데, 아버지와 아들이 한 방에 기거하지는 않았다. 외부 남성과 여성은 대면조차 허용되지 않았으므로, 사랑채를 대문과 가까운 곳에 배치하였다. 그 뒤편으로 안채를 세우고, 안채 앞에 중문을 설치하여 문을 닫으면 외부인이 안채를 보지 못하도록 차단하였다.

안채의 경우 안방과 건넌방이 주된 공간이며, 안방에는 주부권*을 보유하고 있는 여성이 기거하는 것이 일반적인 관행이었다. 식생활, 특히 곳간관리나 식량분배 등 식량관리가 주부의 고유 권한이었다. 주부는 집안 살림에서 대단한 지위였는데, 한동안은 인수인계 과정을 거쳐야 하므로 주부권 역시 일정 시기에 이르면 넘겨주어야 했다. 보통 첫째 며느리에게 주부권이 계승되는데, 다만 대를 이을 아들을 낳지 못하면 주부가 될 수 없었다.

한편 내외유별의 이념이 반영된 조선시대 가옥에는 재미있는 공간이 많았다. 이를테면 당시에는 남편이 아내를 보러갈 때 중문을 통해 드나드는 것을 유가의 법도에 어긋난다고 여겼다. 그리하여 중문을 거치지 않고 사랑채와 안채로 통하는 비밀통로를 이용했다. 특히 화장실 사용에서는 남녀구별을 매우 엄격히 했는데, 여성들은 안채 옆에 있는 내측을 사용했으며 남성들은 사랑채에 딸려 있는 외측을 사용하였다. 식구 수가 적은 경우에도 이와 같은 구별은 엄격하게 적용되었다.

* 주부권(主婦權): 가정 경영함에 있어 가정대소사 및 그 관리를 총괄할 수 있는 권한

보기

ㄱ. 갑희는 을돌이에게 출가를 하였으나 대를 이을 아들을 낳지 못했다는 이유로 친정 출입이 금지되었다.
ㄴ. 양반가의 첫째 아들 병만이는 9세가 된 현재, 건넌방에서 지내지만 아버지와 한 방을 쓰지는 않는다.
ㄷ. 종갓집 종부(宗婦)인 정난이는 세상을 떠나지 않았지만 아들을 출산한 맏며느리인 무순이에게 주부권을 이양하였다.
ㄹ. 양반가의 바깥 어른인 기남이는 화장실을 이용하기 위해서 안채로 연결된 비밀통로를 이용해야만 했다.

① ㄱ, ㄹ

② ㄴ, ㄷ

③ ㄴ, ㄹ

④ ㄱ, ㄴ, ㄹ

⑤ ㄴ, ㄷ, ㄹ

해설

ㄱ. [3문단] 대를 이을 자식을 낳지 못한 경우, 주부가 될 수 없다는 사실은 알 수 있으나, 친정 출입과 관련해서 설명하고 있는 내용은 언급되어 있지 않다.

ㄴ. [2문단] 양반가의 남자아이가 7세 이상이 되면 사랑채로 건너가야 한다. 사랑채로 건너가더라도 아버지와 함께 한 방을 쓰지 않는다. 건넌방은 안채의 공간이므로 옳지 않은 설명이다.

ㄹ. [4문단] 화장실의 경우 남녀구별이 매우 엄격해 안채와 바깥채에 기거하는 사람은 각각 독립된 화장실을 사용해야 했다. 중문이나 비밀통로는 출입의 문제이지, 화장실 사용과 관련된 내용이 아니다.

(오답풀이)

ㄷ. [3문단] '주부는 집안 살림에서 대단한 지위였는데, 한동안은 인수인계 과정을 거쳐야 하므로 주부권 역시 일정 시기에 이르면 넘겨주어야 했다. 보통 첫째 며느리에게 주부권이 계승되는데, 다만 대를 이을 아들을 낳지 못하면 주부가 될 수 없었다.'의 내용을 통해 일정 시기에 이르면 아들을 낳은 첫째 며느리에게 보통 인수인계 과정이 진행됨을 알 수 있다. 그러므로 반드시 주부가 죽은 이후에 주부권이 이양되는 것이 아님을 추론할 수 있다.

정답 ④

09

다음의 각 인물의 주장에 대한 이해로 적절하지 않은 것은?

> '소국과민(小國寡民: 나라의 규모는 작아야 하고 백성은 적어야 한다)'이라는 구절에 대하여 맹자는 천하의 왕이 되는 자는 반드시 국가의 강대함에 의존하는 것은 아니라고 생각한다. 예를 들어,『맹자』는 다음과 같이 말한다. "덕으로 인(仁)을 베푸는 자는 왕자(王者)이다. 왕자는 강대함에 의존하지 않는다. 탕 임금은 사방 70리의 땅으로, 문왕은 사방 백리의 땅으로 왕자가 되었다." 그러나 만약 다른 조건이 같다면, 대국은 소국보다 정치적 이상을 실현하는 데 유리하다고 본다.
>
> 묵자의 경우는 어떤가? 다음 인용문을 보자. "그런데 현재 세상의 해 중에서 무엇이 가장 큰가? 대국이 소국을 공격하고, 대가가 소가를 어지럽히며, 강한 자가 약한 자를 겁탈하고, 다수가 소수를 난폭하게 다루는 것, 이것이 세상의 재해이다."라고 언급했다. 묵자는 또한 인구가 많아지도록 힘써야 한다고 주장한다. "어진 사람이 천하를 위해 마음을 쓴다고 할지라도 역시 이러하다. 즉, 천하가 빈곤하면 천하를 부유하게 하는 데 종사하고, 인민이 적어지면 인민을 많게 하는 데 종사한다."라고 하였다.
>
> 관자는 "백성에게서 거두는 것이 한도가 있고 그것을 사용하는 것이 한계가 있으면, 국가가 비록 작더라도 틀림없이 안정될 것이다. 반면 백성에게서 거두는 것이 한도가 없고 그것을 사용하는 것이 한계가 없으면, 국가가 비록 크더라도 틀림없이 위태로울 것이다." 또, "국가가 크더라도 정치력이 약하면 국가는 그 정치력에 따라 약해지고, 국가가 작더라도 정치력이 크면 국가가 점차 강대해진다."라고 말한 부분에서 그것을 알 수 있다.
>
> 한비자는 소국과민에 대하여 "상(賞)이 있으나 그것으로써는 권면을 할 수 없고, 형(刑)이 있으나 그것으로써는 금지를 할 수 없으면, 나라가 비록 크더라도 반드시 위태로울 것이다." "정치의 방법을 잘 알게 되면 국가가 비록 작더라도 부유해지고, 상과 벌이 신중하고 확실하게 행해진다면 백성들이 수가 적더라도 강하게 된다. 상과 벌이 법도가 없게 되면 국가가 비록 크더라도 군사력이 약하게 되는 것은, 영토가 자신의 영토가 아니고 백성이 자신의 백성이 아닌 것과 마찬가지이기 때문이다."라고 언급하였다.

① 맹자는 바른 정치를 하는데 반드시 나라의 규모가 클 필요는 없다고 본다.
② 묵자는 큰 나라와 큰 세력이 부도덕을 일삼는다고 보았으므로 소국과민에 대해서 긍정적 입장이다.
③ 관자는 나라의 크기와 나라의 안위에 반드시 비례의 관계가 성립하는 것은 아니라고 본다.
④ 한비자는 나라의 안위는 결국 나라의 크기가 아니라 그 정치에 달려 있다고 생각한다.
⑤ 맹자는 바라는 정치를 폄에 있어 나라의 크기가 가지는 이점을 부정하지는 않았다.

해설

글의 2문단에 따르면 묵자는 주로 부도덕한 행위에 대해 큰 나라가 강한 힘을 휘두르기 때문이라고 주장한다. 하지만 그렇다고 해서 그가 소국과민을 긍정했다고는 보기 어렵다. 그 다음에 마땅히 위정자는 천하를 부유하게 하고 인민을 많게 하는데, 즉 과민에 한정되지 않았음을 알 수 있기 때문이다.

(오답풀이)

① [1문단] 맹자는 작은 나라로도 덕으로 인을 베푸는 올바른 군주가 될 수 있었던 예를 언급하였다.

③ [3문단] 관자는 비록 나라가 작더라도 충분히 강성한 나라가 될 수 있다고 보았다.

④ [4문단] 한비자는 상과 형을 적절하게 사용하지 못하고 결국 올바른 정치를 펼 수 없다면 나라가 크더라도 위태해질 것이라고 보았다.

⑤ [1문단] '그러나 만약 다른 조건이 같다면, 대국은 소국보다 정치적 이상을 실현하는데 유리하다고 본다.'의 내용을 통해 알 수 있다.

정답 ②

10

다음 글로부터 알 수 있는 것은?

국가적 차원의 영향력은 크게 소프트 파워와 하드 파워로 나누어볼 수 있다. 하드 파워는 물리적 위협을 가하거나 실질적 보상을 제공함으로써 다른 권력을 움직이는 힘을 말한다. 이에 비해서 소프트 파워는 서로가 처해있는 국제정세를 이해시키거나 이해득실 부분을 설득시킴으로써 권력을 움직이는 힘을 말한다. 각 국가들은 일정 수준의 하드 파워와 소프트 파워를 가지고 있지만 그 정도는 모두 다르다. 예를 들면 오늘날의 교황청은 하드 파워는 보유하고 있지 않지만 국제사회에서 행사하는 소프트 파워는 여전히 무시할 수 없다. 21세기가 시작된 이후 미국은 하드 파워는 20세기와 크게 달라지지 않았지만 소프트 파워에서는 제3세계와 EU의 부상으로 이전보다 약화되었다고 평가받는다.

현대의 소프트 파워는 단순히 과거처럼 정보 보유 여부에만 의탁하지 않고 정보기술과도 밀접한 관련을 가지고 있다. 왜냐하면 현대 사회에서는 정보의 유통 역시 정보의 보유만큼이나 중요해졌기 때문이다. 정보의 유통에 대한 통제력을 소유하고 있다는 것만으로도 상대 국가에게는 상당한 압력으로 작용한다. 인터넷 서비스 업체가 각국의 정부와 지속적으로 협조·대립하면서 당사국의 영향력을 대행하고 있다는 사실은 이러한 점을 잘 보여준다. 결국 현대 사회에서는 하드 파워보다 소프트 파워의 중요성이 강조된다. 왜냐하면 실제 하드 파워의 동원을 최소화하면서 의도한 동일한 목적을 달성할 수 있다면 해당 국가에는 훨씬 이득이기 때문이다.

이에 따라 정보 중심의 국제사회에서는 실제 가시적인 권력은 점차 분산되고 표면으로 잘 드러나지 않는다. 전 세계 각국은 군축을 논의하며 무력적 분쟁으로의 확산을 막기 위한 다양한 협상 채널들을 마련하고 있다. 물론 그렇다고 하더라도 권력의 근본적인 속성이 완전히 변한 것은 아니다. 1991년 걸프 전쟁과 2003년 이라크 전쟁에서 알 수 있듯이 하드 파워는 여전히 국제사회에서 상당한 영향력을 발휘하고 있다. 다만 하드 파워를 행사할 경우, 당사국의 외교·경제적인 부담이 상당히 크므로 소프트 파워가 국가 간의 문제를 조율하는 가장 최우선의 방법으로 받아들여지고 있다.

① 오늘날 국제사회에서는 하드 파워의 영향력이 소멸되었다.
② 오늘날의 국제사회의 문제들은 소프트 파워만으로 해결이 가능하다.
③ 소프트 파워의 행사에 항상 하드 파워가 수반되어야 하는 것은 아니다.
④ 오늘날의 소프트 파워는 정보의 보유량에 의해서 전적으로 좌우된다.
⑤ 소프트 파워의 경우, 행사 이후 당사국의 부담이 하드 파워보다 크다.

해설

글의 1문단에 따르면 교황청의 경우 오늘날에도 여전히 상당한 수준의 소프트 파워를 행사하지만 하드 파워는 보유하고 있지 않다.

(오답풀이)

① [3문단] 미국의 사례에서 알 수 있듯이 하드 파워의 영향력 역시 국제사회에서 큰 비중을 차지한다.
② 소프트 파워와 하드 파워가 경우에 따라서 다르게 행사될 수 있다는 점은 알 수 있으나, 소프트 파워만을 통해서 실제 국제 문제의 해결이 가능한지 여부는 글만을 통해서는 추론하기 어렵다.
④ [2문단] 정보의 보유 여부뿐만 아니라 정보의 유통을 통제하는 것도 소프트 파워와 밀접한 관련을 가지고 있음을 알 수 있다.
⑤ [3문단] 행사 이후의 외교·경제적 부담이 큰 것은 소프트 파워가 아니라 하드 파워이다.

정답 ③

11

다음 밑줄 친 ㉠과 ㉡에 대한 설명으로 옳지 않은 것은?

의과대학에서부터 의사들은 인간의 몸과 마음을 분리하여 질병의 자리로서의 몸에 주로 집중하며, 감정보다는 냉철한 이성에 따라 판단할 수 있도록 환자와 어느 정도 초연한 거리를 두는 소위 '방법적 초연함'을 온몸으로 익히게 된다. 따라서 환자를 하나의 온전한 인간으로 받아들이고 질병으로 인해 인간이 총체적으로 겪게 되는 삶의 고통에 관심을 기울이는 것에 대해서는 별다른 교육을 받지 않게 된다. 하지만 질병으로 인한 고통은 단지 몸의 통증에 의한 것만이 아니다. 질병으로 인해 우리는 크나큰 삶의 위기를 맞을 수도 있다. 현대 의학에 대한 많은 비판은 바로 이런 삶의 위기라는 측면에서의 질병의 총체적 영향을 무시하고 있다는 데 집중되고 있다.

그런데 앞에서도 이야기했듯이 의사들의 무관심해 보이는 태도는 단지 인격의 문제가 아니라 상당히 오랜 기간 동안 훈련받은 결과라는 점에 유의할 필요가 있다. 이런 과정들을 일명 ㉠ 괄호넣기라고 부른다. 즉 의사들이 환자를 사물로 취급하는 것은 마음을 괄호 안에 넣는 것이지 그것을 부정하는 것은 아니며, 또한 그런 과정이 얼마나 어려운지는 일반적으로 의사가 자기 가족의 치료나 수술을 기피한다는 사실에서도 잘 알 수 있다. 환자를 사물로 취급하는 태도가 비난받아야 한다면 그것은 그 후에 ㉡ 괄호를 벗기는 일을 하지 않기 때문이다.

① 의사가 가족의 치료를 피하고자 하는 것은 ㉡을 실천하기가 매우 어렵기 때문이다.
② ㉠은 인간본성에 기인한 것이 아니며, 교육에 의해 확립되는 자세이다.
③ 현재 의과대학에서는 ㉡과 관련하여 별다른 교육을 하지 않고 있다.
④ ㉠은 질병을 단지 몸의 통증으로 간주하는 태도이다.
⑤ ㉠은 질병이 삶의 위기라는 측면에서는 가지는 영향력에 대해서 경시하는 태도이다.

CH 02 일치추론형

해설

의사가 자신 가족의 치료를 회피하는 것은 마음을 '괄호 안에 넣는 것', 즉 환자에 대한 감정을 배제하기가 쉽지 않기 때문이다. 글의 ㉡은 치료가 끝난 후에 환자를 마음으로 대하는 것을 의미한다. 환자를 괄호 안에 넣는 것은 환자가 겪고 있는 고통을 삶의 총체적인 관점에서 확인하고자 하는 것이 아니라 단순히 물질화, 대상화시켜서 파악하는 관점이다.

오답풀이

② [1문단] 의사는 질병으로 고통스러워하는 환자에 대해서 초연해질 것을 교육받는다.
③ [1문단]의 내용을 통해 알 수 있다.
④ [1문단] 첫 번째 문장의 내용을 통해 알 수 있다.
⑤ [1문단]에 따라 ㉠ 괄호넣기는 질병을 단순히 치료해야 할 대상으로 볼 뿐, 한 사람으로서의 환자나 혹은 질병이 환자의 삶에 유발하는 정신적 고통에 대해서 고려하지 않는다.

정답 ①

12

다음 글로부터 알 수 없는 것은?

가격 결정을 자유 시장 기구에 맡기는 자본주의 시장 경제에서도 때로는 특정 상품에 대하여 그 시장 가격을 인위적으로 정하고 유지하기 위해 정부가 노력을 기울이는 수가 있다. 이렇게 정부가 어떤 특수한 목적을 달성하기 위해 직접적으로 가격 형성에 개입하는 것을 가격 통제라고 한다. 이런 가격 통제의 대표적인 방법으로 최고 가격제와 최저 가격제가 있다.

상품 부족으로 물가가 치솟을 때 정부는 소비자를 보호할 목적으로 가격의 상한선을 설정하는데, 이 제도를 최고 가격제라 하고 이때 정한 가격을 최고 가격이라 한다. 최고 가격은 수요와 공급에 의해 자유시장에서 형성되는 균형 가격이 너무 높을 때 설정하는 가격이기 때문에 균형 가격보다 낮다. 하지만 그렇기 때문에 시장에서는 공급 부족이 생겨 소비자들이 상품을 원하는 만큼 구입할 수 없다. 최고 가격과 균형 가격의 차이가 커질수록 공급 부족 현상은 심화된다. 이런 상태에서는 소비자들이 최고 가격보다 높은 가격을 지불하고서라도 상품을 구입하려 하기 때문에 암시장이 형성되는 문제가 야기된다. 한편 최고 가격제와는 반대로 정부가 최저 가격을 설정하고 그 이하로 가격을 내려가지 못하게 통제하는 제도를 최저 가격제라 한다. 최저 가격제를 설정하는 취지는 생산자의 이익을 보호하기 위한 것인데, 농산물 가격 지지 제도 등이 그 예이다. 하지만 최저 가격은 자유시장에서 형성될 균형 가격보다 높게 설정되기 때문에 초과 공급이 발생하는 문제가 야기된다.

최고 가격제하에서 생기는 문제를 해결하기 위해서 인위적인 배분 방식을 사용할 수 있는데 그 대표적인 방법이 선착순 방식과 배급제이다. 선착순 방식은 먼저 오는 소비자에게 순서대로 상품이 떨어질 때까지 판매하는 방식이고, 배급제는 각 소비자에게 배급표를 나눠 주고 그 배급표만큼 상품을 살 수 있게 하는 제도이다. 실제에 있어서는 선착순 방식과 배급제를 같이 사용하는데, 그 이유는 시간이 흘러감에 따라 공급이 줄어들기 때문이다. 공급이 줄어드는 이유는 가격이 인위적으로 낮게 묶여 있어 시간의 흐름에 따라 일부 생산자들이 그 상품의 생산을 포기하기 때문이다.

① 최고 가격제하에서는 최고 가격 이상으로라도 구입하려는 소비자들 때문에 암시장이 형성되기도 한다.
② 최고·최저 가격제는 정부가 가격 형성에 직접적으로 개입하는 방식으로 이루어진다.
③ 최저 가격제하에서는 자유시장보다 높은 가격이 형성되기 때문에 공급의 과잉이 발생할 우려가 있다.
④ 최고 가격제가 실시되면 수요가 공급을 초과하는 문제가 발생한다.
⑤ 최고 가격제는 공급과 수요에 따른 자유시장의 균형 가격 형성이 어려울 경우 실시되는 가격 통제이다.

해설

최고/최저 가격제도는 균형 가격의 형성이 어려울 경우 실시되는 것이 아닌, 자유시장의 균형 가격이 지나치게 높거나 낮을 경우, 소비자 혹은 공급자를 보호하기 위해 실시되는 것이다.

(오답풀이)

① [2문단] '이런 상태에서는 소비자들이 최고 가격보다 높은 가격을 지불하고서라도 상품을 구입하려 하기 때문에 암시장이 형성되는 문제가 야기된다.'의 내용을 통해 알 수 있다.

② [1문단] '이렇게 정부가 어떤 특수한 목적을 달성하기 위해 직접적으로 가격 형성에 개입하는 것을 가격 통제라고 한다.'의 내용을 통해 알 수 있다.

③ [2문단] '하지만 최저 가격은 자유시장에서 형성될 균형 가격보다 높게 설정되기 때문에 초과 공급이 발생하는 문제가 야기된다.'의 내용을 통해 알 수 있다.

④ [2문단] '최고 가격은 수요와 공급에 의해 자유시장에서 형성되는 균형 가격이 너무 높을 때 설정하는 가격이기 때문에 균형 가격보다 낮다. 하지만 그렇기 때문에 시장에서는 공급 부족이 생겨 소비자들이 상품을 원하는 만큼 구입할 수 없다.'의 내용을 통해 알 수 있다.

정답 ⑤

13

다음 글로부터 추론할 수 없는 것은?

근대 자본주의의 발달과정과 근대 국가의 성립은 떼려야 뗄 수 없는 관계였다. 화폐 경제를 바탕으로 하고 있는 자본주의의 경우 경제 행위자들 사이의 신용을 얼마나 잘 유지할 수 있는가의 문제가 매우 중요하였고, 폭력을 독점함으로써 사회의 안정과 질서를 보장하는 능력을 갖춘 근대 국가는 그러한 역할에 최상의 적임자였다. 특히 근대 초 특정 시점 이후에 유럽에서 널리 통용되던 금속화폐 대신에 지폐가 급속하게 보급된 것에는 근대 국가의 역할이 결정적이었다. 근대 이전의 유럽에는 실질적 물질적 가치가 없는 종이화폐는 존재할 수 없었다. 하지만 근대 국가에서 공권력과 법으로써 그 가치를 보장해주자, 휴대가 간편한 종이화폐가 널리 유통되기 시작하였고 화폐를 주조함에 있어 투자되는 비용도 급격히 감소하기 시작하였다.

근대 국가는 또한 자본주의적 계약관계가 성립되는 데 있어서도 중요한 역할을 했다. 멀리 떨어져 있거나 이전에 거래한 적이 없는 두 명 이상의 경제 행위자들조차도 비교적 안심하고 계약을 체결할 수 있게 된 것은 계약에 대한 제반 규칙들을 정하고 있는 근대 법이 있었기 때문이고, 또한 계약을 위반하였을 때는 그에 대해 처벌하고 제재할 수 있는 근대 국가의 공권력이 전제되었기 때문에 가능한 일이었다. 좀 더 근본적인 차원에서 보자면 자본주의 경제에 필수적인 근대적 재산권이 신성불가침의 권리로 확립되는 데 근대 국가가 결정적으로 기여했다고 말할 수 있다. 미국의 경제학자 더글러스 노스는 근대 국가의 이러한 역할을 경제 행위자들 사이의 상호 작용에서 게임의 규칙을 정하고 이것의 실행을 강제함으로써 거래 비용*을 줄이는 것에 있었다고 정확하게 지적하였다.

하지만 근대 국가의 성립 이전의 절대주의 왕권 시대의 국가란 오히려 시장 경제와 갈등을 빚기도 하였다. 수시로 일어나는 유럽의 왕조 간의 전쟁은 안정적인 경제생활에 큰 걸림돌이 되었으며, 군주들은 전쟁 자금을 확보하기 위하여 중소상인들에게 가혹한 세금을 부과하였기 때문이다. 이에 중소상인들 중 상업 활동을 포기하려는 자들도 생겨나게 되었으며, 세금에 대한 과도한 부담을 판매대금의 인상으로 이전하는 바람에 물가가 올라서 거래 자체가 크게 위축되기도 하였다. 따라서 시장 경제, 즉 자본주의의 발달은 모든 국가 체제와 친화적이었던 것은 아니고 특정한 국가 체제와 밀접한 관계를 가지고 있었다고 결론을 내리는 것이 타당하다.

* 거래 비용: 경제 주체가 시장에서의 거래에 참여하는 데 소요되는 각종 비용.

① 근대 법의 존재와 근대 국가의 공권력은 거래의 신뢰성을 확보하는 데에 중요한 요소였다.
② 모든 국가는 체제와 상관없이 자본주의 경제와 친화적이라는 주장은 거짓이다.
③ 근대 이전의 유럽사회에서는 금속화폐를 실제 물질적 가치가 있다고 생각하였다.
④ 근대 국가의 성립을 위해서는 자본주의 경제 체제의 발달이 요구되었다.
⑤ 근대 법의 존재와 근대 국가의 공권력은 거래 비용을 줄이는 데 핵심적인 역할을 하였다.

해설

글에서 설명하고 있는 것은 자본주의 경제의 발달에 있어 근대 국가의 존재는 반드시 필수적인 조건이었다는 내용이다. 그러나 근대 국가의 성립이 자본주의 경제의 발달에 의존하였는지 여부는 글에서 확인할 수 없다.

(오답풀이)

① [2문단]의 내용을 통해 알 수 있다.

② [3문단] 어떤 국가체제는 자본주의와 친화적이지 않았다는 반례가 제시되었으므로 옳은 설명이다.

③ [1문단] 직접적으로 언급하고 있지 않지만 추론을 하자면, 실질적으로 물질적 가치가 없던 종이화폐가 거래에 사용될 수 있었던 것은 국가에서 가치를 보장해 준 덕분이었다는 것이다.

⑤ [2문단]의 마지막 문장 내용을 통해 알 수 있다.

정답 ④

14

다음 중 필자가 동의하기 어려운 진술은?

> 삼가 아뢰옵건대, 세조대왕(世祖大王)께서는 뛰어난 무략(武略)으로 어지러움을 바로 잡는 자질을 가진 분으로서, 노산군(魯山君, 단종)이 지나치게 어린 나이로 임금이 되어 권신(權臣)들이 서로 알력을 부려 종묘사직이 위태롭게 되었습니다. 그 당시 우리 성조(聖祖: 세조)께서 망설이시지 않고 무력으로 평정한 공이 아니었다면 백 년을 지켜 온 조종들의 왕업이 장차 어떻게 되었겠습니까? 노산군은 임금 자리를 맡아 지켜가기가 어렵다는 것을 알고, 또 천명이 돌아갈 바가 있음에 순응하여 하루아침에 왕위를 선양해 공손하게 물려주는 아름다움을 이루었습니다.
>
> 임금 자리가 이미 정해진 다음에도 노산군은 오히려 상왕(上王)이라는 호칭을 누려 양궁(兩宮) 사이에 정의(情意)가 막히지 않고 통하였으니, 요순임금이 서로 임금 자리를 주고받은 것에 비해 보더라도 부끄러울 것이 없습니다. 그런데 불행하게도 그 당시의 신하들이 성조와 상왕의 마음을 체득하지 못하고 또 때에 맞게 권도를 쓰는 도리에 어두웠던 탓에, 앞 다투어 음모를 꾸며 왕위를 탐하게 되는 큰 화가 일어나게 되었습니다. 이에 환란의 근본을 제거하지 않으면 사직을 안정시킬 수 없게 되었으므로 마침내 폐위시켜 추방시키게 된 것입니다.
>
> 그러나 이것이 어찌 성조의 본마음이겠습니까? 탕왕과 무왕의 마음으로써 일을 행한 것뿐입니다. 종묘사직에 위태로워졌다가 다시 안정되었으며, 천명이 이미 끊어졌다가 다시 이어졌는 바, 그 공은 조종들에게 빛나고 그 사업은 후손들에게 드리워졌습니다. 비록 이와 같기는 하지만, 노산군의 왕위는 그 당시에 있어서는 오히려 폐위시킬 만하였으나 후세에 있어서는 역시 복위시키지 않아서는 안 됩니다. 성조께서 이미 상왕이라 칭하신 바 있으나 신료들의 주청으로 천수를 누리지 못하고 말았는 바, 성조께서도 측은하게 여겼을 것입니다. 이제 사직이 안정되었으니 성조의 마음을 다시 한 번 만대에 드러내기 위해 노산군의 복위를 허하여 주시옵소서. 사육신들은 상왕을 내세우며 환란을 도모한 자들은 아니나, 단지 세상이 달라졌음을 알지 못한 채 세종대왕의 뜻을 고집스럽게 유지하려다 그 명을 다하지 못한 자들입니다. 이에 이들의 복작(復爵) 역시 청하는 신을 혜량해주시옵소서.
>
> – 학봉 김성일의 상소 中 –

① 노산군은 왕위 이양 후에도 세조의 왕위를 탐하여 종국에는 폐위되었다.

② 왕위 이양 과정에서 세조가 무력을 사용한 것은 불가피한 선택이다.

③ 세조가 왕위를 이어받고, 노산군을 폐위한 결정은 결과적으로 조선왕조를 안정시켰다.

④ 사육신은 왕위 찬탈을 도모한 세력과는 관계가 없지만 죽임을 당했다.

⑤ 노산군은 재위 당시 왕으로서 노릇을 제대로 하지 못하였다.

해설

글의 2문단에 따르면 필자는 반론을 도모했던 자들이 성조(세조)와 상왕(단종: 노산군)의 뜻을 체득하지 못해서 잘못된 일을 벌이고 말았다고 평가하고 있다. 즉 왕위를 탐하여 반란을 일으킨 것은 노산군의 뜻과는 달랐다는 사실을 알 수 있다. 노산군 본인의 뜻은 아니었지만, 추후에도 환란의 근거가 될 것을 염려하여 폐위하게 된 것으로 필자가 동의하기 어려운 내용이다.

오답풀이

② [1문단] 필자는 세조가 무력을 사용하지 않았다면 조선왕조는 위태로워졌을 것이라 생각한다. 즉 조선왕조의 안위를 위해서 무력 사용은 정당했다는 것이다.

③ [3문단] 필자는 노산군을 폐위하였던 것이 결론적으로 조선왕조의 안정을 가능하게 했다고 평가하고 있다.

④ [3문단] 필자는 사육신이 환란을 주도했던 자가 아님에도 세종대왕의 유지만을 받들다가 제 명에 죽지 못했다고 언급하고 있다.

⑤ [1문단] 노산군(단종)은 너무 어린 나이에 왕위에 올랐기 때문에 권신(權臣)들에게 휘둘려 결국 조선왕조가 위태롭게 되었다고 언급하고 있다.

정답 ①

CH 02 일치추론형

15

다음 글의 내용과 부합하는 것은?

1500년 헨리 7세에게는 두 아들과 두 딸이 있었다. 사람들은 장남인 아더가 왕이, 헨리는 성직자가 될 것이라고 믿었다. 한편 이 시기 영국은 로마 가톨릭 교회의 굳건한 요새로 마찬가지로 가톨릭을 굳게 신봉하는 스페인과 동맹을 믿었다. 영국의 왕위 계승자인 아더와 스페인 국왕 페르디난도의 막내딸 카탈리나가 결혼하면서 동맹은 더욱 강화되었다. 하지만 아더가 결혼한 지 1년 만에 폐결핵으로 사망하면서 카탈리나는 젊은 미망인이 되었고 헨리가 국왕의 후계자가 되었다. 이에 양국은 헨리와 카탈리나를 결혼시키려 했다. 하지만 당시 카톨릭은 형의 아내와 동생이 결혼하는 것을 금지하고 있었기에 양국은 교황 율리우스 2세에게 결혼을 허락해달라고 요청했다. 이에 교황은 지참금에서 상당한 몫을 챙기기 위해서 특면을 공표했다. 결혼 이후 카탈리나는 3명의 아들과 3명의 딸을 낳았으나 딸 메리를 제외하고는 모두 어른이 되기 전에 죽었다. 왕위를 계승할 수 있는 아들을 갖는 것은 영국의 안정과 헨리의 자부심을 위해 중요했기 때문에 이는 큰 문제가 되었다. 이에 헨리는 궁중에서 아름다움으로 유명했던 앤 불린과 결혼하여 후계자를 얻으려 했다. 그러나 첩의 아들은 후계자가 될 수 없었으며 헨리 8세의 왕비는 여전히 카탈리나였다.

하지만 헨리 8세는 추기경을 파견해 로마 교황에게 카탈리나와의 결혼을 무효화해달라는 특면을 요청했다. 영국보다 스페인이 교회에 훨씬 많은 돈을 기부하고 있었기에 교황 클레멘스는 특면을 거부했다. 이를 빌미로 헨리 8세는 당시 유럽 전역의 왕국에서 프로테스탄트 교회 설립을 통해 교황과의 관계를 단절하던 것처럼 종교적 독립을 선언하고 또 다른 새로운 교회인 영국 성공회를 창립했다. 그는 교회의 지배자가 되었으며 이를 통해서 그는 영국 성공회로부터 특면을 받아 앤 불린과 결혼하였으며 이후에도 4명의 부인을 더 맞이했다. 그런데 영국에 남아있던 가톨릭 신자들은 앤이 낳을 후계자는 왕위를 이어받을 권리가 없다고 생각했다. 이에 헨리 8세는 가톨릭 신자들을 핍박하였으며 독실한 가톨릭 신자였던 토마스 모어는 앤의 대관식에 참석을 거부했다는 이유로 처형되기도 했다. 그러나 아이러니하게도 앤 불린은 아들을 한 명도 낳지 못해서 후계자를 만들지 못했다.

① 카톨릭에서는 형의 아내와 동생이 결혼하는 것을 금지하였기에 헨리 8세와 앤 불린의 결혼의 특면을 거부하였다.

② 교황 클레멘스의 특면 거부를 빌미로 헨리 8세는 프로테스탄트 교회 설립에 동참하였다.

③ 카톨릭 교회가 카탈리나와의 결혼을 허락하지 않자 헨리 8세는 종교적 독립을 선언했다.

④ 당시 카톨릭 교회는 첩의 아들은 후계자로 인정하지 않는 것을 원칙으로 하고 있었다.

⑤ 헨리 8세의 아내였던 카탈리나와 앤 불린 모두가 아들을 낳지 못한 것은 아니었다.

해설

글의 마지막 문장을 통해 앤 불린이 아들을 낳지 못했다는 점은 분명하다. 하지만 1문단에 따르면 카탈리나는 3명의 아들을 낳았으나 성인이 되기 전에 모두 죽었기 때문에 후계자를 만들지 못한 것이다. 따라서 두 사람 모두 아들을 낳지 못한 것은 아니다.

(오답풀이)

① 형의 아내와 동생이 결혼하는 사례는 헨리 8세와 앤 불린의 결혼 사례가 아니라 헨리 8세와 카탈리나의 결혼이었다.

② [2문단] '이를 빌미로 헨리 8세는 당시 유럽 전역의 왕국에서 프로테스탄트 교회 설립을 통해 교황과의 관계를 단절하던 것처럼 종교적 독립을 선언하고 또 다른 새로운 교회인 영국 성공회를 창립했다.'의 내용을 통해 다른 유럽 국가들이 프로테스탄트 교회 설립을 통해 카톨릭에 저항하였듯이 헨리 8세도 영국 성공회의 설립을 통해 저항했다는 것임을 알 수 있다. 즉 헨리 8세가 프로테스탄트에 동참하였다는 이야기는 아니다.

③ 헨리 8세가 종교적 독립을 선언하게 된 것은 헨리 8세 자신과 앤 불린의 결혼을 카톨릭 교회가 승인하지 않은 것에 의한 것이었다.

④ [1문단] '이에 헨리는 궁중에서 아름다움으로 유명했던 앤 불린과 결혼하여 후계자를 얻으려 했다. 그러나 첩의 아들은 후계자가 될 수 없었으며 헨리 8세의 왕비는 여전히 카탈리나였다.' 부분은 영국의 왕실법에 해당하는 것으로 보이며, 교회법에 해당한다고 판단할 근거는 없다.

정답 ⑤

16

다음 글로부터 추론할 수 있는 것은?

결복(結卜, 농지세)에 대해서 말씀드리고자 합니다. 흉년 풍년을 가리지 않고 홍수로 논밭이 다 떠내려가 시내 바닥을 이룬 것도 헤아리지 않고 장부만 보고 사람 수, 농지넓이만 기준으로 다 받아가고서는 흉년을 운운하며 영문(營門)에 보고합니다. 그러면 감사는 관원의 말과 문서만을 보고 해당 연유를 조정에 장계를 올립니다. 전하께서는 그것만 믿으셔서 결복에 관한 흉년의 법령에 수백 결(結, 1결에 백 냥)을 또다시 탕감해주시나 이것은 백성에 미치지 못하오니 이런 폐단을 아시지 못하는 것에 대해서 안타깝기 그지없습니다.

군정(軍丁, 정해진 베로 대신하는 병역의무)에 대해 말씀드리면, 아직 어미 뱃속에 있는 핏덩이와 강보에 싸인 아이부터 심지어 무덤 속의 백골에까지 베를 바치게(徵布) 하니 이것은 중앙에서는 모르는 일일 것입니다. 송장에까지 징포를 하지만 초야의 백성들은 "탐관오리들이 백성의 피와 기름을 빨아도 어찌 이럴 수가 있을까보냐"고 쑥덕거리기만 할 뿐 이런 관가의 세력을 누가 당해내겠습니까. 군포를 받을 날이 되면 독촉이 성화같아 만약 징포성적이 나쁘면 고을에서 나온 관리가 머리에 큰 칼을 씌우고 독촉장을 쥐어주니 그 횡포가 이루 말할 수 없을 정도이옵니다. 양반도 십 대 동안 드러난 벼슬이 없으면 군적에 입적을 해야 하는 일이온데, 반상(班常)의 구별 없이 돈만 있으면 토반(土班, 향토의 양반)이 되니 이런 거짓 양반으로 면역된 상민을 골라내어 군적을 채운다면 백성들의 원성이 조금은 감하여지지 않을까 생각합니다.

백성들이 밤낮으로 논과 밭을 갈아 간신히 피땀으로 농사지어 풍년을 맞아도 군포로 결복으로 환곡으로 한 뭉씩 나가고 또한 호적을 조사할 때, 관원이 부임하거나 물러날 때, 감사가 순시할 때, 길이나 다리를 정비할 때, 한 뭉씩 나가게 되어 있으니 어찌 제대로 살 수가 있겠습니까? 나라에서 정하지 않은 것들도 있어 동네 당산제, 무당, 점쟁이, 시주, 날받이, 판수, 사당, 풍각쟁이에다가 뱃사공까지 달려드니 결국 참지 못해 삼십육계 줄행랑을 놓아보지만 전국이 다르지 않으니 어디라고 살 만하겠습니까? 흉년까지 들라치면 주리고 목마른 것이 뼈에 사무쳐 얼굴이 붓고 가죽이 누렇게 들떠 염치 돌보지 못하고 걸식을 하다가 길에 엎어 죽어있고 들과 구렁에는 송장들이 널려있습니다. 시달리다가 떠나고 흩어져 사방을 떠돌아다니면 얻어먹고 열 집 중에 아홉 집이 비어버리게 되었습니다.

– 조선 헌종 12년, 관기 초월(楚月)의 상소 –

① 관원 취임, 감사 순시 등 규정에 없는 사사로운 항목으로 백성들에 대한 수탈이 행해졌다.
② 당시 흉년 여부에 따라 백성들에게 부과하는 세금의 차이를 규정한 법령이 있었다.
③ 백성에 대한 학정(虐政)은 특정 탐관오리들에 의해서 일부 지역에서 나타나는 현상이었다.
④ 당시 부정한 방법으로 양반이 되었음에도 군정에 있어 일반 백성들과 동일한 대우를 받았다.
⑤ 징포성적이 나빠 칼을 쓰는 형벌을 받게 된 관리는 백성들을 더욱 가혹하게 대하였다.

해설

글의 1문단에 따르면 흉년이라는 보고를 받은 왕은 법령에 규정이 있던 흉년의 세수액에 추가로 수백 결을 탕감해주는 정책을 폈다는 사실을 알 수 있다. 즉 흉년에는 세수액을 감액해주는 별도의 법규가 존재하였음을 추론할 수 있다.

(오답풀이)

① [3문단] 세 번째 문장 마지막을 보면 '나라에서 정하지 않은 것들도 있어'라고 하면서 기타 여러 출금 항목들을 언급하고 있다. 따라서 두 번째 문장에서 제시한 경우는 당시 나라에서 정해놓은 항목임을 알 수 있다.

③ [3문단] 필자는 학정에 견디다 못한 백성들이 다른 지역으로 도망을 가기도 하지만 이런 수탈이 전국적으로 만연해 있어 다를 것이 없다고 서술하였다.

④ [2문단] 본래 양반이라 할지라도 십 대 동안 공헌이 없으면 군적에 올라 군포를 내야 했는데, 부정한 방법으로 양반이 된 사람들은 군포를 내지 않았다는 사실을 알 수 있다. 즉 이들은 다른 백성들과 동일한 대우(군포납세)를 받은 것이 아니라 일반 양반들과 동일한 대우(면역)를 받았던 것이다.

⑤ [2문단] 관가에서 나온 관원들은 징포성적이 저조할 경우, 백성들을 상대로 머리에 큰 칼을 씌우고 독촉장을 쥐어주는 횡포를 범하였다.

정답 ②

17

다음 글에서 알 수 있는 것은?

> 오늘날 적자(嫡子)는 본처(本妻)의 소생을 의미하며, 서자(庶子)는 첩의 소생을 의미한다. 적법한 혼인관계에 있는 남녀 사이에서 태어난 자녀를 적자라 하고, 그러한 혼인관계가 없는 남녀 사이에서 태어난 자녀인 혼외자 중에서 그 아버지가 인지한 자녀가 사회적으로 서자라 불린다.
>
> 그러나 역사상의 용어로서 적자와 서자의 개념은 그렇게 단순하지 않다. 역사상의 용어는 시대에 따라 뜻이 변하여 전혀 다른 의미로 인식되거나 혹은 말뜻이 없어지거나 혹은 전혀 새로운 뜻으로 변하는 수가 많기 때문이다. 예를 들어 17세기 조선의 예송의 경우 송시열과 윤휴 간의 적·서자에 대한 견해 차이에서 발단되었다. 송시열은 적자를 적장자(嫡長子), 즉 정당한 혼인관계에 있는 남자와 그 본처의 몸에서 태어난 맏아들이라 주장하였고, 서자는 본처의 차자(次子, 둘째 아들) 이하를 의미한다고 주장하였다. 그러나 윤휴에 따르면, 적자는 본처의 소생을 의미하지만 서자는 첩자(妾子), 즉 서얼(庶孼)로 이해하였다. 서얼이란 조선시대에 사용하던 개념으로 첩의 아들을 의미하였다.
>
> 적자와 서자를 오늘날의 의미로 사용한다면 조선시대 양반의 적자는 거의 유교 경전과 시문을 익혀 과거나 음서를 통하여 양반관료로 진출하거나 재야에서 공부를 계속하였다. 그러나 서자에게는 문무과 시험과 생원·진사시험 응시가 금지되었다. 서자들은 의과, 역과, 율과, 음양과 등 잡과 과거시험을 거쳐서 전문기술직 관료로 진출하여 15세기 이래의 이른바 중인층 형성의 큰 몫을 차지하였다. 이에 따라 실용적인 의학, 역학, 율학, 수학은 대개 조선 전기의 서자의 후손으로 생각되는 소수 중인신분층의 전유물이 되고 말았다.
>
> 임진왜란 직후 서자들에게도 일부에게나마 생원·진사시험 등 문과의 문이 열렸고 무과의 문은 국난에 대처하기 위하여 폭넓게 개방되었다. 18세기 후기 영조 대에는 서얼에게도 널리 문무과거와 생원·진사시험을 볼 수 있게 함으로써 그 후의 서자들은 더 이상 실용적인 학문에 뜻을 두지 않고 유교 경전이나 시문을 익혀 양반 관료가 되고자 하는 꿈을 품을 수 있게 되었다.

① 송시열에 따르면 서자는 첩의 소생을 의미한다.
② 조선 전기 서자들은 무과시험에는 응시할 수 있었으나 문과시험에는 응시할 수 없었다.
③ 영조 대에 이르러 비로소 본처의 차자들도 생원·진사시험을 볼 수 있게 되었다.
④ 윤휴가 주장한 적자의 개념과 오늘날의 적자의 개념은 다르지 않다.
⑤ 송시열이 주장한 적자의 개념과 오늘날 적자의 개념은 동일하다.

해설

글의 2문단에 따르면 윤휴도 적자의 개념을 본처의 소생이라 하였으므로 오늘날의 정의와 다르지 않다.

(오답풀이)

① [2문단] 송시열에 따르면 서자는 본처의 차자 이하의 자식들을 의미하므로 옳지 않은 설명이다.

② [3문단] '그러나 서자에게는 문무과 시험과 생원·진사시험 응시가 금지되었다.'의 내용을 통해 알 수 있다.

③ [4문단] 영조 대에 들어서 생원·진사시험을 볼 수 있게 된 사람들은 서얼이었다. 차자와 적자의 구분은 송시열에 의한 구분법이며, 그와 관련한 내용은 추론할 수 없다.

⑤ 송시열에 의하면 적자는 적장자(본처의 소생 중 맏아들)에 해당하지만, 오늘날에는 적자는 본처의 소생 전체를 일컬으므로 옳지 않은 설명이다.

정답 ④

18

다음 글의 내용과 일치하는 것은?

모발은 혈흔, 담배꽁초와 함께 범죄 현장에서 가장 많이 발견되는 증거물 가운데 하나이다. 보통 사람의 경우 하루 수십 개의 모발이 자연적으로 빠지기 때문에 범죄가 일어난 현장에도 범인의 모발이 떨어져 있을 가능성이 크다. 특히 격렬한 다툼이 있는 살인 등의 강력 사건에서는 그 가능성이 더 커지게 된다.

일반적으로 모발은 모근부와 모간부로 나뉜다. 두피에 묻혀 있어 피부 조직을 포함하고 있는 부위를 모근부라고 하고, 두피 바깥으로 나와 있으며 피부 조직이 없는 부분을 모간부라고 한다. 모근부를 관찰하면 붙어 있는 조직의 모양에 따라 발견된 모발이 자연적으로 탈락한 것인지 또는 강제적으로 뽑힌 것인지 판단할 수 있다. 모간부에서는 모근부보다 더 많은 특징을 관찰할 수 있다. 모발의 겉면을 현미경으로 관찰하면 비늘 모양의 무늬를 볼 수 있는데 이를 모소피 무늬라고 한다. 이 무늬의 모양은 동물과 사람이 다르기 때문에 모발이 사람의 것인지 동물의 것인지 판단할 수 있다.

모발을 통해 혈액형과 유전자 분석도 할 수 있다. 혈액형은 모발에 분비되어 있는 혈액형 물질을 항원항체 반응을 이용하여 검출할 수 있다. 모근부가 있는 경우 핵 DNA 분석이 가능하기 때문에 모발이 한 올이라도 있으면 유전자 분석이 가능하다. 모간부만 있는 모발의 경우는 모발이 자라면서 핵 DNA가 깨지기 때문에 분석이 불가능하지만, 미토콘드리아 DNA 분석을 할 수 있다. 이는 하나의 세포에 미토콘드리아가 수백 개에서 수천 개 존재하기 때문이다. 그렇지만 동일 모계의 자식들은 미토콘드리아 DNA가 같기 때문에 개인 식별에는 제한적으로 사용된다.

이 밖에도 모발에서 여러 가지 특징을 관찰하여 범죄 수사에 응용하고 있다. 최근에 이발을 한 경우 모발의 끝 부분은 매우 거친 형태를 하고 있지만 시간이 지날수록 둥글게 변한다. 따라서 모발의 끝 부분을 관찰하면 이발을 한 후 경과 시간을 추정할 수 있다. 피해자의 모발이 잘려 있다면 잘린 부분을 관찰함으로써 범행 도구가 둔탁한 물체인지 칼과 같은 예리한 물체인지도 판단할 수 있다. 특수 분석 장비를 이용해 모발 성분을 분석하면 모발에 묻은 화공 약품 등 오염 물질과 마약 등의 약물 섭취 여부도 판단할 수 있다. 모발이 장시간 특정한 환경에 지속적으로 노출된 경우 중금속이 모발에 축적될 수도 있는데 이를 분석하면 범인의 직업이나 주거 환경을 추정할 수 있다.

① 모소피 무늬를 관찰하면 개인을 식별해낼 수 있다.
② 어머니가 같은 자식들의 미토콘드리아 DNA는 모두 동일하다.
③ 모근부에는 핵 DNA가 존재하지 않기 때문에 미토콘드리아 DNA를 분석한다.
④ 모간부를 보면 모발이 자연적으로 탈락한 것인지, 강제로 뽑힌 것인지 확인할 수 있다.
⑤ 모간부만 있더라도 핵 DNA 분석을 통해서 개인을 식별해낼 수 있다.

해설

글의 3문단 마지막 문장에 따르면 동일한 어머니의 자식들은 모두 동일한 미토콘드리아 DNA를 갖게 된다. 따라서 어떤 어머니의 자식들이 용의선상에 오를 것인지는 확인할 수 있지만, 구체적으로 그 중에서 특정 개인을 식별하는 데에는 제한적이다.

(오답풀이)

① [2문단] 모소피 무늬를 관찰하면 모발이 사람의 것인지, 동물의 것인지 구분할 수 있을 뿐이다.

③ [3문단] 모근부에는 핵 DNA 분석이 가능하다.

④ [2문단] 모근부와 함께 붙어 있는 조직의 형태를 살펴보면 자연 탈락인지 아니면 강제로 뽑힌 것인지 추측할 수 있다.

⑤ [3문단] 모간부는 핵 DNA가 파괴되어 있으므로 이를 분석해서 개인을 식별하는 데에는 제한적이다.

정답 ②

19

다음 글로부터 원자력 발전에 대해 알 수 있는 것은?

원자력 발전은 기본적으로 핵분열 반응을 이용하여 에너지를 얻는 방법을 말한다. 물론 핵융합을 통한 발전도 가능하지만, 아직 보편적인 실용화 단계에 들어서지는 못했다. 따라서 일반적으로 원자력 발전이라고 하면 핵분열 반응을 통해 전기에너지를 생산하는 방법을 말한다. 하나의 핵분열 반응이 일어나면 약 2억 전자볼트의 에너지가 방출되게 된다. 이 중 절반의 에너지만 운동에너지로 변환된다. 이 운동에너지는 최종적으로 열에너지로 변환되게 되고 이것이 원자로의 물을 데워서 증기로 만들게 된다. 그리고 이 증기가 기계적 에너지가 되어서 터빈을 돌리게 되어 마침내 우리가 사용할 수 있는 전기에너지가 만들어지게 되는 것이다.

원자력 발전은 이와 같이 복잡한 과정을 거쳐 전기에너지를 생산한다. 원자력이라고 한다면 가장 최근에 개발된 발전 방법 중 하나이기 때문에 발전의 과정 역시 최첨단의 획기적인 기법들이 적용되었을 것이라 생각하는 경우가 많지만, 사실 핵분열 반응을 일으키고 제어하는 부분을 제외하면 가장 고전적인 발전 방법에 그대로 의존하고 있다. 이러한 과정 속에서 상당히 많은 에너지가 유실되어, 사실 에너지 전환 효율만 따지면 화력 발전보다 못한 것이 사실이다. 처음 핵분열로 발생한 에너지의 30% 정도를 전력으로 회수하는 것이 고작이고, 나머지는 버려지게 되는 것이다.

원자력 발전과정에서 발생한 온배수(溫排水)를 바다에 투기하는 것도 그러한 예 중의 하나이다. 온배수는 단순히 에너지 손실을 의미하는 것뿐만 아니라 환경오염의 원인이라는 데에 더 큰 심각성이 있다. 온배수는 기존의 바다 수온보다 높을 뿐만 아니라 바다와 같은 염수가 아니라 담수이기 때문에 투기하는 지역 근처의 바다 생태계에 큰 변화를 가져오게 된다. 실제로 온배수를 수시로 투기하는 근해의 경우에는 아열대 지방에서 서식하는 해파리들이 지나치게 증식하여 어민들의 정상적인 어로활동에 큰 피해를 주고 있다.

① 화력 발전이 원자력 발전에 비해 더 많은 전력을 생산할 수 있는 발전 방법이다.

② 화력 발전에 비해 발전에너지당 생산비용이 높은 발전 방법이다.

③ 온배수의 바다투기에 따른 방사능 유출은 바다 환경을 오염시킨다.

④ 화력 발전에 비해 환경오염을 유발할 위험성이 더 큰 발전 방법이다.

⑤ 하나의 핵분열 반응으로 발생한 에너지 중 약 1.4억 전자볼트는 전력으로 변환되지 못한다.

해설

하나의 핵분열 반응으로 발생하는 2억 전자볼트 중 30%만 전력으로 변환되므로 1.4억 전자볼트는 버려지는 에너지임을 알 수 있다.

(오답풀이)

① [2문단] 화력 발전의 에너지 변환 효율이 원자력 발전보다 높다는 것이지 전력 총생산량에 대해서는 언급한 바 없다.

② 처음 발생하는 에너지 대비 전력으로 전환되는 에너지 비율만을 기준으로 화력 발전과 비교하고 있을 뿐이다. 비용과 관련하여 설명하고 있는 부분은 없다.

③ 글에서 언급하고 있는 것은 온배수의 수온과 염도에 의한 환경오염이다. 즉 방사능 유출이라는 점에 대해서는 설명하고 있지 않다.

④ 화력 발전과 환경오염의 유발 정도를 기준으로 비교한 내용은 언급되어 있지 않다.

정답 ⑤

20

다음 글로부터 추론할 수 없는 것은?

1234년에 처음으로 발명된 금속활자 인쇄술은 인쇄 기술사의 한 획을 긋는 고려시대의 위대한 문화의 소산이다. 그러나 이 기술이 빠르고도 경제적인 활판 인쇄술로 개발되어 실용화되기까지는 오랜 세월이 걸렸다.

새로운 왕조의 기틀이 안팎으로 안정된 조선 태종 3년에 이르러 태종은 주자소(鑄字所)를 설치하고 오랫동안 단절된 활자 주조에 착수하여 계미자(癸未字)라는 조선 왕조 최초의 금속활자를 만들어냈다. 이것이야말로 태종의 뒷받침이 없었으면 탄생하기 어려운 발명품이었다. 이 활자는 활자 밑 끝이 뾰족하여 밀랍 바탕에 활자를 꽂아 판을 짜야만 책장을 찍을 수 있었다. 인쇄 과정에서 몇 장만 밀어내면 활자가 흐트러져서 인쇄를 멈추고 활자를 바로잡기 위해 인판에 밀랍을 수시로 녹여 붓고 식힌 다음 다시 인쇄할 수밖에 없었다. 하루 인쇄 분량은 고작 10여 장 정도에 머물렀다.

세종은 인쇄 능률을 올리기 위하여 당시 공조 참판이던 이천으로 하여금 크기와 모양이 고른 새로운 활자를 주조하도록 하였다. 세종 2년 11월에 남급, 김익정, 정초의 도움을 받아 다음 해인 경자년 5월에 활자를 주조했는데 이것이 경자자(庚子字)이다. 『세종실록』에 따르면 "청동 인판과 활자의 모양을 개조하여 서로 이가 맞도록 하였기 때문에 밀랍을 한 번 부어놓으면 다시 녹여 붓지 않아도 활자가 잘 움직이지 않아 하루에 수십여 장을 찍어낼 수 있었다."고 한다. 효율성은 증대되었지만 경자자 역시 근본적으로 밀랍식 판짜기에서 벗어나지는 못하여 여전히 실용화라는 목적을 달성하기에는 부족하였다.

장영실은 가독성을 높이기 위하여 10mm×11mm인 경자자의 글자체를 키우고, 또한 인쇄 효율을 높이기 위하여 활자와 인판을 새롭게 짜기 위한 방법을 고안하기 시작하였다. 세종 16년 갑인년 7월 초에 크고 작은 활자 20여만 자를 새로 만들었으니 이것이 조선시대 금속활자의 기본이 된 갑인자(甲寅字)이다. 크기가 14mm×15mm인 이 활자는 전반적으로 모양이 고르고 네모난 형태여서, 판을 짤 때에 밀랍을 녹여 붓는 대신 대나무 조각으로 틈새를 메우는 조립식 판짜기가 가능하였다. 따라서 인쇄 분량은 하루에 40여 장으로 대폭 증가하였으며 점차 문서의 인쇄방법으로 보편화되기 시작하였다.

① 계미자는 경자자와 갑인자보다 인쇄 효율이 낮았다.
② 경자자도 밀랍 바탕에 활자를 꽂아 인쇄를 한다는 점에서 계미자와 다르지 않았다.
③ 금속활자는 조선에서 개발된 것은 아니었으나 조선시대에 실용화될 수 있었다.
④ 갑인자는 경자자보다 글자체를 키움으로써 인쇄 효율을 증대시킬 수 있었다.
⑤ 조선시대의 인쇄 효율은 밀랍식 판짜기에서 조립식 판짜기로 변화하면서 증대되었다.

해설

글의 4문단에 따르면 장영실은 가독성을 높이기 위하여 10mm×11mm인 경자자의 글자체를 키우고, 또한 인쇄 효율을 높이기 위하여 활자와 인판을 새롭게 짜기 위한 방법을 고안하기 시작하였다. 즉 글자체 크기의 증가는 인쇄 효율을 높이기 위한 것이 아니라 가독성을 높이기 위한 방법이다.

(오답풀이)

① 계미자는 하루 인쇄 분량이 열 장 정도였으나, 경자자와 갑인자는 그보다 훨씬 많은 인쇄 분량을 소화할 수 있었다.

② [3문단] 『세종실록』에 따르면 "청동 인판과 활자의 모양을 개조하여 서로 이가 맞도록 하였기 때문에 밀랍을 한 번 부어놓으면 다시 녹여 붓지 않아도 활자가 잘 움직이지 않아 하루에 수십여 장을 찍어낼 수 있었다."고 한다. 효율성은 증대되었지만 경자자 역시 근본적으로 밀랍식 판짜기에서 벗어나지는 못하여 여전히 실용화라는 목적을 달성하기에는 부족하였다.'라고 하였다. 즉 여전히 밀랍을 부어 활자를 고정하는 방식에는 차이가 없었음을 확인할 수 있다.

③ [1문단] 금속활자는 고려 대에 개발되었으나 실용화되지 못하다가 [4문단] 갑인자의 개발 이후 보편적으로 활용되기 시작하였다.

⑤ 계미자와 경자자는 모두 밀랍식 판짜기에 해당한다. 반면 갑인자는 조립식 판짜기이므로 옳은 설명이다.

정답 ④

나우쌤이 알려주는 킥 POINT

정답이 글의 내용과 어떻게 다른지 살펴보도록 합시다. 먼저 글의 내용은 다음과 같이 정리할 수 있습니다.

목적	방법
가독성을 높이는 것	경자자의 글자체 크기 변경
인쇄 효율 제고	활자와 인판을 짜기 위한 방법 개선

이와 같은 형태로 제작된 선택지들은 이미 우리가 앞서 살펴본 바 있습니다. 만약 이런 선택지들을 글의 내용과 일치하지 않는 선택지로 쉽게 판별할 수 없다면 정보의 연결 관점에서의 연습이 필요하다고 볼 수 있습니다.

21

다음 글의 내용과 부합하는 것은?

지구의 역사를 살펴보면, 세계적인 격변으로 생명의 토대 자체가 뒤흔들리면서, 동식물들이 갑작스러운 조건 변화에 적응하지 못하고 대량으로 멸종하는 사건이 반복적으로 일어났다. 그러나 가장 중요한 점은 이런 급격한 환경 변화가 궁극적으로 생명에 어떻게 영향을 미쳤는지를 말해주는 화석 기록으로부터 배워야 한다는 것이다. 사라진 종은 영구히 사라진다는 것을 말이다.

지구의 탄생 이래 발생한 대멸종의 역사를 살펴보면, 지구의 복잡한 생명체가 진화한 이래로 격변이라는 형태의 자연재해로 종이 처음으로 대량 멸종한 것은 4억 4천만 년 전으로 동물 과(科)들 중 25%가 전멸했다. 그 뒤 약 3억 7천만 년 전 데본기에는 동물과들 중 거의 20%가 사라졌다. 주로 해양생물이었다. 약 2억 5천만 년 전에는 유독한 기체구름이 발생해서 모든 동식물의 95%가 사라졌다. 그로부터 겨우 4천만 년 뒤 많은 포유류형 파충류를 포함하여 생물 과들의 23%가 사라졌다. 포유류형 파충류가 사라진 자리는 궁극적으로 공룡이 등장하여 대체하였다. 다섯 번째 대멸종은 약 6,500만 년 전 소행성 충돌로 공룡들이 절멸했던 사건으로 가장 최근의 대량 멸종이었다.

그러나 과학자들은 오늘날의 종의 점진적인 쇠퇴를 조사하고 고대 화석에 기록된 것과 같은 방식으로 결과를 분석하기 시작하자, 현재의 상황이 심각하다는 것이 드러났다. 지구가 다시금 대량 멸종을 향해 나아가고 있다는 것이다. 지난 500년 동안 사라진 종의 수를 토대로 과학자들은 앞으로 또 다시 대멸종 사건이 시작될 것이라고 믿는다. 이 멸종 사건은 앞으로 300~2,000년에 걸쳐 이어질 수도 있다. 서식지 조건을 고려할 때, 척추동물들이 가장 심각한 영향을 받을 가능성이 높다. 서식지 파괴와 먹이 사슬 교란으로 그들의 집단은 자원이 더 희소한 더 작은 서식지로 내몰릴 것이며, 더 이상 달아날 곳이 없는 몹시 취약한 상태에 놓일 것이다. 그러면 불행히도 식물도 연쇄적으로 영향을 받는다. 무수한 식물 종들은 주된 씨 산포 매개자인 이 동물과 긴밀한 동반자 관계를 이루어왔기 때문이다.

보기

ㄱ. 오늘날까지 지구에서 완료된 생물의 대멸종 사건은 총 다섯 차례이다.
ㄴ. 지금으로부터 두 번째로 가까운 대멸종은 2억 5천만 년 전에 있었다.
ㄷ. 현재까지 있었던 대멸종 중에서, 종의 멸종이라는 관점에서 가장 규모가 컸던 것은 공룡의 절멸 사건이었다.
ㄹ. 앞으로 대멸종이 발생하면 동물의 생존뿐만 아니라 식물의 번식에 있어서도 문제가 발생할 것이다.

① ㄱ, ㄴ
② ㄱ, ㄹ
③ ㄴ, ㄷ
④ ㄴ, ㄹ
⑤ ㄷ, ㄹ

해설

ㄱ. 4억 4천만 년 전, 3억 7천만 년 전, 2억 5천만 년 전, 2억 1천만 년 전 그리고 지금으로부터 6,500만 년 전 총 다섯 차례 대멸종이 발생하였다.

ㄹ. [3문단] '그러면 불행히도 식물도 연쇄적으로 영향을 받는다. 무수한 식물 종들은 주된 씨 산포 매개자인 이 동물과 긴밀한 동반자 관계를 이루어왔기 때문이다.' 즉 씨를 여기저기 이동시켜주는 역할을 하는 동물의 절멸로 식물의 번식이나 생존도 위협받게 될 것이다.

(오답풀이)

ㄴ. 지금으로부터 두 번째로 가까운 대멸종은 2억 1천만 년 전의 멸종이다.(ㄱ의 해설 참조.)

ㄷ. 공룡의 절멸 사건은 현재의 관점에서 가장 가까운 대멸종 사건은 맞지만, 가장 큰 규모의 멸종이라 보기 어렵다. 2억 5천만 년 전에는 동식물의 95%가 멸종하는 사건도 있었다.

정답 ②

22

다음 중 글의 내용과 부합하지 않는 것은?

모든 종교는 만민에 대한 사랑을 원칙으로 하므로 사찰의 문이 굳게 닫혀 있어서는 안 된다. 그러나 문제는 절이 지나치게 세상과 가까이 있다면 절이 지니는 성스러운 의미가 희석되고 만다는 점이다. 즉, 절의 대문은 모든 사람에게 열려 있어야 하지만 그렇다고 정말 모든 사람이 쉽게 들어올 수 있어서는 안 되는 모순을 지니고 있다. 그래서 이러한 모순을 극복하기 위해 사찰로 가는 평탄치 않은 길이 존재하게 된 것이다.

사찰은 대개 깊은 산 속에 있는데, 사바에서부터 정토로 들어가기까지 몇 겹의 문을 거치도록 되어 있다. 사찰의 경내로 들어서면 우선 일주문을 지나야 하는데, 좌우에 기둥 하나씩을 세우고 그 사이에 문을 짠 매우 간단한 형태의 문이다. 사찰의 영역 내로 들어섰음을 의미하기 때문에 흔히 '산문(山門)'이라고도 한다. 규모가 작은 절에서는 인공적인 문이 아니라 길 도중에 좌우로 소나무 한 그루씩을 교차시켜 놓기도 한다.

그 다음 문이 금강문으로, 불교 세계의 수호신인 금강역사를 모신 문이다. 문 왼쪽에는 입을 굳게 다물고 무기인 금강저를 들고 있는 밀적금강이, 오른쪽에는 입을 크게 벌린 채 공격 자세를 하고 있는 나라연금강이 있다. 입을 다물고 있는 밀적금강은 '흠' 소리를 내고 있고, 입을 벌린 나라연금강은 '아' 소리를 내고 있는데, '아'와 '흠'은 각각 범어의 첫 글자와 마지막 글자로 알파와 오메가처럼 만물의 시작과 끝, 영원과 순환을 상징한다.

그 다음 만나게 되는 문이 천왕문으로, 불교 세계의 동서남북 사방을 지키는 사천왕을 모신 문이다. 동쪽을 지키는 지국천왕은 선한 이에게 복을, 악한 이에게는 벌을 주는 신으로, 오른쪽에는 악인을 징벌하기 위한 칼을, 왼쪽에는 선인을 위한 보석을 들고 있다. 남쪽을 지키는 증장천왕은 자신의 위덕을 증장하여 만물을 소생시키겠다는 서원을 한 신으로, 부릅뜬 눈을 한 채 오른손으로는 용을 움켜쥐고 왼손으로는 여의주를 들고 있다. 서쪽을 지키는 광목천왕은 세상을 두루 살피는 눈으로 죄인을 가려내어 벌을 주는 신으로, 오른손에는 삼지창을 왼손에는 보탑을 들고 있다. 북쪽을 지키는 다문천왕은 방황하는 중생을 제도하는 신이다. 규모가 작은 절에서는 천왕문이나 금강문 중 하나를 생략하기도 한다.

마지막 문이 해탈문으로, 흔히 불이문이라고도 한다. 생사와 열반, 보리와 번뇌가 모두 하나임을 천명한 문으로, 이 문을 들어서면 비로소 불국정토인 사찰의 경내로 들어서게 된다.

① 일주문은 인공적인 문인 경우도 있으나 자연물로 대체하기도 하였다.

② 금강역사가 내지르고 있는 소리는 영원과 순환의 의미를 상징한다.

③ 일주문을 포함해서 반드시 네 개의 문을 거쳐야 사찰의 경내로 들어설 수 있는 것은 아니다.

④ 사찰의 문은 모든 사람에게 열려 있어서는 안 되기 때문에 사찰로 가는 평탄치 않은 길이 존재한다.

⑤ 금강역사와 사천왕은 모두 불교 세계를 수호하는 의미를 지닌다.

해설

글의 1문단에 따르면 사찰의 문은 모든 사람에게 열려 있어야 한다. 다만 모든 사람이 쉽게 접근할 수 없게끔 해야 하기 때문에 사찰로 가는 평탄치 않은 길이 존재하게 된 것이다. 따라서 옳지 않은 설명이다.

(오답풀이)

① [2문단] '규모가 작은 절에서는 인공적인 문이 아니라 길 도중에 좌우로 소나무 한 그루씩을 교차시켜 놓기도 한다.'의 내용을 통해 알 수 있다.

② [3문단] '밀적금강은 '흠' 소리를 내고 있고, 입을 벌린 나라연금강은 '아' 소리를 내고 있는데, '아'와 '흠'은 각각 범어의 첫 글자와 마지막 글자로 알파와 오메가처럼 만물의 시작과 끝, 영원과 순환을 상징한다.'의 내용을 통해 알 수 있다.

③ [4문단] '규모가 작은 절에서는 천왕문이나 금강문 중 하나를 생략하기도 한다.'의 내용을 통해 규모가 작은 절에서는 꼭 일주문, 금강문, 천왕문, 해탈문 네 개의 문을 지나야지만 경내로 들어설 수 있는 것은 아님을 알 수 있다.

⑤ 금강역사는 불교 세계의 수호신이고, 사천왕은 불교 세계의 동서남북 사방을 지키는 역할을 상징하므로 옳은 설명이다.

정답 ④

CHAPTER 03

핵심도출형

일치추론형에 이어서 살펴볼 유형은 바로 핵심도출형입니다. 먼저 이 유형의 대표적인 문제 형태부터 살펴보도록 하겠습니다.

- 다음 글의 중심 내용으로 가장 적절한 것은?
- 다음 글의 핵심 주장으로 가장 적절한 것은?
- 다음 글의 논지로 가장 적절한 것은?

위의 문제 형태를 살펴보면 글의 핵심을 이해하고 있는지를 검증하는 문제이므로 문제의 출제의도를 이해하는 것은 어렵지 않습니다. 핵심도출형은 독해력에 크게 좌지우지되는 문제 형태이며, 실제 시험에서 실수하는 것도 앞서 언급했던 일치부합이나 추론의 문제보다는 적은 편입니다. 하지만 그렇다고 해서 안심해서는 안 될 것입니다. 지금부터 핵심도출형 문제 풀이에 있어서 신경써야 할 요소를 살펴보겠습니다.

첫째, 바로 독해력의 문제입니다. 얼핏 보면 쉽게 풀 수 있을 것 같지만, 실제로 강의나 스터디를 진행해보면 일독(一讀)으로 중심 내용을 찾지 못하는 분들이 적지 않았습니다. 이에 따라 저는 또다시 여기서 독해력에 대한 강조를 하지 않을 수 없습니다. 하지만 독해력만으로 본 문제 유형을 대비하기에는 충분하지 않기에 계속해서 다음 내용을 살펴보겠습니다.

둘째, 핵심도출형 특유의 함정이 있습니다. 예를 하나 들어보도록 하겠습니다. '다음 글로부터 추론할 수 있는 것은?'이라는 추론형의 문제가 출제될 경우, 단 하나의 선택지만 정답이 될 것이고, 나머지 답은 당연히 글과 부합하지 않는 선택지가 될 것입니다. 하지만 핵심도출형은 단 하나만 글과 부합하고, 나머지는 글과 무관하거나 상반된 내용을 담고 있는 것이 아닌, 2개 또는 3개까지도 글의 내용과 부합하는 선택지가 존재하기도 합니다. 글을 통해 알 수 있는 선택지들이 여러 개 포함되어 있기 때문에 정답을 고를 때 어려움을 겪는 경우들이 있습니다.

하지만 우리가 찾으려고 하는 것은 핵심이자, 중심이라는 점을 다시 한 번 상기할 필요가 있습니다. 즉 글을 통해 알 수 있는 선택지들 간에 상대적 가치판단이 이루어져야 하는 것입니다. 그래서 단순히 글을 통해서 '알 수 있는' 선택지만 찾아내는 것이 아니라 필자가 글을 쓰게 된 궁극적인 목적을 염두에 두면서 정답을 찾아야 하는 것입니다. 저는 여기서 두 가지의 기준을 여러분에게 제시하고자 합니다.

나우쌤의 1타 강의

1) 글의 내용과 지엽적으로 일치하는 선택지라고 해서 중심 내용은 아니다!
2) 필자가 단순히 동의할 수 있는 진술이라고 해서 반드시 핵심 주장인 것은 아니다!

그런데 독해력 부분이 취약하신 분들은 바로 이러한 과정에서 글에 부합하는 다른 선택지를 고르시는 경우가 적지 않습니다. 이는 필자가 강조하는 중심 내용을 확실하게 인지하지 못함에 따라 글 내용과 분명하게 일치하는 몇 가지 표현을 바탕으로 '일치부합형'처럼 풀었기 때문입니다.

자, 이제부터는 시간을 재면서 문제를 풀어보길 바랍니다. 문제를 풀고 난 후에는 풀이 과정을 곰곰이 기억해보길 바랍니다. 선택지를 읽다가, "이건 글에 나왔던 내용인데" 하면서 판단을 망설였던 순간이 없었는지, 그렇다면 앞서 언급했던 기준을 생각해보면서 다시 한번 선택지를 확인해보길 바랍니다.

기본유형 연습문제

01

2019년 하반기 한국철도공사

다음 글의 핵심 주제로 가장 적절한 것은?

과학이 무신론이고 윤리와 거리가 멀다는 견해는 스페인의 철학자 오르테가 이 가세트가 말하는 '문화인'들 사이에서 과학에 대한 반감을 더욱 부채질하곤 했다. 이 두 가지 반감의 원인이 타당한 것인지는 좀 더 살펴볼 필요가 있다. 사실 과학자도 신의 존재를 믿을 수 있고, 더 나아가 신의 존재에 대한 과학적 증거를 찾으려 할 수도 있다. 무신론자들에게는 이것이 지루한 과학과 극단적 기독교의 만남 정도로 보일지도 모른다. 그러나 어느 누구도 제임스 클러크 맥스웰 같이 저명한 과학자가 분자구조를 이용해서 신의 존재를 증명하려 했던 것을 비웃을 수는 없다.

물론 과학자들 중에는 무신론자도 많이 있다. 동물학자인 도킨스는, 모든 종교는 무한히 복제되는 정신적 바이러스일지도 모른다는 의심을 갖고 있었다. 그러나 확고한 유신론자들의 관점에서는 이 모든 과학적 발견 역시 신에 의해 계획된 것을 발견한 것이므로 종교적 지식이라고 할 수도 있다. 따라서 과학의 본질을 무조건 비종교적이라고 간주할 수는 없을 것이다.

오히려 과학자나 종교학자가 모두 진리를 찾으려고 한다는 점에서 과학과 신학은 동일한 목적을 추구한다고도 할 수 있다. 과학이 물리적 우주에 관한 진리를 찾는 것이라면, 신학은 신에 관한 진리를 찾는 것이다. 그러나 신학자들이나 혹은 어느 정도 신학적인 관점을 가진 사람들은 신이 우주를 창조했다고 믿고 우주를 통해 신과 만날 수 있다고 믿기 때문에 신과 우주가 근본적으로는 뚜렷이 구분되는 대상이 절대 아니라고 생각한다.

사실 많은 과학자들이 과학과 종교는 서로 대립되는 개념이라고 주장하기도 한다. 신경심리학자인 리처드 그레고리는 '과학이 전통적인 믿음을 받아들이기보다는 모든 것에 질문을 던지기 때문에 과학과 종교는 근본적으로 다른 반대의 자세를 가지고 있다'고 주장한 바가 있다. 그러나 이것은 종교가 가지고 있는 변화의 능력을 과소평가한 것이다. 유럽에서 일어난 모든 종교개혁 운동은 전통적 믿음을 받아들이지 않으려는 시도였다.

과학은 증거에 의존하는 반면 종교는 계시된 사실에 의존한다는 점에서 이들 간에 극복할 수 없는 차이점이 존재한다는 반론을 제기할 수도 있다. 그러나 종교인들에게는 계시된 사실이 바로 증거이다. 지속적으로 신에 관한 증거들에 대해 회의하고 재해석하려고 한다는 점에서 신학을 과학이라고 간주하더라도 결코 모순은 아니다. 사실 그것을 신학이라고 부르기 때문에 신의 존재를 전제로 하고 있는 것처럼 보인다. 그러나 우리가 본 바와 같이 과학적 연구가 몇몇 과학자를 신에게 인도했던 것처럼, 신학 연구가 그 신학자를 무신론자로 만들지 않을 이유는 없다.

① 유신론자인 과학자의 존재 가능성 검토
② 역사적으로 과학과 대립해 왔던 종교
③ 점차 하나로 통일되고 있는 신학과 과학
④ 과학의 관점에서 재조명되고 있는 신학
⑤ 상충하지 않는 신학과 과학의 관계

해설

필자는 이 글을 통해 신학과 과학은 서로 대립적인 관계라고 보는 일반적인 편견에 대해서 반박하고자 한다. 물론 무신론자인 과학자들도 존재하고, 종교에 대해서 부정적인 견해를 가지고 있는 과학자들도 존재한다. 하지만 신의 존재에 접근하려는 신학도 신의 피조물인 우주에 대한 관심을 가지고 있으며 그런 면에서 과학자들과 다르다고 할 수 없다. 또한 방법상의 면에서 제시된 증거를 검토하고 증명하려고 한다는 점에서 과학과 신학은 크게 다르지 않으며, 전통에 머무르지 않고 학문적 발전을 기도한다는 점에서 신학과 과학은 다르지 않다고 필자는 설명하고 있다.

이를 종합해볼 때, 필자는 일반적인 편견에 대해서 반박하고, 신학과 과학은 충분히 공존이 가능한 학문의 분야라는 것을 설명하고 있다.

정답 ⑤

PSAT 기출 연습문제

01

2009년 5급 행정공채 PSAT

다음 글의 중심 내용으로 가장 적절한 것은?

우리는 일상적으로 몸에 익히게 된 행위의 대부분이 뇌의 구조나 생리학적인 상태에 의해 이미 정해진 방향으로 연결되어 있다는 사실을 알고 있다. 우리는 걷고, 헤엄치고, 구두끈을 매고, 단어를 쓰고, 익숙해진 도로로 차를 모는 일 등을 수행하는 동안에 거의 대부분 그런 과정을 똑똑히 의식하지 않는다.

언어 사용 행위에 대해서도 비슷한 이야기를 할 수 있다. 마이클 가자니가는 언어 활동의 핵심이 되는 왼쪽 뇌의 언어 중추에 심한 손상을 입은 의사의 예를 들고 있다. 사고 후 그 의사는 세 단어로 된 문장도 만들 수 없게 되었다. 그런데 그 의사는 실제로 아무 효과가 없는데도 매우 비싼 값이 매겨진 특허 약에 대한 이야기를 듣자, 문제의 약에 대해 무려 5분 동안이나 욕을 퍼부어 댔다. 그의 욕설은 매우 조리있고 문법적으로 완벽했다. 이로부터 그가 퍼부은 욕설은 손상을 입지 않은 오른쪽 뇌에 저장되어 있었다는 사실을 알게 되었다. 여러 차례 반복된 욕설은 더 이상 의식적인 언어 조작을 필요로 하지 않게 되었고, 따라서 오른쪽 뇌는 마치 녹음기처럼 그 욕설을 틀어 놓은 것이다.

사람의 사유 행위도 마찬가지이다. 우리는 일상적으로 어떻게 새로운 아이디어를 얻게 되는가? 우리는 엉뚱한 생각에 골몰하거나 다른 일을 하고 있는 동안 무의식중에 멋진 아이디어가 떠오르곤 하는 경우를 종종 경험한다. '영감'의 능력으로 간주할 만한 이런 일들은 시간을 보내기 위해 언어로 하는 일종의 그림 맞추기 놀이와 비슷한 것이다. 그런 놀이를 즐길 때면 우리는 의식하지 못하는 사이에 가장 적합한 조합을 찾기도 한다. 이처럼 영감이라는 것도 의식적으로 발생하는 것이 아니라 자동화된 프로그램에 의해 나타나는 것이다.

① 인간의 사고 능력은 일종의 언어 능력이다.

② 인간은 좌뇌가 손상되어도 조리있게 말할 수 있다.

③ 인간의 우뇌에 저장된 정보와 좌뇌에 저장된 정보는 독립적이다.

④ 인간의 언어 사용에서 의식이 차지하는 비중이 크지만 영감에서는 그렇지 않다.

⑤ 일상적인 인간 행위는 대부분 의식하지 않고도 자동적으로 이루어진다.

해설

글의 1문단 내용을 살펴보면 인간은 의식하지 않고 일상생활을 영위해 나가는 경우가 있다.(일상적 행위) 2문단에서는 심지어 언어 중추가 손상되어 있는 경우라 하더라도 무의식적으로 반복적인 욕설을 하는 경우가 있다는 사례를 제시하고 있다.(언어 행위) 그리고 3문단에서는 우리가 영감이라고 부르는 것도 의식적인 것과 관계없이 이루어지는 것이라고 말하고 있다.(사유 행위)
즉, 우리가 인간의 행위라고 부르는 것의 상당한 영역이 바로 의식과 무관하게 이루어지고 있다는 중심 내용을 도출할 수 있다.

정답 ⑤

나우쌤이 알려주는 킥 POINT

해당 문제를 풀었던 과정을 곰곰이 기억해보길 바랍니다. 혹시 선택지 ②번과 ③번도 정답이 될 수 있지 않을까 고민하진 않았나요? 그렇다면 해당 문제를 푸는 과정에서 이 문제가 핵심도출형이라는 사실을 잊어버린 겁니다. 이 글의 '중심 내용'을 찾는 문제임에도 글의 내용과 단순히 일치하는지 혹은 글을 통해 추론할 수 있는지를 기준으로 정답을 찾고 있었기 때문입니다. 글을 읽기 전에 '발문을 정확히 읽고', '출제자의 의도를 충분히 인지'하고 문제를 푸는 것이 정말 중요합니다. 발문을 읽는 것에 시간을 소비하는 것이 시간 낭비인 것처럼 보일 수 있지만, 거시적으로 보았을 때는 훨씬 효율적인 방법입니다.

02

다음 글의 중심 내용으로 가장 적절한 것은?

화이트(H.White)는 19세기의 역사 관련 저작들에서 역사가 어떤 방식으로 서술되어 있는지를 연구했다. 그는 특히 '이야기식 서술'에 주목했는데, 이것은 역사적 사건의 경과 과정이 의미를 지닐 수 있도록 서술하는 양식이다. 그는 역사적 서술의 타당성이 문학적 장르 내지는 예술적인 문체에 의해 결정된다고 보았다. 이러한 주장에 따르면 역사적 서술의 타당성은 결코 논증에 의해 결정되지 않는다. 왜냐하면 논증은 지나간 사태에 대한 모사로서의 역사적 진술의 '옳고 그름'을 사태 자체에 놓여 있는 기준에 의거해서 따지기 때문이다.

이야기식 서술을 통해 사건들은 서로 관련되면서 무정형적 역사의 흐름으로부터 벗어난다. 이를 통해 역사의 흐름은 발단·중간·결말로 인위적으로 구분되어 인식 가능한 전개 과정의 형태로 제시된다. 문학 이론적으로 이야기하자면, 사건 경과에 부여되는 질서는 '구성'(plot)이며 이야기식 서술을 만드는 방식은 '구성화'(emplotment)이다. 이러한 방식을 통해 사건은 원래 가지고 있지 않던 발단·중간·결말이라는 성격을 부여받는다. 또 사건들은 일종의 전형에 따라 정돈되는데, 이러한 전형은 역사가의 문화적인 환경에 의해 미리 규정되어 있거나 경우에 따라서는 로맨스·희극·비극·풍자극과 같은 문학적 양식에 기초하고 있다.

따라서 이야기식 서술은 역사적 사건의 경과 과정에 특정한 문학적 형식을 부여할 뿐만 아니라 의미도 함께 부여한다. 우리는 이야기식 서술을 통해서야 비로소 이러한 역사적 사건의 경과 과정을 인식할 수 있게 된다는 말이다. 사건들 사이에서 만들어지는 관계는 사건들 자체에 내재하는 것이 아니다. 그것은 사건에 대해 사고하는 역사가의 머릿속에만 존재한다.

① 역사의 의미는 절대적인 것이 아니라 현재 시점에서 새롭게 규정되는 것이다.
② 역사가가 속한 문화적인 환경은 역사와 문학의 기술 내용과 방식을 규정한다.
③ 역사적 사건에서 객관적으로 드러나는 발단에서 결말까지의 일정한 과정을 서술하는 일이 역사가의 임무이다.
④ 이야기식 역사 서술이란 사건들 사이에 내재하는 인과적 연관을 찾아내는 작업이다.
⑤ 이야기식 역사 서술은 문학적 서술 방식을 원용하여 역사적 사건의 경과 과정에 의미를 부여한다.

해설

글에 따르면 역사적 사건들은 본래 무정형적으로 전개된다. 하지만 역사가들은 이러한 역사적 사건들 간의 관계를 부여해서 일종의 이야기식 서술을 만들어낸다는 것이다. 이러한 서술 방식은 발단–중간–결말이라는 문학적 전개 과정에 바탕을 두고 있다는 것이 전체적인 글의 중심 내용이다.

(오답풀이)

① 필자가 동의할 수 있는 내용이라고 볼 수 있으나, 전체적인 글의 중심 내용이라고는 보기 어렵다.

② [2문단] 역사 서술이 문화적 환경이나 문학적 양식에 영향을 받는다고 하였으므로 옳지 않은 설명이며, 전체적인 글의 중심 내용으로도 보기 어렵다.

③ [2문단] 사건들 사이에 원래 존재하지 않았던 일련의 과정으로서의 의미를 부여하는 것이 역사가의 이야기식 서술이라고 하였으므로, '객관적으로 드러나는'이라는 표현은 옳지 않다. 또한 전체적인 글의 중심 내용으로도 보기 어렵다.

④ [3문단] '사건들 사이에서 만들어지는 관계는 사건들 자체에 내재하는 것이 아니다.'라고 하였으므로 옳지 않은 내용이며, 전체적인 글의 중심 내용으로도 보기 어렵다.

정답 ⑤

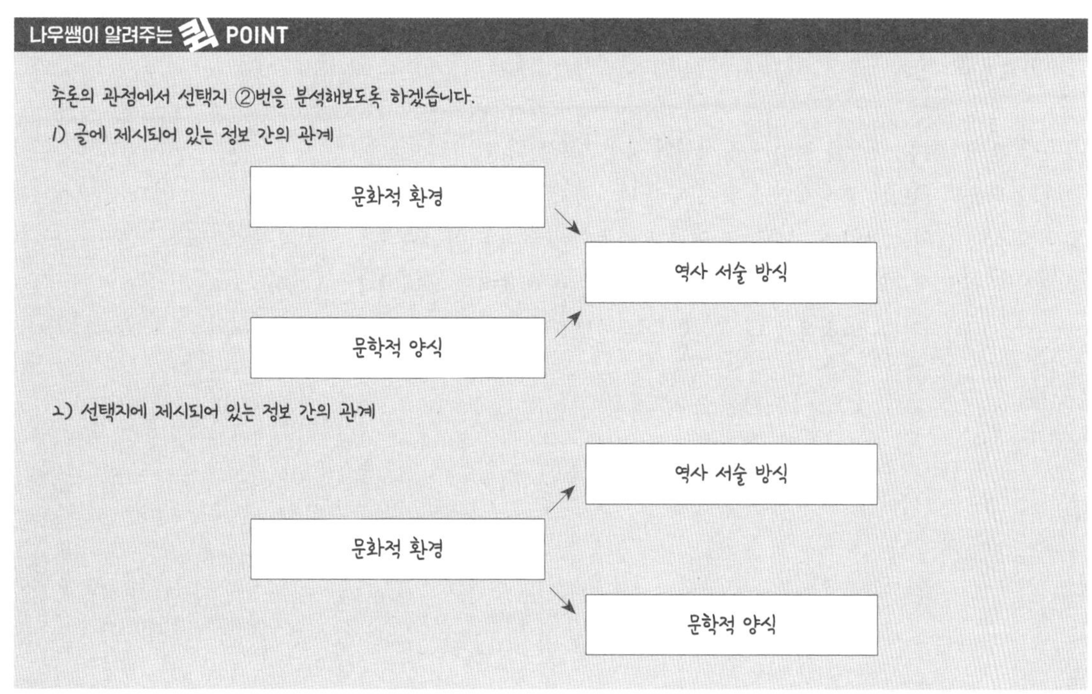

03

다음 글의 핵심 내용으로 가장 적절한 것은?

1989년 프랑스 파리 근교의 한 공립 중학교에서 전통적인 이슬람의 여성 복장 중 하나인 히잡(Hijab)을 수업 시간에도 벗지 않으려고 했던 여중생 세 명이 퇴학을 당했다. 이 사건은 20세기 초부터 프랑스에서 확고하게 정착되어 온 '교회와 국가의 분리' 원칙을 도마 위에 올려놓았다. 무슬림 여중생들은 가장 무거운 징계인 퇴학을 감수하면서까지 왜 히잡 착용을 고집했을까? 히잡은 이슬람 교리에 근거한 무슬림 여성들의 전통 의상으로, 이슬람 경전인 꾸란에 따르면 남녀 모두 머리카락을 천으로 덮어야 한다. 특히 여성은 가족 이외의 사람들 앞에서 자신의 몸에 걸친 일체의 장신구도 보여줘서는 안 된다.

히잡 착용에 대한 의미는 시대적 상황과 지역적 특색에 따라 변화해왔다. 예컨대 제2차 세계대전 후 알제리의 독립 투쟁이 진행되는 동안 프랑스인들은 알제리 여성의 해방을 주장하면서 여성들이 히잡을 착용하지 않도록 온갖 노력을 기울였다. 알제리의 반식민주의자들은 이러한 행위야말로 알제리 민족의 정체성을 말살하고, 알제리 문화를 왜곡하며, 더 나아가 알제리인들의 잠재적 저항력까지 약화시킨다고 보았다. 서구 식민주의자들의 침공 이전까지 알제리인들은 히잡을 그저 이슬람의 전통 복장으로 인식하였으나, 반서구 투쟁 과정에서 알제리인들은 히잡에 새로운 상징적 의미를 부여하기 시작했다. 그 결과 알제리 여성이 히잡을 착용하지 않는 것은 프랑스 식민주의의 수용을 의미하는 반면, 히잡을 착용하는 것은 식민주의의 거부를 의미하게 되었다.

그런데 이 히잡 착용이 1989년 프랑스 사회에서 논란을 불러일으켰다. 무슬림 여성들이 프랑스 사회에 정착한 지는 꽤 오랜 시간이 흘렀다. 그럼에도 이들이 여전히 히잡을 착용하는 것은 프랑스 사회로의 통합에 소극적이며 나아가 프랑스 공화국의 원칙에 적대적인 것으로 프랑스인들에게 여겨지고 있다. 다른 사회 문제와 달리, 프랑스의 좌우파는 이 히잡 문제에 대해서만은 별다른 입장 차이를 보이지 않는다. 정치인 개인에 따라, 시기에 따라 입장이 나누어지긴 하지만, 대체로 이들은 공화국의 원칙을 위협하는 '히잡 쓴 소수의 소녀들'에게 공화국의 단호함을 보여주려고 노력한다. 이러한 결실이 바로 2004년 3월 15일에 제정된 '종교 상징물 착용 금지법'이다. 이 법은 공화국의 원칙을 천명하려는 의지의 한 소산이라고 할 수 있다.

① 무슬림 여성들은 히잡을 저항과 정체성의 상징으로 본다.
② 히잡 착용의 의미는 역사적인 상황에 따라 다양하게 변모해왔다.
③ 히잡 착용 행위는 프랑스 공화국의 원리와 충돌하는 의미로 인식된다.
④ 히잡 착용은 서구와 이슬람의 문화 충돌을 보여주는 대표적인 사례이다.
⑤ 프랑스 좌우파는 히잡 착용에 대한 논란을 계기로 무슬림을 배척하고 있다.

해설

이 글은 프랑스 정부와 히잡 착용을 하는 알제리 출신의 무슬림 간의 충돌이 발생하는 원인을 설명하고자 하는 목적으로 역사적 배경에 대한 서술과 사회적 관점의 해석을 담고 있다. 따라서 핵심 내용으로 가장 적절한 것은 ③이다.

(오답풀이)

① 글에서 다루고 있는 사례는 프랑스–알제리에 국한된 이야기로 일반적인 무슬림 여성들이 히잡을 저항과 정체성의 상징으로 간주한다고 볼 수 없으며, 글의 핵심 내용으로도 볼 수 없다.

② [2문단] '히잡 착용에 대한 의미는 시대적 상황과 지역적 특색에 따라 변화해왔다.'와 관련 있다고 볼 수 있다. 하지만 이 글은 현재 벌어지고 있는 사건의 설명에 초점을 두고 있는 글로, 글의 무게 중심 혹은 강조점을 '다양한 착용 의미를 가지고 있는 히잡'이라고 보아서는 안 된다.

④ 글에서 언급한 사례는 프랑스–알제리의 사례로 서구와 이슬람 전체로 확대해서 볼 수 없으며, 또한 역사적 배경이 있는 정치적 사건으로 문화적 충돌로 설명할 수도 없다.

⑤ [4문단] 프랑스 좌우파는 종교 상징물 착용 금지법에 대해서 이해를 같이하고는 있지만 이를 계기로 무슬림 자체를 배척한다고 추론할 수 있는 것은 아니다. 즉 핵심 내용도 아닐뿐더러, 글의 내용과도 상이하다.

정답 ③

나우쌤이 알려주는 킥 POINT

Q 선택지 ①, ④번은 핵심 내용이 아니더라도 글을 통해 추론할 수 있는 내용일까요?

A 제 답은 "둘 다 추론할 수 없습니다."입니다. ①번부터 먼저 살펴보겠습니다. 글에서는 프랑스 정부와 알제리 출신의 여성들 간의 정치적 갈등을 다루고 있습니다. 이 여성들이 히잡을 정치적 저항의 의미로 착용하고 있는 것이라고 하더라도, 전체 무슬림 여성들이 히잡에 대해서 저항의 의미를 부여하고 있다고 볼 수는 없습니다. 따라서 추론이 불가능합니다. 다음으로 ④번의 경우도 글의 사례가 이슬람과 서구 사회의 갈등을 대표한다고 볼 수도 없으며, 또한 본 사례는 문화 충돌도 아닙니다. 따라서 글과 전혀 관계없는 설명이라고 볼 수 있습니다.

04

다음 글의 논지로 가장 적절한 것은?

왜 선진국 기업들이 유전자 특허를 위해 속도전을 펼치는 것일까? 답은 뻔하다. 특허를 내면 막대한 돈을 벌 수 있기 때문이다. 유전자의 기능을 밝혀 특허를 획득하면 유전자 재조합 기술 등으로 원하는 단백질의 대량 생산이 가능해지고 또 특정 질환의 진단과 치료에도 활용할 수 있다. 그래서 어떤 사람은 의학적으로 중요한 유전자를 발굴해 세계의 주요 국가에서 물질 특허를 받는 것은 그 나라에 진출할 수 있도록 토지나 건물을 확보하는 것보다 더 중요한 교두보를 확보하는 일이라고 말하며 유전자 특허의 중요성을 역설한다. 우리처럼 수출로 먹고 살 수밖에 없는 처지에서는 솔깃한 이야기가 아닐 수 없다. 그렇다면 결론은 “빨리 연구해서 유전자 특허를 하나라도 더 따자!”가 되는가? 이것은 간단하지 않은 문제이다.

대체로 자신이 새롭게 개발한 것에 대해 특허권을 주장하는 행위는 널리 받아들여진다. 그렇다면 유전자에 대해 특허를 부여한다는 것은 유전자가 인간의 ‘발명품’이라는 말인가? 현재의 특허법을 보면, 생명체나 생명체의 일부분이라도 그것이 인위적으로 분리·확인된 것이라면 발명으로 간주하고 있다. 따라서 유전자도 자연으로부터 분리·정제되어 이용 가능한 상태가 된다면 화학물질이나 미생물과 마찬가지로 특허의 대상으로 인정된다.

그러나 유전자 특허 반대론자들은 자연 상태의 생명체나 그 일부분이 특허에 의해 독점될 수 있다는 발상 자체가 터무니없다고 지적한다. 수만 년 동안의 인류 진화 역사를 통해 형성되어 온 유전자를 실험실에서 분리하고 그 기능을 확인했다는 이유만으로 독점적 소유권을 인정하는 일은, 마치 한 마을에서 수십 년 동안 함께 사용해 온 우물물의 독특한 성분을 확인했다는 이유로 특정한 개인에게 우물의 독점권을 준다는 논리만큼 부당하다는 것이다.

이러한 주장은 그럴듯한 반론처럼 들리기는 하지만 유전자의 특허권을 포기하게 할 만큼 결정적이지는 못하다. 사실 우물의 비유는 적절하지 않다. 왜냐하면 어떤 사람이 우물물의 특성을 확인했다고 해서 그 사람만 우물물을 마시게 한다면 부당한 처사겠지만, 우물물의 특정한 효능을 확인해서 다른 용도로 가공한다면 그런 수고의 대가는 정당하기 때문이다. 유전자 특허권의 경우는 바로 후자에 해당된다. 또한 특허권의 효력은 무한히 지속되지 않고 출원일로부터 20년을 넘지 못하도록 되어 있어 영구적인 독점이 아니다.

① 유전자 특허의 사회적·경제적 의미에 대해 상반된 견해들이 대립하고 있다.
② 유전자는 특정한 기법에 의해 분리되고 그 기능이 확인된 경우 특허의 대상이 될 수 있다.
③ 유전자 특허는 유전자 재조합 기술이나 특정 단백질의 생산과 관련된 경우에 한해 허용하는 것이 옳다.
④ 유전자가 생명체의 일부분임을 고려할 때 특허를 허용하더라도 영구적 독점의 방식이어서는 안 된다.
⑤ 유전자 특허를 향한 경쟁은 막대한 경제적 이득과 맞물려 있기 때문에, 특허권의 정당성에 관한 논란은 무의미하다.

해설

글의 4문단에 따르면 '우물물의 특정한 효능을 확인해서 다른 용도로 가공한다면 그런 수고의 대가는 정당하기 때문이다. 유전자 특허권의 경우는 바로 후자에 해당된다.'고 하였다. 필자가 하고자 하는 이야기는 여러 가지 논란에도 불구하고 유전자 특허권이 정당성을 가질 수 있는 것은 그 자체가 인공물이라서가 아닌, 자연물을 가공하여 특정한 효과를 발휘할 수 있도록 한 수고에 대해서 권리를 인정하는 것이기 때문이라는 것이다.

(오답풀이)

① 글에서 제기되고 있는 논쟁은 유전자 특허의 사회적·경제적 의미에 대한 것이기보다는 유전자 특허 자체의 정당성에 대한 부분이다. 가령 이 내용을 사회적·경제적 의미로 볼 수 있다고 하더라도 '상반된 견해들이 대립하고 있다'와 같은 사실에 대한 진술을 필자의 논지로 볼 수 없다.

③ [1문단] 필자는 유전자 특허의 예로 유전자 재조합 기술을 들고 있을 뿐, 이에 한정해서 특허를 인정해야 한다고 주장한 바는 없다.

④ [4문단] '또한 특허권의 효력은 무한히 지속되지 않고 출원일로부터 20년을 넘지 못하도록 되어 있어 영구적인 독점이 아니다.'의 부분을 통해 이미 필자가 영구적인 독점도 아니라고 하였으므로 옳지 않다. 또한 전체적인 글의 논지로도 보기 어렵다.

⑤ 필자는 경제적 이득을 근거로 하여 유전자 특허의 정당성을 옹호하고 있는 것이 아니다.

정답 ②

NCS 응용 연습문제

01

다음 글로부터 최종적으로 이끌어낼 수 있는 결론으로 가장 적절한 것은?

18세기 후반부터 시작된 산업혁명기의 생활수준 변화 논쟁은 근대경제사에서 가장 오랫동안 지속된 논쟁으로 손꼽힌다. 이 논쟁의 쟁점은 대략 1760년경부터 1세기에 걸쳐 진행된 산업혁명이 산업노동자의 평균적인 생활수준을 향상시켰는지 아니면 저하시켰는지에 대한 것이다. 산업혁명은 다수의 노동계급을 양산하였고 따라서 노동자들의 생활수준의 향상 여부는 산업혁명의 성과를 평가하는 데 핵심적인 요소였다. 이 논쟁은 당시 노동자들의 생활수준을 평가하는 데 경제적 요소와 비경제적 요소를 모두 고려해야 한다는 점에서부터 시작되었으며 무려 두 세기에 걸쳐 논쟁이 계속되었다.

1926년 케임브리지대 교수 클래펌은 새롭게 발굴한 임금 통계와 생계비 지수를 바탕으로 1785~1850년 노동자들의 구매력이 크게 상승하였다고 주장했다. 또한 다른 경제사학자들은 18세기 전반기까지의 실질임금은 하락 추세에 있었다는 사실에 의견일치를 보였다. 그리고 윌리엄슨은 산업혁명 후기에는 실질임금이 이전 시기에 비해 2배 상승하였다는 것을 보임으로써 적어도 산업혁명 후기부터 경제적 측면에서의 생활수준이 상승하였다고 주장하였다. 임금, 소득, 소비와 같은 물질적 지표들에 대한 최근까지의 연구를 종합해보면 물질적 생활수준은 산업혁명 전반기에는 정체 내지는 하락하였지만 후반기에는 상당한 수준의 향상이 있었던 것은 분명해 보인다.

한편 생활수준 연구의 또 다른 축은 비경제적 측면에 대한 연구도 진행되었다. 특히 생물학적 지표인 사망률과 기대수명에 대한 관심은 임금, 소득, 소비 등 경제지표 분석에서 시작된 생활수준 논쟁에 새로운 전환점을 제공하였다. 많은 연구들은 산업혁명을 거치면서 사망률, 질병률, 영양상태 등 비경제적 생활수준의 하락이 뚜렷하다는 것을 보여주었다. 경제사학자들은 물질적 지표 하락의 주요 원인으로 산업화와 도시화에 따른 위생과 환경 문제를 지목하고 있다.

① 산업혁명기 노동자들의 생활수준의 변화에 대해 향상 혹은 악화라고 쉽게 판단할 수는 없다.
② 산업혁명 시기, 노동자의 경제적 수준의 변화 양상에 대한 학자들의 의견은 상반된다.
③ 산업혁명은 노동자들에게 비경제적 생활수준의 향상을 가져다주었지만 경제적 수준의 악화를 수반하였다.
④ 산업혁명 전반기에 노동자들의 생활수준은 향상되었으나 후반기에는 오히려 악화되었다.
⑤ 산업혁명은 생활수준에 있어 계층에 따라 상반된 변화를 초래했다.

해설

글의 1문단에서 노동자들의 생활수준의 향상 여부는 경제적 요소와 비경제적 요소를 모두 고려해야 함을 알 수 있다. 먼저 경제적 요소는 분명 향상되었다는 것이 학자들의 공통된 의견이다.(2문단) 반면 비경제적 부문은 악화되었다는 결론을 도출하고 있다.(3문단) 이 점을 고려한다면 결국 산업혁명기 노동자들의 생활수준이 향상되었다거나 혹은 악화되었다는 결론은 쉽게 내릴 수 없음을 알 수 있다.

정답 ①

02

다음 글의 핵심 주장으로 가장 적절한 것은?

오늘날 번역의 과정은 언어적인 관점에 천착해서 설명하지 않고, 의사결정 과정으로 설명한다. 이는 번역을 단순히 단어 대 단어 치환 과정이라고 여겼던 전통적인 관점과는 큰 차이가 있는 것이다. 번역을 이렇게 정의한다면, 사전만 가지고 있다면 누구나 번역을 할 수 있어야 하고, 컴퓨터에 의한 기계적 번역도 완벽한 결과를 산출할 수 있어야 한다. 하지만 현실은 전혀 그렇지 않다. 다음은 베르나르 베르베르의 소설『뇌』의 번역물이다.

"그는 자기 퀸을 조심스럽게 전진시킨다.
대모갑(玳瑁甲)테 안경을 쓴 이 남자는 체스 세계 챔피언 자리를 놓고 〈딥 블루 Ⅳ〉라는 컴퓨터와 대결을 벌이고 있다. 장소는 영화제를 비롯한 국제적인 행사가 자주 열리는 칸의 페스티벌 궁전이다."

이 번역을 보고, 한국인 독자들은 '대모갑테'라는 용어를 낯설게 느낄 것이다. 국어사전을 찾아보아야 할 만큼 익숙하지 않은 단어이다. 소설 도입부였던 만큼 유사한 용어를 써서 '뿔테 안경'이라고 번역할 수도 있었고, 또는 별도의 표시를 해두고 '대모갑이란, 바다거북과인 대모의 배갑인판의 표면을 둘러싸고 있는 얇은 반투명층으로, 누런 바탕에 검은색 점이 찍혀 있음'이라는 역자 주를 부기할 수도 있었을 것이다. 하지만 최종적으로 역자는 주를 달지 않았고, 괄호 안에 한자표기를 병기하는 방식으로 선택하였다. 그런데 우리나라에 출간된『뇌』의 번역서를 살펴보면, 적지 않은 역주의 양에 놀라게 된다. 즉 역주에 대해서 적극적이었던 번역자가 대모갑에 대해서는 한자표기만 한 것이다.

이는 번역자가 대모갑테를 작품의 내용상 꼭 알아야 할 내용이라 판단하지 않았기 때문이다. 다른 역주들은 가독성이 떨어지는 것을 감내하더라도 독자들이 반드시 이해하고 넘어가야 할 부분이기 때문에 주석을 달았지만, 대모갑테는 그러한 것과는 큰 관련성이 없으므로 간단하게 한자를 병기하는 것으로 마무리 지은 것이다. 물론 이와 같은 결정에 대해서는 이견이 있을 수 있다. 대모갑테를 등장인물의 의상 중 하나의 아이템으로 설정한 것은, 분명 독자들이 그 내용을 알고 있었다면 등장인물의 성격이나 분위기, 경제상황을 간접적으로 추측하는 데에 도움이 될 수 있겠다고 작가가 판단했을 수도 있다. 그러나 이것은 말 그대로 또 하나의 의견일 뿐이다. 역자는 단어나 문구에 대한 의미상 표현상의 문제뿐만 아니라 역주를 부기할 것인가 말 것인가에 대해서도 끊임없이 고민해나갈 수밖에 없는 것이다.

① 번역자는 작가의 문학적 표현을 임의적으로 해석하여 번역해서는 안 된다.
② 문학작품에 대한 번역자의 번역과정은 끊임없는 선택과 의사결정의 과정이다.
③ 번역자는 문학작품을 이해하는 데 꼭 필요한 내용이 아니라면 역주를 생략할 수 있다.
④ 번역자는 번역의 과정에서 자신이 주관이 최소한으로 개입될 수 있도록 해야 한다.
⑤ 문학작품을 이해하는 데 꼭 필요한 내용이 아니더라도 역주를 부기하는 것이 좋다.

해설

필자는『뇌』라는 소설의 번역물을 예로 들어서, 번역자는 다양한 가능성 중에서 자신의 판단에 따라 번역의 방향을 결정할 수 있다고 보고 있다. 마지막 문단에서 사례로 들고 있는 번역에 대해서 부정적 견해도 제시하고 있으나 이 또한 하나의 의견이라고 함으로써 선택의 문제이지, 옳고 그름의 문제로 파악하고 있지 않다. 또한 글의 1문단에서 번역을 단어 대 단어의 치환 과정이 아니라 '의사결정 과정'이라고 언급한 부분을 통해 전체 글의 내용을 살펴보면 보다 분명하게 필자의 의도를 파악할 수 있다. 정답 ②

03

다음 글의 핵심 주제로 가장 적절한 것은?

의학자 고모레테스는 '생물의 수명은 성숙기의 6배'라는 학설을 발표했다. 이 학설에 따르면 인간의 성숙기를 20세로 잡을 경우, 120세 정도가 되는 셈이다. 현대 의학 역시 인간의 한계 수명은 120세라고 주장한다. 따라서 인간의 한계 수명이 120세라는 점은 받아들일 만하다. 이것이 의미하는 것은 심각한 유전적 문제가 없고 필요한 영양소를 적절하게 섭취할 경우, 치명적인 질병이나 상해가 발생하지 않는다면 생물학적으로 120세까지 살 수 있다는 것이다. 하지만 현실적으로 유전적 문제가 있거나 영양분을 골고루 섭취할 수 없거나 질병이나 상해에서 완전히 자유로운 사람은 없으므로 사실 생물학적 수명까지 살 수 있는 사람은 거의 없다.

인간의 생물학적 수명의 한계에 대한 가설 중 대표적인 것을 살펴보자면 세포 안에 있는 유전 메커니즘이 낡아져 자체 수리 능력을 잃고 쇠퇴한다는 주장이 있다. 유전자 중에는 잘못된 부분을 제외하고 성한 것으로 대체하려는 특성을 지닌 예비 유전자가 있다. 이 예비 유전자의 수는 한정이 되어 있어 이를 다 써버리면 더 이상 재생이 되지 않는다. 결국 노화라는 것은 이러한 예비 유전자를 소모하는 과정인 것이다.

두 번째 가설은 노화 유전자가 존재한다는 가설이다. 노화는 이미 태어날 때부터 정상적인 발달의 일부로 생물체의 유전자 시스템 내부에 존재하며, 이 유전자는 미리 프로그램된 시기에 작동을 시작한다는 것이다. 일단 작동이 시작되면 노화 유전자는 세포의 생명 유지에 필수적인 물질을 생산하는 과정을 느려지게 하거나 멈추게 만든다. 갱년기나 폐경기가 오듯이 우리 몸에 생물학적 시계가 있어서 노화가 시작되는 것이다.

노화는 유전 메커니즘 자체의 계획이나 문제 때문이 아니라 세포 내의 에너지 처리 센터가 쇠퇴한 탓이라는 자유 라디칼 가설도 있다. 자유 라디칼이란 화학적 성질이 불안정한 원자 혹은 원자의 그룹을 일컫는데, 섭취된 음식물이 세포에서 에너지로 전환되는 과정에서 생성되는 부산물이다. 자유 라디칼이 주변의 생체 조직과 결합해 화학 반응을 일으킴으로써 몸에 피해, 즉 세포의 에너지 활동에 문제를 일으킨다는 설명이다.

마지막으로 세포분열의 한계설이라는 가설도 있다. 이러한 주장을 하는 학자들은 정상 세포가 영원히 살 수 있는 것이 아니며, 모든 세포는 생물체에 따라 세포분열의 횟수가 정해져 있다고 주장하였다. 예를 들면 인간의 경우에는 약 20~60번 정도 세포분열만이 가능하며 150년 이상을 사는 갈라파고스 거북이는 최대 114번의 세포분열이 가능하다는 것이다.

① 인간이 생물학적으로 수명에 한계가 있는 이유는 무엇 때문인가?
② 인간의 유전자 특징으로는 어떠한 것이 있는가?
③ 인간이 사실상 120세까지 살 수 없는 이유는 무엇인가?
④ 유전자와 노화는 어떠한 관계를 가지고 있는가?
⑤ 수명의 관점에 있어 여타의 동물과 인간의 차이점이 나타나는 이유는 무엇인가?

해설

글의 가설들이 무엇에 대한 가설들인지 살펴보아야 한다. 1문단에서 필자는 인간의 수명이 120세라고 주장한다. 몇 가지 조건이 충족되면 120세까지 살 수 있지만, 그 조건이 충족되지 않는 경우가 많으므로 120세까지 살지 못한다는 것이다. 그리고 제시되는 가설들은 노화에 대한 가설이다.

따라서 이는 120세까지 살지 못한다는 것을 설명하는 가설이 아니며, 2문단의 첫 문장을 살펴보면 생물학적으로 수명에 한계가 있는 이유에 대해서 설명하는 가설임을 알 수 있다.

정답 ①

04

다음 글의 핵심 주장으로 적절한 것은?

불안한 현실에서 분노를 조절할 수 있는 치유 프로그램이 힐링이라는 이름으로 성행하고 있다. 분노를 조절하여 고통스럽고 상한 마음을 치유하는 것은 분명 필요하다. 그러나 현재 넘쳐나고 있는 치유로서의 힐링 열풍으로부터 우리가 놓치고 있는 것은 무엇일까? 그것은 아프고 힘겹다는 개인적인 현상성에 주목하고 정작 그러한 힘겨움을 생산해 내는 관계나 구조에 대해서는 도외시한다는 점이다.

분노에 대한 사유는 힘겨움을 야기하는 관계나 구조에 대한 사유로부터 시작한다. 우리는 분노를 야기하는 고통스러움의 근원이 어디에서 비롯되는가를 사유해야 한다. 고통스러움의 근원에 대한 자각을 통해 그 실체를 확인하게 되는데, 그 실체는 경우에 따라서는 자기 자신일 수도 있고, 타인일 수 있으며, 사회의 조직과 제도일 수 있다. 그러한 확인을 통해 자신과 타인에 대한 관계를 다시 설정할 수 있게 된다. 그러할 때, 우리는 분명 분노의 실체에 대해서 한 걸음 더 다가서게 된다.

삶은 서사적으로 구성되고, 도덕적 숙고는 서사들에 의해 구조화된다. 계기적 사건의 구조가 의미를 창조하는 순간은 분노를 넘어서는 또 다른 각성을 요구한다. 분노의 조절을 통해 평정에 도달할 수 있지만, 분노의 조절 그 자체가 지속적인 평정일 수는 없다. 행위의 서사적 맥락은 새로운 자기 이해를 추동한다. 분노의 상태에서 타자의 생명성을 자신에게서 발견하는 공존의 지평은 마음의 유연성으로 드러난다. 마음의 유연성은 분노로부터 다른 방향에서 사유하고 느끼고 행위하게 만든다. 분노에서 평정심으로의 과정은 곧 고통스러움에서 증오로 치닫는 방향을 틀어 자비와 사랑의 마음으로 전환하는 과정이다. 그러나 이러한 과정이 일시적인 치유나 힐링으로 얻어지는 것이 아니다.

평정심은 단순히 마음이 안정되었다는 것만을 의미하지 않는다. 평정심은 결과로써 주어지는 안정된 감정의 최종적 단계를 의미하지 않는다. 이 평정심은 또다시 깨어질 수 있다. 평정심은 마음의 전 과정상에서 발견될 수 있는 하나의 '상태적 국면'이다. 이 상태는 일시적이다. 하지만 이 상태에서 극렬한 분노에 의해 가려졌던 근본적인 이유와 바탕을 확인하고 만나야 한다. 이러한 경험을 통해 분노는 새로운 관점으로 재구성되며 이전과는 다른 의미가 구축된다. 분노의 조절을 통해 평정심을 실천적으로 사유하려는 목적이 단순하게 잔혹한 극단적 폭력을 지양하고 순간적인 마음의 안정을 찾는 것이 아니라는 점을 다시 한 번 상기해야 한다.

① 평정심을 얻기 위해 분노를 조절해서는 안 된다.
② 분노의 조절이 곧 평정심이 아니라는 점을 알아야 한다.
③ 분노의 조절을 통해서 평정심을 획득해야 한다.
④ 평정의 상태에서 분노의 원인에 대해서 접근해야 한다.
⑤ 힐링이나 치유를 통해서는 분노를 조절할 수 없다.

해설

글의 각 문단별 중심 내용을 살펴보면 다음과 같다.

- [1문단] 필자는 오늘날의 힐링 열풍에 의해 가려진 것이 무엇인지 문제를 제기한다. 그것은 바로 분노를 유발하는 관계나 구조가 제대로 인지되지 못한다.
- [2문단] 분노의 실체에 대해 보다 직접적으로 접근하고 있다. 그것의 원인이 자신일 수도, 타인이 될 수도, 사회가 될 수도 있다.
- [3문단] 평정심에 대해 언급하면서 힐링이나 치유를 통한 분노의 조절 자체가 평정심이라고 보기 어렵다.
- [4문단] 평정심이라는 것은 일시적인 상태이므로 이 상태가 우리의 목적도 아니다.

여기서 글의 4문단의 내용을 통해 평정의 상태에 도달했을 때 우리가 목적을 달성했다고 멈추는 것이 아니라 오히려 분노에 의해서 가려졌던 '그 원인이나 바탕'에 대해서 찾아야 함을 알 수 있다. 이는 1문단의 문제 제기와 다시 연결된다. 즉 필자는 분노의 원인에 대해서 인지하지 않는다면 지속적인 평정이 아니라 순간적인 평정에 머무를 밖에 없다고 보는 것이다.

정답 ④

05

다음 필자의 핵심 주장으로 가장 적절한 것은?

역사가에게 있어 공정성이라는 것이 과연 실제로 존재하는가? 이러한 문제가 제기되는 이유는 이 말이 모호하기 때문이다. 여기에서 말하는 공정성에는 두 가지 종류가 있다. 즉 학자의 공정성과 재판관의 공정성이 그것이다. 두 가지 모두 정직하게 진리를 따른다는 사실에 공통의 기초를 두고 있다. 학자들은 그들이 가장 소중히 여기는 학설을 뒤엎어 버릴지도 모를 경험을 기록하거나 더 나아가 그러한 경험을 만들어낸다. 훌륭한 재판관의 마음 속 깊이 자리한 은밀한 소망이 무엇이든 간에 단지 있는 그대로의 사실을 알고자 하는 생각만 가지고 증인들을 심문한다. 양자 모두의 경우에서 그것은 조금도 이의가 제기될 수 없는 양심의 의무이다.

하지만 학자와 재판관의 길이 갈라지는 시기가 오게 된다. 학자의 임무는 관찰하고 설명하는 것으로 끝난다. 그러나 재판관에게는 판결을 내려야 하는 일이 남아 있다. 그는 일체의 개인적인 성향을 억누르고 법에 따라 판결을 내릴 수 있을까? 물론 재판관은 자기가 공정하다고 생각할 것이다.

사실 그는 학자로서가 아니라 재판관으로서 공정하다. 왜냐하면 어떠한 실증 과학의 범주에도 속하지 않는 일련의 가치관을 인정하지 않고서는 유죄나 무죄를 선고할 수 없기 때문이다. 예를 들어 어떤 한 사람이 다른 한 사람을 죽였다는 것은 즉시 증명할 수 있는 하나의 사실이다. 하지만 살인자를 처벌하는 것은 그의 살인행위가 유죄로 간주된다는 것을 전제로 한다. 결국 그것은 모든 문명이 거기에 동의한다고는 할 수 없는 단지 하나의 견해에 불과하다.

이미 오랫동안 역사가는 죽은 영웅들에게 찬사나 비난을 부여하는 일종의 지옥의 심판관으로 역할을 하였다. 역사가의 이와 같은 태도는 하나의 뿌리 깊은 본능에 부응하는 것이라고 볼 수 있다. 학생들의 답안지를 채점해 본 선생이라면 누구나 학생들이 자기들 책상 위에서 죽은 사람의 죄과를 심판하는 이집트 신화의 오시리스와 같은 역할을 하는 것을 좀처럼 단념하지 않는다는 것을 잘 알게 된다.

① 재판관이 판결을 내리려면 결국 학자의 공정성에 머무를 수 없다.
② 재판관은 양심의 의무에 따라 자신의 가치관은 배제하고 사실과 증언에 따라 판단한다.
③ 학자의 공정성과 재판관의 공정성은 서로 환원될 수 없는 차이가 있다.
④ 역사가는 특정의 가치관을 전제한 상태에서 역사를 평가하는 사람이다.
⑤ 역사가는 실제의 사실을 객관적으로 기술하는 사람이다.

해설

전체적인 글의 주제는 바로 역사가에 있어 공정성이라는 것을 어떤 종류의 것으로 보아야 한다는 것인지에 대한 내용이다. 학자의 공정성이라면 객관적으로 사실만 관찰하고 설명하면 끝난다.(2문단) 하지만 필자는 역사가는 재판관의 공정성에 해당한다고 말한다. 재판관은 사실에 근거해서 판단하되, 판단 시 가치관의 개입이 불가피하다는 것이다.(3문단) 그래서 마지막 문단에서 지옥의 심판관이라는 별명을 언급하고 있는 것이다. 이미 사라져버린 역사적 사실을 주관적인 판단 기준에 따라 심판하는 역할을 담당하는 사람이라는 것이다.

정답 ④

CHAPTER 04

빈칸추론형

다음으로 살펴볼 문제 유형은 빈칸추론형입니다. 여기서 제가 빈칸추론형으로 구분한 문제는 여러 개의 빈칸이 있는 문제가 아니고, 한 문제당 빈칸이 하나가 있는 문제를 빈칸추론형으로 구분하였습니다. 이 유형의 대표적인 문제 형태부터 살펴보도록 하며, 다음과 같은 질문지를 통해 빈칸추론형의 문제임을 알 수 있습니다.

- 다음 빈칸에 들어갈 내용으로 적절한 것은?
- 다음의 ㉠에 들어갈 문장으로 가장 적절한 것은?

위의 질문지들을 읽어보면 별다를 게 없는 문제라고 쉽게 생각할 수 있습니다. 하지만 실제 문제를 풀어보면 의외로 정답률이 낮게 나오는 유형이기도 합니다. 그 이유는 바로 이 같은 문제 유형에 접근할 때 많은 분들이 빈칸의 앞뒤 문장에서 정답의 근거를 찾기 때문입니다. 물론 빈칸의 앞뒤 문장도 중요하지만, 그것만으로는 정답을 고를 때 쉽게 함정에 빠지는 지름길이 됩니다.

그렇다면 무엇을 고려해야 할까요? 그것은 바로 글 전체의 중심 내용입니다. 출제자가 한 편의 글에서 특정 부분을 활용하여 문제로 출제하겠다고 결심했다는 것은 바로 그 전체 부분이 빈칸과 관련이 있기 때문입니다. 만약 관련이 없다면 실제 출제의 과정에서 모두 제외되었을 것입니다.

그러므로 여러분은 글 전체의 맥락을 고려하면서 동시에 빈칸의 앞뒤 문장과의 내용적 연결성을 함께 염두에 두고 정답을 골라야 합니다. 그럼 이제부터 실제로 관련 문제를 풀어보면서 이러한 부분을 확인해보도록 하겠습니다.

기본유형 연습문제

01

2022년 상반기 한국철도공사

다음 글의 빈칸 ㉠에 들어갈 말로 가장 적절한 것을 고르면?

공포와 탐욕. 주식시장에서 투자자들이 오가는 양극단이다. 시장은 투자자들의 탐욕이 극에 달했을 때 어김없이 엄중한 심판을 내린다. 가까이는 2008년 9월 리먼브라더스 파산이 그랬고, 멀리는 1929년 대공황이 그랬다. 블랙먼데이(Black Monday), 검은 월요일은 보통 1987년 10월 19일 뉴욕 월 스트리트에서 하루 만에 주가가 22.6%나 빠진 사건을 말한다. 그러나 주기적인 주식시장 폭락이 전 세계에서 반복되자 이 말은 시장의 과도한 쏠림이나 구조적인 문제로 나타나는 시장의 급락을 지칭하는 일반명사가 됐다. 실제로 지난 150년간 미국 주식시장의 주가 추이를 보면 58년을 주기로 주식시장이 큰 폭으로 하락하는 현상이 나온다고 주장하는 분석가들도 있다. 공교롭게도 해당 날짜는 모두 월요일이다. 1929년을 기준으로 58년 후인 1987년, 1942년을 기준으로 앞뒤 58년인 1884년과 2000년에도 비슷한 현상이 나타난 바 있다.

1987년 10월 19일 월요일. 뉴욕증권시장은 개장 초부터 대량의 팔자 주문이 쏟아졌다. 전 세계 자본시장의 중심인 뉴욕의 주가는 그날 하루 폭으로는 508포인트, 퍼센티지로는 전일 대비 22.6%가 내려앉았다. 이 수치는 미국경제를 기나긴 대공황의 길로 몰았던 1929년 10월 24일(목요일)의 뉴욕증권시장의 대폭락을 상회하는 수준이다. 역설적인 것은 이날 폭락의 명확한 원인 규명이 초기부터 제대로 이뤄지지 않았다는 것이다. 브레디위원회로 불렸던 미국대통령직속 특별위원회, 미국회계검사원 등이 대폭락의 원인 규명에 매달렸지만 왜 그런 일이 벌어졌는지 알아내는 데는 오랜 기간이 걸렸다. 저명한 학자들과 미국 정부가 발견한 1987년의 교훈은 금융시스템은 스스로의 위험(리스크)을 완전히 없애지 못한다는 것이다. 리스크는 끊임없이 시스템(시장) 안에서 옮겨 다닐 뿐이다. “중이 제 머리 못 깎는다”는 말처럼 어찌 보면 당연한 이 결과를 얻는 데 오랜 시간이 걸린 이유는 폭락이 이뤄진 과정의 복잡성에 있었다.

사후적으로 규명해 본 폭락의 원인은 ‘포트폴리오 보험’이었다. ‘포트폴리오 보험’이란 주가가 떨어질 경우를 대비해 기관투자가들이 미리 주식선물을 매도해 놓고, 주가 하락의 직접 손실을 선물매도로 메우는 투자방식을 말한다. 삼성전자 주식을 가진 A라는 기관투자가가 있다면 미리 삼성전자 주식을 현재 가격으로 미래 일정 시점에 팔 수 있는 파생상품 투자를 해놓으면 어떤 경우에도 손해를 볼 일이 없다는 게 이 투자전략의 기본 아이디어다. 문제는 막상 전반적인 주가 하락이 시작되자 그 속도를 이 같은 포트폴리오 보험이 가속시켰다는 점이다. 투자자들이 붕괴되는 시장에서 손실을 만회하기 위해 선물을 팔았지만 현물 주식 가격도 같이 떨어졌다. 이는 포트폴리오 보험자가 더욱 많은 선물을 팔도록 하는 결과, 다시 말해 주식매도를 더욱 심하게 만드는 결과를 가져왔다. 시장에서 투자자를 보호하기 위해 만든 기법이 전체 시장의 붕괴를 촉발시킨 셈이다.

금융시장 자체가 스스로 리스크를 외부로 넘기는 것은 애초에 불가능하다. 거래가 있는 시장에서는 누군가는 이득을 보지만 반대로 누군가는 손해를 입어야 한다. 모두를 행복하게 만드는 거래는 결코 지속 가능하지 않다. 1987년의 ‘포트폴리오 보험’은 불가능한 목표를 위한 속임수라는 점에서 2008년 서브프라임이나 1980년대 초반 미국판 저축은행 부실사태, 2000년대 한국의 벤처 붐, 카드 부실사태와 본질적으로 같다. 2011년 금융권 부실의 뇌관이 된 저축은행 사태도 집값만 오르면 프로젝트파이낸싱(PF)이 '땅 짚고 헤엄치기'라는 그릇된 판단을 한 게 한 몫을 했다. 리스크는 (㉠)

① 절대량을 줄일 수도, 분산시킬 수도 없고 관리할 수도 없다.
② 절대량을 줄일 순 있어도 분산시키거나, 관리할 수는 없다.
③ 분산시키거나 관리하는 방법보다는 절대량을 줄여야 한다.
④ 분산시키거나 관리하는 방법을 통해 절대량을 줄일 수 있다.
⑤ 분산시키거나 관리할 수 있을 뿐, 절대량을 줄이거나 없앨 수 없다.

해설

빈칸이 하나 있는 문제이므로 일단 글 전체의 핵심 맥락을 파악하는 것이 문제를 풀어내기 위한 기본적인 전략이다. 이에 따라 글의 내용부터 정리하면, 비교적 근래에 발생한 여러 가지 경제 위기에 대한 당시의 대응과 원인을 분석하고 이를 바탕으로 결론을 이끌어 내고 있다. 이 글의 결론은 2문단의 '저명한 학자들과 미국 정부가 발견한 1987년의 교훈은 금융시스템은 스스로의 위험(리스크)을 완전히 없애지 못한다는 것이다. 리스크는 끊임없이 시스템(시장) 안에서 옮겨 다닐 뿐이다.'의 내용과 4문단 '금융시장 자체가 스스로 리스크를 외부로 넘기는 것은 애초에 불가능하다'의 내용을 통해 알 수 있다.
이를 근거로 빈칸에 들어갈 가장 적절한 설명은 경제 내부의 리스크 절대량을 축소하거나 외부로 이전하는 것은 어떤 방식으로도 불가능하다는 것과 관련된 내용이므로 ⑤가 정답이다.

정답 ⑤

02

다음 각 빈칸에 들어갈 접속사를 차례대로 바르게 나열한 것은?

> 사회보장제도는 옛날에도 존재했지만 보편적으로 시행된 것은 아니었다. 영국에서는 그러한 제도를 1945년 이전에는 주로 사회봉사라 했고, 그 이후 사회보장이라는 말을 사용하였다. 독일에서는 19세기 말 질병보험을 비롯한 사회보장제도가 발달했으며, 미국에서는 1935년 사회보장이라는 말이 실증법상에 최초로 나타났다.
>
> [　　　　] 사회보장의 역사는 오래된 것이라 할 수는 없지만, 사회보장의 영역에 들어갈 수 있는 각종 사업들은 이미 여러 나라에 존재하고 있었다. 그중에서도 가장 보편적인 것이 빈곤과 재해를 구제하기 위한 구빈사업(救貧事業)이었다. 구빈사업은 오늘날의 사회보장, 특히 공적부조의 원초적 형태라고 볼 수 있다.
>
> 사회보장의 개념은 역사적으로 점차 확대되어 왔다. 영국의 사회보장제도를 발달시키는 데 공이 컸던 베버리지(Beveridge, W.)는 사회보장을 실업·질병·사고·정년퇴직 등으로 인한 생계의 위협을 예방하고, 출생·사망·혼인 등으로 인한 예외적 지출을 해결하기 위하여 소득을 보장하는 활동이라고 규정하였다.
>
> [　　　　] 오늘날 소득보장 이외에도 의료보장을 사회보장의 개념 속에 포함시키는 것이 일반적이다. 북구의 사회보장 개념은 더욱 광범위하여 [1] 보건, [2] 직업 재해와 노동자 보호, [3] 노령과 장애, [4] 고용과 실업, [5] 가족복지, [6] 공적부조, [7] 군사 원호 등에 대한 정부의 활동을 총칭하고 있다.
>
> 국제노동기구(ILO)에서는 사회보장의 내용을 사회보험과 공적부조의 두 가지로 나누고 있고, 우리나라와 일본에서는 사회보험과 공적부조·사회복지 서비스로 나누고 있다.
>
> 우리나라 사회보장제도의 역사는 매우 짧지만, 전통사회에서 널리 시행되었던 구빈정책, 또는 구황사업(救荒事業)도 넓은 의미의 사회보장, 특히 공적부조의 범주에 넣을 수 있다. 구빈정책과 구황사업은 광복 이후에도 1950년대 말까지는 국가에 의한 공적부조의 주종을 이루었으며, 사회보험과 사회복지 서비스가 본격적으로 시행된 것은 1960년대 이후부터였다.

① 그러므로 – 따라서

② 그렇지만 – 하지만

③ 그런데 – 그러나

④ 따라서 – 그렇지만

⑤ 하지만 – 반면에

해설

먼저 첫 번째 빈칸 앞부분의 내용을 살펴보면, 사회보장이라는 이름은 없었지만 그와 유사한 역할을 하는 제도들이 유럽 여러 국가에 존재했음을 언급하고 있다. 그리고 첫 번째 빈칸에 이어지는 문장의 내용을 살펴보면 바로 1문단에서 설명한 내용을 추려 정리하고 있다. 따라서 첫 번째 빈칸에는 '따라서' 혹은 '그러므로'가 위치하는 것이 적절하다.

다음으로 두 번째 빈칸 앞부분의 내용을 살펴보면, 사회보장의 개념은 소득을 보장하는 활동이라고 규정되어 왔다는 점을 설명하고 있다. 그리고 두 번째 빈칸에 이어지는 내용을 살펴보면 사회보장은 소득보장에 한정되지 않으며 의료보장까지도 포함된다고 서술하고 있다. 즉 앞부분의 내용과 이어지는 내용이 서로 다르므로 '그렇지만', '하지만', '그러나' 등의 접속사가 두 번째 빈칸에 위치하는 것이 적절하다.

정답 ④

나우쌤이 알려주는 꿀 POINT

해당 문제와 같이 빈칸에 들어갈 문장이나 표현을 찾는 문제가 '빈칸추론'입니다. 기본적으로 빈칸추론형 문제는 빈칸이 위치하고 있는 부분의 앞뒤 문장이나 내용을 고려해서 빈칸에 들어갈 적절한 내용을 추론하는 것이 기본입니다. 그런데 이것만으로는 절대 충분하지 않습니다. 오히려 빈칸추론의 이러한 일반적인 풀이법 때문에 함정에 빠지기도 합니다. 그럼 빈칸추론형 문제는 어떻게 풀어야 하며, 함정으로는 어떤 것들이 있는지 다음 문제를 계속 풀면서 알아가도록 합시다.

03

다음 빈칸에 들어갈 내용으로 적절한 것은?

사회주의가 실패했다고 해서 더 나은 세상을 원하는 인간의 바람이 죽은 것은 아니다. 마르크스가 지적한 환경이 사라지지 않는 한 마르크스는 죽지 않는다. 극소수의 귀족이 다수의 농민과 노동자를 압제했던 러시아가 바로 그랬다. 그러나 마르크스의 이론을 무르익게 한 현장인 영국에서는 그의 예견과 달리 사회주의 혁명이 일어나지 않았다. 그 주된 이유는 [ ]

막스 베버는 검약과 성실, 위험을 감수하는 투자 정신으로 무장된 청교도의 후예들이 영국 자본주의를 낳았다고 분석한다. 존 웨슬리의 감리교 운동에 영감을 받은 신자들은 자신의 재산을 털어 학교와 병원을 짓고 약자를 돌봤다. 중산층이 앞장섰고 귀족이 도왔으며 노동자 계층도 동참함으로써 나눔이 일상화됐고 배려가 생활이 됐다. 양심의 변화가 나라를 갈아엎었다. 참된 인간 혁명은 사회주의 체제가 아니라 종교에서 일어났던 것이다.

인간은 다른 사람이 보여주는 좋은 본과 그들의 희생을 통해 배운다. 문제는 한국에선 그런 본과 희생을 찾기 어렵다는 점이다. 예전에는 삶이 너무 고됐기 때문에 그랬다고 할 수 있다. 그러나 지금은 오로지 더 가지고자 하는 욕심이 우리 사회를 지배해서 그렇다. 세계 가치관 조사 결과를 보면 한국은 세계에서 물질주의가 가장 높은 나라 중 하나다. 이익을 위해 때로는 법을 '살짝' 어기거나, 때로는 그 촘촘한 법망을 요리조리 잘 피하는 현란한 스킬의 사람들로 청문회장은 늘 소란하다. 국민은 본이 되는 사람을 찾고 싶은데 정치는 그 기회를 주지 않는다.

① 우리나라 법보다 법망이 촘촘하고 위반 시 처벌이 매우 강력했기 때문이었다.
② 영국의 모든 계층이 서로 반목(反目)하기보다는 협력하였기 때문이었다.
③ 높은 윤리의식으로 사회적 책무를 감당한 사람이 많았기 때문이었다.
④ 물질적 가치를 굳이 추구하지 않아도 될 만큼 물적 자원이 풍부했기 때문이었다.
⑤ 러시아와 달리 영국은 민주주의적 선거를 통해 정부가 구성되었기 때문이었다.

해설

필자는 1문단에서 영국에서는 러시아와는 달리 혁명이 일어나지 않았다고 설명하고 있다. 그 이유로 각 계층이 사회적 개선에 동참하였다고 설명하고 있다. 하지만 빈칸에 들어갈 그 이유에 대해서 확인하려면 2문단의 우리나라 현실에 대한 필자의 진단을 아울러 살펴보아야 한다. 필자는 우리 사회에 대해 자신의 이익을 추구하는 물질주의만 팽배한 나머지 사회적 본을 찾아볼 수 없게 되었다고 비판하고 있다.

따라서 영국은 우리나라의 현실과는 대비되는 내용이 존재하였다는 점을 추론할 수 있다. 즉 노동자나 중산층 등 각계각층의 사람들의 동참을 이끌어낼 수 있는 사회적 본이 있었음을 알 수 있고, 그것이 바로 종교적 정신에 기반하였다는 점도 추론할 수 있다. 따라서 사회적 본의 역할을 한 사람을 언급하고 있는 선택지는 ③이다.

정답 ③

나우쌤이 알려주는 꿀 POINT

방금 빈칸추론 문제를 풀 때, 정답이 아닌 오답들로 인해 많이 고민하였다면 그 이유는 무엇인지 생각해봅시다. 혹시 지엽적인 내용 때문에 마음이 흔들리지는 않았나요? 선택지 ①번에서 등장하는 '법망'이라는 표현이 글에서도 그대로 등장해서 그럴 듯하게 느껴졌을 수도 있었을 겁니다. 선택지 ②번에 등장하는 계층 간 협력에 대한 내용이 2문단에 있었기 때문에 가능하다고 생각했었을 수도 있고, 그것도 아니라면 물질주의에 대한 비판의 내용이 담긴 ④번을 선택했다거나, 러시아와 같이 혁명이 일어나지 않은 이유를 상식적인 면에서 생각해보면 ⑤번이라고 생각을 한 사람도 있었을 것입니다.

이 모든 고민은 바로 문제의 출제의도를 정확하게 인지하지 못하고 있기 때문에 발생하는 것입니다. 해당 문제에서는 영국의 사례에 비추어 보아 우리나라의 현실을 비판하고 있습니다. 따라서 지엽적인 부분만 볼 것이 아니라 필자가 영국과 우리나라의 어떤 면을 비교하고 있는지에 초점을 맞춰서 보아야 합니다. 즉 1문단과 2문단의 내용 모두를 고려하여 빈칸의 내용을 정해야 합니다. 선택지 ①, ②, ④번은 모두 글의 내용 중 일부를 공유하고 있지만, 글 전체를 통해 필자가 이야기하고자 하는 핵심적인 내용을 언급하고 있지 않습니다. 이에 따라 빈칸에 들어갈 내용으로 적절하지 않음을 알 수 있습니다.

자, 그렇다면 하나의 빈칸이 존재하는 문제들을 어떻게 풀어야 할지 좀 더 일반화해서 생각해보도록 하겠습니다.

PSAT 기출 연습문제

01

2018년 5급 민간경력 PSAT

다음 글의 빈칸에 들어갈 진술로 가장 적절한 것은?

조선 후기에는 이앙법이 전국적으로 확산되었다. 이앙법을 수용하면 잡초 제거에 드는 시간과 노동력이 줄어든다. 상당수 역사학자들은 조선 후기 이앙법의 확대 수용 결과, 광작(廣作)이 확산되고 상업적 농업 경영이 가능하게 되었다고 생각한다. 즉 한 사람이 경작할 수 있는 면적이 늘어남은 물론 많은 양의 다양한 농작물 수확이 가능하게 되어 판매까지 활성화되었다는 것이다. 그 결과 양반과 농민 가운데 다수의 부농이 나타나게 되었다고 주장한다.

그런데 A는 조선 후기에 다수의 양반이 광작을 통해 부농이 되었다는 주장을 근거가 없다고 비판한다. 그에 의하면 조선 전기에는 자녀 균분 상속이 일반적이었다. 그런데 균분 상속을 하게 되면 자식들이 소유하게 될 땅의 면적이 선대에 비해 줄어들게 된다. 이에 조선 후기 양반들은 가문의 경제력을 보전해야 한다고 생각해 대를 이을 장자에게만 전답을 상속해주기 시작했고, 그 결과 장자를 제외한 사람들은 영세한 소작인으로 전락했다는 것이 그의 주장이다.

또한 A는 조선 후기의 대다수 농민은 소작인이었으며, 그나마 이들이 소작할 수 있는 땅도 적었다고 주장한다. 그는 반복된 자연재해로 전답의 상당수가 황폐해져 전체적으로 경작지가 줄어들었기 때문에 이앙법 확산의 효과를 기대하기 어려운 여건이었다고 하였다. 이런 여건에서 정부의 재정 지출 증가로 농민의 부세 부담 또한 늘어났고, 늘어난 부세를 부담하기 위해 한정된 경작지에 되도록 많은 작물을 경작하려 한 결과 집약적 농업이 성행하게 되었다고 보았다. 그런데 집약적으로 농사를 짓게 되면 농업 생산력이 높아질 리 없다는 것이 그의 주장이다. 가령 면화를 재배하면서도 동시에 다른 작물을 면화 사이에 심어 기르는 경우가 많았는데, 이렇듯 제한된 면적에 한꺼번에 많은 양의 작물을 재배하면 지력이 떨어지고 수확량은 줄어들어 자연히 시장에 농산물을 내다 팔 여력이 거의 없게 된다는 것이다.

요컨대 A의 주장은 [　　　　　　　　　　　　]는 것이다.

① 이앙법의 확산 효과는 시기별, 신분별로 다르게 나타났다

② 자녀 균분 상속제가 사라져 농작물 수확량이 급속히 감소하였다

③ 집약적 농업이 성행하였기 때문에 이앙법의 확산을 기대하기 어려웠다

④ 조선 후기에는 양반이든 농민이든 부농으로 성장할 수 있는 가능성이 높지 않았다

⑤ 대다수 농민이 광작과 상업적 농업에 주력했음에도 불구하고 자연재해로 인해 생산력은 오히려 낮아졌다

해설

먼저 A는 조선 후기 부농이 증가했다는 주장에 대해서 부정하고 있다. 내용을 구체적으로 살펴보면, 2문단에서는 양반가에서 부농이 증가하였다는 주장에 대해서 부정하고, 3문단에서는 농민들 중 부농이 증가하였다는 주장에 대해서도 근거를 들어 부정하고 있다. 따라서 글의 빈칸에는 글 전체에서 다루는 A의 주장에 대해 정리한 내용이 들어가야 하므로, 조선 후기에 양반과 농민층 모두에게서 부농 증가 현상은 나타나기 힘들었다는 내용이 들어가야 한다.

정답 ④

나우쌤이 알려주는 꿀 POINT

이 문제는 풀 때 어떠셨나요? 앞서 살펴봤듯이 독해는 글의 주요 내용만 기억하는 것입니다. A는 조선 후기에 부농이 증가했다는 주장에 대해서 반박하고 있습니다. 그것을 양반가와 농민층으로 구분하여 각각 사실을 확인하고 있다는 것이 독해 과정에서 인식되었다면 선택지를 보는 것만으로도 정답을 고를 수 있었을 것입니다. 반면에 그렇지 못했다면 선택지를 보고 다시 글을 확인하는 과정을 번갈아 하면서 정답을 고를 때까지 시간이 상당히 소비되었을 것입니다. 그러므로 글의 주요 맥락만 기억한다는 느낌으로 독해하기를 꼭 기억하도록 합시다!

02

다음 빈칸에 들어갈 말로 가장 적절한 것은?

어느 시대든 사람들은 원인이 무엇인지 알고 있다고 믿었다. 사람들은 그런 앎을 어디서 얻는가? 원인을 안다고 믿는 사람들의 믿음은 어디서 생기는 것일까?

새로운 것, 체험되지 않은 것, 낯선 것은 원인이 될 수 없다. 알려지지 않은 것에서는 위험, 불안정, 걱정, 공포감이 뒤따라 나오기 때문이다. 우리 마음의 불안한 상태를 없애고자 한다면, 우리는 알려지지 않은 것을 알려진 것으로 환원해야 한다. 이러한 환원은 우리 마음을 편하게 해주고 안심시키며 만족하게 하고 힘을 느끼게 한다. 이 때문에 우리는 이미 알려진 것, 체험된 것, 기억에 각인된 것을 원인으로 설정하게 된다. '왜?'라는 물음의 답으로 나온 것은 그것이 진짜 원인이기 때문에 우리에게 떠오른 것이 아니다. 그것이 우리에게 떠오른 것은 그것이 우리를 안정시켜주고 성가신 것을 없애주며 무겁고 불편한 마음을 가볍게 해주기 때문이다. 따라서 원인을 찾으려는 우리의 본능은 위험, 불안정, 걱정, 공포감 등에 의해 촉발되고 자극받는다.

우리는 '설명이 없는 것보다 설명이 있는 것이 언제나 더 낫다'고 믿는다. 우리는 특별한 유형의 원인만을 써서 설명을 만들어 낸다. [ ] 그래서 특정 유형의 설명만이 점점 더 우세해지고, 그러한 설명들이 하나의 체계로 모아져 결국 그런 설명이 우리의 사고방식을 지배하게 된다. 기업인은 즉시 이윤을 생각하고, 기독교인은 즉시 원죄를 생각하며, 소녀는 즉시 사랑을 생각한다.

① 이것은 우리의 호기심과 모험심을 자극한다.
② 이것은 인과관계에 대한 우리의 지식을 확장시킨다.
③ 이것은 우리가 왜 불안한 심리 상태에 있는지를 설명해준다.
④ 이것은 낯설고 체험하지 않았다는 느낌을 가장 빠르고 가장 쉽게 제거해 버린다.
⑤ 이것은 새롭고 낯선 것에서 원인을 발견하려는 우리의 본래 태도를 점차 약화시키고 오히려 그 반대의 태도를 우리의 습관으로 굳어지게 한다.

해설

글의 2문단 내용에서는 우리가 원인이라고 찾는 것은 실제의 원인이라는 점과는 무관하게, 심리적 불안함을 해소시켜주는 방향으로 작용하기 때문이라고 설명하고 있다. 이에 따라 3문단에서 우리가 실제의 원인을 정확하게 규명하려는 방법이 아니라 특별한 유형의 원인만 주로 사용하여 설명하려는 것 역시 '우리의 공포감, 불안감, 걱정 등을 효과적으로 해소시켜 주기 때문'이라고 진술하는 것이 적절하다.

정답 ④

나우쌤이 알려주는 꿀 POINT

Q 선택지 ⑤번도 충분히 빈칸에 들어갈 내용으로 볼 수 있습니다. 마지막 문단의 내용을 다시 한 번 정리해 보면 내용상 너무 자연스럽게 잘 연결됩니다. 그럼에도 ④번이 정답인 이유를 설명해 보도록 합시다.

> 우리는 '설명이 없는 것보다 설명이 있는 것이 언제나 더 낫다'고 믿는다. 우리는 특별한 유형의 원인만을 써서 설명을 만들어 낸다. "(선택지 ⑤) 이것은 새롭고 낯선 것에서 원인을 발견하려는 우리의 본래 태도를 점차 약화시키고 오히려 그 반대의 태도를 우리의 습관으로 굳어지게 한다." 그래서 특정 유형의 설명만이 점점 더 우세해지고, 그러한 설명들이 하나의 체계로 모아져 결국 그런 설명이 우리의 사고방식을 지배하게 된다. 기업인은 즉시 이윤을 생각하고, 기독교인은 즉시 원죄를 생각하며, 소녀는 즉시 사랑을 생각한다.

A 바로 앞선 문제에서 제가 설명한 부분을 생각해봅시다. 빈칸에 들어갈 옳은 내용 찾기 문제에서 제일 중요한 것은 빈칸의 앞뒤 문장이나 해당 문단이 아니라 글 전체의 내용을 고려해야 한다는 점입니다. 한 편의 글이라면 그 글 속의 모든 문장, 모든 문단들은 중심 내용의 전달이라는 목적을 위해 유기적으로 연결되어 있습니다. 그렇다면 결국 빈칸에 들어갈 문장도 글 전체의 중심 내용과의 연관이라는 관점하에서 생각해보아야 합니다. 따라서 선택지 ⑤번은 해당 문단만 생각한다면 들어갈 수 있는 진술이 되지만, 글 전체의 맥락과는 동떨어져 있는 내용으로 판단할 수 있습니다. 이 부분을 고려하면서 빈칸추론 문제 유형을 어떻게 풀 것인지 다시 한 번 정리하길 바랍니다.

03

다음 빈칸에 들어갈 내용으로 가장 적절한 것은?

민주주의의 목적은 다수가 폭군이나 소수의 자의적인 권력 행사를 통제하는 데 있다. 민주주의의 이상은 모든 자의적인 권력을 억제하는 것으로 이해되었는데 이것이 오늘날에는 자의적 권력을 정당화하기 위한 장치로 변화되었다. 이렇게 변화된 민주주의는 민주주의 그 자체를 목적으로 만들려는 이념이다. 이것은 법의 원천과 국가권력의 원천이 주권자 다수의 의지에 있기 때문에 국민의 참여와 표결 절차를 통하여 다수가 결정한 법과 정부의 활동이라면 그 자체로 정당성을 갖는다는 것이다. 즉, 유권자 다수가 원하는 것이면 무엇이든 실현할 수 있다는 말이다.

이런 민주주의는 '무제한적 민주주의'이다. 어떤 제약도 없는 민주주의라는 의미이다. 이런 민주주의는 자유주의와 부합할 수가 없다. 그것은 다수의 독재이고 이런 점에서 전체주의와 유사하다. 폭군의 권력이든, 다수의 권력이든, 군주의 권력이든, 위험한 것은 권력 행사의 무제한성이다. 중요한 것은 이러한 권력을 제한하는 일이다.

민주주의 그 자체를 수단이 아니라 목적으로 여기고 다수의 의지를 중시한다면, 그것은 다수의 독재를 초래하고, 그것은 전체주의만큼이나 위험하다. 민주주의 존재 그 자체가 언제나 개인의 자유에 대한 전망을 밝게 해준다는 보장은 없다. 개인의 자유와 권리를 보장하지 못하는 민주주의는 본래의 민주주의가 아니다. 본래의 민주주의는 [　　　　　　　　　　]

① 다수의 의견을 수렴하여 그대로 정책에 반영해야 한다.
② 서로 다른 목적의 충돌로 인한 사회적 불안을 해소할 수 있어야 한다.
③ 다수 의견보다는 소수 의견을 채택하면서 진정한 자유주의의 실현에 기여해야 한다.
④ 무제한적 민주주의를 과도기적으로 거치며 개인의 자유의 권리 보장에 기여해야 한다.
⑤ 민주적 절차 준수에 그치지 않고 과도한 권력을 실질적으로 견제할 수 있어야 한다.

해설

글에 따르면 민주주의는 소수에 의한 자의적인 권력 행사를 견제하기 위해서 성립되었다. 하지만 오늘날의 (군주나 폭군에 의한 것뿐만 아니라) 제한받지 않는 구성원 다수의 권력도 본래의 민주주의를 위협하는 것이라 보고 있다. 따라서 필자가 올바른 민주주의의 모습으로 생각하는 내용이 빈칸에 들어가야 하므로 이 빈칸에 들어갈 내용으로 가장 적절한 선택지는 ⑤이다.

정답 ⑤

나우쌤이 알려주는 콕 POINT

Q 선택지 ④번이 오답인 이유는 필자가 무제한적 민주주의를 과도기로 거쳐야 한다는 점에 대해서 동의하지 않을 것이기 때문입니다. 하지만 이 선택지가 정답일 수도 있다고 생각한 이유는 바로 '개인의 자유의 권리 보장에 기여해야 한다.'의 내용 때문일 것입니다. 이 부분을 출제한 의도는 무엇일까요?

A 글의 3문단 내용인 '개인의 자유와 권리를 보장하지 못하는 민주주의는 본래의 민주주의가 아니다.'의 문장과 대우관계에 있는 문장은 다음과 같습니다. '본래의 민주주의이려면 개인의 자유와 권리를 보장하는 민주주의이어야 한다.'의 부분이 바로 선택지 ④번과 유사하기 때문에 내용상 빈칸에 들어갈 수 있다고 오판하기 쉬운 것입니다.

NCS 응용 연습문제

01

다음 빈칸에 들어갈 말로 적절한 것은?

오늘날의 북한을 한마디로 정의하면 방황하는 국가이다. 뚜렷하게 국가의 방향을 설정하지 못한 채, 국제 정세나 주위의 강대국의 흐름에 따라 국가운영이 좌우되는 형국이다. 이에 대한 책임은 북한 자신에게도 있겠지만 애매모호한 중국의 태도에도 기인한다. 이미 겉모습과는 다르게 자본주의와 상당히 친화적 태도를 갖게 된 중국은 여전히 북한에 대한 지원에는 상당히 인색한 태도를 보이고 있다. 왜 그럴까?

중국의 한반도 전략은 순망치한(脣亡齒寒)이라는 용어로 중국 스스로 설명한 바 있다. '입술이 없다면 이가 시리다'는 의미로 북한이 없다는 것이 중국에 치명적인 것은 아니겠지만 어느 정도의 부작용은 있다는 이야기다. 국제 정치에는 완충지대론이라는 이론이 있다. 여기서 완충지대는 국경과 인접한 곳에 존재하는 잠재 적국의 세력 침투를 중화시킬 수 있는 지역을 뜻한다. 따라서 잠재 적국이 자신을 침입하려면 우선 완충지대를 통과해야 함은 물론이다. 북한이 중국의 완충지대라면, 동유럽은 소련의 완충지대이고, 한국은 일본의 완충지대가 된다. 상황이 이런 경우 완충지대를 누리고 있는 국가는 다음과 같은 이점을 누릴 수 있다.

일단 완충지대가 있으면 국경의 방위에 많은 군사가 필요 없다. 국경을 맞대고 있는 완충지대 국가는 자신에게 우호적이거나 최소한 중립적이므로 자신을 침입할 가능성이 없기 때문이다. 다음으로 적이 침입하면 일단 완충지대를 거쳐야 하므로 그만큼 시간을 벌 수 있고 완충지대에 군대를 파견하여 자국의 영토 밖에서 전쟁을 할 수도 있다. 임진왜란 이후 한국전쟁까지 중국과 일본 양국이 개입되어 전쟁에서 한반도만 초토화된 사실은 이를 증명하고 있다.

중국은 북한의 강성함 역시 경계해야 한다. 1960년대 중국과 소련이 서로 적대관계에 놓여 있었을 때, 북한은 양다리 외교를 펼쳤었다. 이러한 사례를 보더라도 북한이 지금보다 더 강성해진다면 그래도 북한이 중국의 입장을 여전히 따를 것이라고 누가 보장할 수 있겠는가. 현재 중국과 북한의 관계가 청산될 가능성조차 없다고 장담할 수 없는 것이다. 즉 오늘날 중국이 북한 내 권력이 공고하지 못함을 알면서도 북한에 대한 적극적이고 충분한 지원이 아니라 생존을 위한 최소한의 지원만 제공하는 결정적 이유는 [   ]

① 북한에 대한 러시아의 영향력이 확대되었던 1960년대의 잘못을 반복하지 않기 위해서다.

② 북한에 비해 남한이 지나치게 강성해져 권력의 무게 중심이 남한으로 쏠리는 것을 방지하기 위해서이다.

③ 북한이 지나치게 약화되어 극단적인 경우 통일이 되는, 즉 완충지대가 사라지는 최악은 피해야 하기 때문이다.

④ 한반도 내의 미국의 영향력을 효과적으로 차단해야 하기 때문이다.

⑤ 북한이 지금보다 더 강성해져 중국의 관점에서 현재 북한의 유용성이 사라지는 경우는 막아야 하기 때문이다.

해설

현재 중국에 있어 북한이 가지는 유용성은 바로 2문단에서 이야기하는 순망치한이다. 즉 북한이 붕괴한다거나 남한에 흡수통일 되는 것 자체가 중국에게 무척 치명적인 사실은 아니겠지만 어느 정도의 부작용이 있기 때문에 완충지대로서 북한을 유지시켜놓고 있는 것이다. 하지만 북한이 존재하는 정도도 3문단에서 언급하고 있듯이 중국에 북한이 종속되는 수준에서 생존해야 하므로 빈칸에 들어갈 적절한 말은 '북한이 더욱 강성해지는 것을 막기 위해서'이다.

(오답풀이)

유력한 오답인 ③에 대해서 설명하자면, 빈칸에 들어갈 문장을 살펴보면 북한에 대해 적극적인 지원이 아니라 최소한의 지원만 이루어지는 이유가 빈칸에 들어가야 함을 알 수 있다. 즉 북한의 취약함을 지원하는 목적이 아닌 북한의 강성함을 견제하려는 목적이 내용상 적절하므로, 정답이 될 수 없다.

정답 ⑤

02

다음 빈칸에 들어갈 내용으로 가장 적절한 것은?

새로운 동물 종이 어떻게 생성되는가 하는 물음은 오늘날도 여전히 동물학자들을 긴장시키는 진화 생물학의 핵심 문제다. 동아프리카 시클리드는 이런 물음을 연구하기 위한 적절한 견본이 된다. 특히 빅토리아 호수의 시클리드는 무려 500종이나 되기 때문에 연구의 대상지로는 최적이다.

이 물고기들은 종은 다르지만 서로 밀접한 유연관계를 지니고 있어 멀지 않은 과거에 같은 조상으로부터 갈라져 나왔음을 짐작하게 한다. 하지만 빅토리아의 시클리드들은 먹이 습관이 매우 다양하고 그로 인해 입과 이빨 구조 역시 굉장히 다양하다. 해초나 돌을 갉아먹거나 달팽이를 깨뜨려 먹거나, 플랑크톤, 곤충, 새우, 작은 물고기들을 먹는 종도 많지만 알을 먹는 종도 있다. 이렇게 종에 따라 먹는 것도 다르고, 그에 따라 생활공간도 차이가 나기 때문에 호수 생태계에서 각각 독특한 위치를 차지하고 있고, 그럼으로써 생존 경쟁을 통한 자연 선택을 피할 수 있다.

그런데 네덜란드 생물학자들은 이곳이 1만 2천 년 전에는 평지였다는 것을 알게 되었다. 그렇다면 현재 500여 종으로 알려진 시클리드 물고기들의 진화가 단지 1만 2천 년 동안에 진행되었다는 것이다. 오늘날 탄자니아, 우간다, 케냐의 국경지대에 있는 70미터 깊이밖에 되지 않는 저지에 서서히 물이 들어오기 시작하면서 단기간에 걸쳐 오늘날처럼 다양한 종의 시클리드 물고기들이 번성하게 된 것이다. 새로운 종의 발생은 폭발적으로 이루어졌고, 그것은 지금까지 알려진 척추동물의 새로운 종의 발생 중 가장 빠른 발생이다.

그런데 그런 식으로 다양한 종이 급속히 분화되기까지는 암컷의 엄격한 파트너 선정 기준이 커다란 역할을 했던 것으로 보인다. 동아프리카의 시클리드 수컷은 색깔을 통해 구분되는데, 시클리드 암컷이 가장 좋아하는 색깔은 빨강, 파랑 그리고 노랑이다. 암컷의 망막은 이런 파장의 빛에 가장 민감하게 반응한다. 따라서 시클리드 암컷들이 좋아하는 색깔, 또는 그 색깔로 된 특유의 무늬를 가진 수컷과만 짝짓기를 할 수 있게 된다. 따라서 종간의 교배가 거의 이루어지지 않아 각 종의 특성을 유지할 수 있었기 때문에 다양한 종으로 분화가 가능했던 것이다.

그러나 연구자들은 안타깝게도 앞으로는 새로운 시클리드 종이 더 이상 생성되지 않을 것으로 전망한다. 빅토리아 호수의 부영양화 탓에 수질의 혼탁도가 날로 증가하고 있기 때문이다. 이는 곧 [   ] 빅토리아의 시클리드에게 이 말은 점점 생존의 문제와 직결되고 있다.

① 시클리드 암컷의 성호르몬에 교란을 발생시켜 정상적인 번식이 불가능해질 것이다.
② 시클리드 암컷들이 자신이 짝짓기 할 수컷을 잘 구분하지 못하게 될 것이다.
③ 시클리드들 간의 영역 구분이 불분명해져 이와 관련한 생존 경쟁이 치열해질 것이다.
④ 시클리드들이 자신들의 먹이를 구분하지 못하게 되어 먹이 확보가 곤란해질 것이다.
⑤ 시클리드 암컷들이 자신이 부화시킨 새끼들을 천적으로부터 보호할 수 없을 것이다.

해설

글에 따르면 빅토리아 호수에 서식하는 시클리드 종이 단기간에 500종으로 분화될 수 있었던 것은 바로 암컷의 수컷의 색깔에 대한 선호도 차이 때문에 발생한 것이었다. 그런데 마지막 문단에서 빅토리아 호수의 혼탁도가 날로 증가하고 있다고 설명하였다. 이를 근거로 생각해보면 수컷의 색깔에 대한 암컷의 인식 자체가 어려워질 것으로 추론할 수 있다.
따라서 결국 이러한 문제는 분화되어 있던 종의 교잡을 초래하게 되고, 다양한 종이 점차 줄어드는 결과로 귀결될 것이라 예측할 수 있다.

정답 ②

03

다음 빈칸에 들어갈 내용으로 가장 적절한 것은?

우리나라 사람이 중국 시장의 융성함을 보고서 '이(利)만 안다.'고 말하는데 그것은 하나만 알고 둘은 모르는 소리다. 상인이라는 것이 사민(四民) 중의 하나인데 그 하나로서 사(士), 농(農), 공(工)의 셋에 통하는 것인즉, 십 분의 삼이 아니면 안 된다. 사람들은 지금 쌀밥을 먹고 비단옷을 입고 있으면 그 외의 것은 필요없는 줄 알고 있다. 그러나 쓸모없는 물건을 사용함으로써 쓸모있는 물건을 통하게 하지 않으면, 쓸모있는 물건도 장차 모두 한쪽에 모여서 유통되지 못하고 한 구석에서만 이용할 수 있게 되어 모자라기 쉽다. 그러므로 옛 성왕이 주옥과 화폐 등을 만들어서 가벼운 것으로써 무거운 것을 당하게 한 것이다. 또다시 성왕은 배와 수레를 만들어서 험하고 막힌 곳을 통하게 하면서도 오히려 천리만리 먼 곳의 물자가 유통하지 못할까 봐 염려하였다.

우리나라도 지방이 수천 리(里)이고 백성이 적지 않으며 물자도 구비되어 있지만, 생산되는 물자를 다 이용하지 못하는 것은 경제의 이치를 모르기 때문이다. 날마다 쓰이는 것에 대한 일은 폐하고 연구하지 않으면서, 중국의 가옥, 수레, 단청, 비단 등 훌륭한 것을 보고 '사치가 심하다'라고 한다. 중국은 사실 사치하다가 망했다. 그렇지만 우리나라는 검소한데도 날로 쇠퇴해지는 것은 무슨 까닭인가? 검소하다는 것은 물건이 있어도 남용하지 않는 것이지, 자신에게 물건이 없다고 스스로 단념하는 것은 아니다. 지금 나라 안에 구슬을 캐는 집이 없고, 시장에도 산호와 같은 보배가 없다. 또 금과 은이 있어도 가게에서 떡을 살 수 없다. 이것이 검소한 풍속 때문일까? 아니다. 이것은 물건을 구경해 본 적이 없으니 이용하는 방법을 모르고, 이용할 줄 모르니, 생산할 줄 모르고, 생산할 줄 모르니 백성들은 나날이 궁핍해지는 것이다.

대저 재물은 우물과 같다. 퍼 쓸수록 자꾸 가득 차고 이용하지 않으면 말라 버린다. 모든 분야에 이러다보니 나라에 공장과 도야(陶冶)도 없고 기예도 없어졌다. 조금 생산되는 보배도 나라에서 사용치 않으니 외국으로 흘러가버리고, 남들은 나날이 부강해지건만 우리는 점점 가난하는데 이건 필연적인 것이다. 지금 종각 십자 거리에 가게로 연속된 것이 일 리도 되지 않는다. 그러나 중국은 어떠한가. 그냥 지나쳐 갈 만한 시골길도 모두 가게로 덮였다. 풍성하게 쌓아 놓은 물품의 양과 많은 품목은 우리나라 전역의 시장의 것을 모아도 그곳 시골 가게 하나를 당하지 못할 듯하다. 그렇다고 그곳 시골이 우리나라 전국의 물자보다 풍부하다는 것은 아니다. [   ]

① 시장의 융성함에 대한 사람들의 생각이 이처럼 다를 수 있다는 것을 보여주는 것이다.
② 작은 시골조차 물화의 생산이 이처럼 활발하다는 것을 보여주는 것이다.
③ 우리나라와 다르게, 상인들을 편견 없이 대우하는 것이 이와 같음을 보여주는 것이다.
④ 물화의 유통됨과 모여드는 것이 이처럼 활발할 수 있다는 것을 보여주는 것이다.
⑤ 검소함의 의미가 사실상 유명무실함을 보여주는 것이다.

해설

글 전체에서 필자가 강조하는 것이 무엇인지 잘 살펴보아야 한다. 1문단에서 성왕의 이야기를 통해 화폐로 물건을 쉽게 유통할 수 있었다는 점을 긍정적으로 평가하고 있다. 2문단에서는 우리나라가 검소함에도 쇠퇴하는 이유에 대해 좋은 물건을 구경해본 적이 없으니 사용할 줄 모르고, 결국 사라지게 된다는 것으로 언급하였다. 즉 물화의 활발한 유통을 통해서 사람들이 보고 필요로 하게 해야 한다는 필자의 주장과 맥이 닿아 있다고 볼 수 있다. 3문단에서도 우물을 계속 퍼서 써야 마르지 않는다고 이야기하면서 역시 유통과 판매를 강조하고 있다.

따라서 빈칸에 들어갈 내용은 중국이 물자 자체가 많은 것이 아니라 유통이 활발하기 때문에 시장에 물자가 많다는 내용이 들어가야 할 것이다.

정답 ④

나우쌤이 알려주는 킬 POINT

빈칸이 하나 존재하는 문제는 대부분 글의 핵심 내용과 관련이 있는 문장이 정답인 경우가 많습니다. 따라서 단순히 빈칸의 앞뒤 문장만 보고 판단할 것이 아니라 글의 중심 내용과 전반적인 맥락을 고려하여 정답을 고르려는 노력이 필요합니다.

04

다음 빈칸에 들어갈 말로 가장 적절한 것은?

일반인에게 널리 알려진 전통적인 민화로는 호랑이가 소나무 가지 위에 앉아 있는 까치를 바라보고 있는 모습을 그린 그림이 있다. 이 그림에서 호랑이는 맹수로서 권위나 용맹성은 찾아볼 수 없다. 호랑이의 세부적인 특징을 정확하게 묘사하려 노력한 흔적도 보이지 않다. 그저 소탈하고 덤덤한 윤곽선을 사용하여 대강의 형태를 그리고, 거기에 일반적으로 알려진 문양과 채색을 가하여 호랑이를 그렸을 뿐이다. 때로는 자유롭게 과장하거나 단순화시킨 정도가 너무 지나쳐 후대의 우리에게 웃음을 자아내는 경우가 많다. 그러나 이 그림을 그린 화가에게는 호랑이를 희화하려는 의도는 결코 없었다.

우리가 까치호랑이 그림을 보고 우습다거나 유머러스한 감정을 느끼게 되었다면 그것은 그림의 호랑이가 우리들이 지금까지 가지고 있던 고정관념을 깬 의외의 모습을 보여 주고 있기 때문일 것이다. 호랑이는 흉포하고 무서운 맹수라는 보편적 관념이 이 어수룩한 호랑이를 보는 순간 여지없이 깨지면서 신선한 충격과 더불어 해학의 감정을 느끼게 되는 것이다.

민화가 해학적으로 느껴지는 또 하나의 이유는 대상을 보는 화가의 시점이 한곳에 고정되어 있지 않고 좌우상하로 자유롭게 움직이고 있다는 점 때문이다. 호랑이의 얼굴은 정면에서 본 모습을 그렸는가 하면, 몸통은 측면에서 본 그림을 그렸고, 얼룩무늬도 입체감이 완전히 무시되어 있다. 이런 모습은 서양화법에 익숙한 현대인의 눈에는 상식을 벗어난 야릇하고 엉뚱한 묘사법으로 비치게 마련이고, 그 때문에 유치원 아이들의 그림을 보는 것처럼 재미있다는 느낌을 가지게 되는 것이다.

그렇다면 민화를 생활의 일부로 향유했던 옛사람들도 오늘날의 우리들처럼 이와 같은 호랑이의 모습에 해학과 유머를 느꼈을까? 당시의 민화 화가나 수요자들은 그림에 원하는 내용만 담겨 있으면 어딘가 좀 모자라거나 표현력이 부족하거나 과장되어 있어도 그런 점에 마음 쓰지 않는 태평한 성정을 가지고 있었다. 또 민화를 그린 사람이나 향유했던 서민들은 천성적으로 교묘함을 싫어하고 작위적인 것보다 천연스러운 것에 아름다움을 느끼는 한국적 미감을 공유하고 있었다. 따라서 그들의 관념이나 미의식으로 볼 때 까치호랑이 그림의 호랑이 모습은 별로 이상할 것도 없고, 재미있다거나 유머러스한 느낌도 주지 않았을 것이다. 따라서 [ ]

① 한국 민화에서 해학과 유머는 부수적인 요소임을 직시해야 한다.

② 한국적 미감의 관점에서 미술 작품을 감상하려고 해야 한다.

③ 한국의 민화는 미술의 기본적인 기법에 따라 그려진 것이 아님을 알아야 하겠다.

④ 오늘날의 관점에서 우리나라 옛 민화를 해석하려는 관점을 경계해야 한다.

⑤ 한국의 민화는 유머와 해학만을 목적으로 그려진 그림이 아님을 알아야겠다.

해설

필자는 이 글을 통해서 전통적인 민화를 감상할 때 우리가 느끼는 해학과 유머가 작품의 창작과정에서 의도된 것이 아님을 설명하고 있다. 오히려 당시의 눈으로 보자면 이 작품은 그런 관점에서조차 감상되지 않았을 것이라는 것이다.

따라서 빈칸에 들어갈 말로 가장 적절한 것은 '오늘날의 관점에 함몰되어서 옛 작품들의 성격을 규정해서는 안 된다는 것이다.'라는 내용이다. 이와 비슷한 설명을 통해 정답으로 선택지 ②도 언급할 수 있으나, 이는 미술 작품의 일반적인 감상 태도를 설명한 것으로 적절하지 않다. 즉, 필자는 우리나라 옛 민화와 관련된 이야기를 하고 있을 뿐이다.

정답 ④

CHAPTER 05

실무영역형

다음으로 살펴볼 실무영역형은 실제 업무를 보는 과정에서 만날 수 있는 기획서, 기안서, 제안서 등과 관련하여 출제되는 문제 유형입니다. 이 영역은 출제하는 기업에 따라 내용이나 형식상의 차이가 있을 수 있습니다. 따라서 공통적인 영역으로 학습할 수 있는 부분은 제한적이며, 문제를 푸는 부분도 앞서 연습한 부분에 준해서 진행할 수 있으므로 간단하게 확인하고 넘어가도록 하겠습니다.

기본유형 연습문제

[01~02] 다음은 청년내일저축계좌에 관한 자료이다. 이를 바탕으로 질문에 답하시오.

2022년 상반기 국민건강보험공단

청년내일저축계좌

1. 지원 대상

연령, 소득 기준, 가구소득, 가구재산 4가지를 모두 충족한 청년을 지원합니다.

- 가입 연령: 신청 당시 만 19~34세 청년
  ※ 단, 수급자·차상위자는 만 15~39세까지 허용
- 근로·사업소득: 기준중위소득 50% 초과 100% 이하인 경우 근로·사업소득이 월 50만 원 초과 200만 원 이하
  ※ 단, 수급자·차상위자(기준중위소득 50% 이하)는 연간 근로·사업소득 기준 면제
- 가구소득: 소득인정액 기준중위소득 100% 이하
- 가구재산: 대도시 3.5억 원, 중소도시 2억 원, 농어촌 1.7억 원 이하

2. 지원 내용

1) 본인 저축 납입자에 한하여 매월 본인 저축액 10만 원 이상(매월 전월 23일~현월 22일 입금마감일 이전)인 경우 소득에 따라 다음과 같이 정부지원금을 지원합니다.
   - 기준중위소득 50% 이하: 30만 원 정액 매칭
   - 기준중위소득 50% 초과 100% 이하: 10만 원 정액 매칭
2) 3년간 통장 유지, 근로활동 지속, 교육이수, 자금사용 계획서 제출 시 적립금 전액 지원됩니다.
3) 정책대상별 추가 지원금(근로소득공제금(생계급여 수급 청년), 탈수급장려금, 내일키움장려금, 내일키움 수익금 등) 지급 가능합니다.

3. 신청 방법

1) 가입희망자는 '22년 7월 중순(상세 일정 추후 안내) 이후부터 주민센터 방문 신청 혹은 복지로 누리집에서 온라인 서비스 신청이 가능합니다.
   - 복지로를 통한 온라인 신청은 해당 신청 절차에 따라 진행됩니다.
   - 자가진단표 작성 결과 필수가입 요건 등이 적합일 경우, 관련 서류를 제출합니다.
   - 청년내일저축계좌는 반드시 청년 본인이 신청 및 통장 개설을 해야 합니다.
2) 중앙정부·지자체에서 시행하는 사업 중 아래 해당 사업에 참여(예정) 중이거나 과거 이러한 사업의 혜택을 받은 자(가구)는 중복참여가 불가하니 상세 내용은 사업 안내 또는 담당자를 통해 확인 후 신청하시기 바랍니다.
   - 복지부 자산형성 지원사업과 지원 대상, 목적, 지원 방식 등이 유사한 자산형성 지원사업(서울시 '희망두배 청년통장', 고용노동부 '청년내일채움공제' 등 유사 자산형성 지원사업)
   - 복지부 자산형성 지원사업과 중복지원을 금지하도록 규정하고 있는 사업
   - 단, 지원 대상과 목적이 다른 사업에 참여하고 있는 자(가구)는 중복참여 가능(㉢ 아동 및 청소년을 대상으로 하는 '디딤씨앗통장', '꿈나래통장' 등)

3) 처리 절차

- 초기 상담 및 서비스 신청: 주민센터에 서비스 신청을 접수합니다.
- 대상자 통합조사 및 심사: 소득조사팀에서 서비스에 대한 조사 및 심사를 진행합니다.
- 대상자 확정: 시·군·구에서 서비스 지급을 위한 대상자를 결정합니다.
- 서비스 지원: 한국자활복지개발원에서 대상자에게 서비스를 지급합니다.
- 서비스 사후 관리: 시·군·구, 지역자활센터에서 서비스 제공 이후 대상자의 상황 관련 사항을 관리합니다.

01

주어진 자료를 바탕으로 대답할 수 없는 질문을 고르면?

① 서비스는 어떤 기관에서 지급하나요?
② 차상위자의 지원 연령 기준은 무엇인가요?
③ 최종 선발 대상자의 예상 인원은 몇 명인가요?
④ 기준중위소득에 따라 지원 금액에 차이가 있나요?

02

서울에 거주하면서 중소도시의 회사로 출퇴근하는 청년 A씨가 청년내일저축계좌를 지원하고자 할 때, 옳지 않은 내용을 고르면?(단, A씨는 기준중위소득 100% 이하이며, 수급자 및 차상위자에 해당하지 않는다.)

① 가구재산이 4억 원인 경우 A씨는 지원 대상에서 제외된다.
② A씨의 근로소득이 월 240만 원인 경우 지원 대상에 해당한다.
③ A씨가 지원 대상에 해당하고 매월 30만 원을 저축한다면 10만 원의 정부지원금이 정액 매칭된다.
④ A씨의 자녀가 디딤씨앗통장 사업의 지원을 받고 있더라도 A씨는 지원 대상에 해당한다.

해설

01

자료에서 최종 선발되는 인원들의 규모와 관련된 정보는 없다.

오답풀이

① '3-3)' 항목에서 서비스는 한국자활복지개발원에서 지급한다고 하였다.
② '1' 항목에서 수급자·차상위자의 연령 기준은 만 15세에서 만 39세까지라고 하였다.
④ '2-1)' 항목에서 기준중위소득 50% 이하는 30만 원, 50% 초과 100% 이하는 10만 원의 지원 금액이 정액 매칭된다고 하였다.

정답 ③

02

'1' 항목에서 소득 기준은 기준중위소득 50% 초과 100% 이하일 경우 근로·사업소득이 월 50만 원 초과 월 200만 원 이하여야 한다고 하였다. 따라서 A씨의 근로소득이 월 240만 원인 경우 지원 대상에 해당하지 않는다.

오답풀이

① '1' 항목에서 가구재산은 대도시인 경우 3.5억 원 이하라고 하였으므로 가구재산이 4억 원인 A씨의 경우 지원 대상에서 제외된다.
③ '2-1)' 항목에서 기준중위소득이 50% 초과 100% 이하인 경우 매월 본인 저축액 10만 원 이상인 경우 10만 원의 정부지원금이 정액 매칭된다고 하였으므로, 지원 대상에 해당할 경우 매월 30만 원을 저축한다면 10만 원의 정부지원금이 정액 매칭된다.
④ '3-2)' 항목에서 디딤씨앗통장, 꿈나래통장 등 지원 대상과 목적이 다른 사업에 참여하고 있는 가구는 중복 참여 가능하다고 하였다.

정답 ②

03

K공사의 L사원은 T부장의 지시로 신규사업 건의 전문가에게 자문 요청 메일을 보내야 한다. 다음 대화를 토대로 작성한 메일 내용 중 옳지 않은 것은?

> T부장: 오늘 오전 중으로 리스트에 있는 전문가들에게 자문 요청 메일을 보내주세요.
> L사원: 회신 주소랑 문의 연락처는 어디로 하면 될까요?
> T부장: 문의는 L사원과 내 연락처를 적고 발신자는 L사원, 회신은 내 메일로 받도록 하죠. 내용은 인사·감사·자문의 목적을 적도록 하고 마감기한은 13일로 전달해주세요. 실무자는 L사원임을 기재해주세요. 아, 마감일은 15일로 변경되었으니 15일로 전달해주시고, 개인정보 수집 및 이용 동의서 작성해서 같이 전달하고 꼭 작성해서 회신 달라고 적어주세요. 그리고 보안상 비밀번호가 필요하니 비밀번호도 메일에 함께 작성해서 전달해야 할 겁니다.

① 저희 K사의 미래에너지 비전 설정사업을 위한 전문가 자문에 참여해주셔서 감사합니다.
② 본 건은 우리나라의 미래사회에 부합한 에너지 개발과 활용을 위한 것으로 전문가분들의 자문을 요청드립니다.
③ 메일에 첨부해드린 자문 의견서는 5/15(화)까지 작성해서 보내주시기를 부탁드립니다.
④ 회신은 다음 메일주소(L사원 메일주소)로 보내주시기 바랍니다.
⑤ 회신을 주실 때 의견서와 함께 첨부해드린 개인정보 수집 및 이용 동의서(비밀번호)를 작성하시어 같이 제출해주시기를 바랍니다.

해설

T부장은 회신 메일은 자신의 메일로 받겠다고 하였으므로 L사원의 주소로 메일을 보내 달라는 요청은 적절하지 않다.

(오답풀이)
① T부장의 지시사항에서 자문에 대한 감사의 표시를 하라고 하였으므로 포함될 내용으로 적절하다.
② T부장의 지시사항에서 자문에 대한 목적을 명시하라고 요구하였으므로 포함될 내용으로 적절하다.
③ 마감기한은 15일이라고 하였으므로 메일에 포함될 내용으로 적절하다.
⑤ T부장은 개인정보 활용에 대한 동의서와 비밀번호를 함께 받을 것을 L사원에 지시하였으므로, 메일에 포함될 내용으로 적절하다.

정답 ④

04

다음은 ○○기관 디자인팀의 주간회의록이다. 자료에 대한 내용으로 옳은 것은?

<table>
<tr><th colspan="6">주간회의록</th></tr>
<tr><td>회의일시</td><td>2019. 07. 03(월)</td><td>부서</td><td>디자인팀</td><td>작성자</td><td>D사원</td></tr>
<tr><td>참석자</td><td colspan="5">김 과장, 박 주임, 최 사원, 이 사원</td></tr>
<tr><td>회의안건</td><td colspan="5">1. 개인 주간 스케줄 및 업무 점검
2. 2019년 회사 홍보 브로슈어 기획</td></tr>
<tr><td rowspan="2">회의내용</td><td colspan="3">내용</td><td colspan="2">비고</td></tr>
<tr><td colspan="3">1. 개인 스케줄 및 업무 점검
• 김 과장: 브로슈어 기획 관련 홍보팀 미팅
외부 디자이너 미팅
• 박 주임: 신제품 SNS 홍보 이미지 작업
회사 영문 서브페이지 2차 리뉴얼 작업
• 최 사원: 2019년 홈페이지 개편 작업 진행
• 이 사원: 7월 사보 편집 작업
2. 2019년 회사 홍보 브로슈어 기획
• 브로슈어 주제: 신뢰
– 창립 ○○주년을 맞아 고객의 신뢰로 회사가 성장했음을 강조
– 한결같은 모습으로 고객들의 지지를 받아왔음을 기업 이미지로 구현
• 20페이지 이내로 구성 예정</td><td colspan="2">• 7월 8일 오전 10시
디자인팀 전시회 관람

• 7월 5일까지 홍보팀에서 2019년
브로슈어 최종원고 전달 예정</td></tr>
<tr><td rowspan="3">결정사항</td><td colspan="2">내용</td><td colspan="2">작업자</td><td>진행일정</td></tr>
<tr><td colspan="2">브로슈어 표지 이미지 샘플 조사</td><td colspan="2">최 사원, 이 사원</td><td>2019. 07. 03.~2019. 07. 04</td></tr>
<tr><td colspan="2">브로슈어 표지 시안 작업 및 제출</td><td colspan="2">박 주임</td><td>2017. 07. 03.~2019. 07. 07</td></tr>
<tr><td>특이사항</td><td colspan="5">다음 회의 일정: 7월 10일
• 브로슈어 표지 결정, 내지 1차 시안 논의</td></tr>
</table>

① ○○기관은 외부 디자이너에게 브로슈어 표지 이미지 샘플을 요청하였다.

② 디자인팀은 이번 주 금요일에 전시회를 관람할 예정이다.

③ 김 과장은 이번 주에 내부 미팅, 외부 미팅이 모두 예정되어 있다.

④ 이 사원은 이번 주에 7월 사보 편집 작업만 하면 된다.

⑤ 최 사원은 2019년도 홈페이지 개편 작업을 완료한 후, 브로슈어 표지 이미지 샘플을 조사할 예정이다.

해설

김 과장은 OO기관 홍보팀과도 미팅을 하면서 동시에 외부 디자이너들과의 미팅도 예정되어 있다.

오답풀이

① 결정사항을 보면 브로슈어 이미지 샘플은 외부에서 진행하는 것이 아니라 OO기관 직원인 최 사원과 이 사원이 담당하고 있으므로 옳지 않다.

② 회의가 진행된 7월 3일이 월요일이므로 디자인팀이 전시회를 관람하는 7월 8일은 토요일이므로 옳지 않다.

④ 이 사원은 7월 사보 편집 작업뿐만 아니라 브로슈어 이미지 샘플도 조사해야 하므로 옳지 않다.

⑤ 최 사원은 홈페이지 개편 작업도 담당하고, 이미지 샘플 조사도 담당하는 것은 맞으나, 업무의 진행 순서는 본 회의록을 통해서 확인할 수 없다.

정답 ③

PSAT 기출 연습문제

01

2008년 5급 행정공채 PSAT

다음은 농림부 갑 사무관이 작성한 '도농(都農)교류 활성화 방안'이라는 보고서의 개요이다. 본론 I을 바탕으로 구성한 본론 II의 항목들로 적절하지 않은 것은?

A. 서론
  1. 도시와 농촌의 현재 상황과 미래 전망
  2. 생산적이고 쾌적한 농촌 만들기를 위한 도농교류의 필요성

B. 본론 I: 현재 실시되고 있는 도농교류제도의 문제점
  1. 행정적 차원
    1) 소규모의 일회성 사업 난립
    2) 지속적이고 안정적인 농림부 예산 확보 미비
    3) 농림부 내 일원화된 추진체계 미흡
  2. 소통적 차원
    1) 도시민들의 농촌에 대한 부정적 인식
    2) 농민들의 시장상황에 대한 정보 부족

C. 본론 II: 도농교류 활성화를 위한 추진과제

D. 결론

① 지역별 브랜드화 전략을 통한 농촌 이미지 제고
② 도농교류사업 추진 건수에 따른 지방 교부금 배정
③ 1사1촌(1社1村) 운동과 같은 교류 프로그램 활성화
④ 도농교류 책임기관으로서 농림부 농업정책국 산하에 도농교류센터 신설
⑤ 농촌 기초지자체와 대도시 자치구의 연계사업을 위한 장기적 정책지원금 확보

해설

추진 건수에 따라 교부금을 배정하게 된다면 본론 I에서 지적한 도농교류제도의 문제점 중 1) 소규모의 일회성 사업이 난립되는 문제를 더욱 심화시킬 가능성이 있다. 따라서 본론 II에 포함되는 정보로 적절하지 않다.

(오답풀이)

① 본 전략을 취할 경우 도시민들의 농촌에 대한 부정적 인식을 개선할 수 있으므로 본론 II에 들어갈 내용으로 적절하다.

③ 1사1촌 운동을 통해서 도농 간 소통의 기회를 넓힌다면 도시민들의 농촌에 대한 부정적 인식도 개선될 것이고, 농민들의 도시에 대한 이해도도 제고될 것이므로 본론 II에 들어갈 내용으로 적절하다.

④ 도농교류에 있어 일원화된 체계가 미비하다는 문제점을 개선할 수 있는 방안이므로 본론 II에 들어갈 내용으로 적절하다.

⑤ 행정적 차원의 문제 중 지속적이고 안정적인 예산의 확보가 미비하다는 문제점을 개선할 수 있으므로 본론 II에 들어갈 내용으로 적절하다.

정답 ②

NCS 응용 연습문제

01

다음 글의 관점에서 [보기]인 사과문에 대해 설명한 내용으로 적절하지 않은 것은?

살다보면 자신의 잘못으로 인해서 다른 사람에게 피해를 입힐 경우가 있다. 이때 당사자를 직접 만나서 사과를 하거나 혹은 사과문을 발표하는 형태로 잘못에 대해서 이해와 용서를 구해야 한다. 구두로 하는 사과든, 문서로 정하는 사과문이든 하지 않아야 할 것은 무엇일까?

먼저 사과문에서 거짓을 이야기해서는 안 된다. 이미 상대방은 화자의 잘못을 알고 있다. 따라서 거짓이나 과장 없이 분명하게 사과를 하는 것이 좋다. 물론 잘못 알려진 사실이 있다면 해명전략을 사용하는 것이 좋지만 해명도 길어지면 사과의 본의가 왜곡될 수 있으므로 간략하게 덧붙이는 정도면 충분하다.

사과문에서 흔히 사용하게 되는 잘못된 전략 중 대표적인 것은 다음의 몇 가지가 있다. 본 사건과는 직접적인 관련이 없는 과거의 선행을 언급함으로써 자신을 변호하려는 입지강화전략, 자신의 처지를 과장하거나 비관하는 동정심유발전략 또는 더 큰 대의명분을 위해서 불가피하게 선택한 행동이었음을 알리는 초월전략이 있다. 하지만 이러한 정당화 전략들은 청자들에게 거의 사과의 효과가 없다는 것이 심리학 실험을 통해서 익히 알려진 바다.

또한 피해자의 상태에 대해서 언급하면서 사과의 의미를 희석하려고 한다든지, 잘못을 또 다른 책임자의 탓을 하거나 제3자에게 잘못을 돌린다든지 하는 발언은 사과의 진정성을 의심하게 되는 요소이므로 피해야 한다. 또한 사과는 동의를 전제로 한다. 즉 가해자가 피해자의 아픔에 공감하며 사죄의 의미를 전달해야 사과가 성립하는 것이다. 하지만 '그러나' 같은 접속사를 사용하게 되면 가해자가 피해자의 피해에 충분히 공감하지 못한다는 것을 보여줘서 불필요하다. 예를 들면 "늦어서 미안해, 하지만 네가 약속시간을 너무 촉박하게 잡았잖아."라는 경우를 생각해볼 수 있다. 마지막으로 조건부 사과이다. 피해자 판단이나 태도에 따라서 자신이 사과를 한다는 식의 표현도 피해야 한다.

보기

[사과문]

이번 제 행동은 우리 회사의 이익을 최대화하기 위해서 한 것이었는데 회사 윤리를 위반하였다니 죄송하고 저 역시 참담한 기분입니다. 어떤 경로인지는 저 역시 정확히 알지 못하나 제 행동이 사회적으로 알려지면서 회사의 이미지에 타격을 준 사실에 대해서 잘못했다고 생각합니다. 회사 동료 여러분들께서 불쾌하게 느끼셨다면 그 부분에 대해서 사과를 드리겠습니다.

하지만 여러분이 아셔야 하는 것들도 있습니다. 여러 윤리 위원분들도 아시다시피 이번 제 행동이 잘못인 것은 맞지만 그동안 회사 내에서 관행으로 인정해 온 것이라는 점, 단기간에 입찰을 따내야 하는 부담감에 시달려 왔다는 제 입장, 그리고 그동안 제가 회사의 실적에 기여한 부분 역시 감안을 해주시기 바랍니다.

① 사과의 효과가 거의 없는 초월전략을 사용하고 있다.

② 자신의 처지에 호소하는 동정심유발전략을 사용하였다.

③ 사과문에서는 피해야 할 조건부 사과를 하고 있다.

④ 자신의 선행을 언급하는 입지강화전략을 채택하고 있다.

⑤ 해명전략을 사용하여 행동의 불가피함을 설득하려 하였다.

해설

보기

[사과문]

이번 제 행동은 우리 회사의 이익을 최대화하기 위해 (→ ① 초월전략)서 한 것이었는데 회사 윤리를 위반하였다니 죄송하고 저 역시 참담한 기분입니다. 어떤 경로인지는 저 역시 정확히 알지 못하나 제 행동이 사회적으로 알려지면서 회사의 이미지에 타격을 준 사실에 대해서 잘못했다고 생각합니다. 회사 동료 여러분들께서 불쾌하게 느끼셨다면 그 부분에 대해서 사과를 드리겠습니다. (→ ③ 조건부 사과)

하지만 여러분이 아셔야 하는 것들도 있습니다. 여러 윤리 위원분들도 아시다시피 이번 제 행동이 잘못인 것은 맞지만 그동안 회사 내에서 관행으로 인정해 온 것이라는 점, (단기간에 입찰을 따내야 하는 부담감에 시달려 왔다는 제 입장 (→ ② 동정심유발전략), 그리고 그동안 제가 회사의 실적에 기여한 부분 역시 감안을 해주시기 바랍니다. (→ ④ 입지강화전략)

정답 ⑤

02

다음은 여성가족부 갑 사무관이 작성한 '한부모 가정 지원을 위한 방안'이라는 보고서의 개요이다. 본론 I을 바탕으로 구성한 본론 II의 항목으로 적절하지 않은 것은?

A. 서론
  1. 현대사회의 이혼율 증가가 한부모 가정이 급증하는 가장 큰 원인임.
  2. 치명적 질병과 각종 사고사의 증가도 한부모 가정이 증가한 원인임.
  3. 한부모 가정은 오늘날 특이한 사례로 볼 것이 아니라 사회적 현상 중 하나로 간주해야 함.

B. 본론 I – 한부모 가정의 현실적 당면문제
  1. 경제적 문제
    1) 이혼 및 배우자의 사망으로 인한 경제적 수입의 축소, 빈곤의 문제
    2) 남성 가장보다 취업하기가 쉽지 않은 여성 한부모 가장의 문제
  2. 경제외적 문제
    1) 경제활동과 병행하기 어려운 자녀 양육, 교육과 가사노동의 문제
    2) 한부모 가정 자녀들의 성장과정에 겪게 되는 정신적 스트레스의 문제
    3) 법적, 제도적 미비로 인하여 여성 한부모 가장이 겪게 되는 사회적 적응의 어려움

C. 본론 II – 한부모 가정의 문제 해결을 위한 방안

D. 결론

① 한부모 가정을 위한 각종 세제 해택과 생활 자금 지원 예산 편성
② 이혼율 증가를 막기 위한 가정 문제 상담기관의 확대 운영과 사회적 교육의 실시
③ 방과 후 한부모 가정 아이들을 보살펴 줄 돌보미 아주머니 파견 제도의 도입
④ 한부모 가정의 아이들에 대한 정기적인 심리 상담 프로그램의 실시
⑤ 여성 한부모 가장의 취업 알선 프로그램 마련 및 취업을 위한 맞춤형 교육의 실시

해설

이혼율이 한부모 가정의 증가에 대한 가장 중요한 원인임은 분명하다. 하지만 보고서에서는 이미 한부모 가정이 된 가족들을 어떻게 지원할 것인가에 대한 방안 마련이 목적이지, 한부모 가정의 증가를 막기 위한 방안 제시가 목적이 아니므로 적절하지 않다.

정답 ②

나우쌤이 알려주는 콕 POINT

이 같은 문제를 풀 때에는 발문에 대한 이해를 명확하게 하여 출제자의 의도에 따라 문제를 풀어야 합니다. 대략적으로 이런 내용이 들어가면 되겠지라는 선입견을 가지고 문제를 풀거나 혹은 일단 발문에 대한 이해 없이 선택지를 보고 막연하게 정답을 찾으려는 태도는 문제를 틀리게 하는 주요 원인이 됩니다. 해당 문제를 틀렸다면 여기에서 그 이유를 찾으시고 그것을 극복하려는 방법을 고안해야 합니다.

03

다음은 문화관광부 갑 사무관이 작성한 'A시 돔구장 설치 및 운영방안'이라는 보고서의 개요이다. 본론 Ⅰ, Ⅱ를 고려할 때, 본론 Ⅲ에서 제시될 수 있는 대안으로 적절하지 않은 것은?

A. 서론
  1. 돔구장 설치의 목적
  2. A시의 지역 및 재정 현황

B. 본론 Ⅰ
  1. 돔구장 설치의 기대효과
    1) 지역의 대표적 랜드 마크로 기능할 수 있음.
  2. 현 건설예정 지역의 장점
    1) 교통 요지로 야구팬이나 관광객의 접근성이 탁월함.
    2) 인근에 유명 관광지와 위락시설이 위치하여 관광객 유인 요건이 충분함.

C. 본론 Ⅱ: 건설 후 운영과 관련하여 예상되는 문제점
  1. 재정적인 면
    1) 구장 내 상점 입점 관련 저조한 민간자본 유치 – 추가 재정부담 발생 가능성
    2) 연간 구장유지비에 미치지 못할 것으로 예상되는 야구경기 수익
  2. 구장 운영 및 기대효과 면
    1) 기존 프로구단의 연고지 이전 거부로 인한 공백 사태가 우려됨.
    2) 구장 인근 지역민에 대한 혜택이나 기대효과가 크지 않음.

D. 본론 Ⅲ: 장점은 유지하면서 상기의 문제점을 개선하기 위한 방안 제시

E. 결론

① 구장을 지가가 저렴한 외곽의 미개발지구에 건설함으로써 건설비용 대폭 감축
② 구장에 야구경기 이외에도 다양한 문화 행사를 유치하여 수익구조 개선
③ 구장 내 입점과 관련하여 민간 투자자들에 대한 적극적인 홍보 기회 마련, 투자 유도
④ 인근 지역민들이 체육 활동 등에 수시로 활용할 수 있는 구장 내 공간 및 시설 확보
⑤ 구단의 연고지 이전에 따른 혜택 부여나 이전 불발 시 신생구단 창단 지원 방안 검토

해설

건설비용 자체는 보고서에서 제기하고 있는 문제에 해당하지 않는다. 보고서에서 언급하고 있는 재정적인 문제는 구장 운영과 관련된 수익구조에 관한 것이므로 적절하지 않다.

(오답풀이)

② 본론 II에서 야구경기 수익이 저조할 것으로 예상하였으므로 이를 보완하기 위한 전략으로 적절하다.
③ 구장 내 상점 입점이 부족하다고 하였으므로 이를 개선하기 위한 방법으로 적절하다.
④ 구장 인근 지역민에 대한 혜택이나 기대효과를 개선하기 위한 방법으로 적절하다.
⑤ 기존 프로구단의 연고지 이전 거부의 가능성을 줄이기 위한 방책이므로 적절하다.

정답 ①

04

다음은 행정안전부와 문화체육관광부의 공동 조사로 작성된 '지방 축제의 문제점과 개선 방안'이라는 보고서의 개요이다. 본론 I을 바탕으로 구성한 본론 II의 항목으로 적절하지 않은 것은?

A. 서론
　1. 지방자치 이후 크게 늘어난 지방 축제

B. 본론 I: 현재 개최되고 있는 지방 축제의 문제점
　1. 관주도형 축제
　　1) 축제의 기획진행자가 모두 지방행정기관 관련자들
　　2) 축제 진행 시 주민들의 강제 동원
　　3) 지역민 의견 반영이 미흡하여 자발적 참여도 저조
　2. 일회 이벤트성 축제의 범람
　　1) 투자 대비 행사 후 효과 크지 않아 재정 낭비 비판
　　2) 향토 문화 보존 및 축제 관련 노하우 전수 부족
　3. 지방 특색과 무관한 축제
　　1) 향토 문화를 무시한 무리한 관광 상품화
　　2) 지역 축제 간의 실질적 차별성 상실

C. 본론 II: 지방 축제 문제점에 대한 개선 방안

D. 결론

① 향토 문화에 보다 밀착될 수 있는 축제의 기획, 개발
② 축제 주관에 민간 참여를 확대할 수 있는 기반 조성
③ 특색 있는 지방 문화의 보존을 위한 지원 방안 마련
④ 축제 관련 지출 상세 항목에 대한 철저한 회계 감사 실시
⑤ 지역 주민을 대상으로 하여 축제에 관한 공청회 개최

해설

보고서에서 문제점으로 제기하고 있는 부분은 축제라는 이벤트가 투자 대비 효과가 크지 않아 재정 낭비라는 비판을 받고 있다는 것이므로, 적절하지 않다.

(오답풀이)

① 향토 문화를 무시한 무리한 관광 상품화가 문제가 되고 있으므로 이에 대한 적절한 방안이라 할 수 있다.

② 축제를 기획하고 진행하는 사람이 민간은 배제되고 관주도로 이루어진다는 지적이 있었으므로, 이를 개선하기 위한 방안이라 할 수 있다.

③ 향토 문화를 보존하기 위한 노력이 부족했다고 지적하고 있으므로 이를 개선하기 위한 방안으로 적절하다.

⑤ 축제 지역 주민들의 의견 반영이 미흡하다고 하였으므로 이에 대한 방안으로 적절하다.

정답 ④

CHAPTER 06

기타 출제예상 유형

이번 CHAPTER에서는 아직까지 출제 빈도가 높지는 않지만 출제가 예상되는 유형을 살펴보고자 합니다. 바로 사례찾기 유형입니다. 글에서 특정의 개념이나 주장, 가설 등을 설명하고 이에 부합하는 혹은 부합하지 않는 사례를 찾아내는 문제가 사례찾기 유형에 해당합니다. 그럼 먼저 문제를 풀어보면서 계속 살펴보도록 하겠습니다.

PSAT 기출 연습문제

01

2009년 5급 행정공채 PSAT

다음 설명된 '사전조치'의 개념에 해당하지 않는 것은?

> 개인이나 사회는 장기적으로 최선의 일을 의지박약, 감정, 충동, 고질적 습관, 중독 그리고 단기적 이익추구 등의 이유로 인해 수행하지 못하는 경우가 많다. 예컨대 많은 사람들이 지금 담배를 끊는 것이 자신의 건강을 위해서 장기적으로 최선이라고 판단함에도 불구하고 막상 담배를 피울 수 있는 기회에 접하게 되면 의지박약으로 인해 담배를 피우는 경우가 많다. 이런 경우 개인이나 사회는 더 합리적으로 행동하기 위해서 행위자가 가질 수 있는 객관적인 기회를 제한하거나 선택지를 줄임으로써 의지박약이나 충동 또는 단기적 이익 등에 따라 행동하는 것을 방지할 수 있다. 이런 조치를 '사전조치'라고 명명한다.

① 알콜 중독자가 금주를 목적으로 인근 수십 킬로미터 안에 술을 파는 곳이 없는 깊은 산속으로 이사를 하였다.

② 술에 취할 때마다 헤어진 애인에게 전화를 하는 남학생이 더 이상 그녀에게 전화를 하지 않기 위해 자신의 핸드폰 번호를 변경하였다.

③ 가정 내에서 TV를 통한 미성년자의 등급 외 상영물 시청을 제한하기 위해 TV에 성인물 시청 시 비밀번호를 입력하도록 하는 장치를 설치하였다.

④ 군것질 버릇이 있는 영화배우가 최근 캐스팅된 영화 촬영을 앞두고 몸 관리를 하기 위해 매니저에게 자신의 숙소에 있는 모든 군것질 거리를 치우도록 하였다.

⑤ 국회는 향후 집권당과 정부가 선거에서 유권자의 표를 구할 목적으로 단기적으로만 효과를 발휘하는 통화금융정책을 시행할 위험을 막기 위해서 이자율과 통화량에 대한 결정권을 독립된 중앙은행에 이양하는 법률을 제정하였다.

해설

글에서 말하는 사전조치는 다음과 같다. '개인이나 사회는 더 합리적으로 행동하기 위해서 행위자가 가질 수 있는 객관적인 기회를 제한하거나 선택지를 줄임으로써 의지박약이나 충동 또는 단기적 이익 등에 따라 행동하는 것을 방지할 수 있다. 이런 조치를 '사전조치'라고 명명한다.' 그런데 ②의 경우에는 문제를 발생시키는 행위자의 행위를 제한하는 것이 아닌, 행위자 주변의 사람들의 행위를 제한시키는 것이므로 '사전조치'에 해당하는 사례라고 볼 수 없다.

정답 ②

나우쌤이 알려주는 꿀 POINT

해당 문제는 비교적 쉽게 풀 수 있었을 것입니다. 그러나 저는 쉬운 문제라고 해서 검토할 것이 없다고 생각하거나 배울 바가 없다고 생각하지 않습니다. 여기서 문제를 풀었던 그 과정에 대해서 여러분의 기억을 되살려 아래 질문에 대한 대답을 생각해 봅시다.

Q "어떤 과정을 거쳐 이 문제를 풀었나요?"

잘 기억이 나지 않을 수 있습니다. 하지만 우리가 찾고자 하는 것은 문제를 푸는 방법입니다. 그러므로 내가 이 문제를 어떻게 풀었는지 그 과정을 머릿속에 잘 기억해두고 정리하는 작업이 필요합니다. 이를 통해 자신의 풀이 과정 중 어떤 부분에 문제가 있는지를 확인할 수 있습니다.

그럼 다음의 몇 가지 사례찾기형에 해당하는 문제를 풀어보겠습니다. 다음 문제부터는 문제를 풀고 잠시 책을 덮은 상태에서 문제를 '어떻게' 풀었는지를 잘 복기해보길 바랍니다. 기억한 내용과 앞으로 문제를 풀어보는 과정에서 분명 해답을 찾게 될 것입니다.

02

다음 ㉠의 사례로 가장 적절한 것은?

보통 '관용'은 도덕적으로 바람직한 것으로 간주된다. 관용은 특정 믿음이나 행동, 관습 등을 잘못된 것이라고 여김에도 불구하고 용인하거나 불간섭하는 태도를 의미한다. 여기서 관용이란 개념의 본질적인 두 요소를 발견할 수 있다. 첫째 요소는 관용을 실천하는 사람이 관용의 대상이 되는 믿음이나 관습을 거짓이거나 잘못된 것으로 여긴다는 점이다. 이런 요소가 없다면, 우리는 '관용'을 말하고 있는 것이 아니라 '무관심'이나 '승인'을 말하는 셈이다. 둘째 요소는 관용을 실천하는 사람이 관용의 대상을 용인하거나 최소한 불간섭해야 한다는 점이다. 하지만 관용을 이렇게 이해하면 역설이 발생할 수 있다.

자국 문화를 제외한 다른 문화는 모두 미개하다고 생각하는 사람을 고려해보자. 그는 모든 문화가 우열 없이 동등하다는 생각이 틀렸다고 확신하고 있다. 하지만 그는 그런 자신의 믿음에도 불구하고 전략적인 이유로, 예를 들어 동료들의 비난을 피하기 위해 자신이 열등하다고 판단하는 문화를 폄하하려는 욕구를 억누르고 있다고 하자. 다른 문화를 폄하하고 싶은 그의 욕구가 크면 클수록, 그리고 그가 자신의 이런 욕구를 성공적으로 자제하면 할수록, 우리는 그가 더 관용적이라고 말해야 할 것 같다. 하지만 이는 받아들이기 어려운 역설적 결론이다.

이번에는 자신이 잘못이라고 믿는 수많은 믿음을 모두 용인하는 사람을 생각해 보자. 이 경우 이 사람이 용인하는 믿음이 많으면 많을수록 우리는 그가 더 관용적이라고 말해야 할 것 같다. 그런데 그럴 경우 우리는 인종차별주의처럼 우리가 일반적으로 잘못인 것으로 판단하는 믿음까지 용인하는 경우에도 그 사람이 더 관용적이라고 말해야 한다. 하지만 도덕적으로 잘못된 것을 용인하는 것은 그 자체가 도덕적으로 잘못이라고 보는 것이 마땅하다. 결국 우리는 관용적일수록 도덕적으로 잘못을 저지르게 될 가능성이 높아지게 되는데 이는 역설적이다.

이상의 논의를 고려하면 종교에 대한 관용처럼 비교적 단순해 보이는 사안에 대해서조차 ㉠ 역설이 발생한다. 이로부터 우리는 관용의 맥락에서, 용인하는 믿음이나 관습의 내용에 일정한 한계가 있어야 함을 알 수 있다.

① 종교적 문제에 대해 별다른 의견이 없는 사람을 관용적이라고 평가하게 된다.
② 모든 종교적 믿음은 거짓이라고 생각하고 배척하는 사람을 관용적이라고 평가하게 된다.
③ 자신의 종교가 주는 가르침만이 유일한 진리라고 믿는 사람일수록 덜 관용적이라고 평가하게 된다.
④ 보편적 도덕 원칙에 어긋나는 가르침을 주장하는 종교까지 용인하는 사람을 더 관용적이라고 평가하게 된다.
⑤ 자신이 유일하게 참으로 믿는 종교 이외의 다른 종교적 믿음에 대해서도 용인하는 사람일수록 더 관용적이라고 평가하게 된다.

해설

글의 3문단에서는 ㉠ 역설을 다음과 같이 설명하고 있다. '도덕적으로 잘못된 것을 용인하는 것은 그 자체가 도덕적으로 잘못이라고 보는 것이 마땅하다. 결국 우리는 관용적일수록 도덕적으로 잘못을 저지르게 될 가능성이 높아지게 되는데 이는 역설적이다.' 즉 도덕 원칙에 위배되는 종교까지도 용인하는 것을 관용이라고 하는 것은 역설에 해당된다.

정답 ④

03

다음 글의 ㉠~㉢에 해당하는 것을 [보기]에서 골라 알맞게 짝지은 것은?

윤리라는 말의 의미는 매우 다양하다. 조금만 주의를 기울이면, 쓰이는 맥락에 따라 윤리라는 말의 의미가 변한다는 사실을 알 수 있다. '윤리(ethics)'라는 말은 관습 또는 특유의 습관이라는 의미인 그리스어 'ethos'에서 유래했다. '도덕(morals)'의 어원인 라틴어 'mores' 역시 관습을 의미한다. 관습과 윤리의 혼동은 우리가 한 개인이나 집단의 특정한 사고방식을 가리켜 ㉠ '윤리'라고 말할 때 뚜렷하게 드러난다. 이때 '윤리'는 의료 윤리, 법조 윤리처럼 특정 직업인들 사이에 적용되는 규약의 의미로 사용되기도 하고, 슈바이처의 윤리, 영국 빅토리아 시대의 윤리처럼 한 개인이나 특정 시대, 특정 사회의 도덕관을 가리키는 표현으로 사용되기도 한다.

윤리라는 말은 윤리 또는 도덕과 관련된 주제, 경험 등을 가리키기도 한다. 이런 종류의 주제, 경험은 법, 종교, 예술, 과학, 경제, 스포츠 등과 같은 인간의 독특한 관심 분야이다. 예를 들어 "인간복제는 윤리적 논쟁거리이다."라고 말할 때의 ㉡ '윤리'는 바로 그러한 의미로 쓰인 것이다. 이때 '윤리적(ethical)'이라는 표현은 '도덕적(moral)'이라는 표현과 의미상 차이가 없다. 그와 반대되는 표현은 '도덕과 관계없는(nonmoral)'이 된다.

윤리라는 말의 또 다른 의미는 칭찬할 만하고 도덕적으로 알맞은 결정이나 행위를 가리킬 때 쓰인다. 예를 들어 "자신의 잘못을 솔직히 인정한 워싱턴의 행동은 윤리적이야."라고 말할 때의 ㉢ '윤리'는 바로 이런 의미를 지니고 있다. 그리고 이는 '비윤리적(unethical)', '비도덕적(immoral)'이라는 표현과 반대된다.

보기

'어려움에 처한 이웃을 도와주라.'라는 명제는 우선 도덕적 사고분야와 관계되어 있다는 점에서 (A) '윤리적'이다. 그리고 우리가 어려움에 처한 이웃을 실제로 돕는다면, 이는 도덕적으로 올바른 것이므로 (B) '윤리적'이다. 한편, 이 명제는 한국 사회의 가치관을 반영하고 있어 대다수의 한국인들이 받아들이기 때문에 (C) '윤리적'이다.

	㉠	㉡	㉢
①	(A)	(B)	(C)
②	(A)	(C)	(B)
③	(B)	(A)	(C)
④	(C)	(A)	(B)
⑤	(C)	(B)	(A)

해설

㉠ 윤리의 개념을 먼저 정리하면, 특정한 시대나 집단에서 공유하고 있는 관습이나 약속, 규약 등이 된다. 따라서 특정한 집단을 언급하고 있는 (C)가 이와 관련이 있다.

㉡ 윤리의 개념을 정리하면, 이는 '도덕적'이라고 하는 가치 판단의 기준으로서의 개념과 맞닿아 있다. 따라서 도덕을 판단의 기준으로 제시하고 있는 (A)에 해당한다고 볼 수 있다.

㉢ 윤리의 개념은 '도덕적으로 가치가 있는 행위나 결정'이라는 의미이다. 따라서 실제 행위에 대한 언급과 관련하여 사용하고 있는 (B)에 연결하는 것이 적절하다.

정답 ④

나우쌤이 알려주는 킥 POINT

해당 문제에서 정답을 찾기 위해서 여러분은 윤리와 같은 표현이 다양한 의미로 활용된다는 것을 알게 되었고, 그것을 바탕으로 [보기]의 (A)~(C)를 판단하였을 것입니다.

네, 맞습니다. 제가 사례찾기형을 통해서 말하고 싶은 핵심이 바로 이 부분입니다. 누구나 다 그렇게 푸는 것 아니었냐는 의문을 제기하고 싶은 분들도 있을 것입니다. 또는 너무나 당연한 거 아니냐는 반문도 하고 싶을 겁니다. 이게 무슨 스킬이냐고 하는 분들도 있을 겁니다.

그런데 제 콘텐츠가 말하는 것은 바로 이 부분입니다. 실제로 여러 번의 강의와 상담을 통해서 알게 된 것은 너무나 기본적이고 당연하기 때문에 무시당하는 방법들이 많다는 것이었습니다. 누구나 새롭고 멋있는 스킬을 찾으려 합니다. 하지만 그 스킬들은 정석의 방법이 완비되어 있을 때, 그것을 보완하는 방법으로 빛을 발하게 됩니다. 제가 수많은 상담을 통해 확인한 것은 정석의 방법조차 숙지하지 않았는데(오히려 풀이과정에서 생략되는 경우가 많았습니다.) 그 너머의 스킬을 찾는다는 것이었습니다.

정석의 방법이 오히려 돌아가는 길 아니냐고요? 아닙니다. 예로 수많은 다이어트 방법이 있죠. 하지만 식단조절과 운동이라는 정석적인 방법이 가장 빠른 다이어트 방법이라는 거 누구나 다 알고 있을 것입니다. 그리고 가장 성공할 확률이 높은 방법이라는 것도 알고 있습니다. 즉 우리가 스킬을 모르는 것이 아닙니다. 다만 다른 스킬을 찾느라 시간을 낭비하고 있는 것입니다. 제가 확신할 수 있는 것은 사례찾기형에서 이보다 더 좋은 스킬은 없습니다.

해당 문제를 풀 때 윤리의 다양한 의미를 이해하고 선택지의 부합 여부를 판단한 것처럼 다음 문제도 그렇게 풀어가면 됩니다.

04

다음 ⓐ~ⓔ에 해당하는 것을 [보기]의 사례에서 골라 알맞게 짝지은 것은?

선호 공리주의는 사람들 각자가 지닌 선호의 만족을 모두 고려하는데, 고려되는 선호들은 여러 가지다. ⓐ 개인적 선호는 내가 나 자신의 소유인 재화, 자원, 기회 등에 대해 갖는 선호이다. ⓑ 외재적 선호는 타인이 그의 소유인 재화, 자원 그리고 기회 등을 그를 위해 사용하는 것에 대해 내가 갖는 선호이다. ⓒ 이기적 선호는 다른 사람이 어떤 자원에 대한 정당한 권리가 있다는 사실을 무시하고 그 자원이 나를 위해 쓰이기를 원하는 것이다. ⓓ 적응적 선호는 사람들이 환경에 이미 적응하여 형성된 선호이다. 이것은 자신의 소유인 재화, 자원, 기회 등에 대해 갖는 선호라는 점에서 개인적 선호의 특징을 가질 수 있다. 그럼에도 선호의 결정에 있어서 적응된 환경이 중요하게 작용한다는 점이 특징적이다. 환경의 작용이 반대의 영향을 미치는 선호도 있다. ⓔ 반적응적 선호가 그것이다. 이것은 자신의 욕구를 금지하는 환경에서 오히려 그 욕구를 실현하기를 더 원하는 것이다.

보기

ㄱ. 회사 건물 전체가 금연 구역으로 지정되었고 정부에서 금연 정책의 일환으로 담뱃값을 올리자, 갑순이는 불편함과 비용 때문에 흡연보다는 금연을 선호하게 되었다.

ㄴ. 을순이네 마을에는 공동 우물이 없다. 그런데 가장 수량이 풍부한 을순이네 우물은 공동 우물로 적합하기 때문에 이웃 사람들은 을순이네 우물을 공동 우물로 사용하기를 원한다.

ㄷ. 농촌에서 태어나 자란 병순이는 시골의 삶이 더 좋고 도시 생활이 낯설고 어렵다고 생각해서 농촌에 머무르는 것을 선호한다. 도시에 살아보면 오히려 도시에 남는 것을 선호할 수도 있었을 텐데 말이다.

ㄹ. 정순이는 친구가 월급 중 많은 비중을 곤란한 처지의 가족과 지인들에게 지출하는 것보다는 친구 자신의 미래를 위해 더 많이 투자하기를 원한다.

① ⓐ – ㄴ

② ⓑ – ㄱ

③ ⓒ – ㄹ

④ ⓓ – ㄷ

⑤ ⓔ – ㄱ

해설

ㄱ. 갑순이는 금지된 환경에 적응하여 결국 금연을 선호하고 있으므로 이는 ⓓ '적응적 선호'에 해당하는 사례이다.

ㄴ. 마을 사람들은 자신의 소유가 아닌 을순이네의 우물이 자신의 이익을 위해 사용되기를 바라고 있으므로, 이는 ⓒ '이기적 선호'에 해당하는 사례이다.

ㄷ. 병순이의 농촌 선호는 물론 개인적 선호이지만, 유년기를 농촌에서 살면서 적응한 결과로 형성된 선호라고 할 수 있으므로, 이는 ⓓ '적응적 선호'에 해당하는 사례이다.

ㄹ. 정순이는 (자신의 소유가 아닌) 타인의 소유의 재화가 그 타인에게 보다 유익한 방향으로 올바르게 사용되기를 바라고 있으므로 이는 ⓑ '외재적 선호'에 해당하는 사례이다.

따라서 [보기]의 각 사례와 글의 ⓐ~ⓔ 개념이 알맞게 연결된 것은 ④이다.

정답 ④

05

다음 ㉠~㉤의 예로서 옳게 연결하지 않은 것은?

옛날이나 지금이나 치세와 난세가 없을 수 없소. 치세에는 왕도정치와 패도정치가 있소. 군주의 재능과 지혜가 출중하여 뛰어난 영재들을 잘 임용하거나, 비록 군주의 재능과 지혜가 모자라더라도 현자를 임용하여, 인의의 도를 실천하고 백성을 교화하는 것은 ㉠ 왕도(王道)정치입니다. 군주의 지혜와 재능이 출중하더라도 자신의 총명만을 믿고 신하를 불신하며, 인의의 이름만 빌려 권모술수의 정치를 행하여 백성들로 하여금 자신의 사익만 챙기고 도덕적 교화를 이루게 하지 못하는 것은 ㉡ 패도(覇道)정치라오.

나아가 난세에는 세 가지 경우가 있소. 속으로는 욕심 때문에 마음이 흔들리고 밖으로는 유혹에 빠져서 백성들의 힘을 모두 박탈하여 자기 일신만을 받들고 신하의 진실한 충고를 배척하면서 자기만 성스러운 체하다가 자멸하는 자는 ㉢ 폭군(暴君)의 경우이지요. 정치를 잘해보려는 뜻은 가지고 있으나 간사한 이를 분별하지 못하고 등용한 관리들이 재주가 없어 나라를 망치는 자는 ㉣ 혼군(昏君)의 경우이지요. 심지가 나약하여 뜻이 굳지 못하고 우유부단하며 구습만 고식적으로 따르다가 나날이 쇠퇴하고 미약해지는 자는 ㉤ 용군(庸君)의 경우이지요.

① ㉠ – 상(商)의 태갑(太甲)과 주(周)의 성왕(成王)은 자질이 오제, 삼황에는 미치지 못했지요. 만약 성스러운 신하의 도움이 없었다면 법률과 제도가 전복된다 한들 누가 구제할 수 있었겠소. 필시 참소하는 사람들이 서로 난을 일으켰을 것이오. 그러나 태갑은 이윤(伊尹)에게 정사를 맡겨 백성을 교화하고 성왕은 주공에게 정사를 맡김으로써 인의의 도를 기르고 닦아 결국 대업을 계승했지요.

② ㉡ – 진(晋) 문공(文公)과 한(漢) 고조(高祖)는 황제의 대업을 성취하여 나라를 부강하게 하고 백성을 부유하게 하였소. 다만 아쉬운 점은 인의의 도를 체득하지 못하고 권모술수에 능하였을 뿐, 백성을 교화시키지 못했다는 것이오.

③ ㉢ – 당의 덕종(德宗)은 현명하지 못해 인자와 현자들을 알아보지 못했소. 자기의 총명에 한계가 있음을 깨닫지 못하여 때때로 유능한 관리의 충언을 들었으나, 곧 그들을 멀리했기에 간사한 소인배들이 그 틈을 타 아첨할 경우 쉽게 빠져들었소.

④ ㉣ – 송의 신종(神宗)은 유위(有爲)정치의 뜻을 크게 발하여 왕도정치를 회복하고자 했소. 그러나 왕안석(王安石)에게 빠져서 그의 말이라면 모두 따르고 그의 정책이라면 모두 채택하여 재리(財利)를 인의(仁義)로 알고, 형법전서를 시경(詩經), 서경(書經)으로 알았지요. 사악한 이들이 뜻을 이뤄 날뛰는 반면 현자들은 자취를 감춰 백성들에게 그 해독이 미쳤고 전란의 조짐까지 야기했소.

⑤ ㉤ – 주의 난왕(赧王), 당의 희종(僖宗), 송의 영종(寧宗) 등은 무기력하고 나태하여 구습만을 답습하면서 한 가지 폐정도 개혁하지 못하고, 한 가지 선책도 제출하지 못한 채 묵묵히 앉아서 나라가 망하기를 기다리고 있던 자들이오.

해설

글에서 폭군에 대한 설명부터 찾아보도록 하자. 2문단에서 '속으로는 욕심 때문에 마음이 흔들리고 밖으로는 유혹에 빠져서 백성들의 힘을 모두 박탈하여 **자기 일신만을 받들고** 신하의 진실한 충고를 배척하면서 **자기만** 성스러운 체하다가 자멸하는 자'인 폭군에 대한 설명에서 중요한 부분은 자기의 책임이나 외부의 조언은 거부하고 자기만을 위해, 자기에 의해서만 모든 것을 좌지우지하는 사람이라는 점이다.

반면 ③번의 사례를 살펴보면 주체적인 판단 능력을 갖추지 못해서 외부의 의견에 휘둘리는 임금을 의미하는 내용으로, 이는 폭군이 아니라 ㉣ 혼군에 해당한다.

정답 ③

나우쌤이 알려주는 킬 POINT

이 문제를 풀 때 어렵다고 생각했다면 사실 문제 자체가 어렵기 때문이 아니라 문제 유형에 따라서 반드시 해야 할 것들에 대해 여러분이 깊이 고민하지 않았기 때문입니다. 언어논리 영역에서 점수의 향상이 쉽지 않은 가장 큰 이유는 바로 PSAT는 어차피 공부해도 점수가 오르지 않는 과목, 언어논리는 문제에 따라서 임기응변식으로 대응할 수밖에 없다는 식의 생각 때문입니다. 그럼 '사례찾기' 유형에서 반드시 해야 하는 풀이 과정은 무엇일까요?

> 사례의 부합 여부를 판단할 수 있는 기준(주장, 개념, 가설)부터 정확하게 이해한다!

여기서 문제는 '정확하게'라는 말은 실천할 수 없다는 것입니다. '꼼꼼하게', '신중하게', '정확하게' 등의 표현은 당위적이지만 동시에 매우 추상적인 표현이어서 학습과정에서 익힐 수도, 실전 현장에서 적용할 수도 없습니다. 그럼 어떻게 이해해야 하는 걸까요? 바로 앞서 일치추론형을 공부하였을 때 선택지를 이해하는 방법처럼 정보의 단위로 끊어놓고 각 사례와 비교하는 방법밖에 없습니다.

해당 문제 역시 앞에서 풀었던 문제들의 풀이방법이나 과정과 전혀 다를 것이 없었습니다. 물론 이전 문제와는 다르게 출제자는 여러분이 헷갈릴 만한 함정들을 적절하게 배치해두었습니다. 그렇다고 하더라도 문제를 푸는 이 방법만 정확하게 알고 있다면 무난하게 풀어낼 수 있었을 것입니다.

따라서 언어논리 문제를 풀어내는 (드러나지는 않지만 분명히 인식할 수 있는) 방법이 있다는 믿음, 그리고 실제로 그 방법을 찾아내려는 노력이 필요합니다. 자, 그럼 다음 문제에서도 적용해보도록 합시다.

06

다음 ㉠에 따를 때 도덕적으로 허용될 수 없는 것만을 [보기]에서 모두 고르면?

> 우리는 어떤 행위를 그것이 가져올 결과가 좋다는 근거만으로 허용할 수는 없다. 예컨대 그 행위 덕분에 더 많은 수의 생명을 구할 수 있다는 사실만으로 그 행위를 허용할 수는 없다는 것이다. ㉠ A원리에 따르면 어떤 행위든 무고한 사람의 죽음 자체를 의도하는 것은 언제나 그른 행위이고 따라서 도덕적으로 허용될 수 없다. 여기서 의도란 단순히 자기 행위의 결과가 어떨지 예상하고 그 내용을 이해한다는 것을 넘어서, 그 행위의 결과 자체가 자신이 그 행위를 선택하게 된 이유임을 의미한다.
>
> 예를 들어 우리가 제한된 의료 자원으로 한 명의 환자를 살리는 것과 다수의 환자를 살리는 것 사이에서 선택을 해야만 할 경우, 비록 한 명의 환자가 죽게 되더라도 다수의 환자를 살리는 것이 도덕적으로 허용될 수도 있다. 이때 그의 죽음은 피치 못할 부수적인 결과였기 때문이다. 하지만 만일 그 한 명의 환자를 치료하지 않은 이유가 그가 죽은 후 장기이식을 기다리는 다른 여러 사람에게 그의 장기를 이식하기 위한 것이었다면 그 행위는 허용될 수 없다.

보기

ㄱ. 적국의 산업시설을 폭격하면 그 근처에 거주하는 다수의 민간인이 처참하게 죽게 되고 적국 시민이 그 참상에 공포심을 갖게 되어, 전쟁이 빨리 끝날 것이라는 기대감에 폭격하는 행위
ㄴ. 뛰어난 심장 전문의가 어머니의 임종을 지키기 위해 급하게 길을 가던 중 길거리에서 심장마비를 일으킨 사람을 발견했으나 그 사람을 치료하지 않고 어머니에게 가는 행위
ㄷ. 브레이크가 고장 난 채 달리고 있는 기관차의 선로 앞에 묶여 있는 다섯 명의 어린이를 구하기 위해 다른 선로에 홀로 일하고 있는 인부를 보고도 그 선로로 기관차의 진로를 변경하는 행위

① ㄱ

② ㄴ

③ ㄱ, ㄴ

④ ㄱ, ㄷ

⑤ ㄴ, ㄷ

해설

ㄱ. 글에 따르면 'A원리에 따르면 어떤 행위든 무고한 사람의 죽음 자체를 '의도'하는 것은 언제나 그른 행위이고 따라서 도덕적으로 허용될 수 없다. 여기서 의도란 단순히 자기 행위의 결과가 어떨지 예상하고 그 내용을 이해한다는 것을 넘어서, 그 행위의 결과 자체가 자신이 그 행위를 선택하게 된 이유임을 의미한다.' 이에 따라 ㄱ을 판단해 보면 전쟁을 빨리 종식시킬 수 있을 것이라는 결과적 효과에 대한 기대감에 무고한 다수의 민간인을 죽이려고 하고 있으므로 A원리의 관점에서 정당화될 수 없는 사례이다.

(오답풀이)

ㄴ. 글의 '의도'에 대한 정의를 참고할 때, 길거리의 환자를 '의도적으로' 죽음에 이르게 한 사례가 아니므로 A원리의 관점에서 허용될 수 없는 사례라고 판단할 수 없다.

ㄷ. 다섯 명의 어린이를 구할 것인가, 한 명의 인부를 구할 것인가에 대해서 ㄷ의 사례에서는 다섯 명의 어린이를 구할 것을 선택하였다. 즉, 이는 두 집단 중 하나를 선택해야 하는 문제일 뿐, 이후의 결과를 바라고 '의도적으로' 인부를 죽인 사례에 해당하지 않으므로 A원리의 관점에서 허용될 수 없는 사례라고 판단할 수 없다.

정답 ①

07

다음 글의 ㉠에 해당하는 사례만을 [보기]에서 모두 고르면?

'부재 인과', 즉 사건의 부재가 다른 사건의 원인이라는 주장은 일상 속에서도 쉽게 찾아볼 수 있다. 인과관계가 원인과 결과 간에 성립하는 일종의 의존관계로 분석될 수 있다면 부재 인과는 인과관계의 한 유형을 표현한다. 예를 들어, 경수가 물을 주었더라면 화초가 말라죽지 않았을 것이므로 '경수가 물을 줌'이라는 사건이 부재하는 것과 '화초가 말라죽음'이라는 사건이 발생하는 것 사이에는 의존관계가 성립한다. 인과관계를 이런 의존관계로 이해할 경우, 화초가 말라죽은 것의 원인은 경수가 물을 주지 않은 것이며 이는 상식적 판단과 일치한다. 하지만 화초가 말라죽은 것은 단지 경수가 물을 주지 않은 것에만 의존하지 않는다. 의존관계로 인과관계를 이해하려는 견해에 따르면, 경수의 화초와 아무 상관없는 영희가 그 화초에 물을 주었더라도 경수의 화초는 말라죽지 않았을 것이므로 영희가 물을 주지 않은 것 역시 그 화초가 말라죽은 사건의 원인이라고 해야 할 것이다. 그러나 상식적으로 경수가 물을 주지 않은 것은 그가 키우던 화초가 말라죽은 사건의 원인이지만, 영희가 물을 주지 않은 것은 그 화초가 말라죽은 사건의 원인이 아니다. 인과관계를 의존관계로 파악해 부재 인과를 인과의 한 유형으로 받아들이면, 원인이 아닌 수많은 부재마저도 원인으로 받아들여야 하는 ㉠ 문제가 생겨난다.

[보기]

ㄱ. 어제 영지는 늘 타고 다니던 기차가 고장이 나는 바람에 지각을 했다. 그 기차가 고장이 나지 않았다면 영지는 지각하지 않았을 것이다. 하지만 영지가 새벽 3시에 일어나 직장에 걸어갔더라면 지각하지 않았을 것이다. 그러므로 어제 영지가 새벽 3시에 일어나 직장에 걸어가지 않은 것이 그가 지각한 원인이라고 보아야 한다.

ㄴ. 영수가 야구공을 던져서 유리창이 깨졌다. 영수가 야구공을 던지지 않았더라면 그 유리창이 깨지지 않았을 것이다. 하지만 그 유리창을 향해 야구공을 던지지 않은 사람들은 많다. 그러므로 그 많은 사람 각각이 야구공을 던지지 않은 것을 유리창이 깨어진 사건의 원인이라고 보아야 한다.

ㄷ. 햇빛을 차단하자 화분의 식물이 시들어 죽었다. 하지만 햇빛을 과다하게 쪼이거나 지속적으로 쪼였다면 화분의 식물은 역시 시들어 죽었을 것이다. 그러므로 햇빛을 쪼이는 것은 식물의 성장 원인이 아니라고 보아야 한다.

① ㄱ

② ㄴ

③ ㄱ, ㄷ

④ ㄴ, ㄷ

⑤ ㄱ, ㄴ, ㄷ

해설

ㄱ. 정시에 운행하던 기차의 '부재'가 지각의 원인이라고 가정할 경우, (직접적인 인과관계가 없는) 다른 교통수단을 이용하지 않은 부재 역시 원인이라고 보아야 하는 문제가 발생할 수 있다. 이는 글에서 설명하고 있는 문제에 해당한다.

(오답풀이)

ㄴ. 영수가 야구공을 던져서 유리창이 깨진 사례이므로 이는 부재 인과가 아니다. 즉 야구공을 던진 사건이 있었기 때문에 유리창이 깨진 것이기 때문이다. 따라서 인과관계가 없는 다른 부재를 인과관계로 설정하는 것은 글의 '문제'에 해당하지 않는다.

ㄷ. 햇빛의 부재를 식물이 시들어버린 원인이라고 보고 있다. 그런데 햇빛이 있다고 하더라도 쪼이는 정도에 따라서 식물이 시들어버릴 수 있다고 하였으므로, 이는 직접적인 원인이 아닌 다른 원인의 부재로 인과관계를 설정하는 글의 '문제'와는 관계가 없다.

정답 ①

08

다음 글에서 추론할 수 있는 것만을 [보기]에서 모두 고르면?

'도박사의 오류'라고 불리는 것은 특정 사건과 관련 없는 사건을 관련 있는 것으로 간주했을 때 발생하는 오류이다. 예를 들어, 주사위 세 개를 동시에 던지는 게임을 생각해보자. 첫 번째 던지기 결과는 두 번째 던지기 결과에 어떤 영향도 미치지 않으며, 이런 의미에서 두 사건은 서로 상관이 없다. 마찬가지로 10번의 던지기에서 한 번도 6의 눈이 나오지 않았다는 것은 11번째 던지기에서 6의 눈이 나온다는 것과 아무 상관이 없다. 그럼에도 불구하고, 우리는 "10번 던질 동안 한 번도 6의 눈이 나오지 않았으니, 이번 11번째 던지기에서는 6의 눈이 나올 확률이 무척 높다."라고 말하는 경우를 종종 본다. 이런 오류를 '도박사의 오류 A'라고 하자. 이 오류는 지금까지 일어난 사건을 통해 미래에 일어날 특정 사건을 예측할 때 일어난다.

하지만 반대 방향도 가능하다. 즉, 지금 일어난 특정 사건을 바탕으로 과거를 추측하는 경우에도 오류가 발생한다. 다음 사례를 생각해보자. 당신은 친구의 집을 방문했다. 친구의 방에 들어가는 순간, 친구는 주사위 세 개를 던지고 있었으며 그 결과 세 개의 주사위에서 모두 6의 눈이 나왔다. 이를 본 당신은 "방금 6의 눈이 세 개가 나온 놀라운 사건이 일어났다는 것에 비춰볼 때, 내가 오기 전에 너는 주사위 던지기를 무척 많이 했음에 틀림없다."라고 말한다. 당신은 방금 놀라운 사건이 일어났다는 것을 바탕으로 당신 친구가 과거에 주사위 던지기를 많이 했다는 것을 추론한 것이다. 하지만 이것도 오류이다. 당신이 방문을 여는 순간 친구가 던진 주사위들에서 모두 6의 눈이 나올 확률은 매우 낮다. 하지만 이 사건은 당신 친구가 과거에 주사위 던지기를 많이 했다는 것에 영향을 받은 것이 아니다. 왜냐하면 문을 열었을 때 처음으로 주사위 던지기를 했을 경우에 문제의 사건이 일어날 확률과, 문을 열기 전 오랫동안 주사위 던지기를 했을 경우에 해당 사건이 일어날 확률은 동일하기 때문이다. 이 오류는 현재에 일어난 특정 사건을 통해 과거를 추측할 때 일어난다. 이를 '도박사의 오류 B'라고 하자.

보기

ㄱ. 갑이 당첨 확률이 매우 낮은 복권을 구입했다는 사실로부터 그가 구입한 그 복권은 당첨되지 않을 것이라고 추론하는 것은 도박사의 오류 A이다.

ㄴ. 을이 오늘 구입한 복권에 당첨되었다는 사실로부터 그가 그동안 꽤 많은 복권을 샀을 것이라고 추론하는 것은 도박사의 오류 B이다.

ㄷ. 병이 어제 구입한 복권에 당첨되었다는 사실로부터 그가 구입했던 그 복권의 당첨 확률이 매우 높았을 것이라고 추론하는 것은 도박사의 오류 A도 아니며 도박사의 오류 B도 아니다.

① ㄱ

② ㄴ

③ ㄱ, ㄷ

④ ㄴ, ㄷ

⑤ ㄱ, ㄴ, ㄷ

해설

먼저 도박사의 오류 A와 도박사의 오류 B의 개념부터 정리해보면 다음과 같다.

• 오류 A: 지금까지 일어난 사건을 통해 미래에 일어날 특정 사건을 예측할 때 발생할 수 있는 오류

• 오류 B: 현재에 일어난 특정 사건을 통해 과거를 추측할 때 발생할 수 있는 오류

ㄴ. 현재에 발생한 사건(오늘 구입한 복권이 당첨)을 근거로 과거의 사건(그동안 꽤 많은 복권을 샀을 것)을 추측하는 과정에서 오류를 범하고 있으므로 도박사의 오류 B에 해당한다.

ㄷ. 과거에 발생한 사건을 '근거'로 하고 있으므로 도박사의 오류 B에 해당하지 않는다. 또한 과거에 발생한 사건을 근거로 하고는 있으나 미래를 예측한 것이 아니라 복권 자체의 특징(애초에 당첨 확률이 높은 복권이었을 것)을 추론하고 있으므로 도박사의 오류 A에도 해당하지 않는다. 따라서 오류 A와 B 모두 해당되지 않는다는 설명은 적절하다.

(오답풀이)

ㄱ. 해당 내용에서 판단의 근거가 되는 것은 과거나 현재의 사건이 아니라 복권 자체의 특징이다. 따라서 이는 도박사의 오류 A나 B 모두에 해당하지 않으므로 옳지 않은 설명이다.

정답 ④

나우쌤이 알려주는 킥 POINT

좀 더 구체적으로 해당 문제 풀이의 과정을 살펴보도록 합시다. 먼저 글을 바탕으로 [보기]를 판단하는 과정을 시각적으로 나타내 보도록 하겠습니다. 판단은 머릿속으로 하는 것이 아니라 눈과 손이 함께 하는 과정이라는 점 명심하시고, 해당 부분에 밑줄 치고 눈으로 확인하면서 읽어 보길 바랍니다.

'도박사의 오류'라고 불리는 것은 특정 사건과 관련 없는 사건을 관련 있는 것으로 간주했을 때 발생하는 오류이다. 예를 들어, 주사위 세 개를 동시에 던지는 게임을 생각해보자. 첫 번째 던지기 결과는 두 번째 던지기 결과에 어떤 영향도 미치지 않으며, 이런 의미에서 두 사건은 서로 상관이 없다. 마찬가지로 10번의 던지기에서 한 번도 6의 눈이 나오지 않았다는 것은 11번째 던지기에서 6의 눈이 나온다는 것과 아무 상관이 없다. 그럼에도 불구하고, 우리는 "10번 던질 동안 한 번도 6의 눈이 나오지 않았으니, 이번 11번째 던지기에서는 6의 눈이 나올 확률이 무척 높다."라고 말하는 경우를 종종 본다. 이런 오류를 '도박사의 오류 A'라고 하자. 이 오류는 지금까지 일어난 사건을 통해 미래에 일어날 특정 사건을 예측할 때 일어난다.

하지만 반대 방향도 가능하다. 즉, 지금 일어난 특정 사건을 바탕으로 과거를 추측하는 경우에도 오류가 발생한다. 다음 사례를 생각해보자. 당신은 친구의 집을 방문했다. 친구의 방에 들어가는 순간, 친구는 주사위 세 개를 던지고 있었으며 그 결과 세 개의 주사위에서 모두 6의 눈이 나왔다. 이를 본 당신은 "방금 6의 눈이 세 개가 나온 놀라운 사건이 일어났다는 것에 비춰볼 때, 내가 오기 전에 너는 주사위 던지기를 무척 많이 했음에 틀림없다."라고 말한다. 당신은 방금 놀라운 사건이 일어났다는 것을 바탕으로 당신 친구가 과거에 주사위 던지기를 많이 했다는 것을 추론한 것이다. 하지만 이것도 오류이다. 당신이 방문을 여는 순간 친구가 던진 주사위들에서 모두 6의 눈이 나올 확률은 매우 낮다. 하지만 이 사건은 당신 친구가 과거에 주사위 던지기를 많이 했다는 것에 영향을 받은 것이 아니다. 왜냐하면 문을 열었을 때 처음으로 주사위 던지기를 했을 경우에 문제의 사건이 일어날 확률과, 문을 열기 전 오랫동안 주사위 던지기를 했을 경우에 해당 사건이 일어날 확률은 동일하기 때문이다. 이 오류는 현재에 일어난 특정 사건을 통해 과거를 추측할 때 일어난다. 이를 '도박사의 오류 B'라고 하자.

보기

ㄱ. 갑이 당첨 확률이 매우 낮은 복권을 구입했다는 사실로부터 그가 구입한 그 복권은 당첨되지 않을 것이라고 추론하는 것은 도박사의 오류 A이다.

ㄴ. 을이 오늘 구입한 복권에 당첨되었다는 사실로부터 그가 그동안 꽤 많은 복권을 샀을 것이라고 추론하는 것은 도박사의 오류 B이다.

ㄷ. 병이 어제 구입한 복권에 당첨되었다는 사실로부터 그가 구입했던 그 복권의 당첨 확률이 매우 높았을 것이라고 추론하는 것은 도박사의 오류 A도 아니며 도박사의 오류 B도 아니다.

[1단계: 문제점 인식]

이 문제는 누구나 알다시피 도박사의 오류를 이해하고 ㄱ, ㄴ, ㄷ의 사례를 적용시켜 푸는 것입니다. 간단한 방식이고 명확한 풀이 방향이 결정되어 있는 문제입니다. 그런데 실제로 제가 많은 분들의 시험지를 확인해 본 결과, 정답률은 그리 높지 않게 나타났습니다. 왜 그럴까요?

[2단계: 문제점 분석]

바로 도박사의 오류라는 것을 '대략적으로' 이해하고 빠르게 풀려고만 했기 때문입니다. 제한된 시간에 대한 압박이 심한 시험임을 감안한다면 문제를 푸는 속도는 정말 중요할 것입니다. 하지만 그럼에도 반드시 확인하고 넘어가야 하는 것을 확인하지 않은 것입니다. 여기서 잠깐 여러분에게 부탁 하나를 하고자 합니다. 옆의 문제 페이지를 가려보시기 바랍니다. 옆 페이지를 다시 보지 마시고 여러분이 기억하는 도박사의 오류 A와 B를 기억나는 대로 아래에 정리해보길 바랍니다.

- 도박사의 오류 A:
- 도박사의 오류 B:

다 작성하였다면 옆 페이지를 펼쳐서 내용을 확인하길 바랍니다. 아마도 부정확하게 기억하고 있는 분들도 있을 겁니다. 여기서 제가 가리라고 한 이유가 있습니다. 바로 많은 분들이 시간이 부족하다는 이유로 자신의 머릿속에 정리된 것만 가지고 문제를 풀려고 한다는 것입니다. 이 과정에서 오류가 발생합니다.

[3단계: 해결방안의 고안]

그럼 이 문제에 대한 해결방안은 무엇이 있을까요? 실제 시험에서는 그런 모호한 구호보다는 100% '실천 가능한' 구체적인 방안이 필수적입니다. 이와 같이 특정 개념 혹은 주장에 대한 이해를 바탕으로 다른 사례를 분석·평가하는 문제가 나오면 다음과 같이 실천하도록 합시다.

1. 특정 개념/주장을 설명 혹은 정의하는 문장을 '밑줄로 표시'한다.
2. 특정 개념/주장을 설명 혹은 정의하는 문장을 '의미단위'로 나눈다.
3. 의미단위로 나눈 것을 바탕으로 선택지와 글을 실제 '눈으로 왕복'하며 비교한다.

09

다음 글의 ㉠~㉣ 중 밑줄 친 '부사적 지능'의 의미로 사용된 것을 모두 고르면?

열매를 따기 위해서 침팬지는 직접 나무에 올라가기도 하지만 상황에 따라서는 도구를 써서 열매를 떨어뜨리기도 한다. 누구도 침팬지에 막대기를 휘두르라고 하지 않았다. 긴 막대기가 열매를 얻는 효과적인 방법이라고는 할 수 없다. 여하튼 침팬지는 인간처럼 스스로 이 방법을 고안했고 직접 나무를 오르는 대신 이 방법을 쓴 것이다. 이를 두고 침팬지는 ㉠ 지능적으로 열매를 딴다고 할 만하다.

동일한 문제를 똑같이 잘 해결하는 두 개의 시스템 중 하나가 다른 것보다 훨씬 복잡하게 구성되어 있다면 둘 중 어떤 것이 더 지능적이라고 말할 수 있을까? 아마도 더 단순하게 구성된 시스템을 더 ㉡ 지능적이라고 말해야 할 것이다. 똑같은 일을 훨씬 적은 힘을 들여 처리할 수 있으니 말이다. 그렇다고 더 단순한 해결책을 더 지능적인 해결책이라고 한다면, 간단하고 단순한 것을 지능적인 것의 반대로 여기는 일반적인 사고방식에 위배되는 것처럼 보인다. 따라서 '지능'이라는 말의 의미를 구분할 필요가 있다.

와트의 원심력 조절 기계를 생각해보자. 외부의 영향을 받지 않고 항상 일정하게 증기기관의 회전수를 유지시켜주는 이 기구는 단순하지만 섬세한 장치이다. 이 기계의 시스템은 역학 과정을 수행하여 일정한 회전수를 유지한다는 정해진 목표를 제대로 수행한다. 이를 놓고 '이 기계는 주어진 과제를 ㉢ 지능적으로 해결하고 있다'고 말할 수 있다. 여기서 '지능적으로'라는 부사를 통해서 의미하는 바는 어떤 것이 외부에서 주어진 과제를 효율적으로 수행하고 있다는 것이며, 이런 의미의 '지능'을 '부사적 지능'이라고 부를 수 있다. 반면, 또 다른 의미의 '지능'은 '명사적 지능'이라고 불리는 것이다. 명사적 지능을 가진 주체는 주어진 과제를 수행하는 과정에서 실수를 하기도 하고, 이 과정을 수행하는 데 필요한 것보다 더 많은 것을 동원하기도 하지만, 여러 수단 중에서 하나를 선택하고 그 결과를 미리 예상한다. 어떤 것을 '지능적'이라고 여길 때는 이 두 의미 중 하나만이 적용될 수 있다는 점을 잊지 말아야 한다.

뛰어난 체스 컴퓨터는 대부분의 사람들을 상대로 체스 게임에서 상대방보다 더 ㉣ 지능적으로 말을 움직인다. 하지만 많은 과학자들은 체스 컴퓨터와는 다른 의미에서 지능적인 로봇을 꿈꾼다. 즉, 인간과 동일한 의미에서 지능적인 로봇을 만드는 것이 그들의 과제인 것이다.

① ㉠, ㉢
② ㉡, ㉢
③ ㉠, ㉡, ㉣
④ ㉠, ㉢, ㉣
⑤ ㉡, ㉢, ㉣

해설

글에서 설명하고 있는 '부사적 지능'은 외부에서 주어진 과제를 효율적으로 수행하고 있는 지능을 의미한다. 이 관점에서 보면 ㉡과 ㉢이 이에 해당한다. 그리고 ㉣에서 언급하고 있는 체스 컴퓨터의 지능 부분을 살펴보면 인간과 다른 의미의 지능이라고 설명하고 있다. 맥락상 의미를 해석해보면 인간처럼 스스로 판단하고 결정하는 것이 아니라 이미 프로그래밍 되어 있는대로 결정한다는 점에서 '부사적 지능'에 해당한다. 따라서 '부사적 지능'에 해당하는 것은 ㉡, ㉢, ㉣이다.

(오답풀이)

㉠ 침팬지의 지능은 비효율적으로 보이긴 하지만 스스로 막대기를 활용하고 있으므로 '명사적 지능'에 해당한다.

정답 ⑤

나우쌤이 알려주는 킥 POINT

글의 ㉣이 부사적 지능에 해당하는 판단의 근거 부분을 살펴보도록 합시다.

> 뛰어난 체스 컴퓨터는 대부분의 사람들을 상대로 체스 게임에서 상대방보다 더 지능적으로 말을 움직인다. 하지만 많은 과학자들은 체스 컴퓨터와는 다른 의미에서 지능적인 로봇을 꿈꾼다. 즉, 인간과 동일한 의미에서 지능적인 로봇을 만드는 것이 그들의 과제인 것이다.

첫 번째 문장에서 체스 컴퓨터는 지능적이라고 이야기합니다. 그런데 바로 그 다음 문장에서 '하지만'이라고 시작하죠. 그 다음부터 두 문장을 읽어보면 현재의 체스 컴퓨터는 인간과 동일한 의미에서 지능적인 것이 아님을 알 수 있습니다. 그럼 인간과 동일한 의미의 지능은 무엇을 의미하는지 1문단의 내용을 살펴봅시다.

> ⓐ 누구도 침팬지에 막대기를 휘두르라고 하지 않았다. ⓑ 긴 막대기가 열매를 얻는 효과적인 방법이라고는 할 수 없다. 여하튼 침팬지는 인간처럼 스스로 이 방법을 고안했고 직접 나무를 오르는 대신 이 방법을 쓴 것이다. 이를 두고 침팬지는 지능적으로 열매를 딴다고 할 만하다.

즉, 침팬지는 스스로 방법을 고안했다는 의미에서 지능적이라는 평가를 받습니다. 그런데 이때의 지능적이라는 평가는 다음의 3문단 내용 부분과 위의 문장들의 ⓐ와 ⓑ를 비교하면 부사적 지능이 아님을 확실하게 알 수 있습니다.

> 여기서 '지능적으로'라는 부사를 통해서 의미하는 바는 어떤 것이 ⓐ 외부에서 주어진 과제를 ⓑ 효율적으로 수행하고 있다는 것이며, 이런 의미의 '지능'을 '부사적 지능'이라고 부를 수 있다.

따라서 침팬지는 부사적 지능이 아닌 '명사적 지능'에 해당하며, 체스 컴퓨터는 인간과 다른 지능이므로 '부사적 지능'에 해당한다는 결론을 내릴 수 있습니다.

10

다음 글을 토대로 [보기]의 진술들을 평가한 것으로 적절하지 않은 것은?

공리주의자는 동일한 강도의 행복을 동등하게 고려한다. 즉 공리주의자들은 '나'의 행복이 '너'의 행복보다 더 도덕적 가치가 있다고 생각하지 않는다. 이런 점에서 볼 때 공리주의에서 행복이 누구의 것인가는 중요하지 않다. 하지만 누구의 행복인가 하는 질문이 행복 주체의 범위로 이해될 때에는 다르다. 이미 실제로 존재하고 있는 생명체의 행복만을 고려할 것인가, 아니면 앞으로 존재할 생명체의 행복까지 고려할 것인가? 이와 관련해서 철학자 싱어는 행복의 양을 증가시키는 방법에 대한 공리주의의 두 가지 견해를 구별한다. 하나는 '실제적 견해'로서, 이에 따르면 도덕적으로 중요한 것은 이미 실제로 존재하는 사람이 갖는 행복이지 아직 태어나지 않은 사람들의 행복이 아니다. 이와 구별되는 다른 견해는 '전체적 견해'이다. 이 견해에 따르면 이미 존재하고 있는 사람들의 행복의 양을 늘리는 것뿐 아니라 새로운 존재를 만들어 행복의 양을 늘리는 것도 도덕적으로 옳은 행동이다. 왜냐하면 실제로 존재하는 사람들의 불행과 아직 태어나지 않은 사람들의 행복은 상쇄될 수 있기 때문이다.

보기

A: 굶주리며 살고 있는 다른 나라 아이를 입양하여 행복하게 키우는 것은 도덕적으로 옳은 일이다. 하지만 자신의 아이를 낳아서 그 아이가 행복하도록 만드는 것도 도덕적으로 옳다.

B: 아이를 낳아 행복하게 기른다면 장차 행복의 총량은 증대되겠지만 미래에 실현될 그 아이의 행복이 오늘 굶주리고 사는 아이의 불행을 상쇄할 수는 없다. 따라서 행복한 아이를 낳는 것은 오늘의 사회를 도덕적으로 개선하는 방안이 될 수 없다.

C: 자신의 아이를 낳아 잘 키우는 것이 도덕적으로 옳다. 내 아이의 행복이 다른 아이의 행복보다 도덕적으로 더 가치 있기 때문이다.

① 전체적 견해를 받아들이면 A를 받아들일 수 있다.

② 전체적 견해를 받아들이면 B를 받아들일 수 없다.

③ 전체적 견해를 받아들이면 C를 받아들일 수 있다.

④ 실제적 견해를 받아들이면 B를 받아들일 수 있다.

⑤ 실제적 견해를 받아들이면 C를 받아들일 수 없다.

해설

먼저 글의 내용을 정리하면 공리주의는 특정한 사람의 이익을 다른 사람의 이익보다 중시하지는 않는다. 다만 관점에 따라 두 가지 견해로 나뉘는데 '실제적 견해'에 따르면 도덕적으로 고려해야 하는 것은 실제로 존재하는 사람들이 갖는 행복이다. 반면 '전체적 견해'에 따르면 실제로 존재하는 사람들이 갖는 행복뿐만 아니라, 새로운 존재를 통해 행복의 양을 늘리는 것도 좋은 것으로 본다.

C에서는 '내 아이의 행복이 다른 아이의 행복보다 도덕적으로 더 가치 있기 때문이다.'라고 언급하고 있다. 이는 특정한 한 사람의 이익이 다른 사람의 이익보다 가치가 있다고 평가하고 있으므로 실제적 견해든, 전체적 견해든 애초에 공리주의에서 받아들일 수 있는 내용으로 볼 수 없다.

(오답풀이)

① A는 실제적 존재들의 행복뿐만 아니라 새롭게 아이를 낳아서 행복을 증가시키는 것도 도덕적으로 옳다고 하고 있으므로 전체적 견해와 일치한다.

② 새롭게 태어날 아이의 행복이 오늘날의 아이들의 불행과 상쇄될 수는 없다고 이야기하고 있으므로 B는 전체적 견해와 양립할 수 없다.

④ 실제적 존재의 행복을 중시하는 주장이므로 실제적 견해와 연관해서 판단할 수 있다.

⑤ 새롭게 아이를 낳아서 행복을 증가시키는 것만을 긍정하는 이론과 연결되므로 실제적 존재의 행복을 증가시키자는 주장과 양립할 수 없다.

정답 ③

NCS 응용 연습문제

01

다음 글로부터 판단할 때, 무임승차의 우려가 가장 큰 사람은?

무임승차란 문제 해결을 위한 참여나 행동의 변화 없이 타인들의 노력에 의한 수혜를 입게 되는 경우를 의미한다. 예를 들어 한 마을 주민들이 범죄율을 낮추기 위해서 자율방범대를 창설한다고 해보자. 대부분의 사람들이 문제 해결의 필요성에 동감하고 일정 금액을 지출해서라도 문제를 해결하려고 할 것이다. 하지만 문제를 해결해야 한다는 주장에 대해서는 동의하면서도 경제적 부담은 거부하려는 사람들이 있다. 만약 이 사람들의 참여 없이 방범대가 창설되고 치안이 개선되었다면 이들은 아무런 노력을 하지 않고 자신이 문제라고 생각했던 것을 해결한 것이다. 바로 이러한 경우를 무임승차라 한다.

이런 문제에 대해서 좀 더 구체적으로 알아보기 위해서 DEFRA(영국환경식품지역부)에서는 지구 온난화 문제에 대한 견해를 기준으로 사람들을 분류하였다. 첫 번째 부류의 사람들은 '적극적 녹색주의자'들이다. 다른 부류의 사람들에 비해서 문제에 대해서 명확하게 인식하고 있으며 또한 적극적으로 행동하려는 사람들이 속한다. 두 번째 부류의 사람들은 '안 버리는 사람들'로 특별히 지구 온난화 문제에 대해 잘 알지도 못하지만, 온난화 관련 물질들도 거의 발생시키지 않는 사람들로 지구 온난화 문제에 대해서 굳이 홍보할 필요가 없는 사람들이다. 세 번째 부류의 사람들은 '관심 갖는 소비자들'인데 온난화 문제에 대해서 인식도 하고 개선을 위해서 일정 부분 참여도 하고 있지만 더욱더 적극적으로 참여할 생각이 없는 사람들이다. 네 번째 부류의 사람들은 '방관적 지지자들'로 온난화 문제가 있다는 점은 인식하고 있지만 굳이 지금 당장 삶의 상당 부분을 포기할 정도로 심각하다고 생각하지 않는 부류이다. 다섯 번째 부류는 '신중한 참여자들'인데 이들은 주위의 많은 사람들이 문제 해결을 위한 행동에 나서지 않는 한, 문제 해결을 위한 행동에 나설 필요는 없다고 생각하는 사람들이다. 여섯 번째 사람들은 '발빼하는 출발자들'로 문제에 대해서 알고는 있지만 참여할 의지가 없는 사람들이다. 마지막 부류의 사람들은 '솔직한 제3자들'로 문제 해결의 필요성에 대해서 전혀 이해·공감하지 않으며, 따라서 현재 삶의 방식을 변화시키는 행동도 전혀 하지 않는 사람들이 이에 속한다.

① A:이 호수에서 수백 년에 걸쳐 전해져 내려오는 전통의 방법으로 어업활동을 하고 있습니다. 잡은 물고기의 대부분은 가정 내 식량으로 소비되고, 남은 소량의 물고기들은 시장에서 팔아 생필품을 구입하기도 합니다. 지구 온난화 문제는 잘 모르겠네요.

② B:지구 온난화는 간빙기에 나타나는 자연스러운 기후변화로 문제될 것이 전혀 없습니다. 오히려 문제가 아닌 것을 막겠다며 막대한 경제적 지출을 감내하라고 강요하는 것이 더 큰 문제죠. 저는 온난화 문제 해결을 위한 어떤 요구도 받아들이지 않겠습니다.

③ C:지구 온난화는 현실적으로 발생하고 있는 문제입니다. 그래서 저희 가정에서는 백열등을 형광등으로 바꾸고 친환경 제품을 쓰며 물도 아껴 쓰고 있습니다. 이 정도면 가정에서 할 수 있는 최선의 방법이라고 생각합니다. 이 이상 참여하는 것은 무리죠.

④ D:지구 온난화가 우리 삶의 질을 저하시키고 있다는 것은 동의합니다. 하지만 저희 같이 현실적으로 바쁘고 힘들게 살아야 하는 처지에 어떻게 문제 해결에 참여할 수 있겠습니까? 하시는 말씀은 구구절절 옳지만 저희가 참여할 생각은 전혀 없습니다.

⑤ E:지구 온난화는 매우 심각한 문제입니다. 지금 당장 문제 해결을 위해서 어떤 행동을 하지 않는다면 장차 우리뿐만 아니라 우리 후손들은 회복할 수 없는 피해를 입게 될 것입니다. 기업뿐만 아니라 가정과 개인에게도 적극적인 행동 기준이 제시되어야 합니다.

해설

응용적용형 문제는 일단 자신이 알고 있는 배경지식이나 선입견을 버리고 글에서 제시하고 있는 개념이나 원리에 대한 설명 또는 정의를 정확하게 확인하고 접근해야 한다. 글에서 설명하고 있는 '무임승차'의 개념을 살펴보면 '문제에 대해서 인식하고 있었고 그 해결의 필요성에 대해서도 동감하고 있었지만, 아무런 행동을 하지 않고서도 문제 해결의 혜택을 보는 경우'를 의미함을 알 수 있다.
이를 기준으로 보면 ④의 D씨는 문제의 심각성에 대해 인식하고 있고, 그 해결을 바라고 있지만 참여는 하지 않는 사람이다. 따라서 장차 무임승차의 우려가 가장 큰 사람이라 할 수 있다.

(오답풀이)

① 문제 자체를 유발하고 있지도 않고, 문제 자체에 대해서도 정확히 인식하지 못하고 있는 사람으로 무임승차와는 거리가 있다.
② 문제 해결 자체에 참여하지 않겠다는 의지를 표명하고는 있지만 이것은 문제 해결의 필요성에 전혀 동감하지 않기 때문이므로 무임승차에 해당하는 사례라 보기 어렵다. 물론 결과적으로 보면 지구 온난화 문제가 해결되었을 때 혜택을 볼 수도 있으나, 무임승차는 '당사자가 문제라고 생각함'에도 직접 행동하지 않고 타인의 행동을 통해 해결하는 경우로 볼 수 있으므로 ④의 사례가 이에 부합한다.
③ 문제에 대해 인식도 하고 있고 매우 적극적인 것은 아니지만 일정 부분 참여도 하고 있으므로 무임승차로 보기 어렵다.
⑤ 문제 해결을 위해 적극적으로 참여할 것을 주장하고 있는 사례로 역시 무임승차와는 거리가 멀다.

정답 ④

CHAPTER 07

어휘·어법

NCS 유형별 학습과정의 마지막 편인 이번 CHAPTER에서는 어휘·어법 유형의 우리말 관련 문제들을 다루고자 합니다. 우리말 영역을 주로 다루는 어휘·어법 유형 문제는 모든 기업에서 다루거나 출제되는 유형은 아니나, 해당 유형을 다루는 기업 시험에서는 1~2문제씩 꾸준히 출제되고 있습니다. 따라서 여러분이 지원하고자 하는 기업의 출제 경향을 확인하고 선택적으로 공부하는 것을 권해드립니다. 현재까지 기업들의 어휘·어법 유형의 문제 출제 경향을 살펴보면, 다음과 같이 출제 영역과 세부 내용을 구분할 수 있습니다.

구분	내용
맞춤법	어문 규정에 따른 표기법, 헷갈릴 수 있는 우리말 표기법
낱말의 의미	동음이의어의 구분, 다의어의 활용 등
한자어	적절한 한자어의 배치 및 표현
고사성어	상황에 따른 적절한 사자성어의 활용
문장의 구성	문장의 성분이나 어법에 따른 올바른 문장의 구성 검토

어휘·어법 유형에서 발음 또는 외국어 표기법과 관련된 문제는 현재 거의 출제되지 않고 있으므로, 상기의 영역에 한정해서 공부하는 것이 가장 효율적입니다. 다만 우리말 영역은 그 범위가 워낙 방대하기 때문에 모든 내용을 공부한다는 생각으로 접근하는 것은 효과적이지 않습니다.

따라서 자주 출제되는 몇 가지 어문 규정만 정리해두고, 최대한 다양한 문제들을 풀어봄으로써 지식을 습득하는 학습 방법이 가장 추천할 만한 방법이라 할 수 있겠습니다. 이제부터는 관련 기출문제들을 풀어보면서 확인해보고 이어서 출제가 예상되는 여러 가지 문제들을 풀어보도록 하겠습니다.

기본유형 연습문제

01

2019년 하반기 한국철도공사

다음 괄호 안에 들어갈 단어를 옳게 골라 묶은 것은?

> 15일 문화체육관광부가 공개한 차세대 전자여권의 디자인 시안을 보고 많은 국민이 "녹색에서 남색으로 바뀌는구나."로 인식했을 듯하다. 하지만 엄밀히 말하면 가능성은 33.3% 정도다. 문체부가 이날 낸 보도자료 비고란엔 '국민 선호도 조사 결과에 따라 색상 변경 가능'이라는 문구가 적혀있었기 때문이다.
>
> 새 전자여권은 2007년 문체부와 외교부가 공동으로 '여권 디자인 공모전'을 통해 당선된 서울대 디자인학부 김수정 교수 작품을 원안으로 수정, 보완됐다. '공개 (경선(競選)/경쟁(競爭))'을 통해 10년 넘게 수정을 거쳐 지금의 시안으로 완성된 것이다.
>
> '색상 변경 가능' 설명에도 대부분의 사람들은 '남색'으로 바뀌는 걸로 거의 '확신'하고 있다. 무슨 일이 생긴 걸까. 문제는 보도자료에 있다. 자료에는 '(현행(現行)/현재(現在)) 일반 여권 표지의 색상이 녹색에서 남색으로 바뀌고 디자인도 (개선(改善)/개수(改修))된다'고 적혀있다. 문구 그대로 해석하면 색상은 이미 '남색'으로 변경된 셈이다.
>
> 하지만 붙임 자료에 사진으로 (표기(表記)/병기(倂記))된 설명에는 '여권의 색상을 한 가지로 통일한다면 어떤 색상이 좋다고 생각하십니까?'라고 하면서 '남색', '진회색', '적색' 3가지 색을 후보로 올렸다. 한 자료에 혼란을 일으키는 내용이 뒤섞인 것이다.

① 경선－현행－개수－표기
② 경선－현재－개선－표기
③ 경선－현행－개선－병기
④ 경쟁－현행－개수－병기
⑤ 경쟁－현재－개선－병기

해설

각 표현의 의미를 통해 정답을 알아보면 다음과 같다.

1) 여권 디자인과 관련한 여러 가지 안을 두고 공개적으로 토의를 거친 결과, 최종 안이 결정된 것이므로 '둘 이상의 후보가 경쟁하는 선거'의 의미인 '경선'이 적절하다.
2) 현행은 현재 행하여지고 있는 상태 자체를 의미하지만, 현재는 단순히 지금의 시간을 의미한다. 해당 표현은 '현재 사용되고 있는'의 의미로 사용되었으므로 '현행'이 적절하다.
3) 글의 내용을 살펴보면, 현행 여권이 잘못되었다고 설명한 부분은 없다. 다만 지금보다는 좀 더 나은 디자인으로 변경되는 것이므로 '잘못된 것이나 부족한 것, 나쁜 것 따위를 고쳐 더 좋게 만듦.'의 의미인 '개선'이 더 적절하다.
4) 글에서는 사진과 함께 나란히 적혀 있는 설명의 내용에 대해 말하고 있다. 즉, 사진 자체가 표기의 대상이 아니므로, '함께 나란히 적음.'의 의미인 '병기'가 적절하다.

(오답풀이)

- 경쟁(競爭): 같은 목적에 대하여 이기거나 앞서려고 서로 겨룸.
- 현재(現在): 지금의 시간.
- 개수(改修): 고쳐서 바로잡거나 다시 만듦.
- 표기(表記): 적어서 나타냄. 또는 그런 기록.

정답 ③

02

각 문장에서 맥락에 맞는 단어들을 바르게 나열한 것은?

- 승객 대상 서비스를 강화하기 위해, 전문가에게 ㉠ (자문/조언)을 구하도록 했다.
- 무더위로 최대 전력수요 ㉡ (경신/갱신)이 계속되고 있다.
- 사업의 진행을 위해 팀장님께 ㉢ (결제/결재)를 받았다.
- 동생에게 결혼 문제를 ㉣ (비쳤더니/비췄더니) 그 자리에서 펄쩍 뛰었다.

① ㉠ 자문, ㉡ 경신, ㉢ 결재, ㉣ 비쳤더니
② ㉠ 조언, ㉡ 경신, ㉢ 결재, ㉣ 비쳤더니
③ ㉠ 자문, ㉡ 갱신, ㉢ 결제, ㉣ 비췄더니
④ ㉠ 조언, ㉡ 갱신, ㉢ 결제, ㉣ 비췄더니
⑤ ㉠ 자문, ㉡ 갱신, ㉢ 결재, ㉣ 비쳤더니

해설

㉠ '자문(諮問)'은 자문을 구하다가 아닌 '자문을 하다'와 같은 표현으로 쓴다. 왜냐하면 자문이라는 한자어 자체에 '전문가들에게 조언을 구하다'라는 의미가 내포되어 있으므로 자문을 구하다와 같이 표현하게 되면 의미상 중복이 발생하게 된다. 따라서 ㉠에는 '조언'이 적절하다.

㉡ 새로운 기록이 만들어진 것이므로 '경신'이라고 써야 한다. '更'은 '고친다'의 뜻으로는 '경'으로, '다시'라는 뜻으로는 '갱'으로 읽히는 한자이다. '경신(更新)'에는 '이미 있던 것을 고쳐 새롭게 함.'이라는 뜻이 있다. 이 의미일 때는 '갱신'과 의미가 다르지 않다. 그런데 '신기록 경신'과 같은 경우에는 '경신'으로 쓴다.

– 경신: 종전의 기록을 깨뜨림. ㉞ 기록 경신
– 갱신: 법률관계의 존속 기간이 끝났을 때 그 기간을 연장하는 일. ㉞ 계약 갱신, 비자 갱신, 면허 갱신

㉢ '결제(決濟)'는 '매매 당사자 사이의 거래 관계를 끝맺는 일'을 이르는 경제 용어이다. 반면 '결재(決裁)'는 '결정할 권한이 있는 상관이 부하가 제출한 안건을 검토하여 허가하거나 승인함.'이라는 뜻을 나타내는 말이므로 ㉢에는 '결재'가 적절하다.

㉣ 어떤 의향을 넌지시 드러내는 표현은 '비치다'로, '뜻을 비치다'와 같이 활용된다. 반면 '비추다'는 빛을 보내어 밝게 하는 경우에 사용되며 속마음을 암암리에 내비치는 경우에는 사용되지 않는다. 따라서 ㉣에는 '비쳤더니'가 적절하다.

정답 ②

03

다음 밑줄 친 문구를 어법에 맞게 수정한 내용으로 적절하지 않은 것은?

A: 지속가능보고서를 2007년 창간 이래 매년 발간에 의해 이해관계자와의 소통이 좋아졌다.
B: 2012년부터 시행되는 신재생에너지 공급의무제는 회사의 주요 리스크로 이를 기회로 승화시키기 위한 노력을 하고 있다.
C: 전력은 필수적인 에너지원이므로 과도한 사용을 삼가야 한다.
D: 녹색기술 연구개발 투자확대 및 녹색생활 실천프로그램을 시행하여 온실가스 감축에 전 직원의 역량을 결집하고 있다.
E: 녹색경영위원회를 설치하여 전문가들과 함께하는 토론을 주기적으로 하고 있으며, 내·외부 전문가의 의견 자문을 구하고 있다.

① A: '매년 발간에 의해'가 어색하므로 문맥에 맞게 '매년 발간함으로써'로 고친다.
② B: '주요 리스크로'는 조사의 쓰임이 어울리지 않으므로, '주요 리스크이지만'으로 고친다.
③ C: '삼가야 한다'는 어법상 맞지 않으므로 '삼가해야 한다'로 고친다.
④ D: '및'의 앞은 명사구로 되어 있고 뒤는 절로 되어 있어 구조가 대등하지 않으므로, 앞부분을 '녹색기술 연구개발에 대한 투자를 확대하고'로 고친다.
⑤ E: '전문가의 의견 자문을 구하고 있다'는 어법에 맞지 않으므로, '전문가들에게 의견을 자문하고 있다'로 고친다.

해설

'몸가짐이나 언행을 조심하다.'는 뜻의 낱말은 '삼가하다'가 아니라 '삼가다'이다. 따라서 '삼가해야 한다'로 수정하는 것은 옳지 않다.

정답 ③

04

다음 ㉠의 의미와 가장 유사한 것은?

> 흔히 말하는 결단이란 용기라든가 과단성을 전제로 한다. 거센 세상을 살아가노라면 때로는 중대한 고비가 나타난다. 그럴 때 과감하게 발 벗고 나서서 자신을 ㉠ 던질 수 있는 용기를 통해 결단이 이루어질 수 있을 것이다. 그럼에도 내 자신은 사람됨이 전혀 그렇지 못하다.

① 승리의 여신이 우리 선수들에게 미소를 던졌다.
② 그는 유능한 기사였지만 결국 돌을 던지고 말았다.
③ 최동원은 직구 위주의 강속구를 던지는 정통파 투수였다.
④ 그 사건이 승승장구하던 김 대리의 앞날에 어두운 그림자를 던졌다.
⑤ 물론 인간은 이따금 어떤 추상적인 사상이나 이념에 일생을 던져 몰입하는 수가 있지.

해설

㉠ '던지다'의 의미를 정리하면 다음과 같다.

1) 손에 든 물건을 다른 곳에 떨어지게 팔과 손목을 움직여 공중으로 내보내다.
 예 연못에 돌을 던지다./포수에게 공을 던지다.
2) 자기 몸을 떨어지게 하거나 뛰어들다.
 예 나는 피로에 지친 몸을 침대 위에 던졌다./그 여자는 마구 울면서 아버지에게 몸을 던져 안겼다.
3) 어떤 행동을 상대편에게 하다.
 예 발표자에게 질문을 던지다./그는 느닷없이 나타나 불쑥 한마디를 던지고 밖으로 나가 버렸다.
4) ('눈'과 관련된 명사와 함께 쓰여) 어떤 것을 향하여 보다.
 예 남자에게 추파를 던지다./투자자들은 경영자의 발언에 의혹의 눈을 던졌다.
5) ('빛'과 관련된 명사와 함께 쓰여) 어떤 것을 향하여 비추다.
 예 고요한 밤하늘에 달과 별들만이 빛을 던지고 있다.
6) 어떤 화제나 파문 따위를 일으키다.
 예 그는 새로운 의약품의 발견으로 전 세계에 화제를 던졌다.
7) 어떤 문제 따위를 제기하다.
 예 그는 우리들에게 어려운 질문을 던졌다./이 사건은 우리 사회에 심각한 도덕적 문제를 던져 주었다.
8) 그림자를 나타내다.
 예 소나무 한 그루가 석양에 긴 그림자를 던지고 있다./기업들의 인원 감축은 서민들에게 어두운 그림자를 던지는 것이었다.
9) 관심을 가지지 아니하고 돌보지 아니하다. =내버리다.
 예 너는 그동안 쌓아 온 우리 사이의 신의를 헌신짝같이 던지고 배반하려 하느냐?
10) 재물이나 목숨 등을 아낌없이 내놓다.
 예 조국을 위하여 자신의 재물과 목숨을 던진 애국자들./동정심이야 있을 수 있지만 한 달 생활비를 몽땅 던지기까지 해서 동정할 처지가 되는가 이 말이오.
11) 일 따위를 중도에 그만두다.
 예 그 소식을 들은 사람들은 일거리를 던지고 거리로 뛰어나와 독립 만세를 외쳤다.

따라서 글에서는 자신의 모든 것을 아낌없이 내맡기는 것을 의미하므로, 이와 가장 가까운 의미로 사용된 것은 ⑤이다.

정답 ⑤

NCS 응용 연습문제

01

다음 밑줄 친 한자어의 쓰임이 올바르지 않은 것은?

① 이번 사안은 사장님께 품의(稟議)를 해야겠습니다.

② 이번 사태의 책임을 물어 우리 회사 홍보 책임자가 전격 경질(更迭)되었다.

③ 학교 운영위에서는 여름 축제를 진행하기 위한 인원을 우리 반 학생들 중에 차출(差出)하기로 결정하였다.

④ 여기 모이신 여러분 모두는 우리나라의 미래를 이끌어 갈 동량(棟樑)이 될 것입니다.

⑤ 갑작스럽게 내린 폭우로 인해 앞이 잘 보이지 않았고 결국 앞서 가던 차를 충돌(衝突)하는 사고를 내고 말았다.

해설

'충돌(衝突)'은 서로 마주 부딪치는 경우를 의미한다. 이 경우는 마주 본 상태에서 부딪친 것이 아니라 앞차를 따라가다가 뒤에서 들이받은 경우이므로 '추돌(追突)'이라고 표현하는 것이 더 적절하다.

오답풀이

① 품의(稟議): '품의'는 '웃어른이나 상사에게 말이나 글로 여쭈어 의논함.'의 의미이므로 적절하게 사용되었다.

② 경질(更迭): '경질'은 '어떤 직위에 있는 사람을 다른 사람으로 바꿈.'의 의미이므로 적절하게 사용되었다.

③ 차출(差出): '차출'은 '어떤 일을 시키기 위하여 인원을 선발하여 냄.'의 의미이므로 적절하게 사용되었다.

④ 동량(棟樑): '동량'은 '마룻대와 들보로 쓸 만한 재목이라는 뜻으로, 집안이나 나라를 떠받치는 중대한 일을 맡을 만한 인재를 이르는 말.'의 의미이므로 적절하게 사용되었다.

정답 ⑤

02

다음 [보기]의 괄호 안에 들어갈 말로 적절한 것끼리 묶인 것은?

보기

갑: 그가 결국 노름판에서 집을 잡혔다는 소식을 들은 그의 아내는 몹시 놀란 모양이었습니다. (㉠)하여 얼굴빛마저 하얗게 변하더군요. 그가 변변한 벌이는 하지 못한 채 밖으로만 도는 바람에 그간 그의 아내가 참 고생을 많이 했지요. 자식들 배곯지 않게 하려 힘든 일을 마다하지 않고 온갖 (㉡)을 견뎌왔는데, 이제 온 식구가 길바닥에 나앉게 생겼어요.

을: 저런 정말 딱하네요. 아이들이 한창 클 나이에 그렇게 살림이 (㉢) 버렸으니 앞으로 어떻게 살아가야할지 막막하겠어요.

	㉠	㉡	㉢
①	아연실색(啞然失色)	고난(苦難)	탕진돼
②	경천동지(驚天動地)	난관(難關)	거덜 나
③	대경실색(大驚失色)	곤경(困境)	들차
④	황당무계(荒唐無稽)	역경(逆境)	가멸차
⑤	면무인색(面無人色)	난항(難航)	틀어져

해설

㉠ 너무 놀라 얼굴이 하얗게 변했다고 했으므로, '하늘을 놀라게 하고 땅을 뒤흔든다.'는 뜻으로, 세상을 몹시 놀라게 함을 비유적으로 이르는 말인 '경천동지'나 '말이나 행동 따위가 참되지 않고 터무니없음.'을 의미하는 '황당무계'는 문맥상 어울리지 않는다.

㉡ 글의 문맥상 모두 사용이 가능한 표현이다.

㉢ 글의 문맥상 어울리는 것은 '재물 따위가 다 써져서 없어지다.'의 '탕진되다'와 '재산이나 살림 같은 것이 여지없이 허물어지거나 없어지다.'의 '거덜 나다'이다.

따라서 괄호 속의 ㉠, ㉡, ㉢을 모두 문맥상 맞게 채울 수 있는 선택지는 ① '아연실색(啞然失色), 고난(苦難), 탕진돼'이다.

(오답풀이)

② 경천동지(驚天動地): 하늘을 놀라게 하고 땅을 뒤흔든다는 뜻으로, 세상을 몹시 놀라게 함을 비유적으로 이르는 말.
난관(難關): 일을 하여 나가면서 부딪치는 어려운 고비.
거덜 나다: 재산이나 살림 같은 것이 여지없이 허물어지거나 없어지다.

③ 대경실색(大驚失色): 몹시 놀라 얼굴빛이 하얗게 질림.
곤경(困境): 어려운 형편이나 처지.
들차다: 뜻이 굳세고 몸이 튼실하다. 몹시 거세다.

④ 황당무계(荒唐無稽): 말이나 행동 따위가 참되지 않고 터무니없음.
역경(逆境): 일이 순조롭지 않아 매우 어렵게 된 처지나 환경.
가멸차다: 재산이나 자원 따위가 매우 많고 풍족하다.

⑤ 면무인색(面無人色): 몹시 놀라거나 무서움에 질려 얼굴이 핏기가 없음.
난항(難航): 여러 가지 장애 때문에 일이 순조롭게 진행되지 않음을 비유적으로 이르는 말.
틀어지다: 꾀하던 일이 어그러지다.

정답 ①

03

다음 [보기]의 밑줄 친 부분의 표기가 잘못된 것의 개수는?

보기

ㄱ. 시험일이 다가오면서 밤을 새는 친구들이 늘어나고 있지요.
ㄴ. 사람들이 많이 모여 있는 공공장소에서 담배를 피는 것은 금지되어 있습니다.
ㄷ. KDI측의 보고서에 따르면 올해 물가상승률은 6%를 능가할 것으로 보입니다.
ㄹ. 언니는 이미 다 알고 있었지만 동생의 말에 못내 놀라는 표정을 지어 보였다.
ㅁ. 선배는 내게 다가와서 "사람을 봤으면 아는 척을 해야지"라며 톡 쏘아붙였다.

① 1개
② 2개
③ 3개
④ 4개
⑤ 5개

해설

ㄱ. '한숨도 자지 아니하고 밤을 지내다.'의 뜻으로 사용할 경우에는 '새우다'라고 표현해야 한다. '새다'는 '날이 밝아 오다.'의 뜻으로 '밤새도록'과 같이 사용될 수 있다.
ㄴ. '어떤 물질에 불을 붙여 연기를 빨아들이었다가 내보내다.'의 뜻으로 사용할 경우에는 '피우다'라는 표현을 써야 한다. 예를 들어 '담배를 피우다', '불을 피우다' 등으로 활용된다. 반면 '피다'는 "꽃이 피다"와 같은 경우에 사용되는 표현이다.
ㄷ. '능가하다'라는 표현을 쓰기 위해서는 반드시 비교의 대상이 전제되어야 한다. 예를 들면 '스승을 능가하다.', '상대 팀을 능가하다.'와 같이 사용되므로 주어진 문장에서는 비교의 대상이 없으므로 적절하지 않은 표현이다. 따라서 '일정한 수나 한도 따위를 넘다.'를 뜻하는 '초과하다'와 같은 표현으로 바꿔 써야 한다.
ㄹ. 문맥상 마음과는 다르게 행동하는 것을 의미하므로 '마음으로는 그렇지 않으나 일부러 그렇게.'를 뜻하는 '짐짓'으로 바꾸어야 한다. '못내'는 '자꾸 마음에 두거나 잊지 못하는 모양.'을 뜻하는 말로, '못내 아쉬워하다.', '못내 그리워하다.', '못내 기뻐하다.'와 같이 감정을 다하여 느끼는 것에 대해 사용되므로 적절치 않은 표현이다.
ㅁ. '아는 척'은 실은 모르는데 알고 있는 시늉을 한다는 뜻이므로 이 문장의 의미와는 맞지 않는다. 여기서는 "사람에 대해 인지하고 인사하는 표정이나 모양을 보임"이라는 뜻의 '알은체' 혹은 '알은척'이라는 표현으로 바꾸어 써야 한다.

정답 ⑤

04

다음 밑줄 친 단어의 쓰임이 서로 다른 것은?

① 인류 문명이 발전해 온 길을 돌아본다.
사람은 죽기 전에 자신이 살아온 길을 돌아보는 여유가 필요하다.

② 이번 일을 염두에 두지 마라.
알리바이가 있는 사람에게 혐의를 두면 안 된다.

③ 유권자의 현명한 눈을 흐리려는 행위는 완전히 근절되어야 한다.
그는 냉소에 찬 눈으로 그녀가 하는 행동을 보고 있다.

④ 범인은 경찰의 손이 미치지 않는 곳으로 도망갔다.
이제 앞으로의 일은 너희 손에 맡겨도 될 것 같아 마음 든든하다.

⑤ 그 아이는 뱃속에 바람이 잔뜩 들었다.
무슨 바람이 불어 여기까지 왔니?

해설

유권자의 현명한 눈에서 눈은 '사물을 보고 판단하는 힘'을 의미하고, 냉소에 찬 눈에서 눈은 '무엇을 보는 표정이나 태도'를 의미하므로, 서로 다른 의미이다.

(오답풀이)

① 두 '길' 모두 시간의 흐름에 따라 개인의 삶이나 사회적·역사적 발전 따위가 전개되는 과정을 말한다.
② 두 문장에서 쓰인 '두다'는 '생각 따위를 가지다.'라는 의미이다.
④ 두 '손' 모두 어떤 사람의 영향력이나 권한이 미치는 범위를 의미한다.
⑤ 두 '바람' 모두 들뜬 마음이나 일어난 생각을 비유적으로 이르는 말이다.

정답 ③

05

다음 [보기]의 문장들은 필요한 성분이 생략된 잘못된 문장이다. 이를 수정하는 방법으로 적절하지 않은 것은?

보기

ㄱ. 긴장과 주눅이 들어 있으면 아무것도 할 수 없다.
ㄴ. 철수가 A기업 입사시험에 합격했다는 사실은 기쁨이 되었다.
ㄷ. 정부는 잘못된 정책으로 환자 부담과 의보재정만 축내고 있다.
ㄹ. 20년 동안 써 온 언어가 경상도 말인데 하루아침에 바꾸려니 얼마나 어색했겠어요.
ㅁ. 우리나라는 비의 대부분이 여름에 집중되며 하천의 길이가 짧고 경사가 급해 육지에 머무르는 시간이 매우 짧다.

① ㄱ에서 '긴장'의 생략된 서술어인 '하다'를 보충하여 '긴장과'를 '긴장을 하고'로 고친다.
② ㄴ의 '기쁨'을 수식하는 관형어가 생략되었으므로 '○○의'에 해당하는 관형어를 '기쁨이' 앞에 넣는다.
③ ㄷ에서 '환자부담'의 생략된 서술어인 '가중시키다'를 보충하여 '환자 부담과'를 '환자 부담을 가중시키고'로 고친다.
④ ㄹ의 '바꾸려니'에 필요한 목적어가 생략되었으므로 '그걸(그것을)'과 같은 목적어를 '하루아침에' 앞에 넣는다.
⑤ ㅁ에서 '육지에 머무르는 시간이 매우 짧다'의 생략된 주어인 '비'를 보충하여 '우리나라는 비의'를 '우리나라의 비는'으로 고친다.

CH 07 어휘 · 어법

해설

ㅁ. 문장의 전체 주어는 '우리나라'이다. 육지에 머무르는 시간이 매우 짧은 것을 보충하기 위해서는 '육지에' 앞에 '빗물이'를 보충하면 된다. ⑤번 설명처럼 주어를 '비'로 바꾸면 하천의 길이가 짧고 경사가 급하다는 내용과 이어지지 않는다. 따라서 수정하면 '우리나라는 비의 대부분이 여름에 집중되며 하천의 길이가 짧고 경사가 급해 빗물이 육지에 머무르는 시간이 매우 짧다.'가 된다.

오답풀이

ㄱ을 수정하면 '긴장을 하고 주눅이 들어 있으면 아무것도 할 수 없다.'가 된다.
ㄴ을 수정하면 '철수가 A기업 입사시험에 합격했다는 사실은 ○○(예: 어머니)의 기쁨이 되었다.'가 된다.
ㄷ을 수정하면 '정부는 잘못된 정책으로 환자 부담을 가중시키고 의보재정만 축내고 있다.'가 된다.
ㄹ을 수정하면 '20년 동안 써 온 언어가 경상도 말인데 그걸(그것을) 하루아침에 바꾸려니 얼마나 어색했겠어요.'가 된다.

정답 ⑤

06

다음 밑줄 친 부분의 한자어가 바르게 쓰인 것은?

① 일심에서 패한 피고가 고등법원에 상고(上告)했다.

② 가까이 보되 또한 멀리 보라! 자산 운영(運營)의 기본입니다.

③ 이 프로그램에서는 컴퓨터 그래픽을 이용해 당시의 침몰 모습을 재현(再現)했다.

④ 거친 언어로 상대방의 감정을 건드리려 하는 건 자신의 논리가 빈약하다는 반증(反證)이다.

⑤ 그 사안은 반드시 사장님의 제가(制可)를 받아 결정해야 합니다.

해설

'재현(再現)하다'는 '다시 나타나다. 또는 다시 나타내다.'라는 뜻이며, '재연(再演)하다'는 '(연극·영화 등을) 다시 상연하거나 상영하다. (한 번 하였던 행위나 일을) 다시 되풀이하다.'라는 뜻이다. ③은 예전에 벌어졌던 상황을 다시 나타냈다는 뜻이므로 '재현'을 쓰는 것이 맞다.

(오답풀이)

① '상고(上告)'는 '항소(抗訴)'의 판결에 대한 불복신청이다. 고등법원에 재심을 요구하는 것은 '항소(抗訴)'이고, 대법원에 삼심을 요구하는 것은 '상고(上告)'이다.

② 문맥상 '무엇을 움직이게 하거나 부리어 씀'이라는 뜻의 '운용(運用)'이 어울린다. '운영(運營)'은 조직이나 기구, 사업체 따위를 운용하고 경영함을 뜻한다.

④ '주변 상황을 밝힘으로써 간접적으로 증명한다'는 뜻의 한자어는 '방증(傍證)'이다. '반증(反證)'은 반대되는 증거를 뜻한다.

⑤ '안건을 결재하여 허가한다'는 뜻의 한자어는 '재가(裁可)'이다. '제가(制可)'는 임금의 허가를 뜻한다.

정답 ③

07

다음 중 어순이 가장 자연스러운 문장은?

① 사고로 숨진 희생자들을 추모하기 위해 시민들이 건물 앞 계단에 촛불을 늘어놓으며 애도를 표시하고 있다.
② 경제 전망이 불투명한 상황에서 기업들이 쉽사리 번 돈을 투자하기는 어렵다.
③ 북측은 남측이 이라크 전쟁이 부도덕한 전쟁임에도 불구하고 미국의 비위를 맞추기 위해 이를 지지한 것으로 간주하고 있다.
④ 제가 말씀드린 문제에 대한 솔직하고 냉정한 선생님의 답변을 부탁합니다.
⑤ 이 학교는 인터넷 · 영상 · 대중음악 등 기존 직업교육의 틈새에 놓여 있는 청소년들의 관심사를 특화해 3년 과정의 프로그램을 운영할 계획이다.

해설

문장 성분을 배열하는 능력을 평가하기 위한 문제이다. 주어와 서술어가 멀리 떨어져 있으면 문장의 의미를 파악하기가 쉽지 않다. 우리말의 어순은 일반적으로 '주어+목적어+서술어' 순서이고, 목적어가 너무 긴 경우에는 '목적어+주어+서술어' 순으로 문장 성분을 배열할 수 있다. 그리고 수식어(꾸며주는 말)는 피수식어(꾸밈을 받는 말)에 가능한 한 가까이 위치해야 한다. 수식어와 피수식어 사이에 다른 성분이 끼어들면 중의성이 생길 가능성이 커져 문장의 의미 파악이 어려워진다. ①을 제외한 나머지 문장은 문장 성분의 위치가 잘못되어 있다.

오답풀이

② '쉽사리'라는 부사는 '투자하다'라는 동사를 꾸미는 수식어인데 수식어와 피수식어 사이에 '번 돈을'이 들어가 '쉽사리 벌다', '쉽사리 투자하다'라는 중의성을 내포하고 있다.
③ 내포문 주어인 '남측이'와 내포문 서술어인 '지지하다'와 거리가 너무 멀어 의미를 파악하기 쉽지 않다. 따라서 '남측이'를 '이라크 전쟁이 부도덕한 전쟁임에도 불구하고'라는 부사절 뒤로 옮기면 의미 파악이 쉬워진다.
④ '솔직하고 냉정한'이라는 수식어와 '답변'이라는 피수식어 사이에 '선생님'이 들어가 '솔직하고 냉정한 선생님', '솔직하고 냉정한 답변'이라는 중의성을 내포하고 있다.
⑤ '인터넷 · 영상 · 대중음악 등'은 '관심사'와 동격인 표현인데 '관심사'와의 거리가 너무 멀어져 마치 '기존 직업교육'과 동격인 것처럼 보인다. 다음과 같이 어순을 바꾸면 의미를 보다 정확하게 전달할 수 있다. '이 학교는 기존 직업교육의 틈새에 놓여 있는 인터넷 · 영상 · 대중음악 등 청소년들의 관심사를 특화해 3년 과정의 프로그램을 운영할 계획이다.'

정답 ①

08

다음 [보기]의 괄호 속의 ㉠~㉤에 들어갈 말로 적절한 것끼리 묶인 것은?

보기

- 한두 번 도둑질을 저질러도 별 탈이 없자 그는 더욱 (㉠)하게 나왔다.
- 전쟁 전체를 놓고 보면 미안한 일이지만 수많은 사람들을 고통의 (㉡)으로부터 구할 수 있었다.
- 각자에게 업무가 (㉢)하다 보니 가족들과 함께 지낼 시간이 거의 없다.
- 나는 꿈에라도 한번 아내를 만나보고 싶은데, 낮에는 생각이 (㉣)하건만 꿈에는 영영 보이지 않으니 내 신세는 꿈 복마저 없는 모양이다.
- 성삼문은 세조가 등극할 때 예방승지로 (㉤)를 안고 통곡했으며 사육신 사건을 주도하다 발각돼 처형됐다.

	㉠	㉡	㉢	㉣	㉤
①	대범(大汎)	굴곡(屈曲)	과중(過重)	간곡(懇曲)	옥새(玉璽)
②	대담(大膽)	질곡(桎梏)	막중(莫重)	간절(懇切)	옥쇄(玉碎)
③	대범(大汎)	굴곡(屈曲)	막중(莫重)	간절(懇切)	옥쇄(玉碎)
④	대담(大膽)	질곡(桎梏)	과중(過重)	간곡(懇曲)	옥새(玉璽)
⑤	대담(大膽)	질곡(桎梏)	과중(過重)	간절(懇切)	옥새(玉璽)

해설

㉠ 대담(大膽): 담력이 크고 용감함.
　대범(大汎): 성격이나 태도가 사소한 것에 얽매이지 않으며 너그러움.
㉡ 질곡(桎梏): 몹시 속박하여 자유를 가질 수 없는 고통의 상태를 비유적으로 이르는 말.
　굴곡(屈曲): 사람이 살아가면서 잘되거나 잘 안되거나 하는 일이 번갈아 나타나는 변동.
㉢ 과중(過重): 부담이 커서 힘에 벅참.
　막중(莫重): 더할 수 없이 중대함.
㉣ 간절(懇切): 마음속에서 우러나와 바라는 정도가 매우 절실함.
　간곡(懇曲): 태도나 자세 따위가 간절하고 정성스러움.
㉤ 옥새(玉璽): 옥으로 만든 국새.
　옥쇄(玉碎): 옥처럼 아름답게 부서진다는 뜻으로, 명예나 충절을 위하여 깨끗이 죽음을 이르는 말.

정답 ⑤

09

다음 [보기]의 밑줄 친 단어 중 표기법에 맞지 않는 것끼리 묶은 것은?

보기

ㄱ. 이번 강좌는 출석률이 너무 낮다.
ㄴ. 내노라하는 재계의 인사들이 한곳에 모였다.
ㄷ. 영양을 완전히 섭취할 수 있다고 해서 사과를 껍질채 먹었다.
ㄹ. 며칠 사이에 날이 많이 포근해졌다.
ㅁ. 그 사람은 내가 맡을께.

① ㄱ, ㄴ, ㄷ
② ㄱ, ㄷ, ㅁ
③ ㄴ, ㄷ, ㅁ
④ ㄴ, ㄹ, ㅁ
⑤ ㄷ, ㄹ, ㅁ

CH 07 어휘 · 어법

해설

ㄱ. '列, 率'은 앞에 어떤 소리가 오느냐에 따라 쓰는 방법이 달라진다. '列, 率'은 모음이나 ㄴ 받침 뒤에서만 '열, 율'로 적고 나머지 경우에는 '렬, 률'로 적는다.

예 列: 일렬(一列), 행렬(行列)/나열(羅列), 배열(配列), 치열(齒列), 진열(陳列)
率: 합격률(合格率), 출석률(出席率), 확률(確率)/비율(比率), 실패율(失敗率), 이혼율(離婚(率), 지원율(支援率)
참고로 '출석'은 자음 'ㄱ'으로 끝나는 단어이므로 '출석률'이라고 표기하는 것이 맞다.

ㄴ. '내로라'는 '바로 나다'라는 의미로 자신 있게 스스로를 내세울 때 쓰는 말이다. '나(1인칭)+이(서술격 조사)+오(의도법 선어말어미)+다(종결어미)'로 분석된다. 이것을 '무엇을 내어 놓으라'라는 의미로 이해하고 '내노라'로 오해하는 경향이 있지만 '내노라'는 국어에 없는 표현이다.

ㄷ. '체'는 '체하다'의 형태로만 쓰인다(예: 친구들이 나를 모르는 체했다.). 그 외의 경우 관형사형 어미 뒤에서는 의존명사 '채'를(예: 세수도 하지 못한 채 집에서 나왔다.), 명사 뒤에서는 접미사 '-째'를 쓴다.(예: 통째, 껍질째) ⓒ은 명사 뒤에 쓰인 접미사이므로 '채'를 '째'로 바꿔 주어야 한다.

ㄹ. '며칠'은 '몇'과 '일(日)'의 결합형으로 분석해서 '몇 일'로 표기해야 할 것처럼 생각되지만 '몇 일'로 표기하게 되면 그 발음이 [면닐] 또는 [며딜]이 되어야 하는데 실제 발음이 그렇지 않기 때문에 언제나 '며칠'로만 적는다. '몇 일'과 같은 발음 환경인 '꽃 잎'과 '몇 월'을 보면 그 발음이 [꼬칩], [며췰]이 아니라 [꼰닙], [며둴]이다. '몇 일'은 국어에 없는 단어이다.

예 오늘이 몇 월 며칠이냐?/그는 며칠 동안 아무 말이 없었다.

ㅁ. 어떤 행동을 할 것을 약속하는 뜻을 나타내는 구어체 종결어미는 '-ㄹ게'이다. [께]로 발음되므로 잘못 표기하지 않도록 유의해야 한다.

정답 ③

10

다음 [보기]는 ㉠~㉤의 밑줄 친 부분을 어법에 맞게 고친 내용이다. 바르게 수정한 것을 모두 고르면?

보기

㉠ 그는 흡연 구역 표말을 보고 담배를 피웠다.
⇒ 어떤 것을 표지하기 위하여 세우는 말뚝은 하나의 단어로 '푯말'이라 표기해야 한다.

㉡ 김 씨도 안주머니에서 담배 한 가치를 꺼내어 물었다.
⇒ 담배를 세는 단위는 '가치'가 아니라 '개피'이므로 '가치'를 '개피'로 고쳐야 한다.

㉢ 이상을 실현하기 위해서는 그만큼의 댓가를 치러야 하는 법이다.
⇒ 한자어는 소리가 덧나더라도 사이시옷을 받치어 적지 않는 원칙에 따라 '대가'로 적어야 한다.

㉣ 담벼락에는 개발새발 아무렇게나 낙서가 되어 있었다.
⇒ 고양이의 발과 개의 발이라는 뜻으로, 글씨를 되는대로 아무렇게나 써 놓은 모양을 이르는 말로 '개발새발'이 아닌 '괴발개발'로 고쳐야 한다.

㉤ 서울내기인 김명식을 빼고는 춘천이 고향인 김정도, 목포가 고향인 오승은, 이렇게 모두가 객지살이였다.
⇒ 서울 출신을 표현하는 말로 '서울내기'는 표준어가 아니므로 '서울나기'로 고쳐야 한다.

① ㉠, ㉡

② ㉠, ㉣

③ ㉠, ㉢, ㉣

④ ㉡, ㉢, ㉤

⑤ ㉢, ㉣, ㉤

해설

오답풀이

㉡ '개비'의 의미로 발음이 비슷한 '개피'를 쓰는 경우가 있으나 '개비'만 표준어로 삼는다.
개비: 가늘고 짤막하게 쪼갠 토막을 세는 단위
가치, 개피: '개비'의 잘못된 표현

㉤ '서울내기, 시골내기, 풋내기, 신출내기, 냄비, 동댕이치다'만을 표준어로 삼는다.
(참고로, 기술자에게는 '-장이', 그 외에는 '-쟁이'가 붙는 형태를 표준어로 삼는다.)

정답 ③

나우쌤이 알려주는 퀵 POINT

해당 문제에서 다루고 있는 내용 외에도 사이시옷에 대해서 정리해봅시다.

1) 순우리말로 된 합성어로서 앞말이 모음으로 끝난 경우

- 뒤 단어의 첫소리 'ㄱ, ㄷ, ㅂ, ㅅ, ㅈ'이 된소리로 나는 것
  예) 시냇가[시내까], 기왓장[기와짱], 부싯돌[부시똘], 바닷가[바다까], 혓바늘[혀빠늘]
- 'ㄷ'이 뒤의 'ㄴ, ㅁ'에 동화되어 'ㄴ'으로 발음되는 것
  예) 아랫니[아랜니], 잇몸[인몸], 빗물[빈물], 바닷물[바단물], 아랫마을[아랜마을]
- 뒤 단어의 첫소리로 'ㄴ'이 첨가되면서 'ㄷ'이 동화되어 'ㄴㄴ'으로 발음되는 것
  예) 나뭇잎[나문닙], 깻잎[깬닙], 베갯잇[베갠닏], 뒷일[뒨닐]

2) 순우리말과 한자어로 된 합성어로서 앞말이 모음으로 끝난 경우

- 뒤 단어의 첫소리 'ㄱ, ㄷ, ㅂ, ㅅ, ㅈ'이 된소리로 나는 것
  예) 기댓값(期待—)[기대깝], 절댓값(絶對—)[절때깝], 죗값(罪—)[죄깝], 공깃밥(空器—)[공기빱], 횟수(—數)[해쑤], 전셋집(傳貰—)[전세찝], 아랫방(——房)[아래빵], 윗방(—房)[위빵], 탯줄(胎—)[태쭐]
- 'ㄷ' 뒤의 'ㄴ, ㅁ'에 동화되어 'ㄴ'으로 발음되는 것
  예) 제삿날(祭祀—)[제산날], 툇마루(退——)[퇸마루], 훗날(後—)[훈날]
- 뒤 단어의 첫소리로 'ㄴ'이 첨가되면서 'ㄷ'이 동화되어 'ㄴㄴ'으로 발음되는 것
  예) 예삿일(例事—)[예산닐], 훗일(後—)[훈닐]

※ 한자어+한자어에는 사이시옷이 적용되지 않는다. 단, 다음 6개의 예외는 중요하므로, 꼭 기억합시다!

예외) 곳간(庫間), 셋방(貰房), 횟수(回數), 숫자(數字), 찻간(車間), 툇간(退間)

11

다음 밑줄 친 부분과 같은 의미의 한자어로 적절한 것끼리 묶인 것은?

- 냉장고에 얼려 놓은 생선을 ㉠ 녹여라.
- 우리나라는 북한을 경제적으로 ㉡ 돕고자 한다.
- 자신의 감정을 잘 ㉢ 다스려야 한다.
- 교육부 장관을 ㉣ 바꿀 방침이다.
- 이번 작전은 적의 수송로를 ㉤ 끊어서 고립시키는 것이다.
- 그 조직과 제도를 ㉥ 사용하여 그 회사를 잘 경영해야 한다.

① ㉠ 해동(解凍) ㉡ 보조(輔助) ㉢ 수습(收拾) ㉣ 경질(更迭) ㉥ 운용(運用)
② ㉠ 해동(解凍) ㉡ 원조(援助) ㉢ 조절(調節) ㉣ 경질(更迭) ㉤ 차단(遮斷)
③ ㉠ 용해(鎔解) ㉢ 조절(調節) ㉣ 교체(交替) ㉤ 차단(遮斷) ㉥ 운용(運用)
④ ㉡ 보조(輔助) ㉢ 수습(收拾) ㉣ 경질(更迭) ㉤ 중단(中斷) ㉥ 운영(運營)
⑤ ㉠ 해동(解凍) ㉡ 원조(援助) ㉢ 조절(調節) ㉤ 차단(遮斷) ㉥ 운영(運營)

해설

㉠ 언 생선을 녹이면 부드러워지는 것이지 액체 상태가 되는 것이 아니므로 '해동(解凍)'이 맞는 표현이다.
　해동(解凍): 얼었던 것이 녹아서 풀림.
　용해(鎔解): 고체의 물질이 열에 녹아서 액체 상태로 되는 일. 예 초콜릿이 녹았다.
㉡ 경제적으로 도우는 것이므로 '원조(援助)'가 맞는 표현이다.
　원조(援助): 물품이나 돈 따위로 도와줌.
　보조(輔助): 노력이나 행동으로 남을 도와줌. 예 상사의 일을 도왔다.
㉢ 감정을 다스리는 것은 한쪽으로 치우치지 않게 균형을 잡는 것이므로 '조절(調節)'이 맞는 표현이다.
　조절(調節): 균형이 맞게 바로잡음.
　수습(收拾): 어수선한 사태를 거두어 바로잡음. 예 이 난국을 어떻게 다스릴 수 있을까?
㉣ 장관이라는 직위의 사람을 바꾸는 것이므로 '경질(更迭)'이 맞는 표현이다.
　경질(更迭): 어떤 직위의 사람을 다른 사람으로 바꿈.
　교체(交替): 사람이나 사물을 다른 사람이나 사물로 대신함. 예 전등을 새것으로 바꿨다.
㉤ 중간을 가로막아서 소통을 끊는 것이므로 '차단(遮斷)'이 맞는 표현이다.
　차단(遮斷): 액체나 기체 따위의 흐름 또는 통로를 막거나 끊어서 통하지 못하게 함.
　중단(中斷): 중도에서 끊어지거나 끊음. 예 아내의 참견 때문에 내 말이 끊겼다.
㉥ 경영하기 위해서 사용하는 것이므로 '운용(運用)'이 맞는 표현이다.
　운영(運營): 조직이나 기구, 사업체 따위를 운용하고 경영함.
　운용(運用): 무엇을 움직이게 하거나 부리어 씀.

정답 ②

12

밑줄 친 단어의 의미가 서로 다른 하나는?

① 나는 대명천지 세상을 모르고 옛말만 하고 있는 아버지에 대해 반발심이 치솟았다.

② 김두한이 화신 백화점 뒤 우미관을 거점으로 종로 바닥을 휘어잡았던 것은 옛말이 되었다.

③ 네가 커서 훌륭한 사람이 돼야지 옛말하고 살지.

④ 북만주 쪽이라면 그렇다고 할 수 있지만, 이제 이곳이 독립운동의 근거지였다는 것도 옛말이다.

⑤ 어머니는 고생을 많이 하신 탓에 나이보다 젊어 보인다는 말도 옛말이 되고 말았다.

해설

옛말의 용례는 다음과 같다.

1) 오늘날은 쓰지 아니하는 옛날의 말.
2) 옛사람의 말.
3) 지나간 일에 대하여 회상하는 말.
4) 어떤 사실이나 현상이 지금은 찾아볼 수 없게 된 경우를 이르는 말.
5) 예전부터 전해져 내려오는 이야기.

따라서 선택지 ③만 3) '지나간 일에 대하여 회상하는 말.'의 뜻으로 사용되었다.

오답풀이

나머지는 전부 4) '어떤 사실이나 현상이 지금은 찾아볼 수 없게 된 경우를 이루는 말'의 의미로 사용되었다.

정답 ③

13

다음 [보기]의 밑줄 친 단어와 바꿔 쓸 수 있는 단어를 차례대로 나열한 것은?

보기

㉠ 그가 탈고한 소설은 그가 애초에 생각한 것과는 많이 달랐다.
㉡ 계획을 세울 때에는 현실적 상황을 충분히 생각해야 한다.
㉢ 그는 늘 새로운 발명품을 생각해 내었다.
㉣ 나는 생각지도 못한 사고를 당했다.

	㉠	㉡	㉢	㉣
①	구상(構想)	고려(考慮)	고안(考案)	예상(豫想)
②	구상(構想)	고려(考慮)	착안(着眼)	기대(企待)
③	구상(構想)	숙고(熟考)	착안(着眼)	예상(豫想)
④	발상(發想)	숙고(熟考)	창안(創案)	기대(企待)
⑤	발상(發想)	고찰(考察)	고안(考案)	예상(豫想)

해설

㉠의 '생각'은 쓰고자 하는 소설의 전체적인 내용을 머릿속으로 정리한다는 의미로 쓰이고 있다. ㉡의 '생각'은 현실적인 상황을 헤아린다는 의미이다. ㉢의 '생각'은 발명품을 새롭게 생각해 낸다는 뜻이다. ㉣의 '생각'은 미리 짐작했다는 의미로 쓰이고 있다. 좀 더 자세히 살펴보면 다음과 같다.

㉠ '구상(構想)'은 '앞으로 이루려는 일에 대하여 그 일의 내용이나 규모, 실현 방법 따위를 어떻게 정할 것인지 이리저리 생각함.' 혹은 '예술 작품을 창작할 때, 작품의 골자가 될 내용이나 표현 형식 따위에 대하여 생각을 정리함.'의 의미이므로 ㉠에 들어가기에 적절하다.

㉡ '고려(考慮)'는 '생각하고 헤아려 봄.'의 뜻이므로 ㉡에 들어가기에 적절하다.

㉢ '고안(考案)'은 '연구하여 새로운 안을 생각해 냄.'의 뜻이므로 ㉢에 들어가기에 적절하다. '어떤 방안, 물건 따위를 처음으로 생각하여 냄. 또는 그런 생각이나 방안.'을 의미하는 '창안(創案)'으로 바꿔 쓸 수도 있다.

㉣ '예상(豫想)'은 '어떤 일을 직접 당하기 전에 미리 생각하여 둠. 또는 그런 내용.'의 의미이므로 ㉣에 들어가기에 적절하다.

오답풀이

- 발상(發想): '어떤 생각을 해 냄. 또는 그 생각.'을 뜻한다.
- 숙고(熟考): '곰곰 잘 생각함.'을 의미하므로 ㉡의 '생각'에 대체될 때는 그 앞의 '충분히'로 인해 의미상 불필요한 중복이 생긴다.
- 고찰(考察): '어떤 것을 깊이 생각하고 연구함.'을, 착안(着眼)은 '어떤 일을 주의하여 봄, 또는 어떤 문제를 해결하기 위한 실마리를 잡음'을 의미하며, '착안하다'는 자동사이므로 목적어가 아니라 '~에'라는 부사어와 호응한다.
- 기대(企待): '어떤 일이 원하는 대로 이루어지기를 바라면서 기다림.'을 의미하며, 긍정적인 내용과 호응한다.

정답 ①

14

다음 예시문의 오류가 바르게 수정된 것을 모두 고른 것은?

예시문	수정 내용	
이 문제를 해결할 사람은 그 밖에 없다.	'그 밖에'를 붙여서 '그밖에'로 고친다.	… ㉠
오늘은 비가 올는지 날씨가 흐리다.	'올는지'를 '올런지'로 고친다.	… ㉡
가려야 갈 수 없는 고향에 너무나 가고 싶은 그는 눈물을 흘렸다.	'가려야'를 '갈래야'로 고친다.	… ㉢
그 제도를 반대하는 논리적 근거부터 확인해야 한다. 그리고 나서 그 주장을 비판하는 것이 올바른 태도이다.	'그리고 나서'를 '그러고 나서'로 고친다.	… ㉣
강물이 불기 전에 건너라.	'불기'를 '붇기'로 고친다.	… ㉤

① ㉠, ㉡

② ㉡, ㉢

③ ㉡, ㉤

④ ㉠, ㉢, ㉣

⑤ ㉠, ㉣, ㉤

해설

㉠ '그밖에'가 맞는 표현이다. '그밖에'는 인칭 대명사 '그'에, 조사 '밖에'가 결합된 구성이다. 이때의 '밖'은 '안'과 상대되는 '밖'의 의미가 아니라, '그것 말고는', '그것 이외에는', '기꺼이 받아들이는', '피할 수 없는'의 이라는 의미를 가지는 조사이므로 체언에 붙여 써야 한다.

㉣ '그러고 나서'가 맞는 표현이다. '그러고 나서'는 동사 '그러다'에 '-고 나서'가 연결된 말인데 '-고'는 연결 어미이고 '나서'는 동사 '나다'에 '서'가 붙은 활용형이다. 이와 달리 '그리고'는 '그러나, 그런데, 그러므로' 등과 같은 부류로서 단지 문장과 문장을 이어주는 역할을 하는 말이다. 이 접속부사는 단독으로 쓰이며 보조동사나 보조사가 붙을 수 없다.

㉤ '강물이 붇기 전에 건너라'가 맞는 표현이다. '붇다'는 자음 어미 앞에서는 '붇-'이지만 모음 어미 앞에서는 '불-'로 형태가 바뀌는 'ㄷ' 불규칙 동사이다.

오답풀이

㉡ '오늘은 비가 올는지 날씨가 흐리다'가 맞는 표현이다. '올는지'의 '-ㄹ는지'는 비가 오는 사실의 실현 가능성에 대한 의문을 나타내는 어미이다.

㉢ '가려야 갈 수 없는 고향'이 맞는 표현이다. '갈래야'는 '갈라고 해야'가 줄어든 말이다. 그런데 이 '갈라고 해야'는 잘못된 말이다. 여기에 들어 있는 '-ㄹ라고'는 '-려고'를 잘못 쓴 말이다. '밥을 먹을라고 해'가 아니라 '밥을 먹으려고 해'가 맞다. 그러므로 '가려고 해야'가 줄어든 '가려야'를 써서 '가려야 갈 수 없는 고향'으로 써야 한다.

정답 ⑤

15

다음 [보기]는 '이상(異常)'의 의미이다. 의미와 ㉠~㉤의 용례를 가장 적절하게 연결한 것은?

보기

가. 정상적인 상태와 다름.
나. 지금까지의 경험이나 지식과는 달리 별나거나 색다름.
다. 의심스럽거나 알 수 없는 데가 있음.

㉠ 미영은 옷소매가 가볍게 흐트러진 것 외에는 별다른 이상을 찾을 수 없었다. (이영치, 『흐린 날 황야에서』)
㉡ 그는 갑자기 주위가 고즈넉하여 이상하게 느끼며 일어서서 시찰구(視察口)로 바깥 기척을 살핀다. (이호철, 『문』)
㉢ 작은 망치로 열차의 강철 바퀴를 두드린 후 그 짧고 딱딱한 소리로 어떻게 이상이 있나 없나를 알 수 있는가를 배웠다. (이문열, 『이 황량한 역에서』)
㉣ 바람 소리가 이상해서 그녀는 저고리를 걸치다가 다시 밖에 귀를 기울였다. (한수산, 『유민』)
㉤ 숲에서는 노상 새들이 지저귀었으므로 새 울음이 조금도 이상할 것이 없겠는데, 그 울음소리는 마치 뇌수 어느 곳에 망치질을 하는 것 같은 이상한 느낌을 주었다. (박경리, 『토지』)

	가	나	다
①	㉠	㉡, ㉢	㉣, ㉤
②	㉠, ㉢	㉡, ㉣	㉤
③	㉠, ㉢	㉤	㉡, ㉣
④	㉡, ㉣	㉤	㉠, ㉢
⑤	㉡, ㉤	㉢	㉠, ㉣

해설

가 – ㉠ 정상적인 상태와 다름을 느끼지 못했음을 의미하기 때문이다.
㉢ 열차의 강철 바퀴 소리가 정상적인 상태와 다른지를 확인하는 것이기 때문이다.
나 – ㉤ 지금까지 경험했던 새 울음소리와 다른 느낌을 받았기 때문이다.
다 – ㉡ 의심스럽지만 알 수 없는 기운을 느꼈기 때문이다.
㉣ 바람 소리가 의심스럽지만 무엇인지 알 수 없기 때문이다.

정답 ③

16

다음 밑줄 친 부분의 한자어가 바르게 쓰인 것은?

① 비포장 길을 한나절 정도 달리자 김 사장이 지난 십여 년 동안 개간한 간석지(干潟地)가 눈앞에 펼쳐졌다.

② 15살 승훈이는 아버지의 도움에 힘입어 장해(障害)를 극복하고 수영 꿈나무에 도전하고 있다.

③ 빅뱅이론은 혼동(混同)의 상태에서 폭발이 일어나 우주가 생성되었다는 주장이다.

④ 잘못했으면 잘못했다 말하면 되지, 그렇게 군색(窘塞)한 변명을 늘어놓을 필요가 있니?

⑤ 그곳은 작렬(炸裂)하는 태양이 아스팔트를 녹이는 열사의 땅이었다.

해설

'군색(窘塞)'은 '필요한 것이 없거나 모자라서 딱하고 옹색함.'의 뜻이다. '궁색(窮塞)'은 '아주 가난함.'의 뜻이다.

(오답풀이)

① '간석지(干潟地)'는 '밀물 때는 물에 잠기고 썰물 때는 물 밖으로 드러나는 모래 점토질의 평탄한 땅.'을 뜻하는 말이다. '바다나 호수 따위를 둘러막고 물을 빼내어 만든 땅'을 뜻하는 말은 '간척지'(干拓地)이다.

② '장해(障害)'는 '하고자 하는 일을 막아서 방해함. 또는 그런 것.'이라는 뜻으로 '해(害)'를 동반할 때 사용한다. 반면 '신체 기관이 본래의 제 기능을 다하지 못하거나 정신 능력이 원활하지 못한 상태'라는 뜻의 '장애(障碍)'를 써야 한다.

③ '혼동(混同)'은 '구별하지 못하고 뒤섞어서 생각함.'의 뜻이다. '마구 뒤섞여 있어 갈피를 잡을 수 없음. 또는 그런 상태.'를 뜻하는 말은 '혼돈(混沌)'이다.

⑤ '작렬(炸裂)'은 '포탄 따위가 터져서 쫙 퍼짐. 박수 소리나 운동 경기에서의 공격 따위가 포탄이 터지듯 극렬하게 터져 나오는 것을 비유적으로 이르는 말.'이다. '불 따위가 이글이글 뜨겁게 타오름. 몹시 흥분하거나 하여 이글거리듯 들끓음을 비유적으로 이르는 말.'은 '작열(灼熱)'이다.

정답 ④

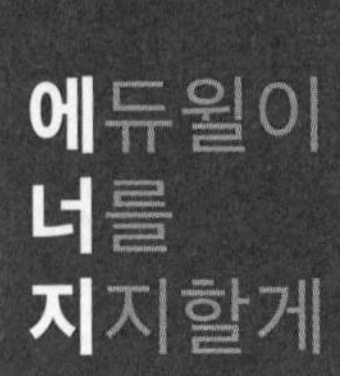

ENERGY

장애나 고뇌는 나를 굴복시킬 수 없다.
이 모든 것은 분투와 노력에 의해 타파된다.

– 레오나르도 다빈치(Leonardo da Vinci)

NCS 실전 40제

PART 3

의사소통능력 20제 ①

01

다음 [보기]에서 ㄱ~ㅁ의 밑줄 친 부분과 같은 한자어가 사용된 것은?

보기

ㄱ. 기차에 홀로 몸을 실으니 여정(旅情)이 한층 깊어짐을 느낀다.
ㄴ. 장마철에는 특히 빗길로 인한 교통사고를 경계(警戒)해야 한다.
ㄷ. 같은 물건이라고 해도 포장(包裝)에 따라 값이 달라짐을 알아야 한다.
ㄹ. 아무리 좋은 기사가 실린 신문이라도 교정(校正)이 잘못 됐다면 좋은 신문이 아니다.
ㅁ. 그녀는 이번 회의 때 회칙 개정에 대한 동의(動議)를 제출할 계획이다.

① ㄱ: 그렇게 우리의 길고도 힘겨운 여정이 시작되었다.
② ㄴ: 그녀는 그를 경계하는 마음을 계속 가지고 있었다.
③ ㄷ: 어느덧 잘 포장된 길을 지나 울퉁불퉁한 길로 들어섰다.
④ ㄹ: 이번 기회에 생활 습관을 교정하여 바른생활을 실천해야겠다.
⑤ ㅁ: 내 의견을 들은 그 여자는 고개를 끄덕여 동의의 뜻을 나타내었다.

02

다음 중 관용표현의 쓰임이 옳지 않은 것은?

① 20년 전에 떠나온 고향집이 아직도 눈에 어린다.
② 그녀는 회사 동료들이 학질을 뗄 정도로 열심히 일하여 승진하였다.
③ 법원은 음란 스팸 메일 전송업체에 대해 과태료 중과라는 철퇴를 가했다.
④ 입시 설명회장은 오전부터 몰려든 수험생들로 입추의 여지가 없을 정도였다.
⑤ 나는 TV 모니터에서 귀신이 튀어나오는 장면을 볼 때마다 모골이 송연해진다.

03

다음 글의 내용과 부합하지 않는 것은?

볶은 김치, 고추장, 된장국 등 한국 식품 10종이 국제 우주 정거장에서 섭취할 수 있는 우주 식품으로 최종 인증을 받았다. 이번 인증 평가는 러시아 의생물학연구소와 산하 3개 연구 기관이 주관·참여했고, 약 100일간에 걸쳐 식품의 미생물학적 성분 분석과 환경 변화에 따른 저장성 평가 등이 다각적 측면에서 이루어졌다. 현재 우주 식품은 미국과 러시아에 의해 국제 우주 정거장으로 제공되고 있는데, 미국의 우주 왕복선에 식품을 실으려면 NASA의 인증을 받아야 하며 러시아의 경우에는 러시아 연방우주청 산하 의생물학연구소의 인증을 받아야 한다.

우주 식품 인증 평가는 예비 평가와 저장성 평가 등 2단계의 엄격한 과정을 거쳐 진행되었다. 각 단계별 평가는 미생물학적 성분 분석과 맛·색깔 평가로 이루어졌다. 이때 성분의 기준은 우주 환경의 특성 곧 우주 방사선 및 급격한 온도 변화 등을 고려하여 매우 엄격히 제시되었다. 예비 평가에서는 약 2주 동안 대장균, 곰팡이 균류, 세균류 등 다양한 미생물들을 분석하여 우주 식품 기준에 적합한 지가 평가되었으며, 저장성 평가에서는 약 51일 동안 미생물학적 성분 분석과 다양한 온도 변화에 따라 식품이 부패하지 않고 맛과 색깔 등이 처음 상태 그대로 유지되는지 등이 평가되었다.

한국 우주 식품은 '건조 방식'과 '방사선 조사(照査) 방식'을 통해 개발되었다. 건조 방식은 우주선 탑재 시 식품의 무게와 부피를 최대한 줄이기 위해 그것을 건조하거나 동결하여 제조하는 것으로, 취식 시 물을 부어 재생시켜 먹도록 한 데서 나온 방식이다. 이는 식품의 보관 및 운반을 편리하게 하는 장점이 있다. 방사선 조사 방식은 방사선을 이용해 과채류의 숙성 및 노화 과정을 지연시키고 부패 및 병원성 미생물을 살균하여 제조하는 방식이다. 이로써 식품의 유통 기간을 장기화하여 저장할 수 있고 실제 지상에서 먹는 음식 형태와 유사하기 때문에 우주인들의 입맛을 증진시키는 장점이 있다.

아울러 식품이 개발되고 인증이 끝난 후에는 그 형태를 어떻게 만들 것인가에 대한 고민도 해야 한다. 왜냐하면, 식사 과정에서 우주인은 그가 처한 낯선 환경들로 인해 다양한 위험에 노출될 수 있기 때문이다. 예를 들어 우주의 무중력 환경에서는 음식물이 떠다닐 수 있기 때문에 그것이 흩어져 우주인들의 눈, 코, 입 등에 들어가거나 공기 정화 장치나 기계 장치에 고장을 일으킬 수 있어 사고를 유발할 수 있는 것이다.

① 우주 식품은 미국의 경우 NASA, 러시아의 경우 의생물학연구소의 인증을 요구한다.
② 방사선 조사 방식은 과채류의 숙성 및 노화를 지연시켜 건조 방식에 비해 식품의 보관 및 운반이 편리하다.
③ 방사선 조사 방식은 식품의 형태를 지상의 것과 유사하게 유지시킬 수 있다.
④ 건조 방식은 식품을 건조·동결하여 만들며 취식 시 물을 부어 재생시켜야 한다.
⑤ 우주 식품은 개발 및 인증이 끝나면 그 식품의 형태도 결정해야 한다.

04

다음 글에서 알 수 있는 것은?

모든 텍스트는 의미상 지적·정보적 의미를 갖는 지식 문장과 지식으로 볼 수 없는 것을 표현하는 문장으로 구분할 수 있다. 이런 관점에서 철학적 텍스트와 문학적 텍스트를 구분하기도 하는데, 이러한 구별은 지적이고 정보적인가 아니면 정서적이고 비정보적인가하는 입장에서 생겨난다. 즉 철학의 기능은 철학자와 독립되어 있는 어떤 사실을 전달하는 지식임에 반해 문학의 기능은 어떤 대상 혹은 사건에 대한 작가의 정서적 반응을 무엇보다 중시한다.

따라서 우리는 철학적 텍스트에서 세계와 인생에 대한 객관적 진리를 기대하는 데 반해, 문학적 텍스트에서는 그것보다 어떤 종류의 재미나 감동을 받고자 한다. 또한 철학적 텍스트는 그 내용의 진위 혹은 논지의 논리성에 의해서 평가되는 데 반해, 문학적 텍스트는 흔히 그것의 언어적 묘미와 그 이야기가 동반하는 감동에 의해서 평가한다. 이러한 사실은 철학과 문학의 기능이 각기 다르다는 사실을 증명한다.

하지만 동시에 문학적 텍스트에 대한 모순된 견해 역시 널리 받아들여지고 있다. 그것은 문학이 과학이나 철학으로 밝혀지지 않는 세계와 인간 그리고 삶에 대한 성찰을 가져다줄 수 있다는 것이다. 문학 작품들은 단순히 작가의 감정 나열로 보아서는 안 되며, 그것은 많은 문학 작품의 독자들이 타인과 자아에 대한 깨달음을 문학 작품을 읽음으로써 얻게 되는 큰 즐거움으로 꼽는다는 점에서 뒷받침될 수 있다. 결국 문학 작품도 철학과 마찬가지로 세상에 대한 진리 탐구에 기여하는 바가 있다는 것이다.

그런데 주지하다시피 문학 작품은 실제 존재하는 것들에 대한 설명이 아니다. 말 그대로 존재의 가능성이 있는, 즉 개연성이 있는 사물들과 사건들에 대한 언어적 표현이기 때문이다. 개연적인 것은 논리적 진위의 관점에서 판단이 불가능하다. 논리적 진위의 관점에서 판단이 불가능한 것은 인지적·정보적 지식일 수 없다. 그럼에도 불구하고 앞서 살펴본 것처럼 문학 작품은 우리에게 실재하는 세계에 대한 깨달음을 준다. 따라서 우리가 오늘날에 통용되고 있는 지식의 정의에 대해 '새로운 변화'를 시도하지 않는다면 문학적 텍스트에 대한 이러한 기능에 대해서는 전혀 설명할 길이 없어지고 만다.

① '새로운 변화'에 따르면 철학적 텍스트는 더 이상 지식이라 할 수 없다.
② '새로운 변화'에 따르면 문학에서 재미와 감동의 요소는 부수적인 요소가 된다.
③ 논리적 관점에서 개연적이지 않은 인지적·정보적 지식은 존재할 수 없다.
④ 오늘날의 의미상 텍스트 구분법으로는 문학적 텍스트의 기능을 제대로 설명할 수 없다.
⑤ 철학적 텍스트의 기능은 인간과 세계에 대한 깨달음을 제공해주는 것과는 거리가 멀다.

05

다음 중 관중이 동의할 수 없는 진술은?

중국 춘추전국시대의 제나라 재상이었던 관중은 여러 제후국과 백성들의 지지를 얻기 위해서는 반드시 먼저 베풀어야 한다는 원칙을 고수했다. 강자가 무력으로 약자의 지지를 얻는 것보다 시혜를 베풂으로써 자발적인 복종과 지지를 얻어내는 것이 가장 효과적이었기 때문이다. 타율적인 복종과 자발적인 복종 중 어느 것이 더 경제적인 방식인지는 물어볼 필요도 없다.

관중은 민중을 단순히 군주의 자식들과 같은 존재로 생각했던 낭만적이고 목가적인 관념, 주나라 때부터 내려오던 '가족=국가'의 이데올로기와 완전히 결별한다. 그래서 관중은 다음과 같이 이야기하였다. "인간의 실정은 다르지 않기에 민중을 통제할 수 있다." 결국 지배층이 선천적으로 귀족성을 가지고 태어났기에 탁월한 사유와 실천을 수행할 수 있게 된 것도 아니고, 또 민중이 선천적으로 비천하게 태어났기에 지배층의 명령을 수동적으로 듣는 존재가 된 것도 아니라는 것이다. 단지 군주는 민중보다 더 압도적인 군사력과 경제력을 가지고 있기에 나라를 경영할 수 있는 군주가 되었을 뿐이고, 민중은 그렇지 않기 때문에 민중으로 있을 뿐이다.

여기서 관중은 놀라운 정치적 아이러니를 발견하게 된다. 만약 민중의 힘을 지속적으로 착취할 수 없다면, 군주의 압도적인 경제력과 군사력, 즉 권력도 계속 유지될 수 없다는 것이다. 군주의 지위를 유지하기 위해서는 군주는 민중의 잠재력을 지속적으로 종합해 국가의 힘으로 현실화해야만 한다. 그렇다면 여전히 관건은 어떻게 하면 민중을 증가시키고, 더 나아가 그들로부터 지속적으로 군사력과 경제력을 만들어낼 수 있느냐인 셈이다. 그래서 관중은 종교적 관념을 이용해서 민중의 복종을 구조화하려고 했다. 물론 그 방식은 결국 민중이 원하는 것을 주고 그들이 원하지 않는 것을 제거할 수 있느냐 여부에 달려 있었다. 민중은 자신들이 진정으로 필요로 하는 것을 군주로부터 시혜 받는 경우, 군주를 위해 복종하게 된다. 그들은 자신이 아끼던 편안함, 부유함, 심지어 생명까지도 군주에게 바치게 된다는 말이다. 바로 이것이 관중이 반복적으로 이야기했던 통치술 혹은 용인술의 요체라고 할 수 있다.

① 군주의 권력을 계속 유지하려면 민중들을 착취해야 한다.
② 선천적인 귀족의 본성이나 민중의 본성은 존재하지 않는다.
③ 민중은 군주의 자식이 아니며, 국가도 가족이 아니다.
④ 군주는 압도적인 군사력을 통해 민중들의 복종을 이끌어내야 한다.
⑤ 복종하게 된 민중은 자신의 모든 것을 군주에게 바칠 수 있다.

06

다음 글로부터 알 수 없는 것을 [보기]에서 모두 고르면?

조운선(漕運船)은 국가에 수납하는 조세미를 지방의 창고에서 서울로 운반하는 선박이다. 농업이 중심이었던 조선에서 세금으로 거둬들이는 곡식과 지방 특산물은 왕조를 지탱하는 주춧돌과 같은 역할을 했다. 조운을 통해 들어오는 곡식으로 관리들에게 녹봉을 주고 궁궐 행사 비용을 충당했던 것이다.

그런데 그 곡식의 대부분은 당시 곡창지대였던 호남과 영남 지방에서 올라왔다. 그런데 이처럼 중요한 조운선이 침몰하는 사고가 잦았다. 기록에 남아있는 것만 정리해도 수백 척이 침몰했고, 수천 명이 익사했다. 이 사고들의 공통점은 모두 태안반도의 서쪽 끝인 안흥량에서 일어난 사고라는 점이다. 현재 충남 태안군 근흥면 마도 부근의 해역인 안흥량은 수심이 얕고 물속에 촘촘히 숨어 있는 암초가 많고 풍랑이 심한 곳이다.

그럼 이곳을 피해서 항해할 수는 없었을까? 당시의 선박은 돛단배라서 먼 바다로 나가면 바람을 통제하기 힘들어 더욱 위험했다. 따라서 대부분의 뱃길이 연안에 아주 근접한 곳으로 이어져 있었다. 더구나 조운선의 경우 노략질의 대상이 될 수 있었기에 육지에서도 감시할 수 있도록 해안에서 10리 이상 벗어나지 않는 근해에서만 운행을 할 수 있었다. 그러자니 안흥량을 지나치지 않을 수 없었고, 안흥량을 통과하자니 조난 사고가 두려운 형편이었다.

이에 고려 대 나온 계책이 바로 태안반도의 허리를 가로지르는 운하를 건설해 곧바로 한양으로 향할 수 있도록 하자는 것이다. 그런데 태안반도의 남쪽 바다인 천수만과 북쪽 바다인 가로림만을 잇는 가장 짧은 지점이라고 해도 그 길이가 무려 10km가 넘는다. 1980년대에 진행된 대규모 간척사업의 규모가 길이로 7km가 넘지 않았다는 사실을 생각해보면 전통시대의 국가가 감당하기에는 규모가 지나치게 큰 공사였다.

고려에서 시작된 공사는 조선으로 넘어와서도 완공을 하지 못하였다. 그 이유 중 첫 번째는 가로림만과 천수만을 잇는 구역이 개펄로 이루어져 있다는 것이었다. 몸을 제대로 거동하기 힘들 정도의 땅을 개발한다는 것은 난공사 중의 난공사였다. 또한 조석간만의 차가 큰 서해는 썰물 때만 작업이 가능했기 때문에 작업시간의 제한도 심한 편이었다. 게다가 애써 구덩이를 파도 파도가 몰려들면 순식간에 메워지기 일쑤였다. 방벽을 쌓거나 물막이 공사를 할 수 없었던 당시에는 너무나 어려운 공사일 수밖에 없었던 것이다.

보기

ㄱ. 돛단배가 아니었던 조운선은 해안 근처의 연안을 뱃길로 삼아 운행할 수밖에 없었다.
ㄴ. 조선시대의 조운선은 운반하는 조세미의 무게 때문에 침몰할 위험이 높았다.
ㄷ. 안흥량은 조석간만의 차가 심하고 개펄로 이루어져서 이동이 쉽지 않았다.

① ㄷ
② ㄱ, ㄴ
③ ㄱ, ㄷ
④ ㄴ, ㄷ
⑤ ㄱ, ㄴ, ㄷ

07

다음 글로부터 추론할 수 있는 것은?

군중이란 한 장소에 밀집하여 있는 무리들을 말하지만, 공중이란 지역적으로 흩어져 있으면서 어떤 사회적 쟁점에 대하여 공동의 관심사를 가지고 있는 사람들을 총칭하는 개념이다. 군중은 충동적이고 감정적이며 집합행동을 하지만, 공중은 이성적 판단을 토대로 일상생활의 일부로서 표현하고 행동하는 것이 특징이다. 따라서 어느 시점에서의 다양한 사회적 쟁점에 관하여 새로운 공중이 형성된다. 그러므로 공중은 하나의 실체가 아니고 공동의 관심사가 되는 주제나 사회문제의 수만큼 많이 있다.

쟁점을 중심으로 공중이 형성되기 때문에 공중은 고정되고 영속적이지 않으며, 쟁점이 사라지면 해당 공중도 해체되어 버린다. 공중은 직접적 접촉보다는 대부분의 경우 대중매체를 통하여 간접적으로 공동의 주제에 대하여 토론하고 여론을 형성한다. 따라서 대중매체를 통제할 수 있는 사람들이 있다면 여론 형성에 지배적인 영향력을 행사하게 된다. 그러나 공중은 넓은 의미에서 문화복합체의 상호작용에 의하여 형성되는 것이다. 오늘날은 복합적으로 변동하고 있는 문화체계로 수많은 공중이 형성되고 있다. 개인들은 이런 토론을 통하여 각자의 의견을 형성하므로 공중은 군중이나 대중보다는 좀 더 이성적으로 행동한다.

여론이란 어떤 주제에 관한 공중 구성원 개개인의 견해가 의사교환과 토론과정을 거쳐 집결된 대표성을 가진 공통된 의견을 말한다. 여론은 두 가지 차원을 가지고 있다. 첫째, 구성원들의 대다수가 가진 의견을 말하고 둘째로는 구성원들의 의견 가운데 가장 지배적인 의견을 가리킨다. 여론은 대중사회와 대중매체의 산물이다. 여론의 역할은 대중의 의견이 지배권력층의 주의를 끌 수 있느냐에 달려있다. 일부 엘리트들은 자신들의 이익을 옹호하기 위하여 대중매체를 통제하려고 하며, 이를 통해 대중을 상대로 선전을 하거나 조작을 통하여 여론을 형성하고자 한다. 개개인들의 의견이 상호일치하거나 비슷하여 어떤 합의에 도달하면 그것이 곧 확정적인 여론이 된다. 그러나 합의에 이르지 못하고 의견들이 여러 갈래로 나누어지는 경우에는 그중 다수의 의견을 여론으로 볼 수 있으므로 여론이 여러 개가 될 수 있다.

① 군중은 감정적이고 충동적이므로 쟁점이 해소되면 해체되어 버린다.
② 공중에 비해 군중이나 대중은 대중매체에 의해 영향을 적게 받는 편이다.
③ 사회구성원들이 합의에 도달한 경우 여론은 복수의 상태로 존재할 수 있다.
④ 공중은 군중에 비해서 이성적이며 다수의 공중이 존재할 수도 없다.
⑤ 일부 엘리트들이 대중매체를 통제하게 된다면 여론 형성에 지배적인 영향력을 행사하게 된다.

08

다음 빈칸에 들어갈 내용으로 적절한 것은?

석유가 산업에 본격적으로 사용되기 시작한 것은 1859년 미국 네카석유회사가 지하 21m를 굴착해 원유를 생산한 이후부터다. 그 뒤 가솔린, 디젤 기관같은 석유 엔진과 PVC 같은 플라스틱 제품이 발명되어 현대인이 생활하는 데 중요한 원료가 되었다. 물론 지금은 대체연료와 대체에너지가 다양하게 개발되었지만 분명 20세기의 가장 위대한 에너지는 석유였음이 분명하다.

그러나 석유가 어떻게 만들어졌는지 아직까지 완전하게 알려지지 않았다. 단지 석유가 주로 발견되는 지층이 주로 중생대 쥐라기와 백악기층인 것으로 미루어 중생대에 살았던 생물에 의해서 만들어졌다고 추정할 뿐이다.

현재 지구의 석유 매장량은 영국 석유회사 브리티쉬트롤리엄이 매년 발표하는 세계 석유 매장량에 관한 연간 보고서를 통해서 알 수 있다. 이 보고서를 통해 전문가들은 앞으로 n년 쓸 만큼 석유가 남아있다고 발표하곤 한다. 그런데 매장량에 대해서는 의문점이 든다. 분명 20년 전의 발표자료를 보면 앞으로 석유를 채굴할 수 있는 연한, 즉 가채년수가 20년이라고 되어있는데, 20년이 지난 지금도 석유가 바닥났다는 소식은 들려오지 않는다.

석유가 얼마나 남았는지 알기 위해서는 매장량에 대한 정확한 정의가 필요하다. 석유매장량은 크게 추정매장량과 확정매장량으로 구분된다. 추정매장량은 사람들이 일반적으로 생각하는 매장량이다. 지구 전체에 묻혀 있을 것으로 추측되는 매장량으로, 아직 유전이 발견되지 않았더라도 지질 자료 등에 의해 석유가 있는 곳으로 확인되었거나 아직 생산하진 않았지만 곧 생산이 가능한 곳의 매장량을 포함한다.

따라서 정확한 석유 양을 확인하기 위해서는 확정매장량을 따져야 한다. 확정매장량은 추정매장량 중에서 현존하는 생산 기술로 확실하게 채굴이 가능한 매장량을 말한다. 이 확정매장량을 현재의 연도별 소비 수준으로 나눈 것이 가채년수가 되는 것이다. 1985년 석유의 확정매장량은 7,704억 배럴로 당시 소비 수준으로 30년을 쓸 수 있는 양이었다. 그러나 2011년 확정매장량은 1조 6,530억 배럴로 발표되어 가채년수는 42년으로 늘었다. 그런데 1985년의 추정매장량이나 2011년의 추정매장량은 크게 달라지진 않았다. 결국 가채년수가 이와 같이 증가하게 된 것은 __________ 볼 수 있다.

① 판단의 기준이 되는 확정매장량이 부정확하기 때문이라고
② 대체에너지의 개발로 석유의 소비 수준이 감소하게 된 때문이라고
③ 과학의 발달로 추정매장량이 정확히 조사되었기 때문이라고
④ 석유를 채굴하는 생산 기술이 발달하였기 때문이라고
⑤ 과거의 발표자료가 정확하지 못했기 때문이라고

09

다음 중 핵융합 발전에 대해 추론한 것으로 적절한 것은?

태양에서는 무수하게 많은 수소 핵융합 반응이 일어난다. 이런 수소 핵융합은 별에서나 가능한 초고온, 초고밀도 환경을 필요로 하기 때문에 지구에서 구현하기는 쉽지 않다. 하지만 수소의 동위원소인 중수소와 삼중수소로 눈을 돌려보면 달라진다. 이들은 지구에서 비교적 낮은 온도로 핵융합 반응을 일으킬 수 있으며, 장점도 많다.

먼저 연료가 풍부하다. 먼저 중수소는 바닷물에서 얻을 수 있다. 바닷물 1리터에는 약 0.03g의 중수소가 들어있는데 이 양만으로도 300리터의 휘발유와 같은 에너지를 낼 수 있다. 삼중수소는 수소보다 조금 무거운 원소인 리튬을 이용하면 만들 수 있는데, 리튬은 지표면과 바다에 약 1,500만 년 동안 사용할 수 있는 양이 매장되어 있다.

안전하기도 하다. 핵융합발전소는 연료 공급이 중단되면 자동으로 운전이 차단돼 사고의 위험이 없다. 핵융합 반응이 일어나고 있는 초고온 플라스마의 경우, 만에 하나 돌발 상황이 발생해도 발전소의 플라스마는 특유의 불안정함 때문에 바로 소멸되므로 폭발의 위험이 없다.

에너지 효율도 높다. 1g의 중수소와 삼중수소가 핵융합 반응을 일으키면 시간당 10만 kW의 전기를 생산할 수 있다. 이는 석유 8톤이 생산해 내는 에너지와 같다. 300g의 삼중수소와 200g의 중수소만 있으면 고리원전보다 약 2배 큰 100만 kW급 발전소를 하루 종일 가동할 수 있다.

마지막으로 핵융합은 이산화탄소를 거의 내놓지 않으며, 고준위 방사성 폐기물도 현재 핵분열 방식보다 적다. 굳이 찾자면 핵융합 과정에서는 중성자가 만들어지기 때문에 이 중성자가 핵융합로와 부딪혀 적은 양이지만 방사성 폐기물을 만들기는 한다. 하지만 이조차 100년 정도 지나면 독성이 화력발전소의 폐기물보다 떨어진다.

핵융합은 현재 핵분열 방식의 원전에 비하면 폐기물이 훨씬 적지만, 100% 청정한 에너지라고 할 수는 없다. 이런 한계를 극복하고 보다 깨끗한 에너지를 만들 수 없을까. 답은 미래형 핵융합이다. 핵융합은 크게 3세대의 과정을 거칠 것으로 예상되는데 지금 연구 중인 중수소-삼중수소 핵융합은 1세대에 해당한다. 2세대는 중수소-중수소 반응을 이용한 핵융합이다. 이 핵융합 반응을 일으키려면 1세대 핵융합에서 필요한 1억 K보다 높은 온도가 필요하지만 방사성 물질인 삼중수소를 쓰지 않아도 되며 중성자의 발생도 절반으로 줄어든다.

마지막으로 3세대인 중수소-헬륨3 핵융합은 궁극의 핵융합 방식이다. 3세대 핵융합 방식에서는 중성자가 전혀 발생하지 않고 반응 후 발생하는 양성자도 직접 전기로 바꾸어 쓸 수 있어 에너지 전환효율이 100%에 이를 것이다. 단점은 헬륨3이 지구에 매우 희박하므로 외부 행성들에 대한 탐사가 지속적으로 이루어져야 할 것이다.

① 플라스마의 안정성 때문에 핵융합발전소의 폭발 위험은 없다.
② 핵융합 발전의 폐기물은 화력발전의 그것보다 독성이 적다.
③ 3세대 핵융합 방식은 중성자가 발생하지 않아 방사성 폐기물에 대한 부담이 적다.
④ 2세대 핵융합 방식은 1세대보다 방사성 물질을 원료로 사용하지 않아도 되며 낮은 온도에서도 발전이 가능하다.
⑤ 미래형 핵융합의 장점은 핵융합 발전에 필요한 원료들을 비교적 쉽게 구할 수 있다는 것이다.

10

다음 글을 읽고 알 수 없는 것은?

자살에 대한 연구는 이전에도 행해졌지만, 이에 대한 사회학적 설명을 시도한 것은 뒤르켕이 처음이었다. 이전의 학자들도 자살에 대한 사회적 요인의 영향을 인식하기는 하였지만 인종이나 기후 혹은 정신적 장애 등을 통해 자살 가능성을 설명하고자 하였다. 그러나 뒤르켕은 자살에 대한 설명은 사회적 차원에서 이루어져야 한다고 생각했다.

그는 자살이 개개인의 행위의 합 이상의 것으로 유형화된 속성을 지닌 현상이라고 보고, 공식적 기록을 조사하여 특정한 범주의 사람들이 다른 사람들에 비해 자살할 가능성을 높다는 것을 알아냈다. 예를 들어 남성보다 여성이, 가난한 사람보다 부자들이, 결혼한 사람보다 혼자인 사람들이 자살할 가능성이 높았다. 이러한 자료를 근거로 그는 사회적 규제와 통합의 정도에 따라 자살의 종류를 네 가지로 나누어 설명하였다.

우선, 이기주의적 자살은 사회의 통합 정도가 낮고 개인이 속한 집단의 결속이 너무 약하거나 깨져서 고립되어 있을 때 많이 나타난다. 예를 들어 가톨릭 신자 사이에 자살률이 낮은 것은 이들이 강한 사회적 공동체를 이루고 있기 때문이고, 이에 비해 개신교도들은 신 앞에 홀로 선 개인적, 도덕적 자유를 중요시한다. 결혼은 안정된 사회적 관계로 통합시킴으로써 자살 가능성을 낮추지만, 혼자 사는 사람들은 사회에서 보다 격리되어 있다.

이타적 자살은 개인이 과도하게 사회에 통합되어 사회적 결속이 너무 강하고 사회의 가치가 개인의 가치보다 클 때 일어난다. 이런 경우 자살은 위대한 선을 위한 희생이 된다. 뒤르켕은 이것을 기계적 연대가 우세한 전통적인 사회의 특징이라고 보았다.

아노미적 자살은 사회적 규제가 지나치게 부족할 때 많이 나타난다. 아노미는 사람들이 급속한 변화와 사회의 불안 정서로 인해 기존의 규범에 따르지 않게 되는 사회 현상을 지칭하는 것이다. 이는 소망에 대한 고정된 기준이 없어지는 경제적 격변의 시기나 이혼과 같은 개인적 투쟁 상태에서 나타나는 것으로, 이로 인해 사람들이 속한 환경과 그들이 원하는 것 사이의 균형이 깨지게 되면 자살에까지 이를 수 있다는 것이다.

자살의 네 번째 유형은 숙명론적 자살이다. 뒤르켕은, 비록 이 유형의 자살이 동시대의 사회와 관련이 적긴 하지만 개인이 사회에 의해 과도하게 규제될 때 이러한 자살도 많이 나타난다고 보았다. 개인에 대한 억압은 운명이나 사회 앞에 무력감을 느끼게 하기 때문이다.

① 개인이 어떠한 공동체와 어떤 관계를 맺느냐 하는 문제도 자살의 원인이 될 수 있다.
② 뒤르켕 이전 학자들도 자살의 사회적 요인에 대해서 인지하지 못한 것은 아니다.
③ 결속과 규제는 자살의 원인을 제공하므로 자살의 예방을 위해서는 이를 지양해야 한다.
④ 미래에 대한 예측가능성이 지나치게 훼손되면 개인은 자살에 이를 수 있다.
⑤ 개인은 자신의 자유가 심하게 제약당하면 자살을 선택하기도 한다.

11

다음 글의 필자가 동의할 만한 문제 해결 방안이라 볼 수 없는 것은?

유사시 식량은 국력의 지속성을 담보하는 가장 중요한 조건이 된다. 우리나라의 식량안보에 대한 준비는 어느 정도일까? 많은 선진국은 이미 식량의 안정적 확보를 국가의 핵심 과제로 삼고 있다. 미국과 같이 농경을 위한 대지의 확보가 용이한 국가는 자급자족을 통해서 식량안보의 문제를 해결할 수 있다. 하지만 그렇지 않은 일본이나 우리나라의 경우는 국토 자체가 충분히 넓지 않으며, 산업구조도 국가경제 자체가 수출에 의존하는 정도가 크다보니 공업이나 서비스 산업의 비중이 지나치게 높다. 따라서 미국과 같은 방법을 통한 식량안보의 확보는 현실적으로 불가능하다. 이런 문제에 대해서 정확히 인지한 일본은 우리보다 50년이나 앞서 준비해 왔다. 일본의 농협은 안정적인 곡물 확보를 위해 60년대 중반 미국 남부에 진출했고 79년에는 곡물 수입에 필수적인 수출 엘리베이터를 미국에 건설했다. 현재도 미국에서 4개의 일본 종합상사가 곡물사업을 하고 있다. 이를 통해 일본은 곡물 도입량 3,000만 톤 중 2,000만 톤 정도를 곡물메이저를 통하지 않고 직접 도입하고 있다.

우리의 해외 곡물조달 시스템은 시작 단계이다. 과거에는 우루과이라운드, 자유무역협정 등에 밀린 국내 농업을 지키기에 바빴다. 국제 곡물가격이 급등한 2008년에야 곡물조달 시스템의 필요성을 인식하고 2011년부터 정책으로 추진 중이다. 그러나 아직 안정적인 해외 곡물조달에 필요한 곡물 엘리베이터는 확보하지 못했고, 곡물 수입의 대부분을 곡물메이저에 의존하고 있다. 이것은 수입 업체들이 해외 곡물메이저로부터 곡물을 도입해 비싸면 비싼 대로 싸면 싼 대로 마진을 붙여 국내에 판매하는 데 익숙했기 때문이다. 또한 식량을 수입하는 국가들도 지나치게 단순화되어서 유사시에 필요한 곡물을 확보하는 것도 용의치 않은 것이 사실이다. 식량안보의 중요성에 대한 국내 인식 기반도 미약하다.

정부는 안정적인 식량수급체계 구축을 국정과제의 하나로 설정하고, 국내 생산만을 반영하는 자급률 대신 해외조달을 포함하는 자주율 개념을 도입했다. 현재 20%대인 자주율을 2017년까지 50%대까지 높이려는 것이다. 해외농업개발 투자 확대와 함께 아시아 주요국과 공동의 식량안보를 위해 '비상 쌀 비축제도'를 도입하고, 해외 곡물조달 시스템을 구축하기로 했다. 이러한 해외 곡물조달 시스템 구축이 성공하려면 일본처럼 농협이나 민간의 참여가 절실하고 이러한 시스템 구축의 중요성을 이해하고 기다려주는 국민적 지지와 장기적 투자가 필요하다.

① 농업 분야에 대한 적극적 투자로 생산량을 늘려 점차 자급자족을 통한 식량안보를 실현한다.
② 식량안보의 중요성에 대한 대국민적 홍보를 진행하여 식량안보 정책에 대한 국민적 지지를 확보한다.
③ 현재까지 만들어 놓지 못한 곡물 엘리베이터를 확보하여 안정적인 곡물의 도입이 가능하도록 한다.
④ 해외 곡물조달 시스템을 완성하기 위해서 정부 이외의 민간의 참여를 독려한다.
⑤ 곡물의 수입 노선을 다변화하여 국제정세의 변화에 관계없이 안정적인 수입이 가능하도록 한다.

12

다음 글로부터 추론할 수 있는 것은?

1990년 여름 미국의 조지 부시 대통령과 그의 측근들 사이에는 이라크의 사담 후세인이 쿠웨이트를 침략할 의도가 없다는 믿음이 널리 퍼져 있었다. 후세인은 반대로 자신이 쿠웨이트를 침략해도 부시 정권이 개입하지 않을 것이라고 믿었다. 이러한 믿음에 따라 후세인은 쿠웨이트 침략을 결정하였다.

이 전쟁의 원인은 경제적인 것에 있었다. 후세인 정권은 스스로를 아랍의 리더로 여겼고 1980년에는 이란과의 '8년 전쟁'을 시작했다. 하지만 이는 전쟁의 목적이었던 영토 획득에는 실패하고 자원만 낭비하는 결과를 초래했다. 이 전쟁으로 인해 이라크는 사우디아라비아, 쿠웨이트 등으로부터 상당한 부채를 지게 되었다. 후세인은 '8년 전쟁'을 아랍 세계를 이란으로부터 방어하기 위한 것이라고 말하며 부채를 탕감해주거나 혹은 상환을 연기해달라고 요청했다. 하지만 쿠웨이트는 단호한 반대 입장을 취했으며 이에 후세인은 쿠웨이트에 반감을 가지게 되었다. 또한 OPEC 회담에서 회원국들은 이라크의 부채 상환을 도와야 한다며 유가를 올리려 했지만, 이번에도 쿠웨이트는 반대의 뜻을 표했으며 오히려 유가를 낮추려 했다. OPEC의 산유량 증감은 만장일치로 결정되기 때문에 결국 이라크의 바람이 무산되어 버렸던 것이다. 이는 쿠웨이트에 대한 후세인의 적개심을 더욱 자극하였다. 결국 후세인은 쿠웨이트가 이라크의 루마일라 유전에서 수십 억 달러 상당의 원유를 도둑질하고 있다고 비난하면서 10만 명의 병사를 이라크와 쿠웨이트 국경에 배치했다. 하지만 영국과 미국의 정보당국은 이런 조치가 후세인의 엄포일 뿐이라고 판단했고 이를 견제하기 위한 조치를 취하지 않았다.

후세인이 저지른 잔혹한 역사를 볼 때 이들의 판단은 의아하게 여겨진다. 후세인은 중동에서 경제, 군사적 패권을 추구하며 이란과 같은 거대한 이웃 국가들을 침략하는 데에 아무런 거리낌이 없었던 사람이었다. 후세인은 대량살상무기를 추구하고 쿠르드인에 대해 화학무기를 사용했으며 핵무기 폭파장치 운반을 시도하기도 했다. 그럼에도 미국 대사 글래스피는 쿠웨이트와 이라크의 국경 분쟁과 같은 아랍 세계 내의 갈등에 대해서 미국은 관심이 없다고 공식적으로 천명했다. 결국 1990년 8월 2일 이라크는 쿠웨이트를 침공하여 몇 시간 만에 쿠웨이트를 장악했다. 영국의 정보기관은 이러한 일이 일어나도록 방치한 상황을 실패로 인정했고 미국은 후세인의 침공을 예측하지 못한 무능함으로 수많은 비난을 받아야 했다.

① 이라크는 미·영국의 묵인하에 쿠웨이트를 침공하였다.

② 후세인은 경제적인 이유로 이란을 침공하여 '8년 전쟁'을 일으켰다.

③ 이라크의 부채 문제 해결이 필요하다는 점에 공감하는 국가들이 있었다.

④ 후세인은 이란과의 전쟁 동안 쿠웨이트가 이라크를 지지하지 않은 것에 대해 적개심을 품었다.

⑤ 미국 정부는 아랍세계의 문제에 개입하지 않는 것을 원칙으로 하고 있다.

13

다음 글의 내용과 부합하지 않는 것은?

테러리즘이란 광기에 사로잡힌 개인이나 집단이 무차별적인 폭력을 사용하는 전술을 말한다. 테러리즘은 근대 이후에 출현한 독특한 정치 행위이다. 그것은 테러리즘이 모든 국민들의 안전을 보장해야 한다는 근대적 국가의 능력을 훼손함으로써 국가의 신뢰를 의도적으로 위협하는 행위이기 때문이다.

따라서 테러리즘은 근본적으로 사회 구성원의 공포심을 유발한다는 면에서 전쟁과 다를 바가 없다. 전쟁의 경우, 공포는 폭력의 부수적인 효과라기보다는 공포 자체가 폭력의 1차적인 목적이며, 이를 활용하여 전 국토에 걸친 완파가 아니더라도 최종적으로 적국의 투항을 이끌어내게 되는 것이다. 반면 테러리즘이 행하는 폭력은 전쟁에 비해서 그 규모가 매우 작고 국지적이며 이에 따라 유발되는 공포의 심각성도 국가 전체적으로 고려하였을 때에는 전쟁에 준한다고 보기 어렵다. 따라서 테러리즘의 폭력은 적국의 투항을 최종적인 목표로 설정할 수 없으며, 일부 사안에 대한 의견의 관철이나 특정 이슈에 대한 국제적인 이목을 집중시킨 뒤 메시지를 전달하기 위해서 행해지게 된다.

테러리즘과 전쟁을 구별하는 하나의 기준으로 전쟁은 국가가 수행하는 것이고, 테러리즘은 국가를 상대로 전쟁을 하기에는 미약한 세력이나 집단이 선택하는 유일한 저항수단이라는 설명이 있다. 그러나 이러한 설명은 소집단들이 레지스탕스 전략을 선택할 수 있다는 점을 간과하고 있다. 레지스탕스 전략도 소규모 군사 행위로 일명 게릴라 작전이라고 불린다. 그러한 전략은 정규군의 관점에서는 상당히 파격적이긴 하지만, 정규군에 대한 무장 집단의 공격이라는 점에서, 또한 국가 대 국가의 전쟁에서 사용되는 일반적인 군사작전이 그대로 적용된다는 면에서 전쟁과 다르지 않다. 즉 레지스탕스의 공격은 비무장 집단의 정규군에 대한 저항이 아니라 무장 집단 간의 전투라는 점에서 전쟁과 구별되지 않는다. 하지만 무장 세력에 대해서 행사되는 폭력이 아니라 전혀 방어할 능력이 없는 사람들에 대해서 무차별적으로 자행된다는 점에서 바로 테러리즘의 특성이 나타나게 되는 것이다.

① 무장 세력에 대한 비무장 세력이 행사하는 폭력이라는 점에서 테러리즘은 레지스탕스 전략과 구별된다.
② 테러리즘은 국민의 안전을 국가가 보장해야 한다는 근대적 국민국가론이 성립된 이후에 시작되었다.
③ 소규모 집단이 폭력을 행한다는 점에서 테러리즘과 레지스탕스 전략은 구별되지 않는다.
④ 레지스탕스 전략과 전쟁은 일반적인 군사작전이 적용되는 무장 집단 간의 전투라는 점에서 다를 바 없다.
⑤ 전쟁과 테러리즘은 모두 사회 구성원의 공포를 유발하지만, 최종적인 목적이 다르다는 점에서 구별된다.

14

다음 중 필자가 동의할 수 있는 진술은?

매년 흡연이 원인이 되어 직·간접적으로 사망하는 인구가 미국 전체 사망자의 5분의 1 정도라는 충격적인 연구 결과가 발표되었다. 사실 흡연의 유해성은 이미 수많은 의료 관련자들과 대중매체를 통해 반복적으로 알려져 온 사실이다. 하지만 미국 내 4,500만 명에 이르는 흡연자들은 여전히 이 매력적인 기호를 버리지 못한다. 이들은 이 치명적인 습관을 유지하기 위해 따가운 시선과 상당한 지출을 감수한다. 이들은 각종 질병의 발생, 조기사망, 간접흡연의 해악까지도 충분히 감내하려는 것처럼 보인다.

이러한 행위의 이유를 설명하는 것에 있어 이미 잘 알려져 있는 흡연의 장점들이 언급된다. 폐에 가득 연기를 채움으로써 느낄 수 있는 행복과 니코틴 흡입으로 일어나는 것처럼 보이는 급격한 도파민 분비 외에도 흡연은 실제로 다른 영역에서 자기 절제를 촉진시킨다. 흡연은 식욕을 억제하는 효과가 있으므로 담배를 피우는 사람들은 남들보다 쉽게 체중을 조절할 수 있으며, 집중력을 높여 업무에 쉽게 매진할 수 있도록 해준다. 또 다른 사람들은 금연에 쉽게 성공하지 못하는 이유에 대해서 흡연자들이 흡연에 의한 치명적 질병이 발병한 이후, 흡연을 하지 않았다면 확보할 수 있었던 몇 년 혹은 십수 년의 시간을 자신이 얼마나 소중하게 여길지를 절감하지 못하기 때문이라고 주장하기도 한다. 심지어는 흡연 자체가 뇌를 마비시켜 올바른 합리적 판단을 하기 어렵게 한다고 주장하기도 한다.

하지만 생리학적 변화 부분은 제외하고 결과에 관해서만 이야기하자면 사실 반대의 의견이 더 정확하다. 담배 한 대의 흡연 정도로는 장기적인 건강에 거의 영향을 미치지 못한다. 그렇다면 미래에 대한 작은 불행보다 훨씬 더 큰 지금의 쾌락을 위해서 담배 한 대에 불을 붙이는 것은 사실 전혀 올바르지 않은 판단이 아니다. 사실 금연을 미루기 좋아하는 사람은 이와 같이 판단하는 것에 전혀 다름 아니다. 그럼 결국 흡연자들은 흡연을 추구하는 자들일까? 그러나 흡연자들 대부분은 담배에 대한 강한 욕구에 굴복하는 것을 달가워하지 않는다. 흡연을 확실한 자기 의지의 문제라고 할 수 있는 이유는 대부분의 흡연자들이 담배를 끊고자 하기 때문이다.

① 흡연자들은 흡연이 건강에 유발할 수 있는 문제에 대해서 알지 못한다.
② 흡연은 사람으로 하여금 절제력을 약화시켜 유혹에 취약하도록 만든다.
③ 흡연은 뇌에 영향을 주고 합리적 판단을 하는 것에 장애를 초래한다.
④ 흡연을 하는 사람이라고 해서 합리적 판단을 하지 못하는 것은 아니다.
⑤ 일반적으로 현재 흡연자인 사람들은 금연하고자 하는 의식이 없다.

15

다음 중 왕건이 미약한 지방세력 출신이라는 주장의 근거로 제시된 것을 [보기]에서 모두 고르면?

고려를 건국한 왕건에 대해서 지금까지 두 가지 학설이 존재한다. 먼저 왕건이 신라 말 해상세력 출신으로 상업을 기반으로 성장했다는 학설은 고려 중기 문신 김관의가 쓴 편년통록에 근거해 있다. 편년통록은 왕건의 5대 조상부터 기록되어 있으며 왕건의 5대 조상은 호경이다. 호경이 어떤 인물인지 뚜렷하게 드러나고 있지는 않으며 성골 출신의 장군이라는 것만 확인할 수 있다. 호경의 3대손이자 왕건의 할아버지는 작제건(作帝建)이며 부인의 이름은 용녀(龍女)였다. 용녀라는 이름은 그녀가 서해의 해상세력을 대리하는 인물임을 알려준다. 예로부터 용은 바다를 수호하는 신의 의미로 활용되었으며 바다의 용왕(龍王)이라는 표현에서도 그 흔적을 찾아볼 수 있다. 송악 지방의 작제건은 용녀와의 결혼을 통해 해상세력으로 성장할 수 있는 계기를 마련한 것으로 보인다. 작제건의 아들은 왕건의 아버지인 왕융(王隆)이다. 왕융의 어린 시절의 이름은 용건(龍建)으로, 이는 어머니가 용녀인 것과 관계가 깊다. 또한 학자들은 용건이라는 어린 시절의 이름을 근거로 왕융 역시 해상세력이라고 추측하고 있으며 이에 따르면 왕건은 해상세력 출신이 된다.

그런데 왕건의 성씨와 그의 아버지, 할아버지의 성이 다르며 세 명의 이름 끝 자는 '세울 건'으로 통일되어 있다. 그런데 여기서 살펴봐야 할 것은 이름의 의미이다. 작제건이라는 이름은 '만들 작', '황제 제'라는 한자로 구성되어 있으며 용건 역시 유사하다. 일반적으로 중세사회에서는 왕을 지칭하는 용어로 용(龍)이 쓰였기 때문이다. 결국 작제건과 용건은 모두 '왕을 세운 사람'이라는 의미의 이름이다. 이렇게 해석할 경우 왕건 역시 왕을 세운 사람이라는 의미의 이름으로 볼 수 있다. 세 명의 이름이 모두 당시에 쓰였던 이름과 거리가 있다는 점에서 일부 학자들은 고려 중기 이후에 고려 왕실의 권위를 강화시켜 나가는 방편의 하나로 왕실 가계를 신성화하는 작업이 이름을 중심으로 이루어졌다고 보고 있다. 이러한 시각은 왕건이 유력한 호족 가문 출신이 아니라 세력이 미약한 지방세력 출신이라는 주장으로 이어지고 있다.

보기

ㄱ. 왕건의 할아버지 이름이 작제건이라는 점
ㄴ. 왕건의 아버지의 어린 시절의 이름이 용건이라는 점
ㄷ. 왕건의 조상들이 송악에 세력기반을 둔 점
ㄹ. 왕건의 할아버지, 아버지 그리고 왕건의 성이 모두 다르다는 점

① ㄱ
② ㄱ, ㄴ
③ ㄱ, ㄷ
④ ㄴ, ㄷ
⑤ ㄷ, ㄹ

16

다음 글의 빈칸에 들어갈 내용으로 가장 적절한 것은?

모든 사람들은 자유와 자율성을 원한다. 그러나 사람들의 우선순위는 그들의 사회경제적 조건을 반영한다. 그들은 가장 압력을 느끼는 필요에 가장 높은 주관적인 가치를 둔다. 물질적 항상성은 생존을 위한 첫 번째 필수사항이다. 따라서 생존이라는 조건하에서 사람들은 물질적인 목적에 가장 우선순위를 둔다. 반면 번영이라는 조건하에서는 탈물질주의적 목적을 더욱 강조하게 된다.

물론 이러한 가치는 주관적인 안정감을 반영하는 것이지 객관적인 경제적 수준 그 자체만을 즉각 반영한 결과는 아님을 알 수 있다. 예를 들면 한 국가의 구성원들의 문화적 수준과 복지제도, 사회적 안전망과 치안의 발달 정도도 사람들의 안정감에 영향을 주기 때문이다. 그렇다고 하더라도 이러한 영역들이 사회에서 중시하는 가치관의 전반적인 변화를 유도할 정도로 중요한 위치를 차지하고 있는지는 의문이며, 일차적으로 가장 깊은 관련을 맺는 것은 여전히 사람들의 생존과 직접적으로 관련을 맺고 있는 영역들이다.

지난 50년간 선진 산업사회에서 살아왔던 대부분의 사람들은 기아 및 경제적 불안정이라는 조건 속에서 살지 않았다. 이는 소속감, 존경, 지적이고 미적인 만족에 대한 필요가 더욱 중요해지는 점진적인 이동으로 이어졌다. 높은 번영의 시기를 지나오면서 현대인들은 누구나 탈물질주의적 가치가 확산될 것이라고 예측할 수 있었다. 그러나 ( ) 따라서 물질적인 가치가 다시 부각될 가능성이 높아졌다고 생각된다.

① 현재 금융위기, 고용불안 등에 의하여 경제적 위기감이 다시금 고조되고 있다.

② 탈물질주의적 가치에 대한 회의가 사회 전반에 확산되고 있다.

③ 소속감, 존경, 지적이고 미적인 만족 등에 대한 필요성이 강조되기 시작하였다.

④ 탈물질주의적 가치만으로는 아무 것도 달성할 수 없다는 인식이 대두되었다.

⑤ 오늘날 시민들은 사회적 안전망, 치안 등에 대한 신뢰를 잃어가고 있다.

17

다음 글로부터 알 수 없는 것은?

검시조사관들은 직업의 특성상 다양한 사망 사고를 접하게 된다. 만약 현장 조사에서 전기 감전에 의한 사망이 의심되면, 조사관들은 전류반의 존재 여부를 신중하게 살핀다. 전류반이란 감전이 일어났다는 것을 알려주는 표지로, 신체에 전류가 흘렀을 때 남게 되는 피부의 융기와 같은 흔적을 말한다. 전류반은 작은 반점이나 피부 까짐 등으로도 나타날 수 있기 때문에 자세히 관찰해야 한다.

전기저항은 자유전자의 이동을 방해해 열을 나게 한다. 초전도체 등을 제외한 대부분의 물체에는 저항이 존재하는데 전류가 흐를 때 이 저항에 비례하여 일정한 열이 발생한다. 게다가 건조한 손바닥 피부는 저항이 100만 옴에 이를 만큼 매우 크다. 여기서 발생하는 열 때문에 전류반과 화상의 흔적이 남게 되는 것이다. 예를 들어 240V 전기가 흐르는 평평한 금속판에 손이 닿아 있다고 가정하자. 이때 금속판과 접촉한 피부 아래 조직은 25초 안에 50도까지 올라간다. 또한 시간이 더 지나면 95도까지도 상승하여 열에 의한 조직 손상을 유발한다.

전류가 흐르는 피부의 저항이 높으면 열에 의해 조직액이 가열되면서 증기가 나오는데, 이때문에 표피 또는 표피와 진피 사이의 접합부에 물집이 생긴다. 전류가 지속적으로 흐르거나 전류가 흐른 부위가 상대적으로 큰 경우에는 전류가 중단된 뒤 수포가 냉각돼 터진 형태의 물집이 생긴다. 또 둥근 점 모양의 전류반도 있는데 전기가 좁은 틈 사이로 공기를 가로질러 이동하면서 피부와 도체 사이에 불꽃이 튀면서 만들어진다. 이런 형태는 주로 도체와 직접 접촉이 없는 감전 사고에서 발견된다.

하지만 피부에 물기가 있다면 이야기는 달라진다. 손바닥이 젖으면 피부저항 1,200옴 수준으로 현격히 떨어진다. 이렇게 신체에 물이 묻어 저항이 낮아진 상태이거나 낮은 전압이 흐른 경우, 또 전기 유입 부위가 넓은 경우에는 전류반이 생기지 않을 수 있다. 일단 전류가 표피를 뚫고 진피 안으로 들어가면 전류가 쉽게 흐른다. 내부 혈관의 경우 전해질이 풍부한 액체로 채워져 있어 피부보다 저항이 훨씬 낮다. 그래서 땀이나 물에 젖은 손으로 전자기기를 조작하는 일은 매우 위험하다.

신체 내로 들어온 전기는 가장 짧은 길, 다시 말해 저항이 가장 적은 조직을 따라 흐른다. 보통은 전해질 액체로 채워진 혈관과 신경을 타고 흐르는데, 그중 전류가 심장이나 뇌를 지날 때 매우 위험하다. 감전사는 심장 부정맥과 심실 세동 등 심장 이상이나 뇌의 중추신경 손상으로 인한 호흡 기능 정지, 흉부 근육 수축에 의한 질식으로 발생한다. 다만 전류가 생명과 관계없는 부위를 지나는 경우 수만 볼트에 감전돼도 목숨을 건지기도 한다.

① 건조한 손바닥 피부에 전류가 흐르게 되면 물집이 생길 것이다.
② 어떤 사체에서 전류반이 관찰되었다면 감전이 일어났다는 것을 추론할 수 있다.
③ 인간의 신체와 전류가 흐르는 금속판이 직접 접촉하지 않아도 감전은 발생할 수 있다.
④ 신체에 전류가 흘렀을 경우, 신체에는 전류반이 나타난다.
⑤ 1만 볼트의 고압 전류에 감전된 사람이더라도 생명을 잃지 않는 경우도 있다.

18

다음 글의 핵심 내용으로 적절한 것은?

2006년 파키스탄 라호르에서는 축제에 참여하기 위해 모인 군중과 경찰의 극렬한 대립 양상이 전개되었다. 매년 라호르에서는 바산트 판차미 축제라는 연 날리기 행사가 열리고, 이 장관을 보기 위해서 전 세계의 많은 관광객들이 시골이라 할 수 있는 이 작은 마을을 찾아온다. 하지만 올해는 축제가 열리기 전부터 파키스탄 정부에서는 바산트 판차미 축제의 개최를 금지하겠다고 강력하게 통고하였다. 왜 금지하려고 할까? 먼저 표면적인 이유는 연을 날리기 위해서 한꺼번에 많은 사람들이 비좁은 장소로 몰리는 바, 매년 불의의 사망자가 발생하고 있다는 것이었다. 즉, 안전사고 발생의 방지를 위해서라는 것이다. 하지만 모인 군중들은 정부의 발표를 그대로 믿지 않는 분위기이다.

바산트 판차미 축제는 매년 정월 대보름에 열리는 축제로 사실 새해가 시작되고, 봄이 다가왔음을 마을 사람 모두가 모여서 축하하는 잔치라고 할 수 있다. 바산트 판차미 축제는 본래 인도에서 기원한 축제이다. 기원이 그러한 만큼, 축제의 내용을 살펴보면 힌두교와 불교의 색채가 모두 나타난다. 전통사회에서는 종교와 정치의 분리가 일반적이지 않았던 만큼, 이러한 공동체의 축제 속에 종교적인 의미가 포함되어 있는 것은 당연하다 할 것이다. 하지만 그 자체가 힌두교나 불교의 종교행사는 아니므로 사실 이슬람을 국교로 삼고 있는 파키스탄이라고 해서 이를 탄압할 명분은 사실상 없는 것이다.

그럼에도 불구하고 바산트 판차미 축제가 파키스탄의 이슈가 되고 있는 이유는 바로 바산트 판차미 축제가 여러 가지 의미를 지니고 있기 때문이다. 파키스탄의 역사는 그리 오래되지 않았다. 영국의 식민지였던 인도가 독립하면서 종교적 성향에 따라서 인도는 크게 네 지역으로 분할 독립되었다. 무슬림들이 대거 이주해서 살던 지역은 각각 동파키스탄(현재의 방글라데시), 서파키스탄(현재의 파키스탄)으로 독립하였고, 불교인들이 많이 살던 실론섬의 주민들 역시 스리랑카 공화국으로 분리 독립하였다. 하지만 파키스탄의 영토가 본래 인도령이었던 만큼, 파키스탄의 분리를 반대하는 많은 사람들 역시 파키스탄 내부에 남아 있었다. 이들에게 바산트 판차미 축제는 단순히 축제로서의 의미가 아니라 인도로부터의 분리 독립을 반대하는 일종의 시위로서의 의미도 있었던 것이다. 따라서 파키스탄 당국에게 이러한 축제의 개최는 분명 위협적인 집회의 개최로 느껴졌을 것이다.

① 힌두교도들은 바산트 판차미 축제를 시위의 일종이라고 간주한다.
② 파키스탄 정부에게 라호르 지역의 바산트 판차미 축제는 반정부 집회로 받아들여진다.
③ 바산트 판차미 축제의 의미는 맥락에 따라서 다양하게 해석될 수 있다.
④ 바산트 판차미 축제는 힌두교와 이슬람의 문화충돌을 보여주는 대표적 사례이다.
⑤ 바산트 판차미 축제를 금지한 배경에는 안전사고를 예방하는 것도 포함되어 있다.

19

다음 글로부터 추론할 수 있는 것은?

조선 전기의 집권 세력인 훈구파의 일원인 성현(成俔)은 『부휴자담론(浮休子談論)』에서 귀신은 실제로 존재하며 귀신에게 제사를 지내면 이로움이 있다고 하였다. 다만 귀신의 종류가 많으니 제사지내야 할 귀신을 가려내야 한다고 덧붙인다. 제사를 지내지 않아야 할 귀신은 주로 무속 신앙과 불교에서 섬기는 귀신들이다. 한편 그는 귀신이 사람에게 복(福)을 내릴 수는 없다고 한다. 성현에게 복은 하늘이 내리는 것일 뿐이다.

성현은 귀신의 존재에 대한 철학적 해명을 시도하지 않았다. 귀신은 어디든지 존재하니 종류를 잘 가려서 모셔야 한다고 했을 뿐이다. 이에 반해 남효온은 귀신에 대한 철학적 해명을 시도했다. 그는 『귀신론(鬼神論)』에서 사람이 이(理)와 기(氣)로 이루어져 있다고 했다. '이'는 이치를 뜻하고 '기'는 사물을 구성하는 재료와 그 재료들이 모이고 흩어지는 운동을 뜻한다. 사람이 죽으면 이와 기가 분리되어 기는 공중으로 흩어지고 이만 남아 귀신이 된다고 했다.

그런데 이는 형체도 없고 능동적인 작용도 하지 않는다. 따라서 제사를 지낼 때 이로만 이루어진 조상귀신은 나타날 수 없다. 오지도 않는 귀신에게 제사를 드려야 하니, 제사를 지내는 의미를 찾기 어렵게 된다. 이 문제를 해소하기 위해 남효온은 조상과 후손은 서로 잘 통하는 관계라고 말한다. 후손이 정성껏 제사를 지내면 그 순간 이만 있던 조상귀신에 기가 다시 모인다는 것이다. 하지만 이런 주장은 조상제사를 소중히 해야 한다는 윤리 도덕적 호소는 될지언정, 논리적으로는 비약이다. 남효온의 귀신론은 철학의 문제로 시작되었지만 믿음의 문제로 끝나 버렸다.

반면 김시습은 음기와 양기가 조화를 이루어 만물을 만들므로 살아있는 사람과 귀신은 이치상 다르지 않다고 했다. 그는 음기와 양기, 즉 기(氣)의 운동을 통해 만물이 생겨난다고 했는데 이는 사람이 이와 기로 이루어져 있다는 남효온의 주장과 대비된다. 김시습은 귀신은 소리도 형체도 없으며, 만물의 시작과 끝은 음과 양이 합치고 흩어지는 것일 뿐이라고 한다. 김시습의 귀신론은 귀신의 존재를 부정한다. 즉, 사람이 죽으면 정기가 흩어지고 혼과 육신은 본래 왔던 곳으로 되돌아가는 것이다. 다만 사람들이 제사를 지내는 이유는 기의 조화로움에 대해 감사하는 마음의 표시일 뿐이다. 그는 귀신이란 무엇인가에서부터 왜 제사를 지내는가에 이르기까지 기의 운동으로 일관되게 설명하였다.

① 성현과는 달리 남효온과 김시습은 귀신의 존재에 대해서 부정한다.
② 남효온에 따르면 귀신은 이를 갖지 못한다는 점에서 사람과 변별된다.
③ 김시습은 사람이 죽으면 기가 흩어질 뿐, 귀신이 될 수는 없다고 보았다.
④ 남효온은 귀신에게 제사를 지내는 의미에 대해서 철학적으로 온전히 설명할 수 있었다.
⑤ 김시습은 사람과 달리 귀신은 이와 기 두 가지 모두를 갖추지는 못한다고 보았다.

20

다음 글을 읽고 이끌어 낼 수 있는 가설로 적절한 것은?

두뇌와 시각 간의 관계를 연구하기 시작한 것은 그리 오래되지 않았다. 그것은 사람을 대상으로 해부와 같은 직접적인 방식으로 연구할 수 없었기 때문이었다. 따라서 뇌손상을 입은 환자들에 대한 관찰 등과 같은 간접적인 방식으로 연구가 진행되었다. 제1차 세계대전 당시 군의관으로 참전했던 조지 리독(George Riddoch)은 안구에는 이상이 없지만 두뇌의 시각영역에 손상을 입은 몇몇 환자들에게서 특이한 증상을 발견하였다. 그들은 사물의 움직임은 감지할 수 있었지만 그것들의 모양이나 색깔은 전혀 인지하지 못했다. 반면 뇌졸중으로 역시 두뇌의 시각영역 일부가 손상된 40대 여성은 이와는 정반대의 경향을 보였다. 이 환자 역시 안구는 모두 정상이었음에도 정지된 물체나 사람의 형태나 색만 볼 수 있었을 뿐 움직임은 전혀 감지해내지 못했다. 물론 촉각이나 청각으로 사물의 움직임을 판별하는 데에는 전혀 이상이 없었다.

이후 이에 대한 연구가 본격적으로 진행되면서 보다 다양한 사례들이 학계에 알려지기 시작하였다. 우선 색깔을 감지하는 뇌 영역만 손상이 된 환자들의 사례가 보고되었다. 이들은 사물의 움직임이나 형태는 인지할 수 있었지만 모든 사물이 흑백으로 보인다고 답했다. 한쪽 뇌의 색채 감지 영역만 손상된 환자들은 한쪽 눈으로는 천연자연색을, 다른 한쪽 눈으로는 흑백의 세계를 보아야만 하기도 했다. 그밖에도 인식불능증(실인증, agnosia) 환자들도 알려지기 시작했다. 이들은 사물의 움직임과 색깔은 알아볼 수 있지만 형태는 전혀 인식하지 못했다.

① 색채와 형태를 인식하는 두뇌의 영역은 동일 부위지만 사물의 움직임을 인지하는 영역은 독립되어 있다.
② 움직임과 형태를 인식하는 두뇌의 영역은 동일 부위지만 사물의 색채를 인지하는 영역은 독립되어 있다.
③ 색채와 움직임을 인식하는 두뇌의 영역은 동일 부위지만 사물의 형태를 인지하는 영역은 독립되어 있다.
④ 색채와 형태 그리고 움직임을 감지하는 두뇌의 영역은 모두 독립되어 있다.
⑤ 색채와 형태 그리고 움직임을 감지하는 두뇌의 영역은 모두 동일하다.

정답 및 해설 P.334

의사소통능력 20제 ②

01

다음 밑줄 친 부분이 옳게 사용되지 않은 것은?

① 상인들이 판로를 확대하려면 불가불(不可不) 각국의 국경을 제거할 필요가 있었다.

② 소강상태였던 두 나라간의 분쟁이 재연(再燃)되어 다시 국제적으로 긴장상태가 되었다.

③ 그 나라는 극심한 혼돈(混沌)으로 국민의 복지에 신경 쓸 여력이 없다.

④ 사막의 한복판에서 작렬(炸裂)하는 태양으로 온몸이 타는 것처럼 뜨거웠다.

⑤ 항상 너희 집에 폐해(弊害)를 주게 되는 것 같아 미안한 마음이구나.

02

다음 밑줄 친 낱말이 바르게 쓰인 것은?

① 한 여름의 뙤약볕에 살갗이 검게 그슬렸다.

② 그녀가 방금 다려 온 차는 향기가 아주 일품이었다.

③ 그 정도 평수라면 네 사람이 살기에 적당한 너비였다.

④ 네 손으로 벌인 일이니 네가 직접 수습하는 게 좋겠다.

⑤ 꼬리에 이름표가 붙은 앵무새 한 마리가 놀이터 철봉 위에 앉아 있었다.

03

다음 글의 내용과 부합하지 않는 것은?

식물에서 동물의 정자에 해당하는 것이 정세포이다. 식물은 동물처럼 움직일 수 없으며 정세포도 이동 능력이 없다. 그래서 식물은 정세포를 주머니에 넣어서 지구상의 움직이고 있는 모든 것들을 이용하여 이동시킨다. 즉 바람, 곤충, 새 등의 도움을 받아서 정세포를 수술로부터 암술로 운반하는데 이 정세포가 들어있는 주머니가 꽃가루이다.

곤충에 의해 수분(受粉)되는 꽃인 충매화는 대부분 푸른색이나 노란색의 꽃잎을 가진다. 이는 곤충의 눈이 가시광선의 푸른색과 노란색 영역은 잘 볼 수 있으나 붉은색은 잘 보지 못하기 때문이다. 또한 곤충을 유혹하기 위해 눈부신 자외선을 나타내는 꽃들이 많다. 자외선 영역이 비록 사람의 눈에는 보이지 않지만 곤충의 눈에는 잘 보이기 때문이다.

열대 지방에서는 벌새와 같은 조류가 꿀을 빨아먹는 과정에서 깃털에 꽃가루를 묻혀 다른 꽃에 전하기도 한다. 새에 의해 수분되는 조매화는 보통 붉은색부터 노란색까지의 색 스펙트럼을 가지고 있다. 새는 가시광선 중에서 이 영역을 잘 볼 수 있는 반면에 후각은 잘 발달되어 있지 못하다. 따라서 새에 의해 수분되는 꽃들은 냄새가 거의 없는 대신에 유인물질인 꿀을 가지고 새들을 유인하기 때문에 수분이 쉽게 일어나게 된다.

단풍나무와 같이 바람에 의해 수분되는 풍매화는 일반적으로 작다. 풍매화는 동물이나 곤충에 의존하는 것에 비해 안전도나 정확도가 훨씬 떨어지기 때문에 엄청난 양의 꽃가루를 만들어 내야 한다. 더욱이 꽃가루끼리 서로 붙지 않도록 건조한 상태가 유지되어야 한다.

그렇다면 풍매화는 어떤 점을 노리고 진화한 것일까? 우선 충매화와 달리 곤충이 아직 많지 않은 이른 봄에도 수분이 가능하다는 장점이 있다. 그뿐만 아니라 중매 동물을 유인하기 위한 유인물질이나 보상물질을 만들 필요가 없기 때문에 상대적으로 꽃이 작아도 되는 것이다. 그리고 소나무, 전나무와 같은 풍매 식물은 대부분 밀집하여 살아가고 꽃이 피는 기간이 짧지만, 곤충의 수에 비하여 꽃의 수가 엄청나게 많아서 수분이 쉽게 일어나지 않는 문제점도 있다. 즉, 그 많은 꽃들을 동시에 수분시킬 만큼의 곤충을 확보하는 것이 어렵기 때문에 바람을 이용한 수분을 택할 수밖에 없는 것이다.

① 충매화는 풍매화에 비해 상대적으로 적은 양의 꽃가루를 생산해도 수분이 가능하다.

② 풍매화에 비해 조매화는 상대적으로 꽃의 크기가 크다.

③ 곤충은 붉은색을 잘 보지 못하기 때문에, 충매화가 붉은 꽃잎을 갖는 경우는 드물다.

④ 동물과 달리 식물은 수분하기 위해 외부의 도움이 필요하다.

⑤ 조매화는 꿀향기를 통해 새를 유인하여 수분이 일어나도록 한다.

04

다음 글로부터 알 수 없는 것은?

인간에게는 개인거리(personal space)라 하여 자신의 신체를 둘러싼 눈에 보이지 않는 영역이 있다. 대개 양팔을 뻗어 원을 그릴 수 있는 정도의 크기로, 옆으로는 좌우 90센티미터, 앞쪽으로는 1.2~1.5미터, 뒤쪽으로는 30~40센티미터 정도에 해당한다. 직접적인 신체접촉이 없더라도 이 범위 안에 타인이 들어왔을 때는 신체접촉이 있는 것과도 같은 불쾌감을 느끼게 되는 거리이다.

복도를 걷다가 저 끝에서 누군가가 다가오면 처음에는 크게 개의치 않다가 상대와의 거리가 가까워질수록 서로 약간씩 피해서 걸어간다. 만약 거리가 가까워지는데도 상대방이 전혀 피하지 않거나, 내 뒤에 서서 나를 바짝 뒤따르고 있는 것은 불쾌한 일이다. 나의 개인거리를 침범당했기 때문이다. 눈에 보이지는 않지만 풍선처럼 내 주위에 둘러쳐진 그 무엇, 이러한 개인거리를 '휴먼버블(human bubble)'이라고 하는데, 이는 개인별로 유동적이다.

휴먼버블의 크기를 조사하는 방법은 피실험자 A를 세워놓고 또 다른 피실험자 B로 하여금 점차 A의 주위로 다가가게 했을 때 어느 정도까지 가면 A가 불편함을 느끼며 자리를 피하게 되는가를 측정하는 것이다. 일반적으로 갓난아기에게는 휴먼버블이 전혀 없지만 5~6세경부터 휴먼버블이 생기기 시작해서 10대 중반이 되면 어른과 거의 동일해진다. 환자나 노약자 등 심신이 미약한 사람은 타인에 대한 의존도가 높아져 휴먼버블이 작아진다.

한편 남성은 여성보다 신체가 큰 까닭에 휴먼버블도 10~20센티미터 정도 더 크다. 그러나 여성의 휴먼버블은 남성보다는 작아도 더욱 견고하며, 휴먼버블을 침범당했을 때 남성이 느끼는 불쾌감의 정도보다 여성이 느끼는 불쾌감의 정도가 더 크다. 하지만 여성의 경우 나와 친밀한 관계의 사람이라면 버블의 침범에 무감각해지는 경향이 있다. 그러나 남성은 상대방이 동성인 경우, 친밀도나 호감도에 무관하게 휴먼버블을 유지하려는 경향이 매우 강하다.

사회경제적 지위에 따라서도 휴먼버블의 크기가 달라진다. 학교에서 친구가 다가오는 것보다 선생님이 다가오는 것이 더 불편하며, 직장에 갓 입사한 신입사원의 경우 대리가 다가오는 것보다 과장이 다가오는 것이 더 불편하다. 위계질서가 강한 조직일수록 버블의 크기 차이도 분명하다.

① 휴먼버블이 침범당한다고 해서 반드시 불쾌감을 느끼는 것은 아니다.
② 휴먼버블의 크기와 침범당했을 때의 불쾌감의 정도는 서로 비례하지 않는다.
③ 남성의 경우 친밀한 동성 친구라도 휴먼버블을 침범하면 불쾌하게 느낄 가능성이 높다.
④ 여성의 경우 상대방과의 친밀도가 높을수록 휴먼버블의 크기가 작아진다.
⑤ 남녀 모두 나이와 휴먼버블의 크기가 반드시 비례하는 것은 아니다.

05

다음 글로부터 추론한 내용으로 가장 적절한 것은?

적혈구는 사람의 몸 구석구석으로 산소를 운반하는 역할을 한다. 신체 각 부분에서는 혈액 속에 녹아 있던 영양분과 적혈구가 전달해준 산소를 이용하여 신체 기능을 유지하는 데 필요한 에너지를 생성하게 된다. 따라서 신체 전체를 기준으로 하였을 때 항상 일정한 수준의 혈중 산소농도가 유지되어야 하는데 그렇지 못한 경우가 발생하기도 한다. 적혈구에 기형이 발생해서 운반기능이 원활치 못하거나 개체수가 감소하게 되는 경우가 바로 이에 해당하는데 이러한 질병을 빈혈증이라고 한다. 이러한 빈혈증은 선천적인 원인에 의해 발생하기도 하지만 후천적인 원인에 의해 발생하기도 한다. 그중 에이즈 치료약인 AZT를 투약받는 과정에서 부득이하게 적혈구 수가 급감하여 빈혈증에 시달리는 사람들도 있다.

이 문제에 대한 치료법을 찾던 중 생명공학센터 암젠의 연구원들은 적혈구 생성과 연관이 있는 물질 EPO를 발견하게 되었다. 연구진은 혈중 산소농도가 감소하게 되면 신장에서는 EPO를 생성하게 되는데 이 EPO가 골수세포에서 더 많은 적혈구를 생산하도록 유도한다는 사실을 알게 된 것이다. 따라서 이 EPO를 빈혈증 환자에게 주사하게 되면 빈혈증을 치료할 수 있게 되는 것이다. 문제는 빈혈증 환자의 경우 일주일에 세 번 주사를 맞아야 하는데 그 가격이 턱없이 비싸다라는 점이다. 실제 에이즈 발병 환자들이 저소득 국가나 저소득층에 몰려있다는 점을 생각해 본다면 EPO 주사를 통한 빈혈증 치료는 현실성이 없다.

이에 제프리 라이덴 교수는 EPO 생성을 담당하는 유전자를 이식한 바이러스를 빈혈증 환자의 체내에 주입하였다. 체내에 주입된 바이러스는 신장세포들에 침투해 유전자 정보를 전달하였고 신장에서는 이 정보에 따라 이전보다 훨씬 더 많은 EPO를 생성해내기 시작했다. 결국 정상인의 40% 수준에 머물던 AZT 투약환자의 적혈구 개체수는 EPO 유전자 치료 후 7~80%까지 회복되었다. 물론 이는 EPO의 직접적인 주사와 큰 차이가 없을 수도 있다. 하지만 EPO 유전자 치료의 효과가 지속되는 기간은 EPO 주사와는 비교할 수도 없을 정도로 오랜 기간 동안 지속되었으며, 일부 환자의 경우는 항구적으로 EPO 생성이 증가되는 변화를 보이기도 했다.

① AZT는 적혈구의 기형을 유발하여 산소운반의 효율성을 떨어뜨린다.
② EPO 생성유전자가 신장세포에 전달되면 신장세포는 더 많은 적혈구를 생성한다.
③ 혈중 적혈구의 개체수가 증가되면, EPO의 생성이 활발해진다.
④ EPO는 적혈구를 구성하는 물질로 필요량보다 부족해지면 빈혈이 발생한다.
⑤ EPO 유전자 치료가 시행되면 혈중 산소농도가 치료 전보다 증가하게 된다.

06

다음 글의 내용과 일치하지 않는 것은?

조선시대 양인(良人)에는 다양한 계층이 포괄되어 있었다. 주축을 이루는 평민만이 아니라 위로는 문무 관료로부터 아래로는 신량역천(身良役賤)에 이르는 사람들이 모두 양인으로 간주되었기 때문이다. 그러나 법제적으로는 같은 양인이라고 하더라도, 양반과 신량역천인의 실제 사회생활에는 당연히 엄청난 신분적 차별이 존재하였다. 신량역천인은 법적으로는 양인 신분이었으나, 천한 역을 지고 있어서 사회 내부에서 천인에 가까운 대우를 받으며 살아가던 계층이었다. 조선시대 초기에 신량역천인은 주로 간(干)이나 척(尺)으로 불렸는데, 시대가 내려가면서 의금부의 나장, 각 지방관청의 일수, 관아의 조예, 조운창의 조졸, 역참의 역보, 수영에 소속된 수군, 봉화대의 봉군 등 이른바 칠반천역(七般賤役)이 이들이 지는 대표적인 역이 되었다. 칠반천역의 역은 고되었으나 국가의 신역체제 내에 포함된 어엿한 국가의 역이었다. 이 역을 지는 사람들은 일반 양민의 주거지역에 섞여 살았고, 신분상승의 기회도 있었다. 그런데 신량역천인 가운데에는 이들과 달리 일반인들이 상종하지 않는 부류가 있었다. 이들이 바로 백정(白丁)이라고 불리던 사람들이다.

고려시대에는 16~60세의 정남(丁男)이 의무적으로 부담하는 일반 요역(徭役) 외에 군인, 향리, 역정 등처럼 특수한 신분계층의 사람들이 지는 세습적인 신역(身役) 내지는 직역(職役)이 별도로 존재하였다. 신역 또는 직역의 부담자를 정호(丁戶)라고 한 것에 대하여, 정호를 제외한 일반 농민은 백정이라고 불렀다. 정호에게는 원칙적으로 일반 요역에서 면제해 주고 일정한 면적의 토지를 역을 지는 대가로 지급해 주었으나, 백정에 대해서는 토지가 지급되지 않았다. 이와 같이 고려시대에 가장 광범위하게 존재한 농민층을 의미했던 백정은 고려 말과 조선 초를 거치면서 평민, 양민, 백성이나 촌민 등의 이름으로 불렸고, 그 대신 백정이라는 이름은 주로 도축업이나 고리 제조업에 종사하던 계층을 지칭하는 말로 점차 변하였다. 이러한 변화는 조선왕조가 1432년(세종 14년)에 이르러 재인(才人), 화척(禾尺)을 일반 평민을 뜻하는 백정이라고 고쳐 부른 데서 비롯되었다. 이 조치는 조선 초기 양인확보책의 일환으로서 이루어진 것이었다. 하지만 이는 법제상의 조치에 불과한 것이어서 역사적으로 천시받아 온 재인, 화척들이 갑자기 평민과 동등하게 될 수는 없었다. 이러한 조선시대의 백정을 이전의 백정과 구분하기 위하여 신백정이라는 말을 쓰기도 하였다. 결국 조선 중기 이후 백정이라는 호칭은 더 이상 평민을 의미하는 것으로 쓰이지 않게 되었다.

① 조선시대 일반 백성들은 자신들을 신백정이라고 부르며, 백정들과 구분하였다.
② 고려시대 백정과 조선 중기 이후 백정이 가리키는 계층은 달랐다.
③ 고려시대 재인과 화척은 일반 농민층과는 달리 천시를 받았다.
④ 조선시대 백정과 양반은 법적으로는 동등한 양인이었다.
⑤ 조선시대에는 법적으로는 양인이면서 사실상 천인의 대우를 받는 사람도 있었다.

07

다음 글에 설명된 '이원론적 세계관'의 개념에 해당하는 사례로 볼 수 없는 것은?

> 세계의 근본적인 원인은 무엇인가? 세계의 근원을 어떤 구조로 설명하는가 하는 관점에서 보자면 그 세계관은 크게 세 가지로 나눌 수 있게 된다. 그것은 일원론적 세계관, 이원론적 세계관, 마지막으로 다원론적 세계관이 있다.
>
> 가장 대표적인 것은 일원론적 세계관인데, 일원론은 다양한 현상들 내부에서 그것들을 존재하게 한 최초의 원인을 염두에 둘 때, 그 원인은 단 하나밖에 존재하지 않는다는 사고이다. 따라서 겉보기에는 다양한 존재들이 존재하지만, 겉보기와는 달리 그것은 하나의 공통적인 시원(始原)이 있으며 따라서 그런 다양성들의 존재가 공통적으로 지향 혹은 준수해야 하는 덕목들을 이야기하는 것이 일원론의 특징이다. 따라서 사실상 다원론적 세계관과 일원론적 세계관은 다르지 않다고 보는 학자들도 있다.
>
> 마지막으로 언급할 것은 이원론적 세계관이다. 이원론적 세계관은 이 세계는 결코 환원할 수도 없고, 서로 변환되지도 않는 절대적으로 배타적인 두 존재의 대립으로 이루어져 있다고 생각한다. 따라서 두 존재 중 어떠한 요소가 이 세상을 장악하는가에 따라서 전혀 다른 세상이 될 수 있다고 생각하는 것이다. 따라서 이원론에서는 이 세계의 역사를 두 존재의 상호 투쟁, 상호 대립의 역사로 파악한다.

① 이 세계는 선과 악의 영원한 충돌이 빚어지는 공간이다. 선이 승리하였을 때 인류는 행복과 구원을 얻었지만, 악이 승리하는 시기에는 전쟁과 전염병으로 수많은 사람들이 목숨을 잃었다.

② 질서와 혼동이 끊임없이 반복되어 온 것이 바로 이 우주이다. 인간이 덕행을 하여 질서가 세상을 지배하였을 때는 세상의 기후는 온화하고 오곡백과는 풍성했다. 하지만 혼동의 세계가 되면 홍수, 가뭄, 지진 등이 어김없이 타락한 인간들을 죽음의 수렁으로 몰고 갔다.

③ 우리 눈에는 보이지 않지만, 인간의 곁에는 항상 빛의 세력과 어둠의 세력이 호시탐탐 기회를 엿보고 있었다. 빛의 세력은 인내를 요구하지만 그 결과는 광명이었으며, 어둠의 세력은 달콤함으로 유혹하지만 그 결과는 항상 처참한 고통뿐이었다.

④ 지금 우리가 보는 세상의 만물은 모두 음과 양에 의해서 생겨났다. 사물을 비치는 빛인 양이 있다면, 그 건너편에는 사물에 의해 가려져 어둠의 영역인 음이 존재한다. 따뜻함이 있다면 차가움이 있으며, 높은 곳이 있다면 낮은 곳이 있다. 바로 이것이 음과 양의 원리이다.

⑤ 조로아스터교에서도 최후의 심판, 결전의 날과 같은 내용이 있다. 조로아스터교의 악신은 파괴와 멸망을 의미하는 아리만이다. 정화(淨化)를 의미하는 아후라 마즈다는 인간의 세계를 구원하고 보호하는 존재이다. 하지만 아리만은 인간 세계의 파괴를 강하게 갈구하고 결국 이 세계에서 최후의 결전을 펼친다는 것이 최후의 심판의 핵심적인 내용이다.

08

다음 글의 내용과 일치하는 것은?

소련의 남하정책에 대비하기 위해서 미국은 서유럽, 중앙아시아, 동남아시아, 동북아시아에서 산발적인 봉쇄정책을 취하였다. 그런데 미국의 관점을 바탕으로 전략적 중요성이 떨어지는 한반도를 소련이 침투하는 경우 미국은 어떻게 할 것인가에 대한 의문이 제기되었다. 물론 한국 정부가 수립된 이상, 미국은 계획대로 철군을 할 것이었지만 미국 정부는 이후에도 경제적 원조를 통한 관계 유지는 천명해놓은 상태였다. 그러나 여기서 미묘한 문제가 하나 있었다. 미·소 양국은 협약을 통해 철군을 확정하였지만 그 전략적 의미는 양국에게 달랐다.

북한은 소련과 국경을 맞대고 있었다. 즉 한반도에 문제가 발생할 경우, 소련은 즉시 개입이 가능한 위치에 대규모의 군대를 주둔시킬 수 있었다. 하지만 미국은 그렇지 못했다. 일정 수의 군대가 필리핀과 일본에 머물고 있었지만 그것은 자국 본토에 주둔하고 있는 소련의 병력 규모에 비할 바가 아니었고, 주력군이 한반도로 넘어오려면 태평양을 건너와야 했던 것이다. 따라서 양국 정부에서 느끼는 철군의 무게는 큰 차이가 있었다. 사실 미국의 입장에서 한반도에서의 철군은 사실상 한반도의 문제에 더 이상 개입하지 않겠다는 뜻을 표명하는 것이었지만, 소련은 여전히 한반도에 영향력을 행사할 수 있는 위치에 있었던 것이다.

철군이 거의 끝난 1949년 맥아더 장군은 필리핀, 류구군도, 오키나와 그리고 알류산 열도를 연결하는 라인을 발표하고 여기까지를 미국의 방어선으로 할 것을 공표했다. 이듬해 1월 미 국무장관도 한반도가 미국의 방어선에서 제외되어 있다는 점을 다시 확인시켜주었다. 이런 점에서 공산권 국가에서는 완전한 오해를 하게 된 것이다. 북한의 입장에서 보면 남한을 침공하더라도 일단 미국을 비롯한 서방국가의 개입은 없을 것이라고 오판한 근거가 되었던 것이다. 게다가 중국의 입장에서 보면 수도인 북경과 지근거리에 자본주의 국가가 있다는 것 자체도 상당히 껄끄러운 일이었기에 북한의 침공 주장에 쉽게 동의할 수 있었던 것이다.

그런데 막상 전쟁이 발발하자 미국은 즉시 개입하였다. 미국은 이 전쟁을 단순히 한반도에서 일어난 국지전으로 파악한 것이 아니라 미국의 정책에 대한 전면적인 도전으로 파악하였다. 미국이 참전하고, 전세가 역전되자 중국까지 파병을 시작하였다. 게다가 소련이 남한뿐만 아니라 동유럽을 거쳐 서방유럽을 침공할 수 있다는 우려까지 확산되면서 결국 서유럽의 대규모 참전까지 결의되고 말았으며 한국전쟁은 동원된 물자나 전장의 규모에서는 제한적이었지만 사실상 의미에서는 이미 세계전쟁이었다.

① 미군과 소련군의 철군은 한반도가 사실상 권력의 공백상태에 놓이게 됨을 의미하였다.
② 미군의 철군이 북한이 남침하게 된 직접적 원인이 되었다.
③ 미국은 방어선의 재설정을 통해 한반도를 공산권으로부터 보호하겠다고 표명하고 한국전쟁에 참여하였다.
④ 미군의 철군은 방어선 설정에 의해서 결정된 것이 아니다.
⑤ 미국의 방어선 설정이 세계전쟁으로 확전된 직접적 계기가 되었다.

09

다음 글에 대한 이해로 적절하지 않은 것은?

> 역사적으로 보면 희극은 어느 시기, 어느 민족에게서나 발견되지만 비극은 그렇지 않다. 그 이유는 비극이 가능하려면 주인공에 대해 관객이 감정이입을 하여야 하고 주인공이 행위에 대해 경탄할 수 있어야 하기 때문이다. 비극이 성립하기 위해서는 주인공의 몰락을 끔찍하게 생각하며 동시에 연민에 차서 이를 바라볼 수 있어야 한다. 비극이 시대의 주도적인 장르로 자리잡기 위해서는 이러한 시대 조건이 성숙되어야 하는 것이다.
>
> 인류 역사를 크게 나누어보면 계급-귀족 사회, 민주적 평등사회 그리고 그 중간의 과도기로 나누어볼 수 있다. 계급-귀족 사회에서는 지배자가 존재하고 일반 사람들은 그에게 감정이입하는 것, 즉 자신을 지배자와 동일시하는 것이 가능하다. 이런 사회에서 지배자는 국민의 존경을 받고, 국민에게 위안을 줄 수 있다. 따라서 고대 그리스 로마 같은 계급-귀족 사회는 비극이 융성할 수 있었다.
>
> 계급사회와는 달리 민주적 평등사회에서는 지도자가 아무리 뛰어나다고 하더라도 일반 사람들은 지도자와 자신을 동일시하지 않는다. 지도자와 일반인들 사이에는 평등이 자리잡고 있을 뿐, 일반인들이 지도자에 종속되지 않기 때문이다. 따라서 이런 사회에서 지도자인 주인공의 비극적 몰락은 관객에게 두려움이나 연민을 주지 않는다. 오히려 그런 주인공은 관객의 불신감과 국가에 대한 불안감만 조장할 뿐이다. 그 증거를 혁명기 프랑스나 혁명기 러시아 시대에 비극이 등장하지 않은 상황에서 찾아볼 수 있다. 이 시기는 계급적 평등이 대중적으로 널리 안착되던 시기이기 때문이다.
>
> 그러나 역사적으로 보면 계급사회에서 평등사회로 이행해 가는 과도기에 비극의 유행은 절정에 달한 것으로 나타난다. 과도기는 귀족적 사회에 대한 사고가 일반인들의 뇌리 속에 깊이 남아 있으면서도 민주적 평등이 확산되기 시작하는 때이다. 아직은 생소한 시기가 사람들의 감정적인 부분까지 충분히 받아들여지지 못한 상태에서 도처에서 실제로 몰락하는 과거의 지도자들은 일반 국민들의 마음을 울리기에 충분했을 것이다.

① 주인공에 대한 관객들의 감정이입은 비극이 가능하기 위한 필요조건이 된다.

② 민주적 평등사회에서의 관객은 비극 내에서 지도자의 몰락에 대해서 감정이입을 하지 않는다.

③ 비극은 과도기나 평등사회가 아닌 계급-귀족 사회에서 가장 융성했다.

④ 계급적 평등의 사회에서 비극의 주인공은 오히려 국가나 지도자에 대한 관객의 부정적 평가를 조장한다.

⑤ 희극과는 달리 비극은 사회적인 환경에 따라서 크게 영향을 받는다.

10

다음 중 양반들에게 한글이 보급되었던 이유로 볼 수 없는 것은?

양반들은 한글이 반포된 뒤에도 일반 백성이나 여성들만 쓰는 문자라 여기고 자신들은 한글을 쓰지도 배우지도 않았을까? 이에 대한 답은 한글 창제 후 불과 1세기도 되지 않은 16세기부터 양반들에 의해 쓰인 많은 한글 자료가 말해준다. 이렇게 한글은 양반들에게 한문 대신 자신의 의사나 정서를 편하게 표현하기 위한 수단으로써 매력적이기도 했지만, 양반들이 언문(한글)을 배워야 했던 데는 또 다른 이유가 있었다. 바로 공식 문자인 한자를 좀 더 효율적으로 가르칠 수 있는 수단이 한글이었다. 1527년 간행된 기초 한자 학습서였던 『훈몽자회』의 범례에서는 다음과 같이 적혀있다. '변두리나 시골에 사는 사람들 중에는 반드시 한자를 이해하지 못하는 사람이 많을 것이다. 그렇기 때문에 지금 언문을 함께 기록하여 언문을 통해 『훈몽자회』를 익히면 깨닫고 가르치는 유익함이 있을 것이다. 문자를 통하지 못하는 사람도 언문을 먼저 배우고 문자를 안다면 비록 스승으로부터 교수받은 것이 없다 할지라도 또한 앞으로 문자를 이해할 수 있는 사람이 될 것이다.' 이에 더해 『천자문』과 같은 기존의 한자 학습서들도 한글 새김과 음이 달린 형태로 간행되기 시작하면서 이러한 한자 학습이 일반화되었다.

또한 16세기 초에 유교의 주요 경전에 대한 언문해제*(이하 언해)가 국왕의 지시로 공식적인 사업이 되었다. 따라서 이 사업에 참여한 많은 학자들은 당연히 언문을 배우고 익혀서 능숙하게 쓸 수 있어야 했다. 그런데 이 사업에 관여한 학자들은 당대의 석학이라 할 수 있는 사람들이 모조리 망라되어 있었다. 결국 언문이 당대 양반에게 유통되지 않을 수가 없었던 것이다.

16세기 후반에는 언문해제 사업의 결과 언해본이 완성되어 그 언해본이 경전 학습에 적극 활용되었다. 언해본이 나오기 전에 경전 학습은 대체로 스승의 구술을 기억하는 방식으로 이루어졌을 것이다. 그러나 이러한 방식은 학습 내용을 완전히 재생하는 데에는 한계가 있었을 것이다. 그러나 국가 주도로 경전들의 언해가 완성되고, 그 언해본이 경전 해석과 번역의 전범을 보여주는 것으로 절대 권위를 부여받으면서 언해본들은 학습 교본으로 활용되기 시작했다. 나아가 언해본에 따라 과거 시험이 시행되면서 언해본을 통한 경전의 학습은 선택이 아닌 필수가 되었다.

따라서 한자와 한문, 유교 경전을 익히기 위해서라도 양반들은 한글을 가까이하지 않을 수 없었다. 결국 양반들도 공식적인 문자생활은 한자로 했지만 사적인 영역에서는 한글을 유용하게 사용했다. 한글을 두고 흔히 서민과 여성의 문자라고 하지만, 실상 한글 보급은 양반 계층에서 더 활발하게 이루어졌다.

* 언문해제(諺文解題): 언문으로 주석을 달거나 풀어 설명함.

① 양반 자신들의 의사나 감정을 편하게 표현할 수 있는 수단이었기 때문에

② 언문을 알지 못하는 사람들에게 언문을 깨우쳐주기 위해

③ 국왕이 지시한 경전의 언문해제 사업을 진행하기 위해서

④ 과거 시험을 보기 위해서는 언해본을 통해 경전을 학습해야 하기 때문에

⑤ 한자를 배우지 못한 사람들에게 한자를 가르쳐주기 위해

11

다음 중 한국 남자가 베트남 여자와의 국제결혼이 많은 이유로 볼 수 없는 것을 [보기]에서 모두 고르면?

최근 한국에서는 외국인과의 혼인이 증가하고 있다. 2010년에 1만 2,319건으로 총 혼인건수 대비 3.7%를 차지하였다. 그런데 2012년에는 4만 3,121건으로 13.6%, 2015년에는 2만 5,963건으로 8%를 차지했다. 2014년 외국인과의 혼인 내역을 살펴보면 남자는 베트남인과의 혼인을 많이 하는데, 이는 우리나라의 농촌 남자들이 비슷한 유교문화의 베트남 여자를 선호하기 때문이다. 한편 여자의 경우는 미국인과 일본인과의 혼인비율이 높아 남자와 여자의 혼인 대상국에서 다소 차이를 보였다. 그런데 한국인 남자와 베트남인 여자가 결혼하는 사례가 많이 나타나는 또 다른 이유는 무엇일까?

여기에서 한국인 남자와 베트남인 여자와의 결혼을 살펴보면 다음과 같다. 2015년 베트남의 호치민 한국 영사관에서 발급한 결혼비자 건수는 3,853건이고, 하노이 한국 영사관이 발급한 결혼비자 건수는 720건이다. 호치민 시의 결혼비자 건수가 더 많다는 사실을 알 수 있다. 이는 베트남의 도농 간의 격차 때문이다. 실제로 농촌에서는 여자가 남자보다 36만 5,300여 명 많아 성적 불균형 상태이다. 이러한 불균형은 이 지역 베트남 여성이 적극적으로 국제결혼에 나서게 된 큰 원인이 되었다.

또한, 호치민 시가 남부지역이라는 점도 고려해야 한다. 17세기 말에 베트남 영토에 편입된 남부지역은 북부지역과 달리 역사적으로 인도·이슬람·프랑스·미국 등 다양한 문화를 받아들인 지역이다. 또한, 엄격한 전통에 덜 구속되며 이민족과의 결혼에 개방적인 편이다. 또한, 중매로 결혼하면 신부에 대한 대가를 지불하고 결혼하는 풍속이 있어 결혼 중개업체의 체계에 친숙하다. 이에 더해 수로를 따라 촌락이 산재되어 있어 공동체 의식이 덜 결속되었다. 따라서 주위의 평판에 비교적 자유로워 한국 남자와의 혼인이 상대적으로 많이 이루어졌다.

그리고 종래에 베트남 여자들은 타이완 남자들과 결혼을 많이 했으나, 혼인신고 뒤에 인신매매, 가정폭력 등의 문제로 타이완 정부에서 국적 취득 요건을 강화하였다. 이로 인해 타이완 남자와의 결혼 건수가 급감하게 되어 그 빈자리를 한국 남자가 대체하게 된 것이다. 2005년 한국 남자와의 혼인 건수는 5,822건으로 타이완의 3,212건을 앞질렀다. 그 다음으로 베트남에서의 한류의 영향으로 농촌에서 공중파 TV를 통해 한국 드라마 등을 접한 여자들이 한국에 대한 동경심을 가지게 된 것도 원인이었다.

보기

ㄱ. 베트남 여성들이 비슷한 문화의 우리나라 남자를 선호하기 때문에
ㄴ. 베트남 도농 간의 경제적 격차로 인해 신부에 대한 대가를 기대하기 때문에
ㄷ. 타이완 남자와의 결혼을 선호하지 않는 베트남 여성들의 성향 때문에

① ㄱ
② ㄷ
③ ㄱ, ㄴ
④ ㄴ, ㄷ
⑤ ㄱ, ㄴ, ㄷ

12

다음 글을 통해 알 수 있는 것은?

조선시대 임금과 신하가 조정에 드는 행위를 조회라고 불렀다. 당시 조회는 정치적 의사소통을 위한 것이 아니라 정치적 행사에 가까웠다. 이는 조회가 임금과 신하의 직분이 구분되어 있음을 분명히 하는 자리였기 때문이다. 조회는 조하, 조참, 상참으로 구분할 수 있다. 조하는 정월 초하루와 동지, 매월 초하루와 보름에 거행되는 대규모 의식이다. 이때 왕세자를 비롯한 모든 품계의 신하들이 임금을 모시고 인사를 드리며, 경우에 따라서는 외국의 사신들도 참석했다. 조하는 임금이 머무르기에 가장 중요한 공간인 경복궁 근정전에서 거행되었다.

반면 조참은 조하보다 조금 작은 의식으로 대부분의 구성이 조하와 유사하다. 조참은 5일마다 근정문에서 의식을 거행하여 5일 조참이라고 표현하기도 했다. 5일마다 조참을 거행할 수는 있었지만 조하의 원칙에 따라서 실제로는 초하루와 보름을 제외하면 월 4회 정도 조참이 거행되었다. 조하와 조참이 규모가 있는 의식인 것과 달리 상참은 매일 아침 거행되는 규모가 작은 의식이다. 상참에서 임금과 신하들은 더 가깝게 대화할 수 있도록 앞선 의식과는 달리 실내 공간을 사용했다. 상참에 이어서는 신하가 필요한 일을 아뢰는 조계를 시행하였다.

하지만 매일 새벽 거행하는 상참은 신하와 임금 모두에게 귀찮은 일이었다. 일례로 세종은 처음 상참을 철저히 지키고자 했지만 나이 든 신하는 5일에 한 번 상참에 참석하거나 아예 참석하지 않도록 했다. 심지어 날씨가 춥다는 이유로 봄까지 상참을 하지 않았던 임금도 있었다. 또한 임진왜란을 거치면서 많은 비용이 드는 조하 역시 점차 생략되었다. 또한 5일마다 거행했던 조참은 효종 대에 이르러 1년에 1회만 하는 것으로 결정되었으며 상참도 경연이나 차대와 같은 덜 형식적인 회의로 대체되었다.

① 조참과 조하 의식을 거행하던 장소는 동일하였다.

② 조하, 조참, 상참은 모두 실외에서 거행되었다.

③ 조하와 조참을 거행하는 날이 겹치면 조참을 생략하였다.

④ 동일한 날에 상참과 조계가 동시에 거행될 수는 없었다.

⑤ 세종은 상참을 지키고자 하였지만 나이가 든 이후에는 거르는 일도 있었다.

13

다음 글을 통해 알 수 없는 것은?

지표면에서 끝없이 일어나고 있는 물의 순환을 물순환이라고 한다. 물순환은 태양복사 에너지에서 힘을 받아 대기와 해양, 대륙 사이에서 일어난다. 물은 끊임없이 해양과 대륙에서 대기로 증발하고 있으며, 증발한 수증기는 응결하여 구름을 만들고 강수로 인해 해양이나 육지로 떨어진다. 해양으로 떨어진 강수는 다시 증발이 일어나면서 새로운 순환을 시작한다. 또한 대륙에 떨어진 물은 지하수로 침투하거나 지표면을 따라 흐르면서 호수나 하천을 지나 바다로 흘러간다. 지표면으로 스며들거나 흐르는 물 중 일부는 증발에 의하여 다시 대기로 돌아간다. 식물은 뿌리를 이용해 지표면에 침투한 물 일부를 흡수하고 증발산* 작용에 의해서 다시 대기로 내보내기도 한다.

대기 중의 수분은 고체, 액체, 기체 3가지 상태로 존재하며 주어진 온도와 압력 조건하에서 고유의 상태를 유지한다. 즉 정상적인 경우 0℃ 이하에서는 얼음 상태로, 0~100℃에서는 물 상태로, 100℃ 이상에서는 수증기 상태로 존재한다. 하지만 주어진 환경의 변화에 따라 언제든지 수증기에서 물이나 얼음으로, 얼음에서 물로, 물이 수증기로 바뀔 수 있다. 이때 수증기에서 액체로 바뀌는 과정을 응결, 액체에서 수증기로 바뀌는 과정을 증발, 수증기에서 얼음으로 바뀌는 과정을 승화라고 한다. 응결과정에서는 580cal/g의 잠열**이 대기로 방출된다. 승화과정에서는 680cal/g의 잠열이 대기 중으로 방출되며 증발과정에서는 590cal/g의 잠열이 물로 흡수된다.

이러한 변화에 따른 열 교환은 대기현상에서 중요한 영향을 미친다. 응결과정에서 대기 중으로 방출되는 잠열은 기온의 상승과 하강에 영향을 미쳐 기온의 변화 정도를 줄인다. 또한 응결과정에서 대기 중에 축적된 잠열은 온대성 저기압과 열대성 저기압의 발달에 있어 중요한 에너지원이 된다. 반면 증발이 일어나면 주위의 열이 소비되기 때문에 기온 상승이 억제된다. 무더운 여름철에 지면에 물을 뿌리면 일시적으로 시원함을 느낄 수 있는 것이 대표적인 사례이다.

* 증발산: 식물의 잎을 통해서 물 분자가 공기 중으로 나오는 현상

** 잠열: 온도계로 직접 측정되지 않지만 물질의 상태가 변화할 때 흡수하거나 방출되는 열

① 물은 태양복사 에너지로 인해 대륙이나 해양으로부터 대기로 돌아가게 된다.

② 승화와 응결의 과정에서는 잠열이 대기 중으로 방출되며, 증발의 과정에서는 잠열이 물로 흡수된다.

③ 액체에서 수증기로 바뀔 때 대기 중으로 방출되는 잠열이 온대성 저기압 발달의 주요 에너지원이 된다.

④ 수증기에서 액체로 바뀔 때 대기로 방출되는 잠열이 수증기에서 얼음으로 바뀔 때보다 더 적다.

⑤ 증발의 과정에서는 잠열이 흡수되기 때문에 지면에 물을 뿌리면 일시적으로 시원함을 느낄 수 있는 것이다.

14

다음 글로부터 추론한 내용으로 적절한 것은?

일개미는 먹이를 발견하면 둥지로 돌아오는 길에 일정량의 페로몬을 남겨 다른 일개미들을 먹이로 유인한다. 페로몬의 잔존기간은 일시적이지만 동일 집단 내의 일개미를 먹이가 있는 곳으로 유인하기에는 충분하다. 더 많은 일개미들이 해당 먹이를 취해 둥지로 돌아오게 되면 둥지로부터 먹이까지 왕복한 빈도수에 비례해 더 강한 페로몬 향취가 남게 되고 이는 또다시 더 많은 일개미들을 끌어 모으게 된다. 이를 긍정적 피드백이라고 한다. 하지만 더 이상 취할 수 있는 먹이가 없다면 페로몬 분비는 중지되고 점차 잔존 페로몬의 양은 줄어들어 더 이상 일개미들이 모이지 않게 된다. 이를 부정적 피드백이라 한다.

둥지에서 같은 거리에 양적·질적 차이가 있는 먹이를 두고 일개미들의 활동을 관찰하면 이내 양적·질적으로 우수한 먹이가 있는 곳에 훨씬 더 많은 일개미들이 모여든다는 사실을 확인할 수 있다. 이러한 집단적 행동은 개미들이 두 원천을 비교한 것에 기초하는 것이 아니라 이들이 땅에 페로몬을 남기는 빈도에 기초한다. 동일한 먹이까지 이르는 두 갈래 길을 선택할 때에도 이러한 현상을 확인할 수 있다. 거리가 더 짧은 길을 왕복할 때 빈도수가 증가하게 되고 더 강한 페로몬 향취가 남게 된다. 결국 훨씬 더 많은 일개미들이 지름길을 택하여 먹이를 나르게 되는 것이다.

반면 거리도 동일하고 먹이의 양이나 질 역시 동일할 경우 최초에 어느 쪽 먹이에 다녀온 일개미가 더 많은지의 여부로 먹이를 취하는 순서가 결정된다. 더 많은 일개미가 다녀온 쪽 길에 더 많은 페로몬이 남게 되고 잠시 후 초기에 발생했던 한두 마리의 차이가 수백 마리의 차이로 나타나게 된다.

① 먹이나 거리의 차이가 없는 경우, 일개미들이 어느 쪽 먹이를 우선 취하는가 하는 것은 최초 먹이를 발견한 개미 수의 차이에 의해 결정된다.
② 긍정적 피드백 현상이 발생하면 왕복할 때마다 각각의 일개미들은 페로몬의 분비량을 점차 증가시킨다.
③ 거리가 상이한 두 곳에 먹이가 있을 경우 일개미들은 우선 거리를 모두 확인한 후 가까운 거리의 먹이부터 취하기 시작한다.
④ 개미들은 거리가 동일한 두 곳에 먹이가 있을 경우 모두 확인한 후 양적, 질적으로 우수한 곳을 판단하고 그곳의 먹이를 우선하여 취한다.
⑤ 부정적 피드백 현상이 발생하면 일개미들은 개별적으로 페로몬 분비량을 점차 감소시킨다.

15

다음 글로부터 알 수 있는 내용이 아닌 것은?

일반법원과 분리해서 헌법 문제를 전문적으로 다루는 헌법재판소를 설치할 것인가에 대한 입장은 나라마다 다르다. 미국은 일반법원이 헌법에 대한 재판도 함께 다룬다. 이런 유형을 '사법심사제도(Judical review)'라고 부른다. 사실 헌법재판소의 탄생은 제2차 세계대전에 대한 반성의 과정에서부터였다. 먼저 독일의 예를 들면 독일에 헌법재판소가 설치된 이유는 법원이 나치 정권의 하수인이 되어 법률에 대한 왜곡된 판단을 자행했기 때문이었다. 따라서 법의 정신에 어긋나는 법률을 통제하는 기준으로서 헌법을 다루는 별도의 기구가 필요했던 것이다. 우리나라도 1987년 민주화항쟁의 여파로 헌법재판소가 설립되었다. 이전의 법원은 국민의 기본권을 수호하기보다는 정권을 변호하는 입장에 가까웠기 때문에 국민의 신뢰를 얻지 못하고 있었던 것이다.

헌법재판의 본질적인 성격은 정책재판이다. 헌법재판은 구체적인 소송 당사자의 법 해석 논리에 대한 당부뿐만 아니라 판결이 사회에 미칠 결과에 더욱 주목을 해야 한다. 왜냐하면 헌법재판의 목적은 단순히 법리적 해석에 그치는 것이 아니라 그 해석의 적용을 통해 공동체 전체의 균형과 발전을 도모하는 정치적인 목적에 의해 설립되었기 때문이다. 이와 같이 헌법재판은 실무재판이 아니라 정책재판적인 성격이 강하기 때문에 세계 각국의 헌법재판소에는 실무가들과 함께 각 분야의 학자들을 재판관으로 임용한다. 하지만 현재 우리나라의 헌법재판관의 자격은 법실무자에 한정하고 있다.

헌법재판에 정책재판적인 성격을 요구하는 것은 시대에 따라 삶과 사회정신이 끊임없이 변화하기 때문이다. 물론 시대상황과 전혀 맞지 않는 것은 개헌을 해야겠지만, 시시각각마다 변하는 사회상을 모두 헌법에 반영하기에는 개헌절차가 복잡하고 조건이 엄중하다. 따라서 헌법은 이에 대한 보완책으로 시대에 걸맞은 새로운 해석을 통해 '살아있는 헌법(living constitution)'이 될 수 있는 것이다. 물론 헌법을 제정한 원래 취지를 무시할 수는 없다. 하지만 동시에 헌법은 시대로부터 새로운 영양분과 산소를 공급받아 지속적으로 그 사회적 영향력을 가질 수 있는 생명력을 획득할 수 있는 것이다. 사실 우리나라는 제헌 이후 무려 아홉 차례나 개헌이 이루어졌다. 하지만 그 내용을 들여다보면 시대의 변화를 반영하기보다는 정략에 의한 개헌이 대부분이었다. 이런 면을 고려하더라도 오늘날 우리 사회에서 헌법재판소가 주는 의미는 매우 크다고 하겠다.

① 사법기관에서 헌법을 다룰 필요가 없는 나라들은 헌법재판소를 설치하지 않았다.
② 현재 우리나라에서는 법실무자가 아닌 사람은 모두 헌법재판관에 임용될 수 없다.
③ 헌법은 새로운 해석으로도 보완할 수도 있지만 그것만으로 부족할 경우에는 개헌을 해야 한다.
④ 헌법재판소는 법적인 이유뿐만 아니라 역사적·사회적 요구에 의해서도 설치되었다.
⑤ 과거의 헌법 개정이 항상 사회의 변화를 반영하기 위해서 이루어지는 것은 아니었다.

16

다음 글로부터 추론한 내용으로 적절하지 <u>않은</u> 것은?

> 과학과 젠더에 대한 논쟁은 반세기 이상 지속되어 온 논쟁 중 하나였다. 최초의 문제 제기는 역사적으로 과학에서 여성을 남성보다 열등한 존재로 가정하고 있다는 점에 대한 것이었다. 그것은 연구 대상으로서 여성의 신체에 대한 폄하와도 관련이 있었지만 지적 능력에 대한 비하로도 이어졌다. 실제로 여성의 지적 능력이 남자보다 열등하기 때문에 과학계에 여성과학자들이 많지 않을 수밖에 없다는 주장도 제기되었는데, 이에 대해서 여성주의자들은 다음과 같은 반론을 제기하였다.
>
> A 진영: 과학계에 여성과학자들이 남자들에 비해 많지 않은 것은 남성과 여성의 지적 능력이나 적성 차이에 기인한 것이 아니다. 본질적으로 여성과 남성은 물질적 차이 외에는 아무런 차이가 없기 때문이다. 여자아이들은 어린 시절부터 과학자의 꿈과는 거리를 두도록 길러지는 경우가 많다. 이러한 관습적 편견은 남녀가 선택할 수 있는 과목을 구분해놓는 잘못된 교육 정책으로 나타나기도 하며, 성장 과정에서 여학생들 스스로에게도 사회적 압력으로 작용하여 스스로 과학이나 수학을 학습하는 것에 대해서 거리를 두게 하기도 한다. 일부에서는 성별에 따른 특정 과목의 성적 차이를 근거로 제시하지만 이는 인과가 바뀐 해석일 뿐이다. 게다가 이렇게 형성된 편견은 또다시 과학계에 진입하는 것에 장벽으로 작용하기도 하였다.
>
> B 진영: 오늘날의 과학계에 여성과학자들이 많지 않은 이유는 보다 근본적인 것에서 찾아야 한다. 근대에 성립된 과학관은 모두 남자들에 의해 주도되었다. 따라서 연구의 대상인 자연에 대해서 기본적으로 침투하고 분해하고 지배하는 관점의 학문으로서의 과학이 정립되게 되었다. 하지만 이는 여성성의 관점으로 보자면 전혀 객관적이거나 중립적인 학문이 될 수 없다. 여성의 학문은 남성과는 달리 기본적으로 상대를 인정하고 관계를 통해 조화를 이루려는 태도를 가진다. 따라서 과학계에서 여성과학자들의 비중이 적은 것은 여성 스스로의 선택에 의한 것일 뿐이다.

① A 진영은 과학계에 여성과학자가 적은 현상의 원인을 사회적인 것에 있다고 본다.

② 두 진영 모두 과학계에서 여성과학자의 비중이 적다는 점에는 동의한다.

③ B 진영은 사회적 편견의 개선을 통해 여성과학자의 비중이 증가할 것으로 본다.

④ A 진영은 남녀의 본질적인 차이를 인정하지 않지만, B 진영은 그렇지 않다.

⑤ A 진영은 현실의 개선을 위해서 가정교육과 제도교육의 혁신을 요구할 것이다.

17

다음 글로부터 알 수 있는 것을 [보기]에서 모두 고르면?

법의학은 '법률의 시행과 적용에 관련된 의학적 또는 과학적 사항을 연구하고 이를 적용하거나 감정하는 의학의 한 분야'이다. 궁극적으로는 '인권을 옹호하고 공중의 건강과 안전을 증진하여 사회정의를 구현하기 위한 의학'이다. 법의학은 의학으로 해결할 수 있는 법률적인 문제에 관한 사항을 연구하고, 이 연구를 기초로 해서 법적인 문제를 해결하는 분야라고 할 수 있다.

법의학은 어떤 의학인가? 의학은 크게 기초의학과 응용의학으로 나눈다. 기초의학은 주로 이론적인 학문으로 해부학 · 생리학 · 생화학 · 병리학 · 미생물학 · 약리학 · 기생충학이 이에 속한다. 응용의학은 임상의학과 사회의학으로 나눌 수 있다. 임상의학은 개인의 건강, 환자 치료 등을 대상으로 하므로 개인의학이라고 하거나 치료의학이라고 한다. 내과학 · 외과학 · 산부인과학 · 소아과학 · 정신과학 등이 이에 속한다. 법의학은 사회나 공중을 대상으로 하는 환경의학 · 역학 · 의료관리학과 함께 사회의학에 속한다.

법의학은 법률의학과 법정의학으로 구분하는데, 법률의학은 의료행위에 대한 법률문제, 법을 만드는 데 필요한 의학적 지식, 교통사고나 노동재해로 생긴 장애나 후유증을 판정하는 일 따위가 주된 업무이다. 법정의학은 재판과 관련된 부분, 예컨대 사망원인을 밝히거나 친자를 감정하거나 독극물을 검출하는 등의 재판과 소송에 관련한 일을 다루는 전문적인 법의학이다.

법의학에는 여러 분야가 있다. 시체를 검사하는 법의병리학, 혈액과 같은 인체에서 얻은 시료로 독극물을 검출하는 법의독물학, 혈액이나 정액 따위로 신원을 확인하는 법의유전학, 치흔 감정이나 치아로 개인을 식별하는 법치의학, 백골을 검사하여 개인을 식별하거나 사망의 원인을 알아내는 법인류학, 지문 검사나 탄도 검사같이 범죄수사에서 증거를 확보하는 감식학 등이 있다. 일반적인 분류법에 따르면 이들은 범죄와 관련된 사항이 대상이므로 형사법의학이라고 한다. 한편, 의료행위로 인한 과오사건을 대상으로 하는 의료법학, 재판이나 소송과정에서의 친자감정을 위한 법의유전학, 배 · 보상의 기준을 정하는 배상의학은 민사법의학이라 할 수 있다. 최근의 분류법에 따르면 형사법의학을 다시 법과학과 법의학으로 구분한다. 이러한 분류에 따르면, 법과학에는 감식학, 법의독물학, 법인류학, 혈청학이 포함되고, 사람의 손상과 죽음에 관련된 법의병리학만을 법의학이라고 한다.

보기

ㄱ. 법의학은 산부인과학 · 소아과학과 더불어 응용의학에 속한다.
ㄴ. 법의독물학은 일반적 분류법에 따르면 형사법의학이고, 최근의 분류법에 따르면 법과학에 속한다.
ㄷ. 법의유전학은 민사법의학이면서 법률의학에 속한다.

① ㄱ
② ㄴ
③ ㄱ, ㄴ
④ ㄱ, ㄷ
⑤ ㄴ, ㄷ

18

다음 글로부터 이끌어 낼 수 있는 설명은?

물질이란 질량을 가지면서 공간을 차지하고 있는 것이다. 우주를 구성하는 요소인 물질은 결합형태에 따라 순물질과 혼합물로 나눌 수 있다. 순물질은 다시 원소와 화합물로 구분된다. 원소는 화학적 방법을 사용하여 더 이상 쪼갤 수 없는 물질로서 원자로 이루어져 있고, 한 원소의 모든 원자들은 화학적으로 동일하다. 주기율표에서 제시된 것처럼 현재까지 112개의 원소가 발견되었다. 원소의 이름은 원소의 특성, 발견된 장소 및 유명한 과학자의 이름 등을 따라 명명되었다. 예컨대 아이오딘(I)은 보라색과 같은 의미의 그리스어 iodes에서 유래되었고, 게르마늄(Ge)은 독일 화학자에 의해 발견되었다.

화합물은 두 가지 이상의 원소들이 일정한 질량비로 결합하여 만들어진 물질로써 화학적 방법을 사용하여 더 간단한 화합물이나 원소로 분리될 수 있다. 순수한 물은 강, 바다 및 호수 등 어느 곳에서 채집을 해도 물분자를 구성하는 수소와 산소의 비율은 항상 일정하다. 즉, 물은 질량비로 수소 11%와 산소 89%를 포함하므로 100g의 물 시료는 수소 11g과 산소 89g이 화학적으로 결합된 형태를 가진다. 동일한 조성을 가진 화합물은 언제나 동일한 물리적 및 화학적 성질을 가진다.

혼합물은 두 가지 이상의 순물질이 단지 혼합되어 있는 것을 말한다. 여기에는 균일한 것과 불균일한 것으로 분류할 수 있다. 균일 혼합물은 전체적으로 동일성을 가지고 있다. 소금에 물을 넣고 잘 저어 주면 용액이라는 균일 혼합물이 만들어진다. 불균일 혼합물은 혼합물 내에 서로 다른 부분들이 존재한다. 물에 모래를 붓고 잘 저어 주고 나면 모래는 바닥에 가라앉고 결국 물을 포함한 부분과 모래를 포함한 부분으로 구별될 수 있기 때문에 이는 불균일 혼합물의 예가 된다.

물질들은 물리적 및 화학적 방법을 사용하면 구성 성분으로 분류할 수 있다. 예를 들면 소금물에 모래가 섞여 있는 불균일 혼합물은 여과라는 물리적 방법으로 모래와 소금물로 분리되고, 균일 혼합물인 소금물은 증류라는 물리적 방법을 사용하여 소금과 순수한 물로 분리할 수 있다. 화합물인 순수한 물과 소금은 화학적 방법을 사용해야만 구성 원소들로 분리될 수 있다.

① A가 혼합물이라면 두 가지 이상의 원소들이 일정한 질량비로 이름을 따서 붙여졌을 것이다.
② B라는 원소 이름은 반드시 발견된 장소 혹은 발견한 사람의 이름을 따서 붙여졌을 것이다.
③ C와 D가 동일한 조성을 가진 화합물이더라도 물리적, 화학적 성질이 항상 동일한 것은 아니다.
④ E가 화합물이라면 화학적 방법을 사용하여 더 단순한 순물질로 구분될 수 있다.
⑤ F가 원소일 경우, 화학적 방법을 사용한다면 더 단순한 원소로 분리시킬 수 있다.

19

다음 글로부터 알 수 있는 것은?

> 김치를 만들 때 소금에 절이는 이유는 채소를 부패시키는 미생물을 없애는 것에 있다. 식초나 설탕이 배추 표면과 접촉하면 삼투압으로 인해 농도가 낮은 쪽에서 높은 쪽으로 물 분자가 이동한다. 이때 배추의 수분만 빠져나가는 것이 아니다. 미생물의 세포막 안쪽에 있는 수분도 빠져나가며 미생물을 죽게 한다. 그러나 김치를 발효시키는 미생물인 유산균은 소금과 접촉해도 죽지 않는다. 그래서 배추를 소금에 절인 이유로 다른 미생물이 사라지면, 이 빈 공간을 유산균이 차지한다.
>
> 김장을 통해 만들어진 김치는 오로지 온도에만 의지해 발효가 된다. 시간이 지날수록 젖산 농도와 산도(pH)가 점점 올라가고 유산균이 젖산균으로 바뀐다. 김치의 발효는 초기, 적숙기, 과숙기, 산폐기로 나뉘는데 적숙기 김치가 가장 맛있다. 소금에 절인 뒤, 갓 담근 김치는 pH가 6.5 정도로 중성이거나 약산성을 띈다. 젖산 농도도 0.5%가 채 못 된다.
>
> 초기가 지나면 이형발효유산균이 먼저 활발히 활동한다. 이들이 김치의 청량한 뒷맛을 만드는 주인공이다. 이들은 유산균이 잘 만드는 젖산뿐만 아니라 탄산도 만든다. 잘 익은 김치에서 사이다와 같은 톡 쏘는 느낌이 나는 것이 이들 때문이다. 이들이 가장 활발히 활동할 때가 바로 적숙기이며, 이 시기에 유산균도 가장 많다. 적숙기의 김치를 객관적인 지표로 표현하면 pH 4.5, 젖산 농도는 0.6~0.7% 정도의 김치다. 김치의 산도가 변하는 이유는 유산균이 활동하며 내놓는 젖산 때문이다.
>
> 김치는 pH 4.5까지 빠르게 발효가 진행되다가 이 시기부터 비교적 느린 속도로 발효가 진행된다. 적숙기가 지나 과숙기와 산폐기에 이르면 탄산까지 만드는 이형발효유산균의 활동이 줄어들고 동형발효유산균의 활동이 활발해진다. 젖산을 많이 생산하면서 지독하게 시어지고 오래 묵은 젓갈 같은 쿰쿰한 냄새가 난다. pH는 4에 가까워질 정도로 상승하여 강한 산성을 띠게 되며, 젖산 농도도 2.5%가 넘어간다.
>
> 하지만 과숙기를 지나 김치가 익는 과정이 종료된 후, 산폐기에 이른 김치도 다른 방법으로 얼마든지 음식으로 즐길 수 있다. 최근에는 이런 김치를 묵은지라고 부르면서 다양하게 요리해 활용하기도 한다. 산폐기 김치에 많은 젖산은 122℃로 가열하면 젖산염으로 변해 신맛이 사라진다. 이런 성질을 이용해 신맛을 줄이기 위해서 보통 이런 김치들을 김치찌개나 김치찜에 넣어 끓여 먹게 된다. 이 과정에서 유산균이 다 죽을까봐 걱정할 필요는 없다. 왜냐하면 동형발효유산균의 경우에는 생균이든, 사균이든 모두 사람의 소화과정에 도움을 주기 때문이다.

① 유산균은 다른 미생물의 수분을 빼앗아 다른 미생물의 번식을 억제한다.
② 김치의 젖산은 신맛을 내게 하고 이형발효유산균이 동형발효유산균으로 전환되도록 돕는다.
③ 김치가 익어가는 과정에서 젖산의 농도와 산도는 모두 높아진다.
④ 산폐기에 접어들어 묵은지가 되면 김치의 신맛은 줄어들게 된다.
⑤ 가열하더라도 유산균은 잘 죽지 않으므로 사람의 소화과정에 유익하다.

20

다음 글의 ㉠에 들어갈 말로 가장 적절한 것은?

독일의 사회학자 베버는 근대 국가의 특징을 '폭력의 독점'이라는 관점에서 이해했다. 베버는 이에 따라 근대 국가를 '정당한 물리적 폭력 행사의 독점을 실효적으로 요구하는 인간 공동체'로 정의했다. 근대 국가에 의해 폭력이 독점된다는 것은 무엇을 의미하는가? 이는 사회 내에서 국가 이외의 개인, 집단이 서로에 대해 그리고 국가에 대해 사적으로 행사하는 폭력이 최소화된다는 것을 의미한다. 즉 개인과 사회 집단이 각자의 이익을 실현하고 상호 간의 갈등을 해결하기 위해 폭력적인 수단을 사용하는 계기가 최대한 배제되는 상태를 의미한다. 따라서 폭력은 국가에 의해서 독점되는 형태가 되는 것이다.

하지만 국가에 의한 폭력이라도 결국 본질은 폭력일 뿐이다. 그럼에도 사적인 폭력과 국가의 폭력이 다르다는 생각을 하게 되는 것은 국가의 폭력은 정당하다고 여겨지기 때문이다. 추상적이고 일반적인 법의 용어로 통치자와 피통치자 사이의 관계를 규정함으로써 국가의 통치 행위를 공식화하는 경향은 근세 초 유럽에서 로마법의 수용이 본격화된 이래 근대 국가 건설의 핵심적인 일부분이었다. 그 결과 근대 국가는 폭력의 행사에 있어서도 미리 정해진 법적 절차와 규칙을 따르고 그러한 절차와 규칙이 부과하는 한계를 준수하게 되었다. 이러한 국가의 법 체계 내의 폭력은 자의적인 요인을 덜어낼 수 있었으며 최대한의 예측 가능성도 확보하게 되었다. 물론 국가에 의한 폭력이라도 당하는 당사자에게는 폭력일 뿐이다. 그럼에도 불구하고 덜 자의적이고 예측 가능한 폭력의 행사는 그에 대한 거부감을 일정 정도 경감시킬 수 있는 것이다. 결국 근대 이후 국가에 의한 폭력이 정당화될 수 있었던 가장 큰 이유는

① 일반 개인에 의한 폭력이 아니라 국가에 의한 폭력이었기 때문이다.

② 국가에 의한 폭력이 합법적이었기 때문이다.

③ 국가에 의한 폭력이 사적인 폭력보다 덜 자의적이었기 때문이다.

④ 국가에 의한 폭력이 예측 가능성을 가지고 있었기 때문이다.

⑤ 국가에 의한 폭력은 특정한 집단의 이익을 위한 폭력이 아니었기 때문이다.

정답 및 해설 P.339

나무는 위로 열매 맺기 전에
반드시 아래로 먼저 깊이 뿌리를 내립니다.

– 조정민, 『고난이 선물이다』, 두란노

에듀윌 공기업
이나우 기본서 NCS 의사소통능력

정답 및 해설

PART 03 | NCS 실전 40제

의사소통능력 20제 ① P. 294

01	02	03	04	05	06	07	08	09	10
②	②	②	④	④	⑤	⑤	④	③	③
11	12	13	14	15	16	17	18	19	20
①	③	①	④	②	①	④	②	③	④

01 ②

해설

ㄴ의 '경계'는 '뜻밖의 사고가 생기지 않도록 조심하여 단속함'을 말하는 것이고, ②의 '경계'도 '그를 조심하여 단속함'을 말한다. 따라서 두 단어 모두 같은 한자어를 사용한다.

- 경계(警戒): 1. 뜻밖의 사고가 생기지 않도록 조심하여 단속함. 2. 옳지 않은 일이나 잘못된 일들을 하지 않도록 타일러서 주의하게 함. 3. 적의 기습이나 간첩 활동 따위와 같은 예기치 못한 침입을 막기 위하여 주변을 살피면서 지킴.

오답풀이

① ㄱ의 '여정'은 '여행할 때 느끼게 되는 외로움이나 시름 따위의 감정'을, ①의 '여정'은 '여행의 과정이나 일정'을 말한다. 따라서 ①의 여정은 '여정(旅程)'이 맞다.
  - 여정(旅情): 여행할 때 느끼게 되는 외로움이나 시름 따위의 감정.
  - 여정(旅程): 여행의 과정이나 일정.

③ ㄷ의 '포장'은 '물건을 싸거나 꾸림'을, ③의 '포장'은 '길바닥을 아스팔트 따위로 덮어서 꾸미는 일'을 말한다. 따라서 ③의 포장은 '포장(鋪裝)'이 맞다.
  - 포장(包裝): 1. 물건을 싸거나 꾸림. 또는 싸거나 꾸리는 데 쓰는 천이나 종이. 2. 겉으로만 그럴듯하게 꾸밈.
  - 포장(鋪裝): 길바닥에 돌과 모래 따위를 깔고 그 위에 시멘트나 아스팔트 따위로 덮어 길을 단단하게 다져 꾸미는 일.

④ ㄹ의 '교정'은 '신문의 교정쇄와 원고를 대조하여 잘못된 오자, 오식, 배열, 색 따위를 바르게 고침'을, ④의 '교정'은 '잘못된 것을 바로잡음'을 말한다. 따라서 ④의 교정은 '교정(矯正)'이 맞다.
  - 교정(校正): 교정쇄와 원고를 대조하여 오자, 오식, 배열, 색 따위를 바르게 고침.
  - 교정(矯正): 1. 틀어지거나 잘못된 것을 바로잡음. 2. 교도소나 소년원 따위에서 재소자의 잘못된 품성이나 행동을 바로잡음.

⑤ ㅁ의 '동의'는 '회의 중에 토의할 안건'을, ⑤의 '동의'는 '의사나 의견을 같이함'을 말한다. 따라서 ⑤의 동의는 '동의(同意)'가 맞다.
  - 동의(動議): 회의 중에 토의할 안건을 제기함. 또는 그 안건.
  - 동의(同意): 1. 같은 뜻. 또는 뜻이 같음. 2. 의사나 의견을 같이함. 3. 다른 사람의 행위를 승인하거나 시인함.

02 ②

해설

'학질을 떼다'는 '괴로운 일을 겨우 모면하다.'라는 의미로 쓰인다. '학질'에 걸린 것처럼 진땀나는 어려운 곤경에 처했다가 겨우 벗어남을 의미하므로 적절한 쓰임으로 볼 수 없다.

- 학질: 모기가 옮기는 여름 전염병인 말라리아. 높은 열에 시달리며 땀을 많이 흘림.

오답풀이

① '눈에 어리다'는 '어떤 모습이 잊히지 않고 머릿속에 뚜렷하게 떠오르다.'라는 의미로 쓰인다.

③ '철퇴를 가하다'는 '호되게 처벌하거나 큰 타격을 주다.'라는 의미로 쓰인다.

④ '입추의 여지가 없다.'는 '송곳 하나 세울 자리가 없을 만큼 매우 비좁다.'라는 의미로 쓰인다. 여기서 '입추(立錐)'는 송곳을 세운다는 뜻이다.

⑤ '모골이 송연하다.'는 '끔찍스러워서 몸이 으쓱하고 털끝이 쭈뼛해지다.'라는 의미로 쓰인다.

03 ②

해설

글의 3문단에 따르면 건조 방식은 우주선 탑재 시 식품의 무게와 부피를 최대한 줄이기 위해 그것을 건조하거나 동결하여 제조하는 것으로, 취식 시 물을 부어 재생시켜 먹도록 한 데서 나온 방식이다. 이는 식품의 보관 및 운반을 편리하게 하는 장점이 있다. 즉 식품의 보관 및 운반에 용이한 것은 방사선 조사 방식이 아니라 건조 방식이다.

오답풀이

① [1문단] '현재 우주 식품은 미국과 러시아에 의해 국제 우주정거장으로 제공되고 있는데, 미국의 우주 왕복선을 통해 우주 식품을 실으려면 NASA의 인증을 받아야 하며 러시아의 경우에는 의생물학연구소의 인증을 받아야 한다.'의 내용을 통해 알 수 있다.

③ [3문단] '방사선 조사 방식은 식품의 유통 기간을 장기화하여 저장할 수 있고 실제 지상에서 먹는 음식 형태와 유사하기 때문에 우주인들의 입맛을 증진시키는 장점이 있다.'의 내용을 통해 알 수 있다.

④ [3문단] '건조 방식은 우주선 탑재 시 식품의 무게와 부피를 최대한 줄이기 위해 그것을 건조하거나 동결하여 제조하는 것으로, 취식 시 물을 부어 재생시켜 먹는다.'의 내용을 통해 알 수 있다.

⑤ [4문단] '식품이 개발되고 인증이 끝난 후에는 그 형태를 어

떻게 만들 것인가에 대한 고민도 해야 한다. 왜냐하면 식사 과정에서 우주인은 그가 처한 낯선 환경들로 인해 다양한 위험에 노출될 수 있기 때문이다.'의 내용을 통해 알 수 있다.

04 ④

해설

글의 4문단에 따르면 '따라서 우리가 오늘날에 통용되고 있는 지식의 정의에 대해 '새로운 변화'를 시도하지 않는다면 문학 텍스트에 대한 이러한 기능에 대해서는 전혀 설명할 길이 없어지고 만다.'의 내용을 통해 알 수 있다.

오답풀이

① '새로운 변화'에 따르면 문학적 텍스트도 일종의 지식으로 볼 수 있을 것이라는 점을 알 수 있을 뿐, 기존의 철학적 텍스트가 지식으로서의 위상을 갖출 수 없다는 내용은 확인할 수 없다.
② '새로운 변화'는 문학의 성찰적 기능을 설명하기 위한 것이지 문학의 재미와 감동에 대해서 가치를 평가하기 위한 기준이 아니다.
③ 오늘날의 지식과 개연성은 동시에 참일 수 없다. 왜냐하면 지식은 논리적으로 분명히 참, 거짓이 구분되는 것을 전제하는데, 개연성은 가능성만 이야기하고 있을 뿐 진위 구분이 불가능하기 때문이므로 옳지 않다.
⑤ 글의 내용은 문학적 텍스트가 비정보적 텍스트임에도 불구하고 어떻게 철학적 텍스트와 유사한 기능, 즉 세계에 대한 성찰을 제공해 줄 수 있는가 하는 점에 초점이 맞춰져 있다.

05 ④

해설

이 글 전체에서 설명하고 있는 관중의 통치술은 1문단에서 언급한 바와 같이 자발적인 복종이다. 즉 민중 혹은 이웃 제후국이 원하는 것을 먼저 내어주고 자발적인 지지와 복종을 유지하는 것이 관중 통치술의 핵심이다. 압도적인 군사력과 경제력은 민중을 복종시키기 위한 도구가 아니라, 민중의 자발적인 복종을 통해 얻어지는 결과이다.

오답풀이

① [3문단] '만약 민중의 힘을 지속적으로 착취할 수 없다면, 군주의 압도적인 경제력과 군사력, 즉 권력도 계속 유지될 수 없다는 것이다. 군주의 지위를 유지하기 위해서는 군주는 민중의 잠재력을 지속적으로 종합해 국가의 힘으로 현실화해야만 한다.'의 내용을 통해 알 수 있다.
② [2문단] 관중은 귀족이나 민중의 선천적인 본성을 부정했다. 예를 들어 민중은 애초에 복종하는 존재가 아니라 반드시 베푸는 것이 있어야 복종하는 존재라는 뜻이 된다.
③ [2문단] 관중은 군주와 민중의 관계를 철저히 주고받는 것을 통해 성립되는 관계로 보았다. 따라서 자연적으로 발생하는 가족이나 자식이라는 개념과 연결해서 생각하지 않았다.
⑤ [3문단] '그들은 자신이 아끼던 편안함, 부유함, 심지어 생명까지도 군주에게 바치게 된다는 말이다.'의 내용을 통해 알 수 있다.

06 ⑤

해설

ㄱ. [3문단] '당시의 선박은 돛단배라서 먼 바다로 나가면 바람을 통제하기 힘들어 더욱 위험했다. 따라서 대부분의 뱃길이 연안에 아주 근접한 곳으로 이어져 있었다.'의 내용을 통해 조운선 역시 돛단배였을 것으로 추론할 수 있으므로 옳지 않은 설명이다.
ㄴ. 안흥량이 수심이 얕은 것은 알 수 있지만 조운선이 운반하는 조세미의 무게가 많이 나가 침몰이 잦았다는 점은 추론할 수 없다.
ㄷ. 안흥량에 대한 설명이 아니라 태안반도를 가로지르는 운하를 내기 위해서 공사했던 지역에 대한 설명이므로 옳지 않은 설명이다.

07 ⑤

해설

글의 3문단에서 '일부 엘리트들은 자신들의 이익을 옹호하기 위하여 대중매체를 통제하려고 하며, 이를 통해 대중을 상대로 선전을 하거나 조작을 통하여 여론을 형성하고자 한다.'는 내용과, 2문단에서 '따라서 대중매체를 통제할 수 있는 사람들이 있다면 여론 형성에 지배적인 영향력을 행사하게 된다.'의 내용을 통해 만약 일부 엘리트가 이러한 통제를 하게 된다면 여론 형성에 지배적인 영향력을 행사하게 된다는 점을 추론할 수 있다.

오답풀이

① [1문단] 군중이 감정적이고 충동적이라는 설명은 제시되어 있고, [2문단] 공중의 경우에는 쟁점이 사라지면 해체된다는 이야기도 언급되어 있다. 다만 군중의 경우 쟁점이 해소되면 해체되는지 여부는 확인할 수 없다.
② [2문단] 공중의 경우 대중매체의 영향을 많이 받는다는 점은 확인할 수 있으나, 군중과 대중의 경우에 대해서는 분명히 확인할 수 없다.
③ [3문단] '그러나 합의에 이르지 못하고 의견들이 여러 갈래로 나누어지는 경우에는 그중 다수의 의견을 여론으로 볼 수 있으므로 여론이 여러 개가 될 수 있다.'는 내용을 통해 알 수 있다. 즉 합의에 이른 경우가 아니라 합의에 이르지 못한 경우에 대한 설명이다.
④ [1문단] 공중이 군중에 비해서 이성적이라는 사실은 확인할 수 있다. 다만 공중은 쟁점만큼이나 복수의 공중이 존재할 수 있다.

08 ④

해설

가채년수는 확정매장량을 연도별 소비 수준으로 나눈 값이다. 먼저 살펴볼 것은 소비 수준이다. 1985년에는 확정매장량이 7,704억 배럴이었는데 가채년수는 30년으로 예측되었다. 즉 매년 약 250억 배럴을 사용하고 있었던 것이다. 2011년에는 1조 6,530억 배럴이 확정매장량인데 가채년수는 42년이 되었다. 이제는 매년 390억 배럴을 사용하고 있는 것이다. 따라서 소비 수준이 증가하였다. 그럼에도 가채년수가 증가한 것은 확정매장량이 늘어난 것으로 보아야 한다. 그런데 확정매장량은 추정매장량 중에 현 기술로 채굴될 수 있는 생산량이라고 하였다. 추정매장량은 크게 변화하지 않았다고 하였으므로, 따라서 석유를 채굴하는 기술 수준이 크게 높아져서 확정매장량의 값이 증가했다고 추론할 수 있다.

09 ③

해설

글의 5문단에 따르면 핵융합 발전에서 방사성 폐기물은 중성자가 핵융합로와 부딪혀서 생기게 된다. 그런데 3세대 핵융합 발전은 중성자가 전혀 발생하지 않으므로 방사성 폐기물의 부담에서 자유롭다.

오답풀이

① [3문단] 플라스마 특유의 불안정함 때문에 바로 소멸되어 폭발의 위험이 없으므로 옳지 않은 설명이다.
② [5문단] 100년 정도 지나게 되었을 때의 핵융합 발전 폐기물의 독성이 화력발전의 그것보다 약해지는 것이므로 옳지 않은 설명이다.
④ [6문단] 2세대 핵융합 발전을 위해서는 1세대 핵융합 발전보다 높은 온도가 필요하므로 옳지 않은 설명이다.
⑤ [7문단] 3세대 핵융합 발전의 원료는 지구에서는 구하기 힘든 물질이다.

10 ③

해설

결속과 규제 자체가 자살의 요인이 되는 것이 아니다. 글에서는 결속이 지나치게 강하거나 약한 경우, 규제가 지나치게 과도하거나 미약한 경우 자살을 유발할 수 있다고 보았다. 즉 공동체 생활에 있어 결속과 규제는 필연적이지만, 그것이 지나치게 과하거나 부족할 경우 문제를 유발할 수 있다는 것이다.

오답풀이

① 소속 공동체의 성격이나 소속 관계가 지나치게 종속적이냐 자율적이냐에 따라서도 자살 여부는 달라질 수 있다.
② [1문단] 뒤르켕 이전의 학자들도 자살의 사회적 요인에 대해서 인식하고는 있었으나 여전히 사회 외적인 요소나 개인적 요소로 환원해서 설명하고자 하였다.
④ [5문단] 아노미적 자살과 연관해서 설명할 수 있는 부분이다.
⑤ [6문단] 숙명론적 자살과 연관해서 설명할 수 있는 부분이다.

11 ①

해설

글의 1문단에 따르면 우리나라는 농토도 충분하지 않고, 또한 경제구조도 이미 공업과 같은 산업 위주로 구성되어 있어 자급자족을 통한 식량안보의 실현은 현실적이지 않다고 필자는 주장하고 있다. 따라서 '농업 분야에 대한 적극적 투자로 생산량을 늘려 점차 자급자족을 통한 식량안보를 실현한다'는 주장에 대해서는 동의하지 않을 것이다.

오답풀이

②, ④ [3문단] '이러한 해외 곡물조달 시스템 구축이 성공하려면 일본처럼 농협이나 민간의 참여가 절실하고 이러한 시스템 구축의 중요성을 이해하고 기다려 주는 국민적 지지와 장기적 투자가 필요하다.'의 내용을 통해 알 수 있다.
③ [2문단]의 내용을 통해 알 수 있다.
⑤ [2문단] '또한 식량을 수입하는 국가들도 지나치게 단순화되어서 유사시에 필요한 곡물을 확보하는 것도 용의치 않은 것이 사실이다.'라는 부분을 가지고 대안으로 제시할 수 있는 방법이다.

12 ③

해설

글의 2문단에 따르면 '또한 OPEC 회담에서 회원국들은 이라크의 부채 상환을 돕기 위해 유가를 올리려 했지만, 이번에도 쿠웨이트는 반대의 뜻을 표했으며 오히려 유가를 낮추려 했다. OPEC의 산유량 증감은 만장일치로 결정되기 때문에 결국 이라크의 바람의 무산되어 버렸던 것이다.'라고 하였으므로, 이라크의 요청에 동의하는 국가들도 있었음을 확인할 수 있다.

오답풀이

① [3문단] 미국과 영국은 이라크의 결정을 예측하지 못한 것이지, 쿠웨이트 침공을 묵인한 것이 아니다.
② [2문단] '후세인 정권은 스스로를 아랍의 리더로 여겼고 1980년에는 이란과의 '8년 전쟁'을 시작했다. 하지만 이는 전쟁의 목적이었던 영토 획득에는 실패하고 자원만 낭비하는 결과를 초래했다.'의 내용을 통해 즉 후세인이 이란을 침공한 이유는 영토를 획득하는 것이었다.
④ [2문단] 이란과의 전쟁 동안 쿠웨이트가 이라크를 지지하지 않아서 적개심을 가졌다는 이야기는 제시된 바 없다. 다만 이라크는 부채 탕감에 대해 쿠웨이트가 협조하지 않았다는 점에 대해서 적개심을 갖고 있었다.

⑤ [3문단] 쿠웨이트 침공 전, 아랍 세계 내의 갈등에 대해 관심이 없다는 미국의 천명은 확인할 수 있다. 하지만 이것이 미국 정부의 원칙인지는 확인할 수 없다.

13 ①

해설

무장 세력에 대한 비무장 세력의 폭력이 아니라 무장 세력에 의한 비무장 세력에 대한 폭력이라는 점에서 무장 세력 간의 전투 전략인 레지스탕스와 구별되는 것이다.

오답풀이

② [1문단] 테러리즘은 근대 이후에 출현한 독특한 정치 행위로, 국민의 안전을 보장해야 한다는 근대적 국가의 능력을 훼손함으로써 국가에 대한 신뢰성에 타격을 가하는 전략이라고 설명하고 있다.

③ [3문단] 필자는 테러리즘을 소규모 집단이 국가나 정부를 상대로 선택할 수 있는 유일한 저항전략이라고 볼 수 없다고 주장한다. 그것은 소집단은 테러리즘 이외에도 레지스탕스 전략을 택할 수도 있기 때문이다.

④ [3문단] 행위의 주체가 소집단인 것을 제외하면, 레지스탕스 전략도 무장 집단 간의 전투이며, 일반적인 군사작전이 적용된다는 점에서는 전쟁과 다를 바 없다.

⑤ [2문단]의 내용을 통해 알 수 있다.

14 ④

해설

글의 3문단에 따르면 흡연자들도 개별적인 흡연은 장기적으로 큰 영향을 미치지 못한다는 점 때문에 계속적으로 흡연을 한다는 것이다. 이런 점에서 필자는 3문단 초반에 '하지만 사실 반대의 의견이 더 정확하다'라고 적은 것이다. 이 문장의 의미를 해석하자면 필자가 보기에도 흡연자들은 분명 나름의 합리적 판단을 근거로 흡연을 한다는 것이다. 물론 문제를 푸는 입장에서 보면 장기적인 지속은 훨씬 더 큰 문제를 낳는다는 점을 고려한다면 이러한 판단은 합리적이지 않지 않느냐라는 주장을 할 수 있지만 문제는 필자의 입장에 따라 판단해야 하는 문제다.

오답풀이

① [1문단] '이들은 이 치명적인 습관을 유지하기 위해 따가운 시선과 상당한 지출을 감수한다. 이들은 각종 질병의 발생, 조기사망, 간접흡연의 해악까지도 충분히 감내하려는 것처럼 보인다.'라고 하였다. 따라서 흡연자들이 이런 사실 자체에 대해서 모르는 것이 아니라 그것 자체를 견뎌내면서까지 흡연은 분명히 추구할 만하다고 생각한다고 보아야 한다.

② [2문단] 물론 흡연이 쾌락을 유발하는 면이 있기도 한다. 하지만 오히려 식욕이나 업무 이외의 욕구를 억제하는 면에서는 절제력을 향상시키는 작용을 하므로 이와 같이 일반적으로 설명할 수 없다.

③ [2문단] '심지어는 흡연 자체가 뇌를 마비시켜 올바른 합리적 판단을 하기 어렵게 한다고 주장하기도 한다.'라고 하였으므로, 이는 단순히 주장일 뿐 반드시 참이라고 보기 어렵다.

⑤ [3문단] '흡연을 확실한 자기 의지의 문제라고 할 수 있는 이유는 대부분의 흡연자들이 담배를 끊고자 하기 때문이다.'의 내용을 통해 알 수 있다.

15 ②

해설

글에서 왕건이 미약한 지방세력 출신일 것이라는 주장의 근거로 사용된 것을 살펴보면 다음과 같다.

ㄱ. 작제건이라는 이름의 의미는 왕을 세운 사람이라는 뜻을 가지고 있다. 이는 새로운 왕조의 성립을 정당화하고 신성화하기 위한 전략이라고 보고 있다.

ㄴ. 용건이라는 이름의 용은 해양세력을 의미하는 것으로 해석되기도 하고, 왕을 상징하는 것으로 해석되기도 하였다. 따라서 용건이라는 이름을 '왕을 세운 사람'으로 해석할 경우에는 왕건이 미약한 지방세력 출신이라는 점을 뒷받침하는 것이라 볼 수 있다.

오답풀이

ㄷ. 송악이라는 지명이 미약한 지방세력을 의미한다고 볼 수는 없다.

ㄹ. [2문단] '그런데 왕건의 성씨와 그의 아버지, 할아버지의 성이 다르며 세 명의 이름 끝 자는 '세울 건'으로 통일되어 있다. 그런데 여기서 살펴봐야 할 것은 이름의 의미이다.'의 내용을 통해 작제건, 용건, 왕건과 같이 세 명의 성이 모두 다르다는 것 자체는 왕건이 지방세력 출신이라는 것의 직접적 근거가 되지 못한다. 필자는 성이 다르다는 사실이 아니라 이름의 의미에 주목해야 한다고 주장하고 있기 때문이다.

16 ①

해설

글의 1문단에 따르면 물질주의적 가치관이 강조되는 것은 물질적 항상성의 유지, 즉 생존이라는 가치가 주목을 받을 때이다. 따라서 현재의 경제상황이 사람들의 일차적인 생존이라는 것을 위협하게 되었을 때, 물질주의적 가치관이 다시금 주목을 받게 될 것이라고 추론할 수 있다.

오답풀이

글에서 직접 언급하고 있는 것은 경제적 상황이라는 것과 사회적 가치관의 변화라는 것이 밀접한 관련을 가지고 있다는 것이다. 따라서 탈물질주의적인 가치관에 대한 부정적 인식(②, ④)이 곧 물질주의적 가치관의 확산을 가져올 것이라고 간접적으로 추론하는 것보다는 경제적 환경의 변화가 곧 가치관의 변화를 유발할 것이라고 추론하는 것이 훨씬 적절하다.

17 ④

해설

글의 4문단에서 '이렇게 신체에 물이 묻어 저항이 낮아진 상태이거나 낮은 전압이 흐른 경우, 또 전기 유입 부위가 넓은 경우에는 전류반이 생기지 않을 수 있다.'의 내용에 따라 신체에 전류가 흘렀다고 해서 전류반이 나타난다고 볼 수는 없다.

오답풀이

① [2문단] '건조한 손바닥 피부는 저항이 100만 옴에 이를 만큼 매우 크다.'와 [3문단] '전류가 흐르는 피부의 저항이 높으면 열에 의해 조직액이 가열되면서 증기가 나오는데, 이 때문에 표피 또는 표피와 진피 사이의 접합부에 물집이 생긴다.'의 내용을 통해 알 수 있다.
② [1문단] '전류반이란 감전이 일어났다는 것을 알려주는 표지로, 신체에 전류가 흘렀을 때 남게 되는 피부의 융기와 같은 흔적을 말한다.'의 내용을 통해 알 수 있다.
③ [3문단] '또 둥근 점 모양의 전류반도 있는데 전기가 좁은 틈 사이로 공기를 가로질러 이동하면서 피부와 도체 사이에 불꽃이 튀면서 만들어진다. 이런 형태는 주로 도체와 직접 접촉이 없는 감전 사고에서 발견된다.'의 내용을 통해 알 수 있다.
⑤ [5문단] '다만 전류가 생명과 관계없는 부위를 지나는 경우 수만 볼트에 감전돼도 목숨을 건지기도 한다.'의 내용을 통해 알 수 있다.

18 ②

해설

글의 핵심 내용을 찾는 문제로, 단순히 글의 내용과 일치 여부만 따져서 정답을 찾는 것은 곤란하다. 글에서 필자는 왜 바산트 판차미 축제에서 정부당국과 군중 간의 성난 대립이 생길 수밖에 없었는지 그 이유를 사실을 바탕으로 해석하고 있다. 또한 마지막 문단에서 '바산트 판차미 축제는 단순히 축제로서의 의미가 아니라 인도로부터의 분리 독립을 반대하는 일종의 시위로서의 의미도 있었던 것이다.'의 내용을 통해 글의 핵심 내용은 ②임을 알 수 있다.

오답풀이

① 글의 핵심 내용이 아닐뿐더러, 글에서 바산트 판차미 축제를 일종의 시위로 간주하는 주체도 힌두교도 전체로 볼 수 없다. 글에서 언급하고 있는 집단은 파키스탄의 분리 독립을 반대하는 파키스탄 내부의 반정부 세력이기 때문이다.
③ 해당 내용은 단순히 글의 내용을 일반화시켜서 얻은 결론에 불과하다. 필자는 왜 바산트 판차미 축제에서 정부당국과 군중 간의 성난 대립이 생길 수밖에 없었는지 그 이유를 사실을 바탕으로 해석하고 있다. 따라서 이 글의 목적은 이 사건의 전말을 밝히는 것이지, 이 사건을 사례로 바산트 판차미 축제의 의미가 다양하다는 것을 설명하기 위해서 쓴 글이 아니다.
④ [2문단]에서 언급한 사례는 정치적 충돌을 보여주는 사례로, 필자는 종교 세력 간의 갈등으로 해석하고 있지 않다.
⑤ 글의 일부 내용과 일치하지만, 글 전체의 핵심 내용이라고 볼 수 없다.

19 ③

해설

글의 3문단에서 김시습은 세상 모든 만물을 기가 합쳐지고 흩어지는 것으로 설명하였다. 즉, 사람은 기가 모여서 사람을 형성하게 되지만 죽게 되면 그 기가 흩어질 뿐이라는 것이다. 따라서 김시습은 귀신은 소리도 형체도 없으며, 만물의 시작과 끝은 음과 양이 합치고 흩어지는 것일 뿐이라고 함에 따라 귀신의 존재에 대해서 부정함을 알 수 있다.

오답풀이

①, ④ [2, 3문단] 남효온은 귀신의 존재에 철학적으로 충분히 설명해 내지는 못하였지만 그 존재에 대해서 부정적이지는 않다.
② 남효온은 사람은 이와 기를 모두 갖춘 존재이나, 귀신은 기를 갖추지 못한 존재로 보았다. 다만 제사를 지낼 때에는 일시적으로 기가 뭉칠 수 있다고 주장하였다.
⑤ 김시습은 애초에 귀신이 존재하지 않는다고 주장하였으므로 옳지 않은 내용이다.

20 ④

해설

각 사례의 인지 여부를 간단히 표로 정리하면 다음과 같다.

구분	움직임	모양	색깔
사례1	○	×	×
사례2	×	○	○
사례3	○	○	×
사례4	○	×	○

사례 2, 3, 4를 보면 움직임, 모양, 색깔을 담당하는 영역이 손상되었음에도 나머지 부분은 정상임을 알 수 있다. 따라서 움직임, 형태, 색깔을 담당하는 두뇌의 영역이 각각 독립되어 있음을 알 수 있다.

의사소통능력 20제 ②

P. 313

01	02	03	04	05	06	07	08	09	10
④	④	⑤	④	⑤	①	④	④	③	②
11	12	13	14	15	16	17	18	19	20
⑤	③	③	①	①	③	③	④	③	②

01 ④

해설

작열(灼熱)과 작렬(炸裂)을 구분해야 한다.

- 작열(灼熱): 불 따위가 이글이글 뜨겁게 타오름. 몹시 흥분하거나 하여 이글거리듯 들끓음을 비유적으로 이르는 말.
- 작렬(炸裂): 포탄 따위가 터져서 쫙 퍼짐.

오답풀이

① 불가불(不可不): 하지 아니할 수 없어. 또는 마음이 내키지 아니하나 마지못하여.

② 재연(再燃): 한동안 잠잠해진 일이 다시 문제가 되어 시끄러워짐.

③ 혼돈(混沌): 마구 뒤섞여 있어 갈피를 잡을 수 없음. 또는 그런 상태.

⑤ 폐해(弊害): 폐단으로 생기는 해.

02 ④

해설

'벌이다'는 '일을 계획하여 시작하거나 펼쳐 놓다.'의 뜻이며, 흔히 혼동하는 '벌리다'는 '둘 사이를 넓히거나 멀게 하다.'의 뜻이므로 옳은 표현이다.

오답풀이

① '그을렸다'가 맞다. '그을리다'는 '그을다'의 피동사로, '그을다'는 '햇볕이나 연기 따위를 오래 쬐어 검게 되다.'의 뜻이다. 그러나 '그슬리다'는 '그슬다'의 피동사로, '그슬다'는 '불에 겉만 약간 타게 하다.'의 뜻이다.

② '달여'가 맞다. '달이다'는 '액체 따위를 끓여서 진하게 만들다.'의 뜻이고, '다리다'는 '옷이나 천 따위의 주름이나 구김을 펴고 줄을 세우기 위하여 다리미나 인두로 문지르다.'의 뜻이다.

③ '넓이'가 맞다. '넓이'는 '일정한 평면에 걸쳐 있는 공간이나 범위의 크기.'의 뜻이고, '너비'는 '평면이나 넓은 물체의 가로로 건너지른 거리.'의 뜻이다.

⑤ '꽁지'가 맞다. '꼬리'는 네발짐승의 경우에 사용하고, 새의 경우에는 '꽁지'라고 한다.

03 ⑤

해설

글의 3문단에 따르면 새의 후각이 잘 발달되어 있지 않음에 따라 조매화는 냄새가 거의 없으며, 줄을 가지고 유인한다. 그러므로 꿀향기를 통해 새를 유인한다는 내용은 옳지 않다.

오답풀이

① [4문단] '풍매화는 동물이나 곤충에 의존하는 것에 비해 안전도나 정확도가 훨씬 떨어지기 때문에 엄청난 양의 꽃가루를 만들어 내야 한다.'의 내용을 통해 알 수 있다.

② [5문단] '풍매화는 중매 동물을 유인하기 위한 유인물질이나 보상물질을 만들 필요가 없기 때문에 꽃이 작아도 되는 것이다.'의 내용을 통해 알 수 있다.

③ [2문단] '곤충에 의해 수분(受粉)되는 꽃인 충매화는 대부분 푸른색이나 노란색의 꽃잎을 가진다. 이는 곤충의 눈이 가시광선의 푸른색과 노란색 영역은 잘 볼 수 있으나 붉은색은 잘 보지 못하기 때문이다.'의 내용을 통해 알 수 있다.

④ [1문단] '식물은 동물처럼 움직일 수 없으며 정세포도 이동능력이 없다. 그래서 식물은 정세포를 주머니에 넣어서 지구상의 움직이고 있는 모든 것들을 이용하여 이동시킨다.'의 내용을 통해 알 수 있다.

04 ④

해설

글의 4문단에 따르면 '하지만 여성의 경우 나와 친밀한 관계의 사람이라면 버블의 침범에 무감각해지는 경향이 있다.'라고 하였다. 여기서 무감각해지는 것을 휴먼버블 자체의 크기가 작아진다고 볼 수는 없다.

오답풀이

① [4문단] '하지만 여성의 경우 나와 친밀한 관계의 사람이라면 버블의 침범에 무감각해지는 경향이 있다.'의 내용을 통해 알 수 있다.

② [4문단] 보통 여성은 남성보다 휴먼버블의 크기가 작지만, 불쾌감의 정도는 더 크므로 옳은 설명이다.

③ [4문단] '그러나 남성은 상대방이 동성인 경우, 친밀도나 호감도에 무관하게 휴먼버블을 유지하려는 경향이 매우 강하다.'의 내용을 통해 여성의 경우라면 친밀도에 따라서 휴먼버블의 민감도가 달라지지만 남성은 그렇지 않다. 따라서 친밀한 동성 친구라도 침범할 경우 불쾌감을 느낄 가능성이 높을 것이라 추론할 수 있다.

⑤ [3문단] 노약자의 경우 타인에 대한 의존도가 높아서 휴먼버블의 크기가 작아진다.

05 ⑤

해설

글의 1문단에 따르면 AZT 투약에 의한 혈중 산소농도의 급감은 적혈구의 개체수 감소에 그 원인이 있다. 그런데 EPO 유전자는 적혈구 생성을 유도하는 물질인 EPO의 생성을 촉진시켜 적혈구의 개체수를 증가시키게 된다. 따라서 EPO 유전자 치료는 혈중 산소 농도를 증가시킨다.

오답풀이

① [1문단] AZT 투약이 적혈구 개체수 감소와 연관이 있음을 추론할 수 있는 대목이다. AZT 투약이 적혈구의 기형을 유발한다는 내용은 글에서 찾아볼 수 없다.
② EPO 유전자가 주입되면 신장세포를 자극해 EPO 생성을 활발하게 한다. 적혈구는 골수에서 생성이 된다.
③ 원인과 결과가 뒤바뀐 설명이다. EPO의 증가가 적혈구 개체수의 증가를 유도한다.
④ EPO는 적혈구 생성을 촉진하는 물질로, 구성물질이 아니다.

06 ①

해설

원래 백정이라는 표현은 일반 백성들을 의미하는 것이었다. 그런데 세종 때 양인확보책으로 재인, 화척이 백정에 포함되자 이들을 이전의 백정과 구분하기 위해서 신백정이라 부르게 된 것이다.

오답풀이

② [2문단] 고려시대 백정은 일반 백성을 의미하였지만, 조선 중기 이후의 백정은 새롭게 편입된 천대 받던 계층을 이르는 말이 되었다.
③ [2문단] '역사적으로 천시받아 온 재인, 화척들'을 통해 고려시대에 일반 농민층과 달리 천시를 받았음을 알 수 있다.
④ [1문단] 신량역천(신분은 양인이지만, 역은 천인)에 속하면서도 일반 양인들이 상종하지 않은 사람들이 백정이었다.
⑤ [1문단] 신량역천인에 대한 설명이다.

07 ④

해설

글에서는 상호 배타적인 두 요소가 대립, 투쟁하는 것으로 이 세계를 설명하는 것이 이원론적 세계관이라고 설명하고 있다. 즉 단순히 두 가지 요소로 나누어 볼 수 있다는 것이 이원론의 핵심이 아니다. 따라서 대립이나 투쟁의 요소가 나타나 있지 않은 경우를 살펴보면 된다.

④를 보면 상호 이질적인 음과 양이 나타나 있지만, 그것은 모두 이 세상의 만물을 조화(造化)하는 역할의 존재로 나타내고 있다. 즉 이질적인 존재이지만 그것들이 상호 배제적이거나 투쟁적인 모습은 전혀 나타나 있지 않다.

08 ④

해설

글의 3문단의 철군은 이미 1문단에서 언급이 되어 있는 사실이다. 방어선 설정은 철군이 이미 거의 끝난 상황에서 공표된 사실로, 방어선 설정에 따라서 철군이 결정되었다고 볼 수 없으므로 옳은 설명이다.

오답풀이

① [2문단] 미국의 철군은 사실상 한반도 내 미국의 영향력이 사라진다는 것을 의미하지만, 소련은 여전히 한반도를 영향력 하에 둘 수 있다는 것을 의미하였다.
② 미군의 철군도 분명 영향이 있었을 것이다. 하지만 [3문단]에서 필자는 미국이 한반도를 방어선에서 제외했다는 사실이 북한의 침공 결정과정과 관련이 있을 것이라 보고 있다.
③, ⑤ [4문단] 한국전쟁에 미국이 참전하였다는 이야기는 있지만, 방어선 재설정에 대한 정보는 제시되어 있지 않다.

09 ③

해설

글의 2문단에 따르면 '따라서 고대 그리스 로마와 같은 계급-귀족 사회는 비극이 융성할 수 있었다.'라고 하였다. 물론 계급-귀족 사회에서도 비극은 융성했다. 하지만 글에서 가장 크게 유행한 것은 과도기 시대였음을 알 수 있다. 아직 지배자에 대한 감정이입이 가능한 시기였고, 또한 실제로 도처에서 지도자들이 몰락하고 있었기 때문이다. 4문단의 '그러나 역사적으로 보면 계급사회에서 평등사회로 이행해 가는 과도기에 비극의 유행은 절정에 달한 것으로 나타난다.'의 내용을 통해 알 수 있다.

오답풀이

① [1문단] '그 이유는 비극이 가능하려면 주인공에 대해 관객이 감정이입을 하여야 하고 주인공이 행위에 대해 경탄할 수 있어야 하기 때문이다.'라고 하였다. 즉 비극이 가능한 두 가지 필요조건을 제시한 문장이다.
② [3문단] '계급사회와는 달리 민주적 평등사회에서는 지도자가 아무리 뛰어나다고 하더라도 일반 사람들은 지도자와 자신을 동일시하지 않는다.'의 내용을 통해 알 수 있다.
④ [3문단] '오히려 그런 주인공은 관객의 불신감과 국가에 대한 불안감만 조장할 뿐이다.'의 내용을 통해 알 수 있다.
⑤ [1문단] '역사적으로 보면 희극은 어느 시기, 어느 민족에게서나 발견되지만 비극은 그렇지 않다.'라고 함에 따라 그 이유를 이 글에서는 정치 체제의 변화 과정을 통해 설명하고 있다.

10 ②

해설

한글을 모르는 사람에게 한글을 가르치기 위해서 양반들이 한글을 배웠다는 내용은 글에 제시되어 있지 않다. 『훈몽자회』의 사례는 한자를 가르치기 위해서 한글을 배운 사례이므로 ②에는 해당하지 않는다.

오답풀이

① [1문단] '이렇게 한글은 양반들에게 한문 대신 자신의 의사나 정서를 편하게 표현하기 위한 수단으로써 매력적이기도 했지만, 양반들이 언문(한글)을 배워야 했던 데는 또 다른 이유가 있었다.'의 내용을 통해 알 수 있다.

③ [2문단] '또한 16세기 초에 유교의 주요 경전에 대한 언문해제가 국왕의 지시로 공식적인 사업이 되었다. 따라서 이 사업에 참여한 많은 학자들은 당연히 언문을 배우고 익혀서 능숙하게 쓸 수 있어야 했다.'의 내용을 통해 알 수 있다.

④ [3문단] '나아가 언해본에 따라 과거 시험이 시행되면서 언해본을 통한 경전의 학습은 선택이 아닌 필수가 되었다.'의 내용을 통해 알 수 있다.

⑤ [1문단] '바로 공식 문자인 한자를 좀 더 효율적으로 가르칠 수 있는 수단이 한글이었다.'의 내용을 통해 알 수 있다.

11 ⑤

해설

ㄱ. [1문단] '남자는 베트남인과의 혼인을 많이 하는데, 이는 우리나라의 농촌 남자들이 비슷한 유교문화의 베트남 여자를 선호하기 때문이다.'의 내용을 통해 우리나라 남자들이 베트남 여자를 선호하는 경향임을 알 수 있다.

ㄴ. [2문단] '이는 베트남의 도농 간의 격차 때문이다. 실제로 농촌에서는 여자가 남자보다 36만 5300여 명 많아 성적 불균형 상태이다. 이러한 불균형은 이 지역 베트남 여성이 적극적으로 국제결혼에 나서게 된 큰 원인이 되었다.'의 내용에서 언급하고 있는 도농 간의 격차는 성비 불균형을 의미하는 것이다.

ㄷ. [4문단] '그리고 종래에 베트남 여자들은 타이완 남자들과 결혼을 많이 했으나, 혼인신고 뒤에 인신매매, 가정 폭력 등의 문제로 타이완 정부에서 국적 취득 요건을 강화하였다. 이로 인해 타이완 남자와의 결혼 건수가 급감하게 되어 그 빈자리를 한국 남자가 대체하게 된 것이다.'라고 하였다. 물론 타이완 남성과 베트남 여성 간의 결혼이 급감하면서 우리나라 남자와의 혼인이 크게 증가한 것은 사실이다. 그런데 타이완 남성과의 결혼이 급감한 원인은 베트남 여성의 선호도에 기인한 것이 아니라 타이완 정부의 엄격한 통제 때문이므로 옳지 않은 설명이다.

12 ③

해설

글의 2문단에 따르면 '5일마다 조참을 거행할 수는 있었지만 조하의 원칙에 따라서 실제로는 초하루와 보름을 제외하면 월 4회 정도 조참이 거행되었다.'라고 하였다. 조하는 매월 초하루와 보름에 거행되는 의식이었다. 따라서 조참이 실제로는 4회 정도밖에 거행되지 않았다는 것은 조하와 조참이 겹칠 경우, 조참은 생략되었다는 사실을 추론할 수 있다.

오답풀이

① 조하는 경복궁 근정전에서 거행한 반면, 조참은 근정문에서 거행하였다.

② [2문단] '상참에서 임금과 신하들은 더 가깝게 대화할 수 있도록 앞선 의식과는 달리 실내 공간을 사용했다.'라고 하였으므로, 상참은 실내에서 조하와 조참은 실외에서 거행하였다는 사실을 추론할 수 있다.

④ [2문단] '상참에 이어서는 신하가 필요한 일을 아뢰는 조계를 시행하였다.'의 내용에서 조계는 상참에 이어서 진행한 의식이므로 옳지 않은 설명이다.

⑤ [3문단] '일례로 세종은 처음 상참을 철저히 지키고자 했지만 나이 든 신하는 5일에 한 번 상참에 참석하거나 아예 참석하지 않도록 했다.'라고 함에 따라 세종이 참석하지 못한 것이 아니라 세종이 나이 든 신하들의 결석을 윤허해 준 것이다.

13 ③

해설

글의 2문단에 따라 액체에서 수증기로 바뀌는 과정은 증발이다. 하지만 온대성 저기압과 열대성 저기압의 발달에 있어 중요한 에너지원은 응결과정에서 대기 중으로 방출되는 잠열이므로 옳지 않은 설명이다.

오답풀이

① [1문단] '물순환은 태양복사 에너지에서 힘을 받아 대기와 해양, 대륙 사이에서 일어난다.'의 내용을 통해 알 수 있다.

② [2문단] '응결과정에서는 580cal/g의 잠열이 대기로 방출된다. 승화과정에서는 680cal/g의 잠열이 대기 중으로 방출되며 증발과정에서는 590cal/g의 잠열이 물로 흡수된다.'의 내용을 통해 알 수 있다.

④ [2문단] 수증기에서 액체로 바뀌는 과정인 응결과정에서는 580cal/g의 잠열이 대기 중으로 방출되며, 수증기에서 얼음으로 바뀌는 과정인 승화과정에서는 680cal/g의 잠열이 대기 중으로 방출된다. 따라서 옳은 설명이다.

⑤ [3문단] '반면 증발이 일어나면 주위의 열이 소비되기 때문에 기온 상승이 억제된다. 무더운 여름철에 지면에 물을 뿌리면 일시적으로 시원함을 느낄 수 있는 것이 대표적인 사례이다.'의 부분을 통해 증발과정에서는 잠열이 흡수되므로 주위의 온도가 일시적으로 내려가게 됨을 알 수 있다.

14 ①

해설

글의 3문단에 따르면 한쪽 먹이를 취해서 돌아온 일개미의 수가 다른 쪽보다 적은 수라도 차이가 발생하게 되면, (먹이까지 도달하는) 길에 남아있는 페로몬의 양에 차이가 생기게 되고 결국 이것은 일개미들이 한쪽으로 쏠리는 현상을 유발하게 된다.

오답풀이

②, ⑤ [1문단] 일개미들이 분비하는 페로몬의 양은 일정하다. 그런데도 길에 남아있는 페로몬의 양이 증가하는 것은 먹이를 취하여 둥지로 돌아온 일개미가 늘어나고 그 빈도가 증가하게 되면, 그에 비례하여 잔량 페로몬이 증가하는 것이다.

③ [2문단] 일거리가 짧은 지역은 일개미들이 더욱 자주 왕복할 수 있게 되므로, 결국 먹이까지 이르는 길에 남아있는 페로몬 잔량이 증가하게 되어 거리가 짧은 지역의 먹이부터 취할 수 있게 되는 것이다.

④ [2문단]의 세 번째 문장 내용을 통해 알 수 있다.

15 ①

해설

글의 1문단 내용에 따르면 미국은 일반법원이 헌법에 대한 재판도 함께 다루기 때문에 별도로 헌법재판소와 같은 사법기관을 두지 않고 있다. 하지만 우리나라나 독일의 경우에는 특수한 역사적/사회적 배경에 의해서 일반적인 법원 이외에 헌법에 관한 문제를 전문적으로 다루는 기관을 설치해야 했던 것이다.

오답풀이

② [2문단] 우리나라에서 헌법재판관이 될 수 있는 사람들은 법 실무자에 한정하고 있다.

③ [3문단] 시대상과 전혀 맞지 않은 헌법 조항은 바꾸어야 하겠지만, 해석으로도 보완이 가능한 경우도 있다.

④ [1문단]의 내용을 통해 알 수 있다.

⑤ [3문단] 과거 우리나라의 법 개정은 시대의 반영이 아닌, 특정한 정치적 의도를 가지고 행해진 경우도 있었다.

16 ③

해설

B 진영은 현재의 과학이라는 학문 자체가 남성성에 의해 규정된 것으로 여성성의 학문과는 거리가 있는 것으로 보고 있다. 따라서 사회적 편견이 개선되더라도 학문의 본질상 여성이 선택할 수 있는 성격의 학문이 아니라는 점을 알 수 있다.

오답풀이

① A 진영은 성별에 따라 능력이나 적성의 차이를 인정하는 사회적 편견 때문에 여성과학자가 적은 것으로 보고 있다.

② 두 진영 모두 현재 상황에 대해서는 인정하고 있다. 다만 그 상황이 발생한 원인에 대해서 다르게 규정하고 있다.

④ A 진영은 남녀의 본질적 차이를 인정하지 않고 있으므로 사회적 여건의 개선을 요구할 것이라 볼 수 있다. 하지만 B 진영은 남성과 구분되는 여성성이 분명히 존재한다는 생각을 가지고 있으며, 이에 따라 여성들은 스스로 과학자가 되는 것을 거부했다는 입장이다.

⑤ A 진영은 문제의 발생이 성장 과정과 교육 과정에도 원인이 있음을 지적하고 있다.

17 ③

해설

ㄱ. 응용의학은 크게 임상의학과 사회의학으로 나누어지는데 산부인과학·소아과학은 임상의학에 속하고, 법의학은 사회의학에 속한다. 하지만 이 모든 학문이 모두 응용의학에 포함되므로 옳은 설명이다.

ㄴ. 일반적인 분류법에 따르면 법의독물학은 범죄와 관련된 사항을 다루는 법의학으로 형사법의학에 속한다. 하지만 형사법의학을 분류하는 최근의 기준에 따르면 법의독물학은 법과학에 속하므로 옳은 설명이다.

오답풀이

ㄷ. 재판이나 소송과정에서 친자 확인을 다루는 법의유전학은 일반적인 분류법에 따르면 민사법의학으로 분류된다. 또한 3문단에서 설명하였듯이 재판과 관련하여 친자를 확인하는 부분은 법정의학에 해당한다. 따라서 법의유전학은 민사법의학이면서 법정의학이므로 옳지 않은 설명이다.

18 ④

해설

글의 2문단에 따르면 '화합물은 두 가지 이상의 원소들이 일정한 질량비로 결합하여 만들어진 물질로써 화학적 방법을 사용하여 더 간단한 화합물이나 원소로 분리될 수 있다.'라고 하였다. 그런데 1문단에서 설명하였듯이 순물질은 화합물과 원소로 구분되므로 옳은 설명이다.

오답풀이

① [2문단] 혼합물이 아니라 화합물에 대한 설명이다.

② [1문단] 물론 발견 장소나 발견자의 이름에서 유래했을 가능성도 있지만, 그 기준이 명확하게 제시되어 있는 것은 아니므로 글로부터 옳게 이끌어 낸 설명이라 할 수 없다.

③ [2문단] '동일한 조성을 가진 화합물은 언제나 동일한 물리적 및 화학적 성질을 가진다.'의 내용을 통해 알 수 있다.

⑤ [1, 2문단] 화합물은 화학적 방법을 통해서 더 단순한 화합물이나 원소로 분리해낼 수 있다. 하지만 원소는 더 이상 쪼개지지 않는 물질이므로 이를 어떤 방법을 써서 분리한다는 설

명은 옳지 않다.

19 ③

해설

글의 2문단에 따르면 '시간이 지날수록 젖산 농도와 산도(pH)가 점점 올라가고 유산균이 젖산균으로 바뀐다.'라고 하였으므로, 갓 담근 김치는 pH가 6.5이나 이후 과숙기를 지나게 되면 pH는 4까지 상승한다. 젖산의 농도도 0.5%에서 2.5%로 상승한다.

오답풀이

① [1문단] 삼투압을 통해 수분을 빼앗아 미생물의 번식을 억제하는 것은 유산균의 기능이 아니라 소금에 절이는 것의 효과이다.
② [3문단] 젖산이 신맛을 내는 원인은 맞지만, 유산균의 변화를 유발하는 것으로 볼 수는 없다.
④ [5문단] 산폐기에 접어든 김치는 묵은지인데, 묵은지를 끓이게 되면 신맛이 줄어들게 된다. 즉 묵은지 자체가 신맛이 줄어드는 것이 아니라 가열하는 요리의 과정을 통해 신맛이 줄어들게 되는 것이다.
⑤ [5문단] 가열한 이후에 사균이 되더라도 인간의 소화과정에 도움이 된다고 하였으므로, 옳지 않은 설명이다.

20 ②

해설

선택지 내용을 살펴보면 모두 내용상 글과 맥이 닿아있다. 하지만 빈칸 ㉠에 들어갈 내용은 '가장 큰 이유'가 되어야 하므로 이러한 이유를 아우를 수 있는 궁극적인 근거를 제시해야 한다. 마지막 문단을 살펴보면 법에 의해서 국민과 국가를 규정하고 국가의 영향력 행사도 절차와 규칙, 즉 법에 따라서 할 수 있도록 하였다. 이는 곧 국가의 폭력에서도 자의적인 면을 제거하고 예측 가능성을 확보하는 데 중요한 원인이 된 것이다.
따라서 궁극적인 원인은 국가의 권력 행사를 법적인 절차에 따라 행사하도록 하게 되면서 국가에 의한 폭력이 정당성을 갖게 된 것이라 볼 수 있다.

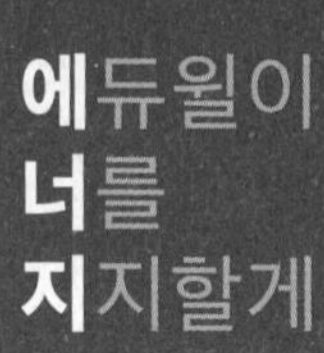

ENERGY

우리는 모두 별이고, 반짝일 권리가 있다.

– 마릴린 먼로

여러분의 작은 소리
에듀윌은 크게 듣겠습니다.

본 교재에 대한 여러분의 목소리를 들려주세요.
공부하시면서 어려웠던 점, 궁금한 점,
칭찬하고 싶은 점, 개선할 점, 어떤 것이라도 좋습니다.

에듀윌은 여러분께서 나누어 주신 의견을
통해 끊임없이 발전하고 있습니다.

에듀윌 도서몰 book.eduwill.net
- 부가학습자료 및 정오표: 에듀윌 도서몰 → 도서자료실
- 교재 문의: 에듀윌 도서몰 → 문의하기 → 교재(내용,출간) / 주문 및 배송

2023 최신판 이나우 기본서 NCS 의사소통능력

발 행 일	2023년 1월 31일 초판
편 저 자	이나우
펴 낸 이	김재환
펴 낸 곳	(주)에듀윌
등록번호	제25100-2002-000052호
주 소	08378 서울특별시 구로구 디지털로34길 55 코오롱싸이언스밸리 2차 3층

www.eduwill.net

대표전화 1600-6700

1위
2023 에듀윌 IT자격증
컴퓨터활용능력
1급 필기 기본서
1권 컴퓨터 일반
eduwill
EXIT

2023 에듀윌 IT자격증
컴퓨터활용능력
1급 실기 기본서
1권 출제패턴 따라하기 (스프레드시트 실무)
eduwill
EXIT

2023 에듀윌 IT자격증
컴퓨터활용능력
1급 필기 초단기끝장
요약노트+7개년 기출
eduwill
EXIT

2023 에듀윌 IT자격증
ITQ
엑셀
All 기출해설 수록
eduwill
EXIT

2023 에듀윌 IT자격증
워드프로세서
필기 초단기끝장
요약노트+7개년 기출
eduwill
EXIT

2023 에듀윌 IT자격증
정보처리기사
필기 기본서
Vol.1 개념완성
비전공자 눈높이 4주완성
eduwill
EXIT